예수가 주님이시라면

그리스도의 사랑과 정의, 비폭력

예수가 주님이시라면
그리스도의 사랑과 정의, 비폭력

초판 1쇄 발행 2021년 6월 18일

지은이	로널드 J. 사이더
옮긴이	김상엽
발행인	이요섭
기획	박찬익
편집	이지혜
디자인	박지혜
제작	이인애
영업	김승훈, 정준용, 이대성
펴낸곳	요단출판사
등록	1973. 8. 23. 제13-10호
주소	07238) 서울특별시 영등포구 국회대로76길 10
기획	(02)2643-9155
영업	(02)2643-7290
	Fax(02)2643-1877

ⓒ2021. 요단출판사 all rights reserved.

ISBN 978-89-350-1905-2
값 17,000원

ⓒ 2019 by Ronald J. Sider
Originally published in English under the title
If Jesus is Lord by Baker Academic
A Division of Baker Publishing Group
P. O. Box 6287, Grand Rapids, MI 49516 U. S. A.
Used and translated by the permission of Baker Publishing Group
through rMaeng2, Seoul, Republic of Korea
This Korean translation edition ⓒ 2021 by Jordan Press, Seoul, Republic of Korea
All rights reserved.

이 한국어판의 저작권은 알맹2를 통하여 저작권사와 독점 계약한 요단출판사에 있습니다.
신 저작권법에 의하여 한국 내에서 보호받는 저작물이므로 무단 전재와 무단 복제를 금합니다.
본문 성경 구절 인용에는 대한성서공회 성경전서 개역개정, 새번역, 공동번역성서 개정판이
사용되었습니다.(표기된 새번역, 공동번역 외에는 개역개정)

예수가 주님이시라면

그리스도의 **사랑과 정의, 비폭력**

로널드 J. 사이더 지음
김상엽 옮김

요단
JORDAN PRESS

추천사 6
서문 13
감사의 글 16
서론 20

1장 예수님의 복음 27
2장 예수님의 행동 53
3장 예수님의 산상수훈 63
4장 예수님의 다른 가르침 101
5장 신약성경의 평화 117
6장 신약성경의 살인과 폭력 143
7장 신학적 쟁점들 182

8장   평화주의의 문제점   207

9장   정의로운 전쟁이라는 생각의 문제점   228

10장   구약성경에서 살인과 예수   252

11장   기독교인 대부분이(또는 모두) 평화주의자가 된다면?   288

12장   비폭력과 속죄   304

13장   교회사를 통해 본 기독교인과 살인   333

14장   예수가 주님이시라면   358

참고 자료   364

주제/인명 색인   382

성경 색인   387

추천사

"로널드 사이더는 오랜 기간 사역의 열매를 맺으면서 신실하고도 그리스도 중심적인 도덕적 증거를 보여주었다. 그는 새로운 저술에 자신의 가장 중요한 주장을 담았다. 이것은 사려 깊은 평화주의자의 진술이고, 예수 그리스도에 깊이 뿌리내리고 있는 신학자의 진술이다."

데이비드 거쉬 기독교윤리학 교수, 머서대학교

"기독교 평화주의에 대한 사이더의 정교하고도 일관된 주장은 지성적 측면과 실존적 측면 모두를 잘 강조한다. 죄와 마찬가지로 전쟁은 결코 사라지지 않을 것이다. 하지만 사이더의 설득력 있는 주장대로라면, 예수 그리스도의 이름으로 수행되는 비폭력적 저항은 은혜와 능력의 복음으로 생명력을 얻고, 우리 시대의 폭력에 맞서는 변화를 가져올 수 있다."

리사 케이힐 신학 교수, 보스턴칼리지

"로널드 사이더는 기독교인들로 하여금 자신들이 믿는다고 고백하는 바를 숙고하도록 한다. 이 책은 예수께서 정말로 우리에게 살인하지 말라고 하셨는지 종합적으로 고찰하고 있다. 예수님의 삶과 가르침에 집중하면서도 성경 전체와 교회 역사, 신학적 전통을 망라하여 평화주의에 대한 찬성과 반대 논증들을 체계적으로 검토한다. 그가 보기에 비폭력적 저항은 정의로운 전쟁 이론에 대한 수동적 대안이 아니고, 능동적이고도 창의적인 제3의 길이다. 그의 결론에 따르면, 비폭력적 저항은 우리 세계의 폭력에 어떻게 반응해야 하는지에 대한 성경적 가르침을 가장 잘 해석한 것이다. 사이더는 기독교인이 이 제3의 길을 참으로 실천한다면 예수님의 가르침이 세상에 어떻게 강력한 영향을 미치게 될지 상상하도록 한다. 그 길은 무력 충돌에서 때때로 발생하는 도덕적 딜레마에 대한 반응이 아니라 삶의 한 방식이다. 이 책은 모두에게 유익하다. 이 책을 통해 좀 더 깊이 있고 창조적인 평화주의가 되거나, 좀 더 사려 깊고 동정적인 정의로운 전쟁 이론가가 될 수 있을 것이다."

셜리 멀른 휴턴칼리지 총장

"이 책은 얄팍한 훈계서가 아니다. 로널드 사이더는 '원수를 사랑하라'와 같이 말뿐인 명령으로 전락한 구절을 다시 한 번 숙고하도록 한다. 그의 글은 도전적이면서도 성경적이고, 역사적이고, 신학적인 토대를 갖추고 있다. 이것은 그의 최고의 저술이다. 사이더는 반세기 동안 선지자적으로 말해 왔고, 예수님의 은혜와 사랑으로 그대로 살아냈다."

조 앤 라이온 웨슬리교회 총회장

"로널드 사이더는 모든 사람을 향한 예수님의 사랑의 메시지와 폭력과 전쟁을 포기해야 하는 성경적 근거를 꼼꼼하고도 설득력 있게 탐구한다. 이 책은 기독교인이라 자처하는 사람들과 정의와 평화의 세계를 추구하는 모든 이들에게 필독서이다."

데이비드 코트라이트 크록국제평화연구소 정책연구실장, 노트르담대학교

"예수님의 평화적 복음이 구약성경, 여러 관점의 속죄론, 살인에 대한 초기 교회의 입장과 어떤 관계를 갖는지를 다룬 탁월하고 고전적인 연구이다."

윌라드 스와틀리 신약학 명예교수, 미국 아나뱁티스트메노나이트성경신학교

"'예수님의 뜻은 자기 제자들이 결코 살인하지 않는 것이었다!' 이 책을 읽고 나면 이것이 현실에서 실행 불가능하다는 주장을 거부할 수 있을 것이고, 그것을 반박할 수 없다는 것을 알게 될 것이다. 이 설득력 있고 도전적인 책은 한 사람의 인상적인 기독교인이자 '저항하는 평화주의자'의 일생일대의 작품이다."

미로슬라브 볼프 신앙과문화연구소장, 예일대학교신학대학원

"로널드 사이더는 독특한 성경 해석학자이다. 그는 정의로운 평화의 세계를 위해 잘 훈련되고 세심한 학문성과 적극적이고 열정적인 실천성을 결합한다. 게다가 그는 오랜 시간 이 분야 일을 실제로 해 왔다. 따라서 이 책이 우리에게 꼭 알맞은 때에 나왔다는 것은 놀랄 일이 아니다. 지금은 신학적 차이를 넘어 모든 미국 기독교인들이 문화 종교에 대한 역사적 순응이 부끄러운 실패라는 사실을 인정하고 있는 때이고, 우리가 예수님의 급진적인 핵심 주장으로 돌아갈 때임을 인정하고 있기 때문이다. 사이더의 변혁적 평화주의는 예수님과 그의 가르침, 그의 삶의 증언에 담긴 중요성에 기초한다. 많은 기독교인들은 이 책을 통해 성령께서 불어넣으시는 심호흡을 하고, 예수님과 이 세상에서 신실하게 살아가기 위해 새로운 해결책을 받아들이는 데로 한 걸음 더 나아갈 수 있을 것이다."

월터 브루그만 컬럼비아신학교

"로널드 사이더의 새 책은 가톨릭 비폭력 운동Catholic Nonviolence Initiative에도 탁월하고 매우 중요한 사상을 제공한다. 비폭력적인 행동에 관하여 우리가 가지고 있는 단순한 생각들을 좀 더 정확하고 확장된 생각들로 바꾸어 준다. 또한 증거에 기초한 정보를 제공하여 악에 저항하기 위한 대안으로서의 효과적인 비폭력적 도구들을 보여주고, 인류가 더 평화로운 세계를 실제로 건설하는 데 도움을 준다. 시민 저항부터 외교까지, 외상 치유부터 회복적 정의까지, 비폭력적시민 보호부터 비폭력적 소통까지, 할 수 있는 일들은 매우 다양하며 아직 개발 중에 있다. 사이더에게 감사를 전한다!"

마리 데니스 그리스도국제평화위원회 공동대표

"이 책은 비폭력적 그리스도인으로서 살아가는 하나의 사례에 불과하지 않다. 이 책은 예수님의 삶을 중심으로 영적으로 잘 구성된 깊은 성경 연구에 가깝다. 내가 보기에 이 책은 우리의 지성을 넓혀 주기도 하지만 공감을 자아내기도 한다. 어려운 쟁점들을 사이더처럼 다루는 사람은 없을 것이다. 이 책을 읽고 이전과 동일하게 살 수 없을 것이다. 이 책은 주님이신 예수께 더 가까이 가도록 도와준다."

주엘 헌터 랜드교회 원로목사

"로널드 사이더는 그리스도인의 신실함이라는 주제에 관하여 오랫동안 권위 있고, 신실하고, 선지자적 목소리를 내 왔다. 이 책은 모든 그리스도인들에게 시의적절하면서도 설득력 있는 도전을 제기한다. 그가 설명하는 개인과 사회의 기독교적 비폭력은 내가 본 것 중 가장 강력하다. 또한 그의 설명은 '화평하게 하는 자는 복이 있나니 그들이 하나님의 아들이라 일컬음을 받을 것임이요'라는 예수님의 산상수훈을 따라 사는 것이 무슨 의미인지 보여준다. 이에 따라 사는 것은 예수님의 가장 중요한 가르침들 중 하나이다. 그것이 바로 오늘날 우리 시대에 그리스도를 믿고 따른다는 것의 핵심이다."

짐 월리스 뉴욕타임즈 선정 베스트셀러 『미국의 원죄』 America's Original Sin 저자, 소저너스 대표

"로널드 사이더만큼 기독교 평화주의를 성경적·신학적으로 변증하는 사람은 없다. 이 책은 기독교적 평화 정착을 위한 가장 통찰력 있고 설득력 있는 글이다. 전쟁과 평화에 관한 당신의 입장이 무엇이든, 이 책은 당신이 반드시 읽어 보아야 할 통찰력 있는 책이다."

가브리엘 살구에로 전미라티노복음주의연합 대표

"로널드 사이더의 책은 기독교적 평화 정착에 관하여 성경적 근거들을 탁월하게 제시한다. 오늘날의 복음주의자들은 폭력의 시대에 원수를 사랑하라는 예수님의 부르심이 얼마나 복합적인 것인지 이해하는 데 도움을 얻을 수 있을 것이다. 각 장에서 사이더는 예수께서 보이신 비폭력과 급진적 사랑의 모범을 따르도록 도전을 준다. 이 책은 평화를 정착시키는 데 헌신한 모든 기독교인들에게 중요한 책이다."

마이라 피코스 리 상담학 부교수, 팔머신학교

"로널드 사이더는 외로운 목소리로 기독교인들에게 계속해서 요청한다. 다시 생각하고 좀 더 깊이 조사하여, 십자가의 패러다임에 좀 더 충실해지자고. 십자가는 예수님의 가르침과 삶에서 나오는 것이다. 나사렛에서의 첫 설교에서 십자가에 이르기까지 우리 자신의 것으로 삼아야 할 하나의 일관된 이상이 있다. 그것은 뼛속까지 평화주의자가 되는 것이다. 예수님을 변함없이 따른다는 것은 평화주의자가 되는 것을 의미한다. 로널드 사이더는 이것을 한 번 더 입증했다. 내가 40년 동안 사이더의 책을 읽어 왔지만, 이 책이 그의 최고 작품이다."

스콧 맥나이트 신약학교수, 북침례신학교

"로널드 사이더는 종교 기득권을 없애는 데 자신의 삶을 헌신했다. 평화와 사회 정의에 관해 '일반 대중'이 이해할 수 있는 신학을 제시했고, 좌파와 우파의 경계를 허물고자 노력했다. 이 책은 복음주의 진영의 윤리적 기반에 대해 대담한 비판을 또 다시 가하고 있는 것이다. 사이더는 이 연구에서 평화와 화해를 위한 예수 중심의 행위들을 도발적이고도 도전적으로 제시한다. 그리하여 사이더는 평화주의자들이 자신들을 향한 정당한 비판순진무구하고 단순하고 유토피아적이라는 비판에 반응하도록 유도한다. 또한 사이더는 정의로운 전쟁을 지지하는 기독교인들로 하여금 이웃을 보호하기 위해서 살인을 하거나 아무것도 하지 않는 두 가지 선택지 이상이 있다는 것을 깨닫도록 도전한다. 그는 평화를 정착시키는 것이 전쟁을 일으키는 것보다 대가를 덜 치른다는, 풍부한 성경적·역사적 증거를 제시한다. 사이더의 책은 매우 읽기 쉬우면서도 성경적 주해가 풍부하다. 또한 정의로운 기독교, 예수 중심 기독교를 구현하기 위해 '제3의 방법'을 부르짖는 은혜로운 찬송가와도 같다. 읽을 때마다 도전을 받고 답을 찾을 수 있을 것이다. 사이더는 우리 자신을 기독교인이라고 부르는 것이 무엇을 의미하는지에 관하여, '만일'이라는 질문으로 우리 눈을 뜨게 한다. 그는 '만일 예수가 주님이시라면, 온전하고 성경적이고 비폭력적인 그리스도를 받아들이는 것이 무엇을 의미하는가?'라는 질문으로 시작했다. 그리고 '만일 대다수 그리스도인들이 평화주의자가 된다면 어떠할까?'라는 질문으로 끝을 맺었다. 아름다움과 깨어짐을 화해시켜 오늘날 우리 세계에 변화를 만들고자 하는 사람들이라면, 경계를 넘어 모든 예수의 제자들에게 이 책은 적절하고 강력한 영향을 선사할 것이다."

수잔 슐츠 헉스만 이스턴메노나이트대학교 총장

서문

스탠리 하우어워스
Stanley Hauerwas

로널드 사이더는 언제나 범주라는 틀에 도전한다. 사이더의 삶과 저술은 복음주의자들이 사회정치적 책임에 대한 인식이 부족하다는 일반화가 맞지 않다는 것을 보여준다. 사이더를 복음주의자로 묘사하는 것도 적절하지 않은 것 같다. 가난한 사람과 굶주린 사람, 소외된 사람을 향한 그의 열정은 우리가 너무나 필요로 하던 증거였다. 게다가 그는 '정의'가 영혼을 검증하는 까다로운 덕목임을 그리스도인들이 여전히 믿고 있다는 사실을 잊지 않게 해 주었다. 그러면서도 그의 영혼은 여전히 부드럽고 온유하다. 가진 것 없는 사람들을 위해서 그가 한 사역을 바라보면 그가 말년에 일을 쉬엄쉬엄할 권리가 있다고 생각할지도 모른다. 하지만 내가 보기에 사이더는 일을 쉬엄쉬엄하는 방법을 몰랐던 사람이다.

대신 그는 우리에게 이 책을 주었다. 이 책은 기독교 평화주의pacifism 개념을 발전시키고 옹호하고 있다. 이 책에는 사이더의 일평생이 담겨 있다. 그가 이 책을 평생 동안 저술했다는 의미가 아니다. 가난한 사람들을 위한 사역을 통해 어떻게 비폭력적으로 살 수 있는지 평생에 걸쳐 배워왔다는 의미이다. 요약하자면 이 책은 자신의 원수를 사랑하는, 결코 쉽지 않은 삶을 살아 내면서 사역을 감당했던 사람만이 쓸 수 있는 그런 책이다. 사이더가 예수님의 사역과 가르침을 면밀하게 읽어 내려가면서 우리에게 보여주려는 것이 있다. 그는 비폭력이 예수님 사역에서 지엽적인 문제가 아니라 예수께서 선포하신 하나님 나라의 핵심임을 보여주고자 한다. 예수님의 정의는 곧 비폭력의 정의이다.

이 책 제목이 암시하듯 사이더가 옹호하는 평화주의는 "성경적"이다. 하지만 그런 묘사는 오해를 불러일으킬 수 있다. 확실히 본문을 주의 깊게 주해하고 있지만, 그는 구조적이고, 신학적이고, 기독론적인 관점에서 주해를 시도한다. 이런 식으로 사이더가 우리로 하여금 성경을 기독론적으로 보도록 돕는다고 말할 수도 있다. 모든 평화가 그리스도의 정의는 아니다. 하지만 그리스도의 정의는 한계가 없고, 모든 사람을 두려움 없는 삶으로 초청한다. 사이더가 말하는 비폭력은 기독교인들만을 위한 "윤리"가 아니다. 사이더의 비폭력은 기독교인들과 비기독교인들이 평화를 위해 함께 노력할 수 있도록 만들어주는 실제reality이다.

사이더가 제시하는 상세한 주해 내용을 보면 그가 성경을 읽을 때 평화주의에 관하여 제기되는 어려운 질문들을 회피하지 않는다는 것을 알 수 있다. 구약성경에는 하나님께서 이스라엘의 원수들을 죽이라고 명령하는 본문들이 있다. 사이더가 이 본문들을 어떻게 다루고 있는지가 특히 중요하다. 사이더는 자신이 전개하는 비폭력에 대한 이해가 신약성경의 어떤 한 본문으로 정당화될 수 없음을 잘 인지하고 있다. 하지만 성경을 부활하신 그리스도에 대한 증언으로 읽을 때 우리는 피할 수 없는 결론에 이르게 된다. 즉 그리스도께서는 살인하지 않고도 살아남을 수 있는 사람들, 살인하지 않고도 살아남은 사람들이 있게 하셨다는 것이다.

사이더가 구약성경을 어떻게 이해하는지가 특히 중요한 이유가 있다. "평화주의는 효력이 없다"는 비판이 종종 제기되는데, 사이더의 구약 이해가 이에 대한 한 가지 대응 방식이 될 수도 있기 때문이다. 사람들은 평화주의자들은 당치도 않은 이상주의자라고, 세상 돌아가는 방식을 이해하지 못하는 자들이라고 주장한다. 하지만 평화주의자에 대한 그러한 비판은 어떤 민족이 수세기 동안 군대도 없이 살아남았다는 사실, 그들이 예수께서 제자들에게 원하셨던 삶을 살았다는 사실, 학살을 피하기 위해 자주 옮겨 다녔다는 사실을 설명하지 못한다. 유대인들에 대해서 말이다. 따라서 사이더가 에베소서 2:11-22을 중요하게 여기는 것은 상당히 옳고 통찰력 있는 것이라 할 수 있다. 이 말씀에 따르면 그리스도인은 하나님께서 택하신 백성을 그분께서 돌보신다는 사실에 근거하여 비폭력을 지지한다.

죽기 전까지 나에게 주어진 작은 임무가 있다면, 그것은 미국 그리스도인들에게 한 가지 확신을 심어 주는 것이다. 우리는 기독교인으로서 전쟁에 동의하지 않아야 한다는 것이다. 나는 절대다수의 기독교인이 평화주의자가 되기를 기대하지는 않는다. 정의로운 용사가 되는 것도 기대하지 않는다. 그저 십자가에 달리신 메시아를 섬기는 것과 전쟁을 지지하는 것 사이에는 깊은 긴장 관계가 있다는 사실을 그리스도인들이 이해하기를 바랄 뿐이다. 이것이 이상향을 그리는 것을 수도 있음을 잘 알고 있다. 하지만 론 사이더의 책은 그 길을 추구하는 데 있어 중요한 도움이 되리라 확신한다. 우리에게 론 사이더를 주신 하나님께 감사드린다.

감사의 글

이 책을 위해 아주 많은 분들이 수고를 아끼지 않았다. 내가 기억하는 분들보다 그러지 못하는 분들, 그리고 내가 전혀 알지 못하는 훨씬 많은 분들이 이 책을 위해 수고해 주셨다. 모두에게 감사를 표하고 싶지만 일부만 언급할 수 있을 뿐이다.

내가 성장해 오고 여전히 몸담고 있는 아나뱁티스트Anabaptist 전통에 깊이 감사한다. 지난 500년 동안 수많은 아나뱁티스트인들은 때로는 용기 있게, 때로는 대가를 치르며 비폭력을 증언했다. 그것은 생각보다 훨씬 다양한 방식으로 내 삶을 형성했다. 헌신을 아끼지 않으셨던 부모님 아이다 사이더와 제임스 사이더는 가정에서 평화의 모델이 되어주셨다. 내 어린 시절 영웅 중 하나이신 어네스트 스왈름 주교Bishop E. J. Swalm는 제1차 세계대전 당시 사람을 죽이는 대신 감옥행을 택하셨다.

"평화를 위한 새로운 부르심"New Call to Peacemaking, 1978 집회에서 성경 강연을 할 수 있도록 초청해 준 데에 깊이 감사를 드린다. 이 운동은 퀘이커교Quakers와 메노나이트교회Mennonites, 형제단교회Church of the Brethren의 후원을 받고 있다. 이 강연은 『그리스도와 폭력』Christ and Violence, 1979이라는 제목으로 출간되었다. 그 책은 예수께서 제자들에게 살인을 원하셨던 적이 있는지에 관한 주제를 다룬 첫 번째 소책자였다.

나는 삶의 여정에서 좋은 친구들을 만나는 축복을 누렸다. 평화주의자 존 스토너John Stoner와는 거의 50년 가까이 친구로 지냈다. 리처드 테일러Richard Taylor도 마찬가지로 나의 수십 년 지기이자 평화 활동가이고, 핵

시대 평화에 관하여 나와 함께 책을 쓰기도 했다.

대학원생 시절부터 좋은 친구로 지내온 메롤드와 캐롤 웨스트팔 부부는 내가 평생 감사해야 할 사람들이다. 결혼 생활에 위기가 찾아왔을 때 아내는 결혼 상담을 받아 보자고 제안했다. 완고하고 오만한 내가 아내의 제안을 받아들여 결혼 생활을 이어갈 수 있도록 끊임없이 설득해 준 것이 바로 웨스트팔 부부였다. 사실 나는 1978년 평화에 관한 강연을 마치고 집에 돌아오는 길에 위기를 맞은 내 결혼 생활에 대해 그들과 이야기 나누기를 그만두었다!

지난 57년 간 내 사랑하는 아내이자 든든한 동반자로 내 곁을 지켜준 그리고 1978년에 우리에게 결혼 상담이 필요했다는 점에서 옳았던 아르부투스 리히티 사이더에게 감사를 전하고자 한다. 어렵고 힘들게 투쟁하던 시절에 신실하게 내 옆에서 함께 걸어 주었고, 기쁨과 평안을 함께 누릴 수 있었음에 가슴 깊이 감사하다는 말을 전하고 싶다. 하나님 아들이 성육신하신 이후 하나님께서 나에게 주신 최고의 선물은 아내였다.

이스턴대학교Eastern University의 팔머신학교Palmer Theological Seminary에 있는 두 제자에게 감사를 전한다. 벤 핏젠과 메릭 코라크는 내 원고를 타이핑하고 또 타이핑하면서 큰 도움을 주었다.

나는 본문 각주를 통해 평화에 관한 내 생각을 형성하는 데 도움을 준 수많은 학자들과 활동가들에게 감사의 말을 전한다. 또한 내가 기억하지 못하는 많은 이들에게도 감사의 말을 전한다.

20년도 넘게 내 책의 편집인으로 수고하고 있는 베이커출판사Baker Publishing의 밥 호삭에게 특히 감사한다. 베이커출판사는 나에게 가장 이상적인 출판사였다.

마지막으로, 존 하워드 요더John Howard Yoder, 1927-1997의 저술들이 나의 생각을 형성하는 데 있어 중요했다는 사실을 인정한다. 그러나 여기에는 감사함과 애석함, 그리고 실망감이 담겨 있다. 나는 먼저 이 책에서 다루는 주제에 대해 요더의 날카로운 저술이 영향을 미쳤다는 점에 감사함을 전하지만, 메노나이트 역사에서 가장 명석한 신학자이자 윤리학자인 요더가 여러 여성을 성적으로 학대하고 권력을 남용함으로써 자신의 명성에 먹칠을 했다는 점에서 애석함을 표한다.[1] 마지막으로 내가 요더에게 실망한 것은 그가 공동체 분별communal discernment에 대한 자신의 신학에서 모순을 발견하면서도 그에 대한 조언과 교정을 수년 동안 고집스럽게 거절했다는 점이다. 많은 사람들이 요더가 수십 년 동안 행한 용서할 수 없는 죄악 때문에 더 이상 그의 저술을 읽지 말아야 한다고 생각한다. 그들이 왜 그렇게 생각하는지 이해한다.

요더는 자신의 행위를 정당화함에 있어 근본적으로 옳지는 않지만 정교한 신학적·해석학적 논증을 사용했다. 이렇게 왜곡된 논증으로 형성된 사상이라면 우리는 거부해야 한다. 구센Goossen에 따르면, 특히 역설적이고도 치명적인 사실은 요더가 비폭력을 설파하면서도 성적 폭력을 지속했다는 것이다. 이 모든 것이 의미하는 바는 우리가 실망감과 신중함, 심지어 의심을 가지고 요더의 저술을 읽어야만 한다는 것이다.

하지만 나는 요더의 죄악 된 행위 때문에 그의 저술을 아주 읽지 말아야 한다고 생각하지는 않는다. 어떤 사람이 지속적으로 죄를 짓고 불쾌하게 진술했다고 해서 그 사람이 말한 모든 것이 그른 것은 아니기 때문이다. 아우구스티누스Augustinus, 354-430는 정부가 이교도들을 사형시켜야 한다고 주장했고, 성性에 관하여 끔찍한 발언을 했다. 마틴 루터Martin Luther, 1483-1546는 농민들을 찔러 죽여야 한다고 주장했고, 유대인들에 관하여 충격적인 언급을 서슴지 않았다. 칼 바르트Karl Barth, 1886-1968는 십년

---

1 이를 자세히 알려면 2015년 1월에 발행된 *The Mennonite Quarterly Review* 전체를 보라. 특히 Rachel Waltner Goossen의 "Defanging the Beast"이라는 긴 글을 참고하라.

가까이 불륜 관계를 유지했다. 아우구스티누스와 루터, 바르트가 이렇게 끔찍하게 실패했다고 해서 우리가 그들의 신학 저술을 읽고 그들에게서 배우지 말아야 하는 것은 아니다. 나는 동일한 결론을 요더에게도 적용할 수 있다고 생각한다. 그러므로 나는 요더의 엄청난 실패에 애통해하면서도 계속해서 그의 저술을 통해 배울 것이다.

서론

나는 정의로운 전쟁just war 전통을 머리로나 마음으로 이해하고 받아들인다. 히틀러Hitler와 스탈린Stalin, 폴 포트Pol Pot, 이슬람국가ISIS와 같이 악랄한 폭군들과 무자비한 독재자들이 역사 속에서 기세등등하게 나타나기 때문이다. 그들은 수백만의 무고한 사람들의 삶을 끔찍하게 파괴했다. 이에 대한 반응으로 사려 깊은 기독교인들이나 다른 사람들은 이러한 용납할 수 없는 파괴 행위를 멈추는 유일한 현실적인 방법은 살상 무력을 사용하는 것이라고 결론짓고는 한다. 반면 평화주의자들은 예수님을 따르려거든 원수를 사랑하고, 절대 살인해서는 안 된다고 주장한다. 거대한 악의 세력 앞에서 그들의 주장은 순진무구하고, 지나치게 단순하며, 이상적으로 보인다.

심지어 평화주의자들은 근본적으로 부도덕한 것처럼 보이기도 한다. 그들은 이웃을 사랑하라는, 그러기에 그들을 보호하라는 기본적인 도덕적 책임을 무시하는 것 같다. 죽임 당하는 이웃 옆에서 그들을 보호하기 위한 어떠한 행동도 취하지 않고 수동적으로 서 있는 것은 무책임하고 악해 보이기까지 한다. C. S. 루이스C. S. Lewis, 1898-1963는 이 점을 생생하게 설명한다. "어떤 살인광이 나를 때려눕히고 제삼자를 죽이려 한다고 가정해 보자. 나는 그 옆에 우두커니 서서 그 살인광이 다른 희생자를 만들도록 가만히 있어야만 하는가? 주님 말씀을 듣는다는 것이 그런 의미인가?"[2] 정당한 전쟁을 지지하는 기독교인들은 평화주의자들이 위협을 받는 이웃들을 사랑하지 못하고 있다고 비난한다. 그들에 따르면 평화주의자들은 역사에 대해 책임을 지지 않는다. 사실 그들은 정의보다 독재를 선호한다.

내 생각에는 이웃을 보호하기 위해 살인을 하거나 아무것도 하지 않는 두 가지 대안만 있다면 정의로운 전쟁을 지지하는 기독교인들은 옳다. 그럴 경우 신실한 기독교인들도 살인을 해야 한다. 이런 면에서 루이스의 지적은 분명 옳다. 공격자가 다른 사람을 잔인하게 공격할 경우 옆에 서서 수동적으로 바라만 보는 것이 예수께서 우리에게 바라시는 것은 아니라는 것이다.

평화주의를 이렇게 비판할 때 문제는 우리에게 절대 죽이거나 가만히 있는 두 가지 대안만 있지 않다는 점이다. 세 번째 가능성은 언제나 있다. 공격자를 반대하거나 제지하기 위해 비폭력적으로 개입할 수 있다. 악에 대한 비폭력적 저항은 이상주의적인 무력한 접근법이 아니다. 지난 100년 동안특히 지난 50년간은 불평등과 학정, 잔인한 독재 정권에 대한 비폭력적 저항이 놀랄 만큼 성공적이라는 사실이 거듭 입증되었다. 간디Mahatma Gandhi, 1869-1948의 비폭력은 대영 제국을 몰아냈다. 마틴 루터 킹Martin Luther King Jr., 1929-1968의 비폭력적인 시민 권리 운동은 미국의 역사를 바꾸었다. 폴란드 자유노조연대Solidarity의 비폭력적인 운동은 폴란드 공산당의 독재 정치에

---

2 C. S. Lewis, *The Weight of Glory*, 86. 이것은 원래 1940년에 옥스퍼드(Oxford)에서 열린 한 평화주의자 모임에서 전한 "나는 왜 평화주의자가 아닌가"("Why I Am Not a Pacifist")라는 제목의 연설문이다.

저항했고 그것을 무너뜨렸다. 수백만 되는 비폭력 필리핀 시위대는 페르디난드 마르코스 대통령Ferdinand Marcos, 1917-1989의 악랄한 독재 정치를 이겨냈다.³ 최근 한 학술서는 1900년부터 2006년 사이에 있던 폭력적 운동과 비폭력 운동의 주요 사례들323건을 검토하고는 놀라운 결과를 발견했다. "비폭력 저항 운동은 폭력 저항 운동에 비해 완전한 성공 혹은 부분적인 성공을 거둔 비율이 두 배 가까이 높았다."⁴

학정과 독재 앞에서 죽이거나 아무것도 하지 않는 두 가지 대안만 있다고 말하는 것은 역사적 사실들과 전혀 다르다. 악에 저항하지 못하고 옆에 가만히 서 있는 것은 비겁하고, 무책임하고, 부도덕하고, 이웃을 사랑하라는 예수님의 명령에 노골적으로 모순된다. 역사적 기록이 입증하듯 비폭력적이면서도 강력한 저항이라는 세 번째 대안은 항상 있었다. 그리고 그것은 효과가 있었다. 확실히 폭력적인 저항보다 자주 성공했다.

그러나 항상 그렇지는 않다. 적어도 단기적으로는 비폭력 대응이 실패하기도 한다. 이때 기독교인들은 어떻게 해야 하는가?

그것이 바로 이 책의 핵심 질문이다. 예수님은 자기 제자들이 악에 저항하고 평화와 정의를 증진시키기 위해 살인하기를 바라셨을까? 예수께서 제자들에게 원수를 사랑하라고 명령하셨을 때, 그들을 절대 죽여서는 안 된다고 말씀하신 것이었을까?

차후에 나는 오늘날의 기독교인들이 예수님의 가르침에 얽매일 필요가 없고, 얽매여서도 안 된다고 주장하는 많은 논증들을 검토할 것이다. 하지만 예수께서 참 하나님이신 동시에 참 인간이시라면, 영원하신 아들이 우리 죄를 대신하여 죽기 위해 인간이 되셨을 뿐 아니라 우리가 어떻

---

3   이러한 사례들을 더 보려면 Ronald Sider, *Nonviolent Action*을 참고하라.
4   Chenoweth and Stephan, *Why Civil Resistance Works*, 7.

게 살아야만 하는지 보이시기 위해서도 인간이 되신 것이라면, 예수께서 오랫동안 기대했던 메시아이심이 맞다면, 용서와 화평이 다스리는 메시아 왕국이 이제 예수님의 제자들이라는 새로운 공동체를 통해 역사 속으로 침투하고 있음을 알리는 것이 예수님 복음의 핵심이었다면, 예수님 제자들이 부활하신 주님과 성령의 능력 안에서 예수께서 시작하신 왕국의 규범대로 지금 살아내는 것이 가능하다면, 그리고 이 책이 자세하게 보여주고자 하는 것처럼 그것이 신약성경이 가르치는 바라면, 오늘날 기독교인들이 예수께서 살인에 대해 가르치셨던 것을 배제하거나 무시할 수 있다고 말하는 것은 신학적으로 엄청난 실수이다.

예수께서 누구이신지에 관하여 역사적이고 정통적인 가르침을 고수하는 기독교인들에게 우리 주제와 관련하여 던지는 가장 중요한 질문은 다음과 같다. '예수님은 제자들에게 결코 살인하지 말라고 가르치고자 하셨는가?'[5] 나의 대답은 이 책에 담겨 있다.

하지만 자세한 논증을 시작하기에 앞서 내가 "강제"coercion와 "폭력"violence이라는 단어들을 어떻게 사용하는지 정의할 필요가 있다. 내가 "강제"라는 단어를 사용할 때 그 의미는 다른 사람에게 특정 방식으로 영향력을 행사하여 다른 사람이 특정 방식으로 행동하도록 요구하는 것이다. 합리적인 강제는 우리 이웃을 사랑하라는 예수님의 부르심과 조화되는 방식으로 다른 사람에게 영향을 미치는 행동이다. 나중에 논히겠지만 이

---

5   지난 200년 동안 신학학자들은 복음서들이 예수님의 가르침과 행동을 제대로 반영하고 있는지, 복음서 저자들의 생각을 주로 반영하고 있는지 매우 상세하게 논의했다. 나는 이 중 크레이그 키너(Craig S. Keener, *Historical Jesus*)와 같은 학자들의 접근법과 결론을 포괄적으로 수용할 것이지만 상세한 논의들을 다 다루지는 않을 것이다. 그보다는 교회의 신앙 고백에서 시작할 것이다. 즉 정경은 기독교인의 신앙과 실천에 있어 권위의 주된 원천으로 타당하게 기능하는 하나님의 특별 계시라는 고백이다. 그러므로 이 책에서 나의 기본 질문은 다음과 같다: '예수님은 자신을 따르는 사람들이 원수를 죽이기 원하셨는가'라는 질문에 대하여 정경은 무엇이라고 말하는가?

는 살인을 배제하는 개념이다. "폭력"은 이웃을 해하려는 의도를 가지고 하는 어떤 행동이다. 여기에는 살인이 포함된다.[6]

우리는 사회적 존재로 창조되었기에 강제는 불가피하다. 부모의 훈육이라는 사랑의 행위에는 심리적 강제psychological coercion가 포함된다. 교회가 권징을 행사하는 것, 친절한 교사가 제출 마감일 준수와 적절한 행위를 요구하는 것도 마찬가지로 사랑의 행위이다. 우리가 사회적 존재로서 공동체 안에서 살아가고 있기 때문에 심리적 강제는 불가피하다. "강제는 사회적 삶의 고유한 구성 요소이다."[7] 강제는 다른 사람에게 힘의 일부를 행사하는 것을 언제나 내포한다. 힘을 그렇게 사용하는 것이 도덕적 강제moral coercion인지 비도덕적 폭력immoral violence인지를 결정하는 데 도움을 주고자 두에인 프라이센Duane Friesen은 몇 가지 질문을 간략히 제시한다. 우리가 힘을 사용하는 것은 평화shalom에 기여해야 하고, 속임수를 쓰지 않고 진실해야 하며, 다른 사람들을 비록 일시적으로 이들의 선택권을 좁힐 수는 있지만 무능력하게 만들지 말아야 하고, 비폭력적이어야 한다.[8] "인간관계에 있어 강제가 전무한 이상향"을 말하는 것은 실수이다.[9]

불매 운동은 강제의 한 사례이다. 마찬가지로 아이가 차 앞으로 뛰어들지 못하도록 하거나 제정신이 아닌 사람이 대교에서 뛰어내리지 못하도록 하는 신체적 구속도 강제의 한 사례이다. 하지만 이러한 강제들은 다른 사람을 사랑하는 것과 조화롭게 양립한다. 그들이 최선을 추구하고 자유를 보전하여 차후에 다른 선택을 할 수 있게 해 주기 때문이다. 신체적 구속이 사랑에 의해 촉발되고, 타인을 보호하기 위해 행사되고,

---

6   Friesen, *Christian Peacemaking*, 143-49에서 제시하는 구별이 나에게 특히 유용했다.
7   Friesen, "Power," 76.
8   Ibid., 83-84. 다른 유용한 글로는 Finn, "Morality, Government"를 참고하라.
9   Roth, *Choosing against War*, 115.

다른 도덕적 선택들을 촉진할 때 그것은 근본적으로 살인과 다르다. 사람을 죽이는 것은 그 사람이 변할 수 있는 모든 가능성을 없애 버리기 때문이다.

폭력은 정신적인 것일 수도 있고, 치명적이지 않은 물리적인 것일 수도 있고, 치명적인 것일 수도 있다. 다른 사람의 존엄성이나 자존감을 해하려는 행위나 그런 의도에서 비롯한 행위는 폭력이다. 마찬가지로 다른 사람의 신체나 재산을 훼손하는 행위나 그렇게 하려는 행위도 폭력이다. 분명 정신 질환을 앓는 사람을 신체적으로 구속하는 것이나 어떤 기업의 부당 행위 때문에 불매 운동을 하는 것은 어떤 사람의 신체나 재산에 손해를 입힐 수도 있다. 하지만 그러한 행위들은 폭력이 아니다. 누군가를 살해하지 않고 더 잘 살게 하려는 의도를 가지고 있고 해하려는 의도를 가지고 있지 않기 때문이다.[10] 손해를 입히는 어떤 행동이 도덕적 강제인지 비도덕적 폭력인지 결정함에 있어 중요한 요인은 그 손해를 초래하는 사람의 동기이다. 그 의도가 타인을 사랑하고 타인의 행복을 증진하며 그 행동이 타인으로 하여금 미래에 더 나은 다른 선택을 할 수 있도록 자유를 부여한다면 강제하는 그 행위는 비폭력적이다.[11] 하지만 신체에 미미한 손상을 가하거나 경제적으로 사소한 손실을 입힌다 하더라도 그 행동에 불매 운동의 대상이 되는 개인이나 기업에 의해서 부당한 대우를 당하

---

[10] 따라서 나는 Stassen and Westmoreland-White, "Defining Violence and Nonviolence," 18에서 제시되는 폭력에 관한 정의에 동의하지 않는다. 그들은 "폭력은 희생자의 동의를 압도하는 수단을 통해 희생자를 파괴하는 것"이라고 정의한다. 이 정의에 따르면 부당한 사업 행위에 대하여 도덕적으로 정당한 불매 운동을 벌임으로 어떤 경제적 손실을 초래하는 것도 폭력이 될 수 있다. 그러나 나는 그러한 행동을 '도덕적으로 정당한 강제'라고 부르고자 한다.

[11] 한스 부르스마(Hans Boersma)는 치명적이지 않은 피해를 합법적인 것과 비합법적인 것으로 구분하는 핵심 요인을 그 피해를 초래하는 사람의 동기에서 발견한다. 하지만 부르스마는 치명적이지 않은 피해의 합법적인 형태도 "폭력"으로 부르기를 선호한다. 하지만 나는 부적절한 행동의 경우에만 "폭력"이라는 단어를 사용하는 것이 좀 더 명확하다고 생각한다. Boersma, *Violence, Hospitality, and the Cross*, 46-47을 참고하라.

는 사람들이나 다수의 행복을 증진시키려는 불매 운동과 같이 타인의 행복을 증진하는 것이 아니라 피해를 끼치려는 의도가 있다면 그 행동은 폭력이다.

정신적, 신체적, 경제적 강제가 도덕적으로 정당성을 가지려면 그 의도와 전반적인 결과가 모든 사람의 행복을 촉진하고 죽임을 당하는 사람이 없는 것이어야 한다. 정신적, 신체적, 경제적 폭력을 가하는 것이 언제나 옳지 않은 것은, 그 행동이 관련한 모든 사람들에 대한 사랑에서 흘러나오거나 그들의 행복을 증진하려는 열망에서 나오는 것이 아니기 때문이다. 다른 사람을 죽이는 행위에는 언제나 폭력이 수반된다.

한 가지 정의를 더 제시하고자 한다. 나는 나의 입장을 표현하기 위해 "평화주의"라는 단어를 자주 사용한다. 하지만 나는 악이나 부당함에 대한 수동적인 반응이나 무저항을 묘사하기 위해 이 용어를 사용할 생각이 없다. 내가 주장하는 성경적 평화주의는 모든 악에 대하여 강력하면서도 비폭력적으로 저항하는 차원의 개념이다. 뿐만 아니라 나의 책 『비폭력적 행동: 기독교 윤리가 요구하지만 기독교인들 대부분이 실제로 시도해 본 적이 결코 없는 것』 Nonviolent Action: What Christian Ethics Demands but Most Christians Have Never Really Tried, 2015에서 제시하듯이, 성경적 평화주의는 강력하면서도 비폭력적인 저항을 요구한다.

1장

예수님의 복음

사실상 모든 신약 학자들은 예수께서 알리시고 선포하신 복음이 "하나님 나라"라는 사실에 동의한다. 이 점에서는 진보 신학자나 보수 신학자, 가톨릭 신학자나 개신교 신학자 모두 동일하다. "하나님 나라"라는 문구또는 이와 정확하게 같은 의미로 마태복음에서 사용되는 "천국"는 공관복음서에서 122회 사용된다. 그리고 대부분 예수님을 통해 언급된다 2회. 예수님은 자신이 이 땅에 오신 목적을 하나님 나라라고 말씀하신다 눅 4:43. 예수님의 설교와 기적의 치료는 하나님 나라 표징이다 눅 7:18-28. 그리고 예수님은 제자들을 내보내시며 하나님 나라가 가까이 왔음을 알리도록 하신다 마 10:7-8; 눅 10:9.

예수님 가르침의 핵심은 오랫동안 기다렸던 메시아의 때가 이르렀다는 것이다. 예수님의 인격과 사역을 통해 평화와 정의, 죄 용서, 이스라엘의 회복의 때가 실제적으로 역사 속에 들어왔다. 하지만 예수님은 당시 사람들을 어리둥절하고 놀라게 하셨다. 자신의 가르침과 행동을 통해 메시아의 본질과 사역에 관해 전하셨다. 이것은 예수님이 군사적 영웅이시기를 바라는 대중의 메시아 개념과 상충했다. 예루살렘에 입성하시며 자신이 메시아임을 사람들에게 알리실 때 예수님은 장군의 위풍당당한 군마를 타지 않고 초라한 나귀를 타고 나타나셨다. 그리고 예수님은 자기를 따르는 사람들에게 원수를 사랑하라고 가르치셨다.

예수님 자신의 메시아 이해가 우리가 다루려는 주제에 어떤 의미를 가지는지 이해하려면 우리는 먼저 그 당시 메시아에 대한 기대를 이해해야 한다. 그 다음 우리는 예수님 시대의 메시아 기대 사상이 보인 폭력의 정도를 살펴보아야 한다. 마지막으로 우리는 하나님 나라 시작에 관한 예수님의 가르침을 좀 더 완전하게 밝혀내야 한다. 이렇게 할 때 우리는 폭력에 대한 예수님의 말씀과 행동을 조금 더 구체적으로 이해할 준비가 될 것이다.

메시아적 기대

주전 587년에 바벨론 제국은 유다 왕국을 정복했다. 그들은 수도 예루살렘과 성전을 파괴했고, 유다와 그 지도자들을 바벨론 포로로 데려갔다. 이 사건은 이스라엘 백성이 가지고 있는 기본 믿음을 근본적으로 흔들었다. 하나님께서 이스라엘 땅을 아브라함 자손에게 영원히 주셨다는 믿음과 우주의 한 분 하나님께서 예루살렘 성전에만 특별하게 계신다는 믿음이 도전을 받은 것이다. 선지자들에 따르면 이스라엘 백성은 죄 때문에 하나님이 계시하신 율법에 순종하지 못했다. 나라가 망하고 포로로 끌려간 이유가 여기에 있다. 하지만 선지자들은 미래에 그들이 포로에서 돌아오고 다시 지어진 성전에 하나님의 임재가 회복되리라는 소망도 보여주었다.

주전 5세기 후반에는 에스라와 느헤미야의 지도 아래 포로 생활에서 돌아오려는 일련의 움직임이 있었지만, 아직 유대 왕국은 강력하고 독립된 모습이 아니었다. 고대 이스라엘의 많은 후손들은 고대 근동 지역에 흩어져 살아남았다. 그때까지 조국 땅에 살고 있던 사람들은 압제국의 통치 아래 고통을 겪었다. 주전 167년에 하스모니아 왕조 혁명 Hasmonean revolt이 시작된 이후 한 세기 후에는 작은 유대 왕국만이 존재했다. 주전 63년에는 로마 제국이 팔레스타인 지역을 휩쓸었다. 로마 제국의 무자비한 압제 아래 유대인들은 오랫동안 기대했던 포로 귀환이 정말로 실현되었다고 느끼지 못했다.

다윗을 닮은 인물이 유대 왕국에 자유를 가져다주리라는 소망은 주전 587년 예루살렘 함락 이후 수백 년 동안 거의 사라졌다. 그러던 중 하스모니아 왕조 시대에 성경 본문을 토대로 이스라엘의 회복을 바라는 메시아적 소망이 생겨났다. 예일대학교의 성경신학자인 존 콜린스John J. Collins에 따르면, 주전 1세기 말 무렵에 이스라엘의 원수들을 물리치고 영속적인 평화를 가져올 전사이자 왕인 다윗 가문의 메시아Davidic Messiah 개념이 생겨났다. 이 개념은 "주전 1세기가 끝나갈 무렵 유대 메시아주의의 보편적 핵심을 구성"했다.[12] "다윗 가문의 메시아를 향한 기대는 성경에 분명한 토대를 두는 것이다. 그리고 주전 1세기가 시작되기 직전 이 기대는 유대교 여러 분파 사이에 널리 퍼지게 되었다."[13]

그렇다고 이것이 이 시기에 단일한 메시아적 이해가 있었다고 말하는 것은 아니다. 당시에는 메시아에 대한 다양한 관점들이 존재했다.[14] 유대 역사가인 요세푸스Josephus, 주후 37-100의 저작은 신약성경을 제외하고 주후 1세기에 팔레스타인 지역에서 일어난 사건들에 대해 가장 잘 알려준다.

---

12 J. Collins, *Scepter and the Star*, 68.
13 Ibid., 95. 메시아 소망이나 군사적 소망을 표현한 당시 여러 문헌들을 보려면 A. Collins and J. Collins, *King and Messiah*, 63-75; Keener, *Historical Jesus*, 265를 참고하라.
14 Longman, "Messiah," 28-30; N. T. Wright, *New Testament and the People of God*, 307-20.

요세푸스는 당시 유대 전쟁Jewish War, 주후 66-70으로까지 이어진 여러 차례의 그중 일부는 메시아와 관련한 것이다 폭력적 저항 운동들에 관하여 언급하고 있다. 요세푸스에 따르면 이 폭력적인 운동들은 그 전쟁이 일어나는 데 일조했다. 요세푸스는 유대교의 거룩한 문서들에 기록된 "애매모호한 신탁"에 관하여 말하고 있다. 즉 이스라엘에서 난 어떤 사람이 나타나서 세계의 지도자가 된다는 것이다.[15]

예수께서 태어나시기 전후 200년 동안 기록된 유대교 문헌 중에는 메시아에 관하여 말하는 것들이 있다. 이 본문들에 따르면 메시아의 핵심 임무는 이스라엘을때로는 군사적 수단을 사용하여 해방하고 예루살렘 성전을 정결하게 하거나 회복하는 것이다. 메시아가 수난을 당할 것이라는 예상은 전혀 없다.[16] 하지만 군사 정복자인 메시아에 대한 기대는 분명하게 나타난다. "유다 가문에서 나올 왕, 메시아가 얼마나 아름다운지요! 그는 허리띠를 두르고 앞으로 나아가며 대적을 향해 전열을 가다듬도록 명령을 내립니다. 그들의 왕과 군주들을 도륙하니 그 앞에 설 수 있는 왕이나 군주는 아무도 없습니다. 그는 적들이 흘린 피로 산을 물들이고 그의 갑옷은 포도주 틀처럼 피에 흠뻑 젖었습니다."[17] 크레이그 키너Craig Keener에 따르면 "유대인 대부분은 이방인들과의 최후 전쟁을 기대했다. 이 전쟁을 통해 이 시대를 끝내고 자신들의 구원의 시대를 열고자 했다."[18]

옛 시대가 끝나고 새로운 메시아 시대가 도래함을 묘사하는 본문들은 종종 강력한 종말론적 언어와 생생한 우주적 심상을 사용한다. 안타깝게도 알버트 슈바이처Albert Schweitzer, 1875-1965 이후 20세기가 시작될 무

---

15 N. T. Wright, *New Testament and the People of God*, 312.
16 Ibid., 320.
17 창 49:10에 대한 팔레스타인 탈굼의 해석; Hengel, *Victory over Violence*, 69에서 재인용.
18 Keener, *Gospel of Matthew*, 168.

렵부터 많은 학자들은 이 본문들이 물질계의 종말에 관하여 이야기한다고 생각했다. 하지만 좀 더 최근 연구는 그러한 관점이 근본적으로 틀렸음을 보여준다. 톰 라이트N. T. Wright의 표현을 빌려 보자.

> "**유대인들이 시공간적 우주의 종말을 기대했다는 증거는 사실상 없다**. 유대인들은 예레미야나 다른 앞선 선지자들과 같이 적절한 은유를 알고 있었고, 대재앙과도 같은 정치 사회적 사건들의 신학적 중요성을 온전히 드러내고자 우주적 심상을 사용한 것이다. 그들이 스토아학파Stoics를 따라 세계가 종말에 이를 것이라는 믿음을 가졌다고 암시할 만한 근거는 거의 없다. … 그들은 **현재 세계 질서가**, 즉 이방인들이 권력을 쥐고 있고 창조주 하나님의 언약 백성인 이스라엘은 그러지 못하고 있는 그 세계 질서가 종말을 고할 것이라고 믿었다. … 유대인들은 시공간의 질서가 곧 사라질 것이라고 믿었던 것이 아니다."[19]

종말론적 언어는 "시공간 질서의 종말과 관련이 없고 이스라엘이 이방 대적들에게서 최종적으로 해방되는 위대한 역사적 절정과 관련이 있다."[20]

이 본문들은 이교도 세력을 전복하고 평화의 시대를 시작하는 폭력적 전쟁을 매우 자주 예언했다. 구약성경에는 온 세상에 평화를 가져올 지도자와 시기에 관하여 말하는 구절들이 많이 있다. 특히 이사야에 있는 세 구절이 주목할 만하다.

---

19   N. T. Wright, *New Testament and the People of God*, 333(강조는 라이트의 것). 또한 같은 책 284-85을 보라. 마찬가지로 J. Collins, *Scepter and the Star*, 105에서 콜린스는 빈번하게 쓰이는 "마지막 날에"(또는 "종말에")라는 문구에 대해 논한다. 그 문구는 "역사의 종말이나 세상의 종말"을 의미하지 않는다. "모든 예언서 본문에서 그 문구가 지칭하는 것은 한 시대의 종말과 또 다른 시대의 시작이다."

20   N. T. Wright, *Jesus and the Victory of God*, 40. 81, 95-97도 참고하라.

이사야 9:5-7은 평화와 정의를 가져올 도래할 왕에 관하여 말하고 있다.

"어지러이 싸우는 군인들의 신과 피 묻은 겉옷이 불에 섶 같이 살라지리니 이는 한 아기가 우리에게 났고 한 아들을 우리에게 주신 바 되었는데 그의 어깨에는 정사를 메었고 그의 이름은 기묘자라, 모사라, 전능하신 하나님이라, 영존하시는 아버지라, 평강의 왕이라 할 것임이라 그 정사와 평강의 더함이 무궁하며 또 다윗의 왕좌와 그의 나라에 군림하여 그 나라를 굳게 세우고 지금 이후로 영원히 정의와 공의로 그것을 보존하실 것이라 만군의 여호와의 열심이 이를 이루시리라"

이사야 11:1-9은 평화와 정의를 가져올 다윗의 후손에 관하여 말한다.

"이새의 줄기에서 한 싹이 나며 그 뿌리에서 한 가지가 자라서 열매를 맺는다. … 가난한 사람들을 공의로 재판하고, 세상에서 억눌린 사람들을 바르게 논죄한다. … 그 때에는, 이리가 어린 양과 함께 살며, 표범이 새끼 염소와 함께 누우며, 송아지와 새끼 사자와 살진 짐승이 함께 풀을 뜯고, 어린 아이가 그것들을 이끌고 다닌다. … 나의 거룩한 산 모든 곳에서, 서로 해치거나 파괴하는 일이 없다." 새번역[21]

그리고 가장 놀라운 구절은 이사야 2:2-4이다. 이 구절은 마지막 날에 관하여 언급한다.

"말일에 여호와의 전의 산이 모든 산 꼭대기에 굳게 설 것이요 모든 작은 산

---

[21] 이사야 11:4-6이 평화의 시대 이전에 있을 폭력 전쟁을 암시한다는 것은 참이다.

위에 뛰어나리니 만방이 그리로 모여들 것이라 많은 백성이 가며 이르기를 오라 우리가 여호와의 산에 오르며 야곱의 하나님의 전에 이르자 그가 그의 길을 우리에게 가르치실 것이라 우리가 그 길로 행하리라 하리니 이는 율법이 시온에서부터 나올 것이요 여호와의 말씀이 예루살렘에서부터 나올 것임이니라 그가 열방 사이에 판단하시며 많은 백성을 판결하시리니 무리가 그들의 칼을 쳐서 보습을 만들고 그들의 창을 쳐서 낫을 만들 것이며 이 나라와 저 나라가 다시는 칼을 들고 서로 치지 아니하며 다시는 전쟁을 연습하지 아니하리라"

예수께서 활동하실 무렵 많은 유대인들은 이사야 2:2-4, 9:5-7, 11:1-9이 메시아의 때를 예언하는 것으로 이해했다. 우리는 사해사본이나 이 시기 다른 문서들을 통해 그 사실을 확인할 수 있다. "이사야 11장은 사해사본이 작성될 무렵에 메시아 기대가 있었다는 것을 입증하는 주요 본문이다."[22] 그리고 신약성경은 평화와 정의에 관한 이사야의 이 구절들을 분명하고도 명시적으로 예수님께 적용하고 있다.

마태복음 4:15-16은 예수께서 메시아 왕국의 도래를 선포하시기 시작하는 것과 관련하여 이사야 9:1-2을 인용한다. 로마서 15:12에서 바울은 이사야 11:1, 10을 인용한다. 스가랴 선지자는 이사야 9:2를 암시하며 "우리 발을 평강의 길로 인도"할 메시아에 대한 간절한 기대를 드러낸다 눅 1:79. 1-3세기에 기독교 저술가들이 반복적으로 선포한 바는 이사야 2:4미 4:3의 메시아 예언은 예수께서 살인을 금하시는 데서 실현되었다는

---

22   J. Collins, *Scepter and the Star*, 25. 또한 57-61을 보라. 이 문서들이 앞으로 도래할 다윗 가문의 메시아를 전사로 종종 묘사하는 것은 사실이다. 이사야 9:6이 메시아를 가리키는 것으로 이해되었다는 증거를 보려면 Mauser, *Gospel of Peace*, 153을 참고하라.

것이다.[23]

예수께서 활동하실 무렵 메시아에 대한 기대는 유대인들 사이에 만연했다. 하지만 그 중심에 폭력이라는 요소가 있었을까?

메시아적 폭력

예수님 생애를 전후로 수십 년 동안 메시아적 폭력 운동이 있었다. 이 운동의 범위와 본질에 대한 학문적 견해들은 서로 매우 차이를 보인다. 마르틴 헹엘Martin Hengel 은 『열심당』The Zealots, 1989 이라는 영향력 있는 학술서를 저술했고, 이 책에서 그는 당시 열심당은 유대교 안에서 메시아를 기다리는 주요 분파임을 주장한다. 리처드 호슬리Richard A. Horsley는 이 주장에 강력히 반대하는데,[24] 호슬리에 따르면 예수님을 평화주의자로 묘사하는 현대의 전형적인 관점은 "기본적으로 예수님의 입장을 돋보이게 하는 '열심당'의 입장과 마태복음 5:38-48에 근거한다." 하지만 이렇게 보는 것은 "주후 첫 세기 동안에는 로마 지배에 대한 격렬한 저항 운동이 지속해서 일어나지 않았기 때문에" 오류가 있다고 할 수 있다.[25] 호슬리가 올바르게 지적하듯, 요세푸스가 "열심당"을 하나의 조직된 분파로 처음 언급한 것은 주후 67년과 68년 사이 겨울이었다.[26] 가지고 있는 근

---

23 Sider, *Early Church on Killing*, 173.
24 Horsley and Hanson, *Bandits, Prophets, and Messiah*. 또한 Horsley, "Ethics and Exegesis," 3-31; Smith, *Studies in Historical Method*, 211-26을 보라.
25 Horsley, *Jesus and the Spiral of Violence*, 318-19.
26 Ibid., x.

거 자료가 주후 한 세기 내내 조직화된 열심당 분파가 있었다는 사실을 보장하지는 않는다.

하지만 여러 자료들을 통해 분명히 알 수 있는 것은, 유대 전쟁이 발발하기 전 300년 동안 압제적인 정복자들이 억압받는 팔레스타인 유대인들로 하여금 폭력적인, 가끔은 종교적인 반란을 일으키도록 부추겼다는 점이다. 동시대에 그리고 이러한 맥락에서 메시아에 대한 추측이 유대인들 사이에 만연하게 되었다.

주전 167년 팔레스타인 지역에 있던 헬라 지도자들은 무거운 세금에 종교적 박해를 더했다. 과대망상증을 앓는 한 시리아 군주는 예루살렘에 있는 유대교 성전을 더럽혔고, 유대교 의식을 없애고 자신을 숭배하도록 했다. 일부 유대인들은 그 명령에 따르기를 거부하여 결국 죽임을 당했다. 다른 유대인들은 자신들의 거룩한 전쟁 전통에 의지하며 구약성경에 나오는 하나님께 불순종했던 사람들을 도륙한 비느하스의 종교적 "열심"에서 영감을 받아 게릴라 운동을 조직했다. 유다 마카비Judas Maccabaeus가 이 운동을 이끌었다.[27] 수차례 피 흘리는 전투를 통해 그들은 헬라 정복자들을 팔레스타인 지역 밖으로 몰아냈고, 정치 종교적 자유를 100년 동안 누릴 수 있었다. 하지만 그것이 끝은 아니었다.

주전 63년, 폼페이우스Pompey가 이끄는 로마 군대는 팔레스타인 지역을 정복했다. 이때부터 수백 년에 걸친 로마 지배가 시작되었다. 로마는 때로는 분봉왕들client kings을 파견해 다스렸고, 때로는 빌라도Pilate와 같은 총독을 파견해 다스렸다.[28] 하지만 언제나 무거운 세금을 부과하고 종교적 신념을 자주 위협했다. 폼페이우스는 일 년에 한 번 대제사장에게만 허락되는 성전 내

---

27 N. T. Wright, *Jesus and the Victory of God*, 158-59. 비느하스에 관해서는 민수기 25:6-13, 마카비1서 2:17-28을 보라.

28 각 직책과 인명은 신약성경이 소개하는 그대로를 따른다. 역주.

지성소로 직접 걸어 들어가기도 했다. 유대인들은 메시아 소망이나 종교적인 소망을 동기로 종종 폭력적인 저항을 일으키고는 했다. 그들은 자신들의 하나님이 선택하신 백성들을 구하기 위해 개입하실 것이라 기대했다. 혁명가들 다수는 하나님이 유대인의 유일한 주님이시기 때문에 유대인들은 로마에 굴복하지 말아야 하며 그들에게 세금도 내지 말아야 한다고 생각했다.[29]

유대교의 주요 수도원 공동체로써 예수님 탄생 무렵 200여 년간 활동했던 에세네파는 『전쟁의 서』The War Scroll라는 문서를 남겼다. 이 문서는 어떻게 거룩한 전쟁 전통이 이 시기 일부 유대인들로 하여금 로마에 대한 항전을 통해 메시아 시대가 도래할 것을 기대하게 했는지 설명하고 있다. 이 책은 에세네파 공동체 전체가 어떻게 깃딤[30]에 대항하여 싸워야 할지 말해 주고 있다. 그들은 자신들이 로마를 무너뜨리고 메시아 왕국을 시작하기 위해 싸울 때 하나님이 간섭하실 것이라고 믿었다.[31]

헤롯은 분봉왕으로서 주전 37년부터 주전 4년까지 팔레스타인 지역을 다스렸다. 그는 예루살렘에 아름다운 성전을 지어 주었다. 하지만 그는 세금을 과도하게 부과했고 반대자들을 무자비하게 죽였다. 그는 또한 로마 황제 숭배를 로마 제국의 헬라 문화 지역에 도입했다. 로마 황제가 자신을 "신의 아들"이라고 부르기 시작했을 때 헤롯은 황제를 신으로 섬기는 로마 신전을 건축했다. 유일신을 독실하게 섬기는 유대인들이 보기에 이것은 신성 모독이었다.

헤롯이 죽자 여기저기에서 반란이 일어났다는 것은 놀랄 일이 아니

29　Storkey, *Jesus and Politics*, 53.
30　구약성경에서 깃딤은 노아의 증손이자 야벳의 손자이다. 그리고 헬라인들의 조상이기도 하다. 따라서 본문에서는 로마인들을 가리킨다. 역주.
31　Hengel, *Zealots*, 281-87. 또한 J. Collins, *Scepter and the Star*, 60을 참고하라. '깃딤'의 의미에 대해서 알려면 Collins, *Scepter and the Star*, 57-58을 보라.

다. 그의 임종 무렵부터 반란은 시작되었다. 유대인들이 형상들을 금지했던 것과는 반대로 헤롯은 새로 만들어진 성전 입구에 로마 지배를 상징하는 커다란 황금 독수리상을 두었다. 헤롯이 곧 죽을 것처럼 누워 있자 예루살렘 서기관 둘은 자신들의 추종자들에게 독수리상을 허물도록 종용했다. 하지만 헤롯은 죽지 않았고, 군대를 보내 반란군들을 제거했다. 헤롯이 죽은 후 그의 아들 아켈라오Archelaus가 왕위를 물려받았을 때 좀 더 광범위한 반란이 한 번 일어났다. 율법 교사들이 반란군 한 무리를 이끌었다. 아켈라오는 그들을 진압하고 유대인 3,000명을 죽였다. 그중 다수가 성전 안에서 죽었다. 50일 후 좀 더 큰 규모의 군중이 예루살렘에 있는 로마군 주둔지를 공격했다. 요세푸스에 따르면 그들은 "자신들의 나라가 예전에 누렸던 자유를 회복할 수 있는 적당한 기회"라고 생각했다.[32] 종교적 열심이 반란군의 주요 동기임은 분명했다. 예루살렘에서 격렬한 전투가 계속 이어지고 로마 군인들과 유대 반란군들 모두가 많은 사상자를 내었다. 결국 시리아를 다스리는 로마 장군이 이스라엘에 도착하여 유대 반란군을 진압하고 2,000여 명을 십자가형에 처했다.[33]

요세푸스는 이 무렵 "유대 땅에 천 번의 소요가 더 있었다"고 보고하고 있다.[34] 요세푸스에 따르면 유대 땅 전체가 "게릴라전의 한 장면"이었다.[35] 이전에 헤롯의 노예였던 시몬Simon은 한 반란군을 이끌며 스스로 왕이라고 선포하기도 했다. 목동이었던 아트롱게스Athronges도 비슷한 행보를 보였다. 라이트에 의하면 이 두 반란은 "메시아 운동의 전조"였다.[36]

---

32 Josephus, *Jewish Antiquities*, 17.269.
33 Josephus, *Jewish War*, 2.75; *Jewish Antiquities*, 17.295; N. T. Wright, *New Testament and the People of God*, 172-73.
34 Josephus, *Jewish Antiquities*, 17.269.
35 Josephus, *Jewish War*, 2.65.
36 N. T. Wright, *New Testament and the People of God*, 173.

또 다른 반란군은 나사렛에서 그리 멀지 않은 갈릴리 지역 세포리스 Sepphoris에서 일어났다. 지도자는 히스기야의 아들 유다였다. 그는 산적 두목으로서 예루살렘에 상당한 지지 세력이 있었다. 그의 부친 히스기야는 몇십 년 전 헤롯에게 처형당했다. 유다는 상당한 추종자들을 이끌었다. 그들은 헤롯의 무기고를 습격해서 무장했다. 요세푸스에 따르면 그의 동기 중 하나는 "왕실의 위엄을 세우겠다는 야심찬 열망"이었다.[37] 이것은 메시아가 갖추어야 할 자격일 수도 있었다. 하지만 로마군은 그들을 격퇴하고 도시를 불태웠으며, 모든 거주민들을 노예로 삼았다.[38]

약 10년 후 로마에 대항하는 또 다른 반란 하나가 발생했다. 이번에는 구레뇨 총독이 유대 지역에서 시행한 인구 조사와 세금 제도에 대한 반대 때문에 일어났다. "로마 제도를 따르는 것은 이 땅과 백성이 이스라엘의 하나님에게 바쳐진 것이 아님을 인정하는 것이었다."[39] 갈릴리 사람 유다와 바리새파 사람 사독은 인구 조사에 대항하여 반란을 일으키도록 사람들을 부추겼다. 그들은 "이러한 세금 제도가 노예 제도를 도입하는 것과 다를 바 없다고 말했으며, 백성들이 자유를 주장하도록 종용했다."[40] 이들은 사람들이 이해하기 쉬운 말로 메시아에 대한 암시를 하면서, 이 대담한 반란에 동참하면 하나님께서 도우실 것이라고 유대인들에게 선언했다.[41]

우리가 에세네파의 『전쟁의 서』를 통해 알 수 있는 또 다른 사실이 있다. 이 시기 다른 유대인들은 마지막 때가 되어 하나님께서 개입하실 때

---

37 Josephus, *Jewish Antiquities*, 17.272.
38 Josephus, *Jewish War*, 2.56, 68.
39 N. T. Wright, *New Testament and the People of God*, 173.
40 Josephus, *Jewish Antiquities*, 18.4.
41 Ibid., 18.5.

면 모든 거룩한 사람들이 거룩한 전쟁에 참여하여 악인들을 완전히 멸절할 것이라고 생각했다.[42] 요세푸스에 의하면 많은 사람들이 유다와 사독을 추종했고 "나라 전체가 믿을 수 없을 정도로 이 교리에 집중했다."[43]

요세푸스는 갈릴리 사람 유다와 사독이 네 번째 유대교 "철학"을 창시했다고 말한다. 기존 세 가지는 에세네파, 사두개파, 바리새파이다. 요세푸스는 네 번째 "철학"이 바리새파 철학과 거의 동일했다고 말한다. 유다와 사독이 "자유에 대해 큰 애착을 가졌다는 것과 하나님이 자신들의 유일한 통치자이자 주님이라고 말했다는 것"을 제외하면 말이다. 심지어 죽음에 대한 공포도 "그들이 어떤 사람을 주님으로 부르게 할 수 없었다."[44] 요세푸스는 바로 이 네 번째 철학이 이스라엘에 파괴적인 유대 전쟁주후 66-70을 일으켰다고 명시적으로 말하고 있다. 종교적인, 아마도 메시아에 대한 기대 때문에 로마의 지배와 세금 제도를 거부한 것이 이스라엘 민족을 무너뜨렸다는 것이다.[45]

갈릴리 사람 유다가 로마 세금 제도에 반대하여 반란을 일으킨 후에도 로마에 대한 적대감과 반란은 60년 동안 이어졌다. 빌라도가 유대 지역 총독으로 있던 10년 동안A.D. 26-36에만 최소 일곱 번 큰 사건이 일어났다.[46] 40년대에는 드다가 자칭 선지자라 하며 상당수의 추종자를 모으고 요단강을 갈라 건너기 쉽도록 해 주겠다고 약속했다. 자신이 출애굽이라는 역사적 사건을 재현하고 있다고 주장하려는 것이었다. 하지만 로마군은 드다의 추종자들을 많이 죽였고, 드다도 참수형에 처했다.[47] 주후

---

42   Hengel, *Victory over Violence*, 39-40.
43   Josephus, *Jewish Antiquities*, 18.6. 또한 행 5:37을 보라.
44   Ibid., 18.23.
45   Ibid., 18.9-10.
46   N. T. Wright, *New Testament and the People of God*, 174.
47   Josephus, *Jewish Antiquities*, 20.97-99.

46년과 48년 사이에는 갈릴리 사람 유다의 두 아들이 로마에 반란을 일으켰다가 십자가형을 당했다. 그리고 요세푸스에 따르면 주후 48년과 52년 사이 어느 유월절에 로마군은 유대인 2,000명을 학살했다.[48]

요세푸스에 의하면 이후 10년 동안 도적sicarii[49]이라 불리는 사람들이 큰 관심을 끌었다. 이들은 자신들이 하늘에서 영감을 받았다고 주장하며 혁명적 변화를 촉구했다. 이집트에서 온 어떤 사람은 유대인 30,000명을 속여 자신이 선지자라고 주장했지만 결국 실패했다.[50] 요세푸스에 따르면 "사기꾼들과 도적들이 한데 뭉쳐 반란을 일으키고 자신들의 독립을 주장하도록 사람들을 선동했고, 로마의 지배에 굴복하는 자는 모두 죽이겠다고 위협했다."[51]

증거는 명백하다. 주전 4세기에 헤롯 1세가 사망한 이후부터 로마의 팔레스타인 지배에 대항하는 폭력적인 반란이 반복해서 일어났다. 갈릴리와 예루살렘에는 "이러저러한 종류의 혁명의 분위기가 감돌았고, 종종 실제로 일어나기도 했다."[52] 사료는 종교적 동기로 일어난 반란도 있었음을 암시한다. 라이트에 따르면 이 운동들은 "메시아적 인물이나 유사-메시아적 인물에 의해 시작되었다."[53] 그리고 로마군은 그들을 십자가형으로 진압했다. 유대인들이 당당하게 저항할 경우 하나님께서 개입하셔서 메시아 왕국을 가져다주실 것이라는 믿음에 근거한, 메시아를 기대하며

---

48 Ibid., 20.105-12.
49 열심당 중에서도 극단적인 사람들이다. 단도(短刀)를 뜻하는 라틴어 '시카'(sica)에서 파생된 '시카리'(sicarii)는 '단도를 품고 다니는 사람들'이었다. 이들은 단도를 은밀히 품고 다니면서 로마 관리들을 암살하려 했다. 역주.
50 Josephus, *Jewish War*, 2.259-63.
51 Ibid., 2.264.
52 N. T. Wright, *New Testament and the People of God*, 176. 라이트에 따르면 또한 "로마에 대항하는 폭력적 혁명도 이 시기에 매우 실제적인 대안이었다"(303).
53 Ibid., 173.

일으킨 반란은 폭력적이었다. 이러한 폭력적인 반란이 당시 유대인들 삶의 한 부분이었음은 분명하다.[54]

호슬리 역시 예수께서 오시기 전에 이미 대중의 "메시아적" 반란이 있었음을 인정한다. 호슬리는 헤롯이 죽을 무렵인 주전 4년에 일어난 반란과 관련하여 다음과 같이 말한다. "갈릴리와 베레아, 유대 등의 주요 외곽 지역에서 대중의 반란이 크게 세 번 일어났다. 이 세 반란은 모두 대중의 메시아 운동이라는 동일한 종교사회적 성격을 띠고 있다."[55]

헹엘은 제국주의 폭력과 외세의 억압, 종교적 열정에 기반한 민족주의가 가득했던 이 시기를 다음과 같이 요약한다: "소박한 유대 사람들에게 이 시기는 억압적인 착취와 말로 표현할 수 없는 잔인한 전쟁, 좌절된 희망의 역사였다. 헤롯과 그의 아들들의 지배, 총독들의 부패한 정권 특히 빌라도은 유대-팔레스타인의 상황을 너무 견딜 수 없게 만들었다. 이제 유대인들에게는 세 가지 가능성만 남은 것이 분명해 보였다. 무장 혁명으로 저항하는 것, 마음속으로는 진의를 숨기면서 지배층에 기회주의적으로 순응하는 것, 수동적으로 참고 인내하는 것이다."[56] 이러한 배경을 기억하는 것이 예수의 하나님 나라 복음을 적절하게 이해하는 데 필수적이다.

---

54 Ibid., 181n76. 라이트는 "따라서 … 헹엘의 저술이 제시하는 요점에 전체적으로 동의한다." 또한 N. T. Wright, *Jesus and the Victory of God*, 290n178을 보라. Nigel Biggar, *In Defence of War*, 45-46에서 나이젤 비거는 유대인들의 폭력적 민족주의가 예수님 생존 당시 사라졌을 "가능성은 거의 없다"라고 말한다. 따라서 라이트와 비거는 헹엘이 주전 50년부터 주후 70년까지의 팔레스타인에 관하여 제시한 기본적인 해석에 전반적으로 동의한다. Morton Smith and Richard Horsley in Klassen, "Jesus and the Zealot Option," 131-49에서 제시된 비판적 검토를 좀 더 살펴보라.

55 Horsley, *Jesus and the Spiral of Violence*, 52.

56 Hengel, *Victory over Violence*, 71.

예수의 하나님 나라 복음

우리가 앞에서 살펴보았듯이 복음서 첫 세 권은 예수님의 가르침이 무엇을 핵심으로 하고 있는지 매우 분명하게 보여준다. 즉 예수님 자신의 인격과 사역 안에서 하나님 나라가 도래하고 있음을 알리는 것이다. 마가는 복음서 서두에서 예수님의 전체 가르침을 간단하게 요약한다. "하나님의 나라가 가까이 왔으니 회개하고 복음을 믿으라."막 1:15 누가는 예수님의 공적 사역을 소개할 때 회당에서 이사야 61:1-2을 읽는 것으로 시작한다. 당시 이 본문은 메시아 왕국의 도래에 관한 구절로 이해되고 있었다.[57] 예수님은 "이 글이 오늘 너희 귀에 응하였느니라"는 말씀으로 마무리하신다눅 4:21. 침례세례 요한이 제자들을 예수께 보내며 예수님이 자신들이 오랫동안 기다려 온 메시아이신지 여쭈었을 때 예수님은 자신이 맹인과 절름발이, 나병환자, 소경을 고치신 기적들을 가리키며 그것이 충분한 증거라고 말씀하셨다눅 7:18-23. 예수님은 자신의 행적이 메시아적 기대들을 성취하고 있는 것임을 암시하신 것이다. 이것은 침례세례 요한에 대한 예수님의 대답을 사해문서 일부와 비교해 볼 때 좀 더 분명해진다. 사해문서는 메시아가 눈먼 자를 보게 할 것이고, 귀머거리가 듣게 할 것이고, 가난한 자에게 기쁜 소식을 전해 줄 것이고, 죽은 자를 일으킬 것이라는 기대를 담고 있다4Q521.[58] 예수님을 반대하는 이들이 예수께서 사탄의 힘으로 귀신을 몰아내신다고 주장하자 예수께서는 다음과 같이 대답하신다. "그러나 내가 하나님의 성령을 힘입어 귀신을 쫓아내는 것이면 하나님의 나라가 이미 너희에게 임하였느니라."마 12:28 여기에서 과거형이

---

57 이를테면 *Dead Sea Scrolls*, 4Q521. Stassen and Gushee, *Kingdom Ethics*, 35.
58 Perrin, "From Qumran to Nazareth," 224-26.

사용되었다! 오랫동안 기대했던 하나님 나라는 이미 가까이 왔다. 그리고 그것은 예수님 사역을 통해 일어나고 있다. 이는 사람들이 기대했던 메시아가 자신이라는 간접적이지만 분명한 주장이다.

일부 학자들은 예수께서 자신을 메시아라 주장하신 적이 있는지 의문을 제기했다. 하지만 예수께서 그렇게 주장하셨다고 생각할 수 있는 여러 이유들 가운데 엄연한 사실이 하나 있다. 즉 로마의 정치 사법 세계가 나사렛 예수에 관하여 알고 있었던 한 가지는, 그분이 로마에 대한 정치적 위협으로서 십자가형을 당하셨다는 것이다. 좀 더 정확하게 말해서 예수께서 자신을 유대인의 왕으로, 유대인의 메시아로 주장하셨다는 혐의였다. 예수께서 자신을 메시아라고 주장하지 않으셨다면 제자들은 그분이 돌아가신 후에 정치적으로 위험한 이 호칭을 그분께 적용하지 않았을 것이다. 반역죄로 유죄 판결을 받은 사람의 제자가 된다는 것은 자신들을 매우 위험한 상황으로 몰아넣는 것을 의미했을 것이기 때문이다.[59]

하나님 나라가 도래하고 있다는 예수님의 선포는 예수님 동시대 사람들에게 엄청난 흥분을 일으켰을 것이다. 라이트가 언급하듯 "1세기 중반 무렵까지 유대 거주민들에게 하나님 나라는 도래하는 이스라엘의 정당성, 이방인들에 대한 승리, 평화와 정의와 번영이라는 최종 선물이었다."[60]

하지만 예수님은 자기 백성이 메시아 왕국에 대해 가지고 있던 소망을 근본적으로 재해석하셨다. 폭력적인 혁명가들이 로마를 향해 무기를 들자고 할 때 예수께서 그 요청을 거부하셨다는 점에서 예수님의 메시아 왕국에 대한 재해석이 가장 분명하게 드러난다. 이 혁명가들은 로마에

---

59 Keener, *Historical Jesus*, 266. 또한 N. T. Wright, *Jesus and the Victory of God*, 514를 보라. 이에 따르면 예수께서 자신을 묘사하기 위해 자주 사용하셨던 "인자"(다니엘 7장 근거)는 예수님 당시 일부 사람들에 의해 메시아적 상징으로 이해되고 있었다.

60 N. T. Wright, *Jesus and the Victory of God*, 204. 또한 N. T. Wright, *New Testament and the People of God*, 303을 보라.

세금 내는 것을 반대하면서 로마의 어떤 법률, 즉 로마 군인이 자기 짐을 피정복민에게 들려 오 리를 가게 할 수 있는 법률을 비난하고자 했을 것이다. 예수님은 그 법률에 대항하라고 하시기보다는 그 짐을 들고 십 리를 가 주라고 말씀하셨다! 예수님은 신을 믿지 않는 정복자들을 죽이기보다는 자신의 원수들을 사랑하라고 말씀하셨다. 누가는 예수께서 백성의 축하를 받으며 예루살렘에 입성하시는 장면을 묘사한다. 예수께서 군마가 아닌 나귀를 타고 입성하신다는 사실은 그가 폭력적인 메시아 방식을 거부하고 계심을 강력하게 나타낸다. 이 설명 후 누가는 예수께서 예루살렘을 향해 우시는 장면을 묘사한다. 예수님은 폭력적인 혁명을 부르짖는 것이 어떻게 도시의 파괴주후 70년에 실제로 발생한 비극로 이어질지 예견하시며 슬픔이 가득하여 말씀하신다. "너도 오늘 평화에 관한 일을 알았더라면 좋을 뻔하였거니와 지금 네 눈에 숨겨졌도다." 눅 19:42[61]

예수님 당시 많은 유대인들은 많은 사람들이 반란군에 가담하여 로마와 거대한 전쟁을 벌인다면 메시아가 자기 왕국을 시작할 것이라고 생각했다.[62] 예수님은 제자들에게 원수를 사랑하라고 요청하시면서 메시아 기대와 관련한 '폭력'이라는 선택지를 거부하신다. 라이트는 그것을 다음과 같이 설명한다: 예수님의 가르침에 따르면 하나님 나라는 "군사적 승리를 통해 도래하지 않는다. 오히려 하나님 나라는 훨씬 더 혁명적인 방법으로 도래한다. 한 쪽 뺨을 맞았을 때 반대쪽 뺨을 대는 것, 오 리를 가자고 했을 때 십 리를 가 주는 것이다. 이는 십자가를 지는, 매우 체제 전복적인 지혜이다."[63]

---

61 막 13:1-4과 N. T. Wright, *Jesus and the Victory of God*, 8장을 보라.

62 Josephus, *Jewish Antiquities*, 18.4-6, 9-10, 23; N. T. Wright, *New Testament and the People of God*, 174; Hengel, *Victory over Violence*, 39-40, 58.

63 N. T. Wright, *Jesus and the Victory of God*, 465.

예수께서 용서에 관하여 제시하시는 가르침 역시 다른 메시아 운동들이 펼치는 전략들과 크게 달랐다. 일부 바리새인들은 사람들이 율법을 신실하게 지킬 때 메시아 도래를 앞당길 수 있을 것이라고 가르쳤다. 하지만 예수님은 하나님 나라의 도래에서 용서가 핵심이라고 가르치셨다. 예수님 말씀에 따르면 하나님 나라는 자기 종에게 지워진 막대한 빚을 거리낌 없이 탕감해 주는 자비로운 왕과 같다마 18:23-35. 바리새인들에게는 경악스러운 일이었겠지만 예수님은 가장 끔직한 죄인으로 여겨지는 사람들도 용서하신다. 예수님은 매춘부, 간음 중 붙잡힌 여인, 압제자들에 동조하여 이득을 얻었던 세리들을 용서하신다. 예수님은 이러한 사회적 소외 계층과 식탁 교제를 하심으로 이들을 받아들이셨음을 분명히 보여주신다. 스스로 의롭다 여기는 사람들이 분개하여 항의하자 예수님은 자신이 의인이 아니라 죄인을 부르러 왔다고 응수하신다막 2:17.

예수님은 이렇게 급진적이고도 대범한 방식으로 죄인들을 용서하신다. 하나님이 돌아온 탕자 비유에 나오는 아버지와 같으시다는 것을 아셨기 때문이다. 계속되는 비유로 예수님은 하나님께서 앞장서서 죄인들을 용서하신다고 가르치신다. "하나님께서는 여러 비유들 속에서 다양한 모습으로 나타나신다. 모든 비유들은 그분을 너그러운 분으로 묘사한다. 관대하고 자비로운 왕으로, 너그럽게 빚을 탕감해 주는 채권자로, 잃어버린 양을 찾는 목동으로, 잃어버린 동전을 찾는 여인으로, 자신의 아들을 맞이하기 위해 달려 나가는 아버지로, 세리의 기도를 듣는 재판관으로 묘사한다. 하나님은 무한한 자비를 가지신 분으로 계속해서 새롭게 나타나신다."[64] 우리는 용서할 줄 모르는 종의 비유가 분명하게 보여주듯이 다른 사람

---

64 Küng, *On Being a Christian*, 276. 마 18:23-27; 눅 7:41-43; 15:3-7, 8-10, 11-32; 18:9-14 등을 보라. 또한 마 20:1-15을 참조하라.

들과의 관계 속에서 하나님의 철저한 용서를 본받아야 한다마 18:23-35.

예수님은 하나님께서 용서하신다는 것만 가르치지 않으신다. 예수님은 자기 자신이 죄를 용서할 수 있는 권위를 가지고 계심도 주장하신다. 유대 전통은 메시아가 자기 자신의 권위로 죄를 용서한다고 말하지 않는다. 하지만 예수님은 그 권위를 대담하게 주장하신다. 예수님은 치료를 바라는 중풍 환자의 죄를 용서하신다. 종교 지도자들이 보기에 이것은 불경스럽게도 죄를 용서하시는 하나님 고유의 권위를 침해하는 것이었다. 그들의 반발에 대하여 예수님은 이렇게 응수하신다. "인자가 땅에서 죄를 사하는 권세가 있는 줄을 너희로 알게 하려 하노라."막 2:10

죄 용서를 다루는 구절에서 예수님께서 자신을 "인자"Son of Man로 묘사하신다는 사실은 중요하다. 예수님 당시 많은 유대인들은 다니엘 7장의 "인자"를 메시아적 인물로 이해했다. 이 시기 유대교 문헌 중에서 다니엘 7장을 메시아적 구절로 해석하는 문헌들은 "유다의 사자가 로마의 독수리를 이길 것이다"라고 예언한다.[65] 요세푸스에 따르면 이러한 메시아 예언이 "다른 어떤 것들보다도 유대인들을 선동하여 반란을 일으켰다."[66] 예수님은 자기 자신을 메시아적 인자로서 하나님 나라를 불러올 자로 여기고 계셨다. 그러나 예수께서는 폭력이 아닌 용서를 통해 하나님 나라가 임하게 하셨다. 예수님은 자신이 말씀하신 하나님 나라의 핵심 요소로서 '용서'가 예수님 자신의 인격과 사역을 통해 역사 속으로 침투하는 것으로 여기셨다. 폭력과 복수가 아니라 용서가 메시아 왕국의 표징이었다.

예수님의 전체 가르침, 그리고 특히 산상수훈은 예수께서 자신의 새

---

[65] N. T. Wright, *Jesus and the Victory of God*, 514.
[66] Josephus, *Jewish War*, 6.312-15.

로운 메시아적 공동체가 어떻게 살기를 바라시는지 보여준다. 신약 학자 리처드 헤이스Richard Hays에 따르면 마태는 산상수훈을 실현 불가능한 이상으로 이해하지 않는다. 오히려 마태는 이를 "제자 공동체가 위해 살아야 하는 하나님 나라와 삶을 예수께서 체계적으로 제시하신 것"으로 이해한다.[67] 예수님은 자기 제자들을 이스라엘의 비주류 집단으로 생각하지 않으신 것이 분명하다. 예수님은 자기 백성에게 이 땅의 소금이 되어야 하고, 이 세상의 빛이 되어야 한다고 말씀하신다마 5:13-14. 예수님은 열두 제자를 임명하시면서 자신의 가르침이 이스라엘 열두 지파 곧 이스라엘 전체를 향한 것임을 보여주신다. 예수님은 자신이 이스라엘 민족 전체의 메시아임을 주장하셨다. 그분의 가르침은 "이스라엘에게 참 이스라엘이 되기를 요구하시는 것"이었다.[68]

예수님의 가르침에는 많은 점에서 당시 체제에 대한 급진적 도전이 담겨 있었다. 당시 남편들은 여러 이유를 들어 아내와 이혼할 수 있었다. 예수님은 수월한 이혼 율법에 만족해하고 있는 남성들을 당황스럽게 하셨다. 예수님은 한 남성과 한 여성이 평생 연합을 이루어야 한다고 주장하셨다마 19:3-9; 막 10:2-12. 또한 예수님은 여성을 열등하게 바라보는 사회 풍조도 무시하셨다. 당시 유대인들에게 여성의 말은 법정에서 아무런 권위가 없었다.[69] 남성이 여성과 함께 대중 앞에 나타나는 것은 부끄러운 일이었다. 유대교 남성들이 매일 사용하도록 권장되어 널리 사용되고 있던 기도문에는 그들이 이방인, 노예, 여성으로 창조되지 않았음에 감사하는 내용이 담겨 있었다.[70] 이와 반대로 예수님은 여성과 함께 대중 앞

---

67 Hays, *Moral Vision*, 321.
68 N. T. Wright, *Jesus and the Victory of God*, 288(강조는 원저자의 것). 또한 251면을 보라.
69 Moule, *Significance of the Message*, 9.
70 Swidler, *Biblical Affirmations of Woman*, 154-57.

에 나타나시고요 4:27, 여성에게 신학을 가르치시고눅 10:38-42, 부활 후 자신을 여성에게 처음 보이심으로써 여성을 높이신다요 20:11-18.

예수님은 백성에 대한 지배적 위치에 우쭐거리며 만족해하고 있는 정치 지도자들을 당황스럽게 만드셨다. 메시아 시대가 시작되면 '섬김'이 '지배'를 대체해야 한다.[71] 메시아 왕국의 가장 위대하신 분은 모든 사람의 '종'이신 그 메시아이시다. 마찬가지로 예수님 나라에서 지도자가 되려는 사람은 지배적인 주인이기보다는 겸손한 '종'이 되어야 한다.

예수님은 당시 경제 체제를 위협하셨다. 그분 말씀에 따르면 부자가 하나님 나라에 들어가는 것보다 낙타가 바늘귀를 통과하는 것이 더 쉽다마 19:24. 예수님은 자본을 가진 사람들이 투자를 회수할 수 없더라도 가난한 사람들에게 돈을 빌려주라고 하신다눅 6:30,34; 마 5:42.[72] 예수님은 젊은 부자에게 많은 부자들을 병들게 했던 우상 숭배와 같은 물질주의가 있음을 간파하셨다. 그래서 예수님은 젊은 부자에게 그리고 어쩌면 동일한 우상을 섬기는 다른 모든 사람들에게 자신이 가진 모든 것을 가난한 사람들에게 나누어 주라고 말씀하신다마 19:21. 그리고 예수님은 가난한 과부를 억압하는 자들을 비난하신다.

예수님은 성전 안에서 자행되는 경제적인 억압과 신성 모독적인 종교 행위를 비판하는 대담한 행동을 보이셨고 이러한 행위들 때문에 체포되셨다. 많은 사람들은 예수님의 성전 정화 사건을 종교적 측면으로만 바라본다. 하지만 그 본문이 명시하는 바는 예수께서 신성 모독과 강도질 모두를 반대하신다는 점이다. "기록된 바 내 집은 기도하는 집이 되리라

---

71   마 20:25-28; 막 10:42-45; 눅 22:24-28. 여기에서 섬김이 이미 십자가에 기반하고 있다는 것에 주목하라.

72   여기서는 간단하게 언급하지만 이와 관련된 40가지 이상 구절들이 있다. 이를 보려면 Sider, *Cry Justice*; Sider, *Rich Christians*, 3장을 보라.

하였거늘 너희는 강도의 소굴을 만들었도다."눅 19:46 대제사장들과 로마 부역자들은 희생 제사용 동물 판매를 독점했다. 먼 곳에서 오는 유대교인들은 이 동물을 사서 제사를 드려야만 했다. 결국 성전에 있는 이방인의 뜰은 매우 높은 가격으로 가축을 팔아 수익을 내는 가축 시장으로 변했음이 분명하다. 예수님은 이방인들이 기도하는 장소가 경제적 착취를 위해 더럽혀진 것을 비난하셨다.[73]

유대인 지도자들이 예수님을 처리하기 위해 재빠르게 움직였다는 것은 놀랄 일이 아니다눅 19:47. 부유한 자들과 권력을 가진 자들에게 그렇게 급진적인 변화를 요구하는 사람은 위험한 혁명가이기 때문이었다. 예수께서 타협하지 않고 잘못된 상황을 비판하신 것이 십자가형을 받으신 한 가지 핵심 이유였다.

하지만 예수께서 당시 상황에 대해 급진적으로 도전하셨다는 사실은 그분이 죽으신 이유를 단편적으로 설명할 뿐이다. 빌라도는 예수님의 십자가 위에 "유대인의 왕"이라는 명패를 달았다. 이는 로마가 예수님을 반역죄라는 정치적 혐의로 십자가형에 처했음을 보여준다요 19:19; 마 27:37; 막 15:26; 눅 23:38. 그리고 산헤드린 공회의 유대교 지도자들은 예수님을 신성모독으로 고소했다. 예수께서 자신을 "찬송 받을 이의 아들 그리스도"라고 인정하셨고 "인자가 권능자의 우편에 앉은 것"을 그들이 보리라고 주장하셨기 때문이다막 14:61-64.[74]

하지만 예수께서 십자가에 달리신 것은 그분 말씀과 행위를 미워했던 사람들 때문만은 아니었다. 복음서들을 보면 예수님은 자신의 죽음을 자기 사명의 핵심으로 생각하셨다. 예수님은 인자예수께서 가장 선호하셨던 자기

---

[73] Hengel, *Victory over Violence*, 80. 헹엘에 따르면 이 행위는 "주요 제사장 가문에게 혜택을 주기 위해 성소를 잘못 사용한 것에 대해 반대하는 전형적인 시위이다."

[74] N. T. Wright, *Jesus and the Victory of God*, 550.

칭호가 온 이유를 "자기 목숨을 많은 사람의 대속물로 주려 함"이라고 말씀하셨다마 20:28. 마태와 마가가 보고하기로는, 베드로가 예수님을 메시아로 고백하고 예수님이 그 고백을 확증하신 이후로 예수님은 제자들에게 다가오는 자신의 죽음에 대해 경고하기 시작하신다마 16:13-23; 막 8:27-33. 제자들과 최후의 만찬을 가지시며 예수께서는 자신의 피가 "죄 사함을 얻게 하려고 많은 사람을 위하여 흘리는" 것이라고 말씀하신다마 26:28.

톰 라이트는 예수께서 자신이 선언하신 하나님 나라가 실제로 자신을 통해 도래하고 있다는 믿음에 대해 어떻게 자기 죽음을 핵심으로 보셨는지를 설명한다. 예수님과 동시대를 살았던 사람들은 메시아가 성전을 정화하거나 재건하고 대적들을 물리쳐 주리라 기대했다. 일반적으로 유대인들은 성전이 성취했다고 생각하는 것을, 예수님은 자기 죽음으로 성취하실 것이라 암시하신 것 같다예수님은 이미 성전과 별개로 죄를 용서하는 자신의 권위를 주장하셨다. 라이트는 이렇게 말한다. "다시 말해서 예수님은 자신의 죽음이 어떤 의미에서 희생 제사의 기능을 수행한다고 생각하신 것이다."[75] 예수님의 죽음은 진짜 대적을 정복했을 것이며 그 대적은 로마가 아니라 사탄이었다. 사탄은 "야훼YHWH의 백성을 속여 이교도의 길을 따르게 했다. 그들로 하여금 총칼과 군사적 반란으로 야훼의 왕국을 시작하도록 부추겼다."[76] 라이트는 다음과 같이 설명을 이어간다. "그렇다면 예수님은 진짜 대적에 대한 메시아적 승리를 바로 그렇게 생각하신 것이다. 사탄은 로마에만 있는 것이 아니라 예루살렘 안에도 있으면서 선택된 나라와 거룩한 장소를 타락시켜 자기 스스로 기만하게 하였고, 결국 세상의 방법으로 세상을 이기려고 하는 가짜의 선택된 백성으로 만들었

---

75   Ibid., 604.
76   Ibid., 564.

다. … 이스라엘은 부르심 받은 그대로 되는 데에 실패했다. 사탄은 이스라엘의 자리에서 이스라엘 대신 행동했다."[77]

예수께서 하나님 나라를 이해하시는 데 있어 핵심은 십자가이다. 부활 또한 예수께서 하나님 나라를 이해하시는 데 있어 핵심이다. 예수께서 부활하지 않으셨다면 유대인들은 예수의 하나님 나라 선언이 거짓이었고, 예수는 실패했으며, 예수는 거짓 메시아였다는 결론만을 내릴 수 있었을 것이다. 역사적으로 기독교인들은 지나치게 혹은 대체로 그리스도의 삶이나 가르침, 혹은 그리스도의 죽음에만 집중하는 경우가 너무 많았다. 사도신경이나 니케아 신조도 예수님의 탄생에서 죽음으로 바로 이어진다. 마치 탄생과 죽음 사이에 중요한 일이 전혀 없었던 것처럼 말이다.[78] 그것은 예수님의 가르침을 하찮게 만들거나 무시하는 것이고, 제자도나 윤리적 순종을 훼손하는 것이다. 여러 복음주의 진영에 이교적인 생각이 만연해 있다. 즉 예수께서 이 땅에 오신 이유는 우리 죄를 위해 죽기 위함일 뿐이라는 것이다. 이러한 생각은 성경적 그리스도를 온전하게 이해하지 못했음을 보여주는 가장 두드러진 사례이다. 비극적이게도 다른 기독교인들은 이웃을 사랑하라는 예수님의 요청이 궁극적인 유일한 가르침이라고 마찬가지로 이교적인 생각하는 것 같다. 교회가 2,000년에 걸쳐 고백한 대로 나사렛 출신의 선생이 성육신하신 하나님이시라는 사실을 우리가 믿는다면, 우리는 성경이 말씀하고 있는 그리스도에 대해 제대로 알아야 한다.

예수의 복음하나님 나라에 대한 예수님의 선언, 하나님 나라에 관한 예수님의 가르침, 하나님 나라를 실제적으로 도래시키는 예수님의 삶과 죽음과 부활을 이렇게 간략하게 개괄하

---

77 Ibid., 608-9.
78 이에 대한 적절한 비평을 보려면 J. D. Weaver, *Nonviolent Atonement*, 121-26, 209을 참고하라.

는 것은 우리의 기본 질문에 대하여 그의 행동과 가르침이 우리에게 무엇을 말해 주는지 자세히 살펴보기 위한 배경을 마련해 준다. 우리의 기본 질문은 이것이다. "예수님은 제자들이 살인하기를 바라시겠는가?"

2 장

예수님의 행동

예수님의 행동은 그분이 폭력을 어떻게 생각하셨는지 우리에게 말해 주는가? 우리는 예수님에 관한 이야기, 즉 예수께서 사탄에게 유혹을 받으신 것, 왕이 되기를 거절하신 것, 예루살렘에 승리의 입성을 하신 것, 체포되기 직전 열두 군단 되는 천사들의 보호를 원하지 않으신 점에 대해 살펴보아야 한다.

사탄의 유혹에 대한 반응

일부 저술가들에 따르면 사탄에게서 유혹마 4:1-11; 눅 4:1-13을 받으셨을 때 예수님은 잘못된, 어쩌면 폭력적 메시아라는 선택지를 거절하신 것이었다.[79] 돌을 빵으로 바꾸라는 유혹은 대중에게 빵을 주어 자신을 메시아로 따르게 하라는 것인가? 요 6:1-15; 실제로 요한복음에 따르면 사람들은 예수께서 오천 명을 먹이신 이후 그

---

79 Yoder, *Politics of Jesus*, 24–27; Ringe, *Luke*, 60–61.

분을 왕으로 세우려 했다. 성전 꼭대기에서 뛰어내리라는 유혹은 극적이고 기적적인 탈출로 대중에게 메시아로서의 지지를 끌어내라는 것인가? 그리고 사탄에게 천하만국을 받으라는 유혹은 예수님 당시 메시아적 공론에서 대중적이던 폭력적인 군사적 정복자가 되라는 유혹일까?

많은 주석가들은 이 해석을 거부한다.[80] 조엘 그린Joel B. Green에 의하면 "빵"에 해당하는 단어는 단수이다. 그러므로 그는 결론내리기를, 이 유혹은 "예수님을 선동하여 대중에게 먹을 것을 주는, 일종의 복지왕으로 칭송받으라는 유혹이 아니다."[81] 예수께서 광야에 혼자 계신 설정은 먹을 것을 주어 마음을 얻어야 하는 잠재적 지지층을 암시하고 있지 않다.

알렌 스토키Alan Storkey는 성전 꼭대기에서 뛰어내리라는 유혹에 메시아에 대한 암시가 담겨 있다는 흥미로운 주장을 한다. 헤롯 대왕은 예루살렘에 성전을 다시 지을 때 구약성경에 나오는 성전 설계를 전통적인 방식과 다르게 이해했다. 그는 성전의 높이를 원래보다 네 배 높게 만들었던 것이다. 헤롯은 이 크고 눈부신 건축물이유대인에게는 하나님만이 다스리는 장소를 상징하기 때문에 로마에게 정치적 위협으로 보이는 것을 두려워했고, 그래서 성전 출입문에 황금 독수리상을 더했다. 이것이 유대인들을 격노하게 했다. 전 장에서 살펴보았듯이 예루살렘 지도자들은 헤롯이 죽은 줄 알고 로마의 점령을 상징하는 독수리상을 철거했다. 하지만 헤롯은 아직 죽지 않았고 반란군 수십 명을 처형했다. 따라서 대중의 마음에 성전은 "하나님이 다스리거나 로마가 다스리는 장소"였다.[82] 엄청난 군중이 모인 어떤 절기에 예수께서 아주 높은 성전 꼭대기에서 안전하게 뛰어내리신다면 사람들은 그 광경을 보면서 자신들을 로마에게서 구원해 줄

---

80 France, *Gospel of Matthew*, 127, 131.
81 Green, *Gospel of Luke*, 193. 하지만 마태복음 4:4에서 이 "빵"이라는 단어는 복수로 쓰인다!
82 Storkey, *Jesus and Politics*, 76–77.

약속의 메시아가 참으로 왔다고 생각했을 것이다.

성전 꼭대기에서 뛰어내리라는 유혹을 이렇게 이해하는 것도 한 가지 대안이 될 수 있지만 이것이 확실한 것이라고 말할 수는 없다. 다른 견해들도 최소한 가능성은 가지고 있다.

사탄을 경배하면 천하만국을 주겠다는 사탄의 제안에는 그럴 법한 정치적이고 메시아적인 암시가 있다. 크레이그 에반스Craig A. Evans가 마태복음 주석에서 언급하는 바와 같이 "이것은 이방인의 굴레를 벗어버리고 싶어 몸이 근질근질한 자칭 메시아적 지도자에게는 꿈의 제안이었을 것이다."[83] 예수님 당시 유대인들이 가지고 있던 메시아 소망에는 군사적 메시아가 로마를 물리치고 예루살렘에서 세계를 다스린다는 생각이 분명 포함되어 있었다.

이 모든 경우 예수님은 사탄을 꾸짖고 그의 유혹을 거절하신다. 이 거절을 통해 예수님이 폭력적인 메시아라는 선택지를 거부하고자 하셨는지 우리가 가진 본문만으로는 분명하게 판단하기가 어렵다. 예수께서 천하만국을 주겠다는 사탄의 유혹을 받으셨을 때나 성전 꼭대기에서 뛰어내리라는 유혹을 받으셨을 때 이러한 해석은 특히 가능성 있다. 하지만 그것이 확실한 해석이라는 의미는 아니다. 메시아의 폭력적 방식에 대한 예수님의 입장을 이해하려고 할 때 사탄의 유혹 이야기를 토대로 삼아서는 안 된다.

---

[83] Evans, *Matthew*, 87.

왕이 되기를 거절한 예수

사복음서는 오천 명을 먹이신 사건을 기록하고 있다마 14:13-21; 막 6:30-44; 눅 9:10-17; 요 6:1-15. 여기에서 분명한 것은 예수님이 굉장히 인기 있으셨다는 것이다. 그분의 치유와 가르침은 군중의 마음을 사로잡는다. 사람들은 예수께서 정말로 누구이신지 생각했다. 예수님은 엘리야이신가? 새로운 선지자이신가? 아니면 다시 살아난 침례세례요한 막 6:14-16 이신가?

예수님은 군중에게서 벗어나 쉼을 얻고자 제자들과 배를 타고 갈릴리 호수 맞은편으로 건너가셨다. 하지만 수천 명이 호수 북쪽 끝으로 우르르 몰려가서 도착하실 그분을 맞이했다. 예수께서는 긍휼에 가득 차셔서 여성과 아이를 제외하고도 오천 명을 기적으로 먹이셨다막 6:30-44. 사복음서 모두는 우리에게 이 사건을 동일하게 전해 준다.

하지만 요한복음은 다른 복음서들에 없는 한 가지 말을 덧붙인다. "그 사람들이 예수께서 행하신 이 표적을 보고 말하되 이는 참으로 세상에 오실 그 선지자라 하더라." 그 다음 구절은 사람들이 무엇을 생각하고 있었는지 꽤 분명하게 보여준다. "그러므로 예수께서 그들이 와서 자기를 억지로 붙들어 임금으로 삼으려는 줄 아시고 다시 혼자 산으로 떠나 가시니라."요 6:14-15

우리가 아는 것처럼 예수님의 공적 사역 전후로 수십 년 동안 갈릴리와 유대 지역에서 폭력적인 메시아 운동이 발생했다고 할 때 그 의미는 분명하다.[84] 우리가 1장에서 살펴보았듯이 주후 6년에 갈릴리 사람 유다는 사람들이 혁명에 동참할 경우 하나님께서 개입하시리라는 기대로 로마에 대항하는 폭력적인 반란을 선동했다. 요한의 짧

---

84   이 사건들에 대한 해석을 살피려면 Storkey, *Jesus and Politics*, 86-92를 보라. 여기에서 스토키가 제시하는 세부 사항은 다소 사변적이지만 그의 기본적인 해석은 정확하다.

은 설명 이면에는 수천 명이 참석한 대규모 운동이 있었을 가능성이 있다. 그들은 예수님을 오랫동안 기대한 메시아로 믿었고, 예수께서 그들을 이끌고 로마와 로마의 분봉왕에 대항하는 전쟁을 일으킬 것이라고 생각했다. 그들은 그 폭력적인 혁명을 이끌어 달라고 예수께 강요할 셈이었다.

예수께서 생각하시는 메시아는 그런 모습이 아니었기에 예수님은 그러한 요청을 거절하셨다. 리처드 헤이스는 예수께서 왕이 되기를 거부하신 장면을 언급하고 나서 다음과 같이 덧붙인다. "예수님은 하나님 나라의 도래를 촉진하기 위한 전략으로 폭력 사용 전반을 거부하신다."[85]

예수께서 오천 명을 먹이신 기적과 사람들을 피해 달아나신 이야기 바로 뒤에 누가는 예수께서 자신을 누구로 생각하시는지 제자들에게 물으시는 이야기를 배치한다. 그것은 매우 놀라운 일이다. 예수께서는 그분을 메시아로 고백하는 베드로의 확고한 믿음을 받아들이셨기 때문이다눅 9:18-20. 동일하게 중요한 것은 누가복음의 바로 다음 구절이다. 예수님은 제자들에게 자신의 고통과 죽음에 대하여 말씀하시기 시작한다. 마가에 따르면 베드로는 죽는 메시아를 상상할 수 없었기에 예수님을 비난한다. 예수님은 거세게 반응하신다. "사탄아 내 뒤로 물러가라!"막 8:33

분명한 것은 베드로가 아직 군사 정복을 꾀하는 메시아를 고대하고 있다는 사실이다. 예수님을 억지로 왕으로 삼으려는 대중과 마찬가지였다. 하지만 예수님은 그러한 왕권을 사탄의 유혹으로 여기신다. 헤이스에 의하면 예수님은 "제자들에게 침묵을 명하신다. 예수님은 메시아라는 칭호가 십자가의 측면에서 재정의될 때까지 자신이 메시아임을 선포하지 않도록 제자들에게 당부하신다."[86]

---

85 Hays, *Moral Vision*, 329-30.
86 Ibid., 329.

예루살렘 입성

승리의 입성은 예루살렘으로 향하는 예수님의 마지막 여정이다. 예수님 제자들과 다른 순례자 무리들은 다가오는 유월절 축제 때문에 예루살렘으로 향하고 있었다. 예루살렘으로 가기 위해서 여리고를 떠났을 때 앞 못 보는 한 거지가 예수께 소리치며 치유를 간구했다. "다윗의 자손 예수여 나를 불쌍히 여기소서"막 10:47라는 그의 표현은 메시아에 대해 암시하는 것으로 쉽게 이해될 수 있다.

마가는 이러한 상황 속에 야고보와 요한의 무례한 요구를 위치시킨다. "주의 영광중에서 우리를 하나는 주의 우편에, 하나는 좌편에 앉게 하여 주옵소서."막 10:37 빌립보 가이사랴 지방에서 베드로가 그랬던 것처럼 야고보와 요한도 강력한 정치적 메시아를 생각했던 것이다. 예수께서는 다시 자신과 그들에게 향한 고통이 다가오고 있다고 경고하신다.

메시아를 향한 열망과 민의가 이 시기에 몹시 강력해졌다는 것은 놀라운 일이 아니다. "그때는 유월절 절기였다. 유월절은 … 하나님의 구원에 대한 기대가 언제나 절정에 이르는 때였다. 세계 도처에서 예루살렘으로 온 순례자들은 이러한 기대로 흥분했다."[87] 캐어드G. B. Caird가 지적한 바와 같이 유월절은 "메시아가 예루살렘에 나타나기를 기대하는 때"였다.[88] 예수께서 공개적으로 자신이 메시아이심을 알리기로 결정하신 것이 이 무렵이다. 이때까지 예수는 자신이 메시아이심을 공개적으로 나타내지 않으시려는 것 같았다. 케임브리지대학교Cambridge University에서 오랫동안 신약학 교수로 있었던 모울C. F. D. Moule에 따르면 이제 예수께서는

---

87 Moule, *Gospel according to Mark*, 86.
88 Caird, *Gospel of St. Luke*, 216.

"자신이 갈채를 받으시려 신경을 쓰신다. ⋯ 그는 군중이 자신을 왕족처럼 호위하도록 의도적으로 나귀 등에 타고 예루살렘으로 들어가신다."[89]

하지만 예수께서 예루살렘에 입성하시는 모습은 장군이 군마를 타고 군사 행렬을 하는 장면으로는 전혀 보이지 않는다. 사복음서가 우리에게 전하는 바에 따르면 초라한 동물을 타는 것은 예수께서 직접 결정하신 사항이다. 마태와 요한은 그것이 나귀였음을 기록하고 있다. 게다가 마태와 요한은 스가랴 9:9-10을 인용하여 왜 예수께서 나귀를 선택하셨는지 설명하고 있다(마 21:5; 요 12:15). 예수님 당시 어떤 사람들은 그 구절을 메시아 도래에 대한 예언으로 이해했다.[90] 그 구절은 겸손한 화평의 인물에 관하여 생생하게 묘사한다.

"도성 시온아, 크게 기뻐하여라. 도성 예루살렘아, 환성을 올려라. 네 왕이 네게로 오신다. 그는 공의로우신 왕, 구원을 베푸시는 왕이시다. 그는 온순하셔서, 나귀 곧 나귀 새끼인 어린 나귀를 타고 오신다. '내가 에브라임에서 병거를 없애고, 예루살렘에서 군마를 없애며, 전쟁할 때에 쓰는 활도 꺾으려 한다. 그 왕은 이방 민족들에게 평화를 선포할 것이며, 그의 다스림이 이 바다에서 저 바다까지, 유프라테스 강에서 땅 끝까지 이를 것이다.'" 슥 9:9-10, 새번역

---

89 Moule, *Gospel according to Mark*, 86. 어떤 주석가들은 예수께서 나귀를 타고 예루살렘에 입성하신 것에서 어떠한 메시아적 주장도 발견할 수 없다고 생각한다(Barrett, *Gospel according to St. John*, 349; Cranfield, *Gospel according to St. Mark*, 352-53을 보라). 하지만 학자들 대부분은 여기에 동의하지 않는다. N. T. Wright, *Jesus and the Victory of God*, 491에서 라이트는 "소위 '예루살렘 입성'은 분명 메시아인 장면이었다"라고 말한다. 또한 J. Collins, *Scepter and the Star*, 206-7; Green, *Gospel of Luke*, 683-85; Keener, *Gospel of Matthew*, 493; Senior, *Matthew*, 230을 참고하라.

90 Keener, *Gospel of Matthew*, 493; France, *Gospel of Matthew*, 777n26.

마태와 요한은 이 본문 일부를 인용하여 화평의 인물에 관하여 말한다. 예수님은 매우 중요한 점 하나를 강렬하게 묘사하신다. 자신이 바로 그 메시아이지만 반란군이 고대하는 폭력적이고 군사적인 정복자 메시아는 아니라는 점이다. 모울은 이 점을 분명하게 지적한다.

> "예수의 지지자들이 그 장면을 회상해 보면 예수는 메시아로서, 구원자로서 … 예루살렘에 나귀를 타고 입성한 것처럼 보인다. 하지만 그것은 전사가 아니라 화평의 인물로서였다. 마치 예수가 이렇게 말하는 것처럼 보였다. '내가 바로 메시아이다. 하지만 너희들이 고대하던 전사같은 메시아는 아니다.'"[91]

크레이그 키너Craig Keener도 동일한 의견을 내보인다. "예수는 자신이 진정한 왕이라고, 하지만 전사로서의 왕은 아니라고 알렸다."[92] 예수님의 행동은 혁명가들이 "로마에 대항하기 위해 일으키는 국가적 봉기"와 자신의 통치가 혼동되어서는 안 된다는 것을 보여준다.[93]

빈센트 테일러Vincent Taylor는 이에 대한 군중의 실망을 다음과 같이 요약한다.

> "예수는 제자들 사이에서 메시아 도래에 대한 긴장감이 늘고 있다는 것을 알아챘음이 분명하다. 그리고 예수는 자신이 고난 받는 메시아에 관하여 가르친 것이 실패했음을 인식한 것이 분명하다. … 사전 준비를 위해 예수는

---

91 Moule, *Gospel according to Mark*, 87.
92 Keener, *Gospel of Matthew*, 493. 여기에서 저자가 Robert Gundry, E. P. Sanders, Marcus J. Borg 등 다른 이들의 주장을 언급하는 것을 참고하라.
93 Caird, *Gospel of St. Luke*, 216.

두 제자를 보내 나귀 새끼를 가져오게 한다. 이는 스가랴의 예언을 성취하려는 것이었다. 자신이 약속된 메시아임을 부정할 수 없었기에, 예수는 제자들과 군중에게 자신이 어떤 메시아인지 보여주려 했다. 전쟁의 메시아가 아니라 겸손하게 나귀에 탄 메시아임을 보여주고자 했다. 군중은 당혹스러웠지만 예수의 의도를 알아차렸고, 예수가 자신들이 소망하던 메시아가 아님을 깨달았다. 이것이 군중이 예수에게서 등을 돌린 이유이다."[94]

열두 군단 천사를 부르지 않으신 것

감람산에서 체포되실 때 예수님은 베드로가 검으로 예수님을 보호하려 했던 행동을 책망하신다(이에 대해서는 4장을 보라). 그리고 예수님은 다음과 같이 덧붙이신다. "너는 내가 내 아버지께 구하여 지금 열두 군단 더 되는 천사를 보내시게 할 수 없는 줄로 아느냐." 마 26:53 로마군의 경우 한 군단에는 6,000명의 군인이 속해 있다. 따라서 72,000명의 천사들이 가진 가공할 만한 힘을 빌린다면 체포되지 않을 수 있을 뿐 아니라 로마군을 몰아낼 수도 있었다! 우리는 예수님의 이 진술을 역사적 맥락 안에서 읽어야만 한다. 예수님과 동시대 사람들은 만일 유대인들이 무장 반란을 일으킨다면 하나님께서 기적적으로 개입하셔서 그들의 적들을 물리치실 것이라고 믿고 가르쳤다.[95] 확실하지는 않아도 개연성 있는 가정은, 예수님은 체포 당시 폭력적 혁명이라는 유혹에 다시금 직면하셨다는 것이

94　Taylor, *Gospel according to St. Mark*, 452.
95　이 책 1장에 있는 "메시아적 폭력" 부분을 보라.

다.[96] 하지만 예수님은 메시아로서 폭력적인 전략을 사용하지 않으시고 십자가를 선택하셨다.

예수님의 이러한 행동들 자체만으로는 예수께서 모든 폭력을 분명하게 거부하셨다고 확신 있게 말할 수 없다. 하지만 우리가 살펴본 예수님의 행동들이 폭력을 지지하지 않고 있다는 것은 분명하다. 우리가 다루고 있는 주제에 대하여 예수께서 무엇을 가르치고자 하셨는지 좀 더 명확하게 알기 위해 우리는 이어지는 두 장에서 이와 관련한 예수님의 가르침을 세심하게 검토할 것이다.

---

[96] Yoder, *Politics of Jesus*, 46–48.

3장

예수님의 산상수훈.

예수께서 가르침을 전하고 계시던 당시 배경은 매우 중요하다. 오랫동안 고대했던 메시아 왕국이 자신의 인격과 사역을 통해 역사 안에 실제적으로 침투하고 있다는 것이 예수님의 선언에서 핵심이라는 것을 이해하지 못한다면 우리는 예수님의 가르침을 정확하게 이해할 수 없을 것이다.

1장에서 우리가 살펴본 것은 예수님 당시 수많은 유대인들이 메시아를 고대하며 기다리고 있었다는 사실이다. 그들은 로마군을 몰아낼 메시아, 예루살렘을 세상의 중심으로 만들어 줄 메시아, 평화와 정의의 시대를 가져올 메시아를 기다렸다. 또한 우리는 이 메시아적 소망이 시공간적 역사의 종말을 암시하는 것이 아님을 살펴보았다. 오히려 새 하늘과 새 땅에 대한 종말론적 표현은 앞으로 올 메시아가 극적이고도 전면적인 변혁을 불러올 것이라는 사실을 생생하게 선포하는 상징적인 개념이었다.

예수님은 자신이 바로 그 메시아임을 주장하셨다. 분명히 그의 행동들은 비폭력적이라는 면에서 아주 다른 메시아적 전략을 보여주는 것 같았다. 하지만 예수께서 분명히 주장하시고 초기 기독교인들이 가르쳤듯이, 예수님이 바로 그 메시아이셨다. 예수님은 유대인들에게 메시아인 자신의 말씀과 사역을 받아들이라 요청하셨다. 예수님은 자신이 나사렛 작은 마을에서 소규모 사교(邪敎) 집단을 창설했다고 생각하지 않으셨다. 그는 이스라엘 사람 전체에게 자신을 메시아로 받아들이기를 요청하셨다. 톰 라이트N. T. Wright에 따르면 예수님의 가르침은 "이스라엘이 참 이스라엘이 되어야 한다고 도전하시는 것"이었다.[97] 예수님은 자신을 따르는 이들이 "이 땅의 소금"과 "이 세상의 빛"이 되기를 원하셨다마 5:13-14.

예수님을 메시아로 받아들이는 것은 그분의 가르침을 따르는 것을 의미했다. 산상수훈 마지막에서 예수께서 주장하시는 것은 "누구든지 나의 이 말을 듣고 행하는 자는 그 집을 반석 위에 지은 지혜로운 사람 같으리니"이다마 7:24. 마태복음 마지막 부분에서 마태는 예수님은 제자들을 전세계로 보내시며 믿는 자들에게 침례세례를 베풀 뿐만 아니라 "내가 너희에게 분부한 모든 것"을 그들에게 가르치게 하셨다고 말하고 있다마 28:20. 요한복음도 예수님 말씀을 통해 동일한 점을 강조한다. "너희가 나를 사랑하면 나의 계명을 지키리라."요 14:15

예수께서는 하나님 나라의 도래와 회개 사이의 연관성을 강조하시면서 이 점을 부각시키신다. 복음서들도 계속해서 이 연관성을 제시한다. 마가복음은 예수님에 관한 이야기를 시작하면서 그분의 복음을 요약하여 보여준다. "하나님의 나라가 가까이 왔으니 회개하고 μετανοεῖτε 복음을 믿으라."막 1:15 누가복음에 따르면 예수께서 오신 목적은 우리를 회개 μετάνοια로 초청하시기 위함이다눅 5:32. 『신약신학사전』*Theological Dictionary of the New Testament*에 의하면 명사 '회개'와 그것의 동사형은 "아무 조건 없이 하나님을 향하는 것"과 "아무 조건 없이 하나님을 반대하는 모든 것에서

---

[97] N. T. Wright, *Jesus and the Victory of God*, 288(강조는 원저자의 것).

돌아서는 것"을 의미한다.[98]

우리가 하나님 나라에 관한 예수님의 복음을 받아들인다는 것은 우리 생각과 행동에 있어 근본적인 방향 전환을 가져오는 것을 의미한다.[99] 예수님의 가르침은 그분을 따르는 사람들이 어떻게 자신의 생각과 행동을 변혁시켜야 하는지, 그리하여 예수님의 삶과 사역 안에서 도래한 새로운 메시아 시대를 어떻게 살아내야 하는지를 보여준다.

마태복음 5-7장에 있는 산상수훈은 사복음서에서 예수님의 가르침을 가장 큰 단위로 보여주는 부분이다. 따라서 우리는 다음 질문에 답하기 위해 그곳에서 시작해야 한다. '자기 제자들이 살인하기를 바라신 적이 있었는지 여부에 관하여 예수님의 가르침은 우리에게 무엇을 가르치고 있는가?'

예수는 율법을 어떻게 성취하였는가?

살인에 대한 예수님의 가르침이라는 질문에서 특히 중요한 점은 마태복음 5:21-48에서 예수님의 말씀이 여러 단위로 나뉘어 전해진다는 사실이다. 이 중에서 특히 마지막 두 가지가 중요하다. 각 말씀 단위에서 예수는 "~했다는 것을 너희가 들었으나 나는 너희에게 이르노니"와 같이 말씀하신다. 예수님이 최소한 몇 번은 구약성경의 가르침을 언급하시고 그것을 수정하거나 바꾸시는 것처럼 보인다. 그런데 마태는 율법과 선지자의 예

---

98 "μετανοέω, μετάνοια E II," *TDNT* 4:1000-1006.
99 이 요점을 잘 설명한 것으로는 Roth, *Choosing against War*, 80-81를 참고하라.

언을 폐하러 온 것이 아니라 "완전하게 하려 함"마 5:17이라는 예수님의 선언을 이 말씀 바로 앞에 놓는다. 실제로 예수님은 "천지가 없어지기 전에는 율법의 일점 일획도 결코 없어지지 아니하고 다 이루리라"고 말씀하신다5:18. 그리고 예수님은 "이 계명 중의 지극히 작은 것 하나라도" 버리는 일을 정죄하신다5:19.

예수께서 구약성경을 어떻게 "성취"하셨는지에 대한 상당히 다른 두 해석이 나온 것은 놀랄 일이 아니다. 한 쪽 진영에 따르면 예수님은 구약성경의 어떤 율법이나 가르침도 버리지 않으셨다. 당시 일부 사람들이 구약성경을 잘못 이해하고 있었던 점을 교정하셨을 뿐이다. 다른 쪽 진영에서는 예수님이 구약성경의 일정 부분을 성취하신 것이라고 주장한다. 즉 구약의 일부 규정들을 버리면서 자기 제자들을 다른, 좀 더 높은 기준으로 이끄셨다는 것이다. 우리는 이 두 논증들을 간략하게 검토해 보아야 한다.

첫 번째 관점은 오랜 전통을 가지고 있는 것이다. 여기에는 존 칼빈 John Calvin, 1509-1564과 같은 사람들이 포함된다. 이 관점에 따르면 "하나님 나라와 구약 시대 사이에는 윤리적 불연속성이 전혀 없다."[100] 존 스토트 John Stott, 1921-2011는 자신의 주장에 대한 몇 가지 논증을 제시하면서 이 견해를 강력하게 뒷받침한다. 스토트는 예수께서 모세를 반대하시는 것이 아니라 당시 서기관들과 바리새인들이 왜곡한 율법에 반대하시는 것이라고 말한다. 스토트에 의하면 "~라는 것을 너희가 들었으나"마 5:21, 27, 33, 38, 43; 5:31라는 진술에서 사용되는 동사는 예수께서 성경을 인용하실 때 일반적으로 사용하시는 단어가 아니다.[101] 게다가 마태복음 5:17-20을

---

100 Charles, *Between Pacifism and Jihad*, 94;
101 마태복음 5장에서 예수님은 "게그랍타이"(γέγραπται)가 아니라 "에레테"(ἐρρέθη)를 사용하신다. 이에 대해서는 Stott, *Sermon on the Mount*, 77을 보라. 하지만 프랜스(R. T. France)는 자신

보면 천지가 사라지기 전에는 아주 사소한 율법도 없어지지 않을 것이라고 예수께서 선포하셨다. 따라서 예수님이 이어지는 본문에서 구약성경의 가르침을 버리고 계신 것이라면 그는 스스로 모순에 빠지시는 것으로 보인다.[102]

하지만 많은 신약 학자들은 마태복음 5:17-20을 다르게 이해한다. 크레이그 블롬버그Craig Blomberg는 마태복음 주석에서 마태복음 5:21-48에 있는 여섯 가지 반제antitheses에 관하여 언급하는데, 이 여섯 가지 반제 안에서 예수님은 "구약성경에 나오는 몇 가지 율법 조항을 위반"하셨다는 것이다.[103] 로버트 굴리히Robert Guelich는 산상 수훈에 대하여 방대한 주석을 썼다. 그는 예수께서 어떻게 율법을 성취하셨는지 묻는 질문에 대하여 현대 성서 학자들과 같은 "가장 일반적인 대답"을 내놓는다. 즉 예수께서는 "율법에 대해 전반적으로 가르치시면서 '율법의 궁극 목적을 제시'하셨고 이를 통해 '율법을 완성'하셨다."[104] 또한 굴리히는 최근 마태복음 연구에 있어 공통된 의견은, 천지가 사라질 때까지 유효한 율법은 "예수께서 가르치신 율법"이라는 점을 언급한다.[105] 마태복음 5:17을 보면 예수께서는 자신이 율법과 선지자의 예언을 "완성"하러 왔다고 말씀하신다. 이 때 사용된 단어는 "플레로오"πληρόω이다. 이것은 마태가 즐겨 사용하는 단어이다. 마태는 그 단어를 16회 사용한다. 그 중 12회가 예

의 주석에서 다음과 같이 지적한다. "'이르되'는 동사 '에레테'의 수동형으로써 비교적 드물게 사용되는 형태이다. 이는 신약성경에서 특히 성경을 인용할 때 쓰인다." 프랑스는 "구약성경과 대조하여 제시되는 각 말씀 단위 전반부는 모세의 율법을 인용한 것이라고 생각해야 한다"고 결론 내린다. France, *Gospel of Matthew*, 177-80.

102 Stott, *Sermon on the Mount*, 78. 또한 Keener, *Gospel of Matthew*, 177-80을 참고하라.
103 Blomberg, *Matthew*, 106.
104 Guelich, *Sermon on the Mount*, 139.
105 Ibid., 147.

수께서 어떻게 구약 본문을 성취하셨는지를 보여주는 경우이다.[106]

굴리히에 따르면 예수께서는 자신이 하나님과 새로운 관계를 세우고 있음을 아셨다. 이는 예레미야 31:31-34와 에스겔 36:25-27, 이사야 2:2-4가 예언했던 대로이다. 따라서 예수께서는 구약에 약속된 종말론적 구속의 때가 이르게 하심으로 율법을 완성하셨다. 마태복음 5:20의 진술하는 메시아의 새 시대를 위해 더 나은 의에 대한 요구는 뒤이어 마태복음 5:21-48에서 설명된다.[107]

예수께서 율법이 정한 것으로 널리 수용되고 있는 것들에 도전하는 권위를 주장하셨다는 것은 꽤 분명하다. 초기 기독교인들은 할례, 음식 규정, 죄 사함을 위해 성전에서 드리는 희생 제사, 안식일 등과 같은 구약 율법의 요구들이 더 이상 구속력이 없다고 분명하게 가르쳤다. 바울이 가르친 바에 의하면 율법은 하나님께서 주신 초등 교사이자 후견인으로서 그리스도가 오실 때까지만 적용할 수 있는 것이다. 하지만 바울은 이제 "우리가 초등교사 아래에 있지 아니하도다"라고 말한다갈 3:25. 프랑스R. T. France가 언급한 바와 같이, 우리가 구약 율법의 규정들을 "예수께서 오시기 이전과 같이" 따라야 한다고 마태복음 5:17-20이 말하는 것이라면 마태복음은 "여기에서 구약의 희생 제사와 음식 규정이 예수의 제자들에게 여전히 구속력이 있다고 선언함으로써 신약 전체 취지와 모순된다."[108]

구약성경에는 특정 음식돼지나 낙타, 토끼 등의 고기류을 부정하게 여기는 분명한 규정이 있다. 그러한 음식을 먹지 말라는 명령은 이스라엘 백성에게 주어졌다레 11:1-47; 신 14:3-19. 하지만 마가복음은 예수께서 이 음식 규정

---

106 가령, 마 1:22; 2:15, 17, 23; 4:14; 8:17; 12:17; 13:35.
107 Guelich, *Sermon on the Mount*, 163.
108 France, *Gospel of Matthew*, 187.

을 배제하셨다고 밝히고 있다. "무엇이든지 밖에서 들어가는 것이 능히 사람을 더럽게 하지 못함을 알지 못하느냐 … 이러므로 모든 음식물을 깨끗하다 하시니라."막 7:18-19 사도행전 10:9-16에 나오는 베드로의 환상 이야기와 바울의 가르침은 초기 교회가 구약의 명시적인 음식 규정들을 어떻게 버리게 되었는지 분명히 보여준다.

예수께서 안식일에 관하여 바리새인들과 자주 충돌하셨다는 것은 뜻밖이다. 십계명 중 하나출 20:8는 안식일 준수를 요구하기 때문이다. 엄격한 안식일 준수는 예수님 당시 유대인들 삶에서 가장 중요한 부분이었다. 복음서들이 그리는 바에 의하면 바리새인들은 예수님과 제자들의 행동이 안식일 율법을 어겼다고 생각하여 그들과 첨예한 갈등을 보였다막 2:23-3:6; 눅 13:10-17; 요 5:16-18. 하지만 예수님은 안식일에 대한 자신의 권위를 당당하게 주장하신다. "안식일이 사람을 위하여 있는 것이요 사람이 안식일을 위하여 있는 것이 아니니 이러므로 인자는 안식일에도 주인이니라."막 2:27-28 십계명 중 한 계명에 대하여 주인 되심을 주장하시는 것은 예수님이 구약을 "성취"하시는 일에 있어 구약의 가르침을 크게 수정하시는 일이 포함될 수도 있음을 분명하게 암시한다.

침례세례 요한에 대한 예수님 말씀이 드러내는 바는, 예수께서 자신의 사역을 율법과 선지자의 예언을 성취하는 것 이상으로 보셨다는 점이다. 예수님은 "여자가 낳은 자 중에 침례세례 요한보다 큰 이가 일어남이 없도다"라고 말씀하신다마 11:11. 더 나아가 "모든 선지자와 율법이 예언한 것은 요한까지니"라고 덧붙이신다마 11:13. 다시 말해 예수님을 통해 역사 안으로 침투하는 메시아 왕국은 구약에 대한 새로운 이해와, 어떤 의미에서는 구약을 초월하는 새 시대와 연결된다. 예수님은 율법과 선지서가 하나님 말씀임을 부정하시는 것이 아니다. 예수님은 거기 예언된 것들이 이제 실제로 도래했다고 말씀하고 계시는 것이다. "이제 예수님을 따르는 사람들은 그분이 오심으로 새롭게 마련된 상황에서 그 본문들을 어떻게 적용해야 올바른 것인지 그분의 가르침과 실천에 비추어 분별해야 한다."[109]

프랜스에 따르면 여기에는 중요한 암시가 하나 있다. "그 과정에서 율법의 특정 요소들이 가진 모든 실천적 목적이 '폐기'되었다면, 그 이유는 그 율법이 하나님 말씀으로서의 지위를 상실했기 때문이 아니라 율법이 성취된 새로운 시대에 그 역할이 바뀌었기 때문일 것이다. 궁극적 권위는 예수님을 가리키던 율법이 아니라 성취자인 예수께 있다." 프랜스는 이 관점이 "최근 수십 년간 상당한 동의를 얻었다"고 말한다.[110] 따라서 "너희 의가 서기관과 바리새인보다 더 낫지 못하면 결코 천국에 들어가지 못하리라"는 마태복음 5:20의 의미는 예수님 제자들의 행동이 율법 세부 규정들을 엄격하게 준수함으로가 아니라 마태복음 5:21-48을 포함한 예수님의 가르침을 토대로 형성되어야 한다는 것이 된다.[111]

분명한 것은 현대 기독교 신학자들이 마태복음 5:21-48에 있는 예수님 가르침의 주요 부분으로 접근하기 위한 서로 다른 두 가지 틀을 제공한다는 점이다. 첫 번째 틀에 따르면, 예수님은 그 당시 잘못된 율법 이해를 바로 잡으시는 것이지 율법의 윤리적 규범들을 폐기하시는 것이 아니다. 두 번째 틀에 따르면, 예수님은 더 이상 규범적이지 않은 일부 율법의 요구들을 수정하거나 더 나아가 그것들을 선언하심으로 율법을 성취하시기도 한다. 각 본문들을 주의깊게 주해하면 주어진 자료에 어떤 틀이 더 적합한지를 결정하는 데 도움이 될 것이다.

---

109 France, *Gospel of Matthew*, 183.
110 Ibid. 프랜스는 17번 각주에서 여러 학자들을 제시한다.
111 Ibid., 190-91. 여기서 프랜스는 마태복음 5:17-20의 사역을 제시한다.

여섯 가지 반제

⁂ 살인과 간음

첫 번째로 나오는 두 담화는 살인마 5:21-26과 간음5:27-30을 다룬다. 이 담화들은 예수님은 구약성경의 명령들을 배제하는 것이 아니라 강화하고 계심을 분명하게 보여준다. 예수님을 따르는 사람들은 살인을 해서는 안 될 뿐만 아니라, 형제나 자매에게 화를 내서도 안 되고 화해를 추구해야 한다. 예수님을 따르는 사람들은 간음을 저지르면 안 될 뿐만 아니라 음란한 생각에 사로잡히지도 않아야 한다.

⁂ 이혼

하지만 이혼을 다루는 다음 부분은 조금 달라 보인다. 마태복음 5:31에서 예수님은 신명기 24:1을 인용하신다. 신명기에서 모세 율법은 아내와 이혼한 남편이 그 이후 다른 남자와 결혼한 그 아내를 다시 받아들이지 못하게 하고 있다. 신명기 본문이 이혼을 명령하지는 않지만 분명히 허용하고 있다. 이후 마태복음 19:3-12을 보면 바리새인들은 왜 남자가 자신의 아내에게 이혼 증서를 주도록 모세가 명령했는지 예수님께 질문한다19:7. 예수님에 따르면 이혼은 "너희 마음의 완악함" 때문에 모세가 허락했던 것이지 본래 하나님의 뜻은 아니었다19:8. 그리고 예수님은 제자들에게 창조주의 원래 의도를 따르라고 말씀하신다. "음행한 이유 외에"는 이혼을 거부하라는 것이다19:9.

예수님의 이러한 가르침은 구약성경의 명시적인 규범을 배제하고 있는 것이 아니다. 그것은 단지 모세의 율법이 '허용했던' 것을 배제하는 것뿐이다. 사실 독일 신학자 요아킴 예레미아스Joachim Jeremias는 널리 알려진 자신의 저작 『예수 시대의 예루살렘』Jerusalem in the Time of Jesus에서 다음과 같이 말한다. "예수님은 토라Torah가 이혼을 허용한다는 점에 대해 주저 없이 대담하게 비판하신다."¹¹²

❖ 맹세

마태복음 5:33-37에서 예수님은 모든 종류의 맹세를 정죄하신다. "또 옛 사람에게 말한 바 헛 맹세를 하지 말고 네 맹세한 것을 주께 지키라 하였다는 것을 너희가 들었으나 나는 너희에게 이르노니 도무지 맹세하지 말지니 … 오직 너희 말은 옳다 옳다, 아니라 아니라 하라 이에서 지나는 것은 악으로부터 나느니라."

우리는 여러 자료를 통해 예수님 당시 맹세가 남용되었다는 사실을 알 수 있다. 하나님의 이름으로 맹세하지 않는다면 성전이나 하늘이나 머리를 건 맹세가 전혀 구속력이 없다고 교사들은 가르쳤고 사람들은 그대로 믿었다. 예수님은 그러한 합리화를 분명하게 거부하신 것이다.¹¹³

하지만 예수님은 더 많은 것을 하신다. 구약은 사람이 자신의 맹세를 어기는 것을 금지할 뿐만 아니라 신 23:21-23, 맹세를 하도록 분명하게 명령하고 있다. 민수기 5:19-22에 따르면 제사장은 여성이 맹세를 하게 한다. 신명기 6:13은 "네 하나님 여호와를 경외하며 그를 섬기며 그의 이름으로 맹세할 것이니라"고 선언한다. 출애굽기 22:10-11은 두 사람 사이의 논쟁이 "주 앞에서 맹세함으로써" 해결될 것이라고 분명하게 말하고 있다.¹¹⁴ 프랜스가 언급하듯이 구약의 율법은 때때로 맹세를 요구한다. 따라서 "언뜻 보기에 예수께서는 율법의 한 측면이 의도하는 바를 반대하

---

112   Jeremias, *Jerusalem in the Time of Jesus*, 376.
113   Keener, *Gospel of Matthew*, 194.
114   또한 민 30:3-16을 보라.

고 계신 것처럼 보이는 사례가 있다."[115] 또는 블롬버그가 말하듯 "이혼에 대한 가르침에서 보이신 바와 같이 예수님은 구약이 허용했던 것들을 다시 금지하신다."[116]

예수님 자신도 심문을 받으실 때 맹세를 하셨다는 주장이 제기되고는 한다.[117] 하지만 본문은 그렇게 말하고 있지 않다. 대제사장은 예수님이 하나님을 걸고 맹세하도록 시험하지만 예수님은 맹세에 대하여 아무런 언급 없이 단순히 질문에 답하실 뿐이다마 26:63-64.[118] 크레이그 키너가 말하는 바와 같이 예수께서는 "공식적인 맹세를 피하셨다."[119] 야고보서 5:12이 말씀하는 바와 같이 초기 교회는 맹세를 금지하는 예수님의 가르침을 기억하고 그대로 살고자 했다. "내 형제들아 무엇보다도 맹세하지 말지니 하늘로나 땅으로나 아무 다른 것으로도 맹세하지 말고 오직 너희가 그렇다고 생각하는 것은 그렇다 하고 아니라고 생각하는 것은 아니라 하여 정죄 받음을 면하라."

흥미로운 사실은 처음 몇 세기 동안 특히 동방의 초기 교회는 예수님의 맹세 금지를 문자적으로 받아들였다는 점이다. 이는 저명한 기독교 저술가들의 진술을 통해 확인할 수 있다. 순교자 유스티누스Justin Martyr, 100-165와 이레나이우스Irenaeus, 130-202, 테르툴리아누스Tertullian, 160-220, 오리게네스Origen, 185-254 등이 여기에 속한다. 하지만 콘스탄티누스Constantine, 306-337 이후 이 전통은 사라졌다.[120]

115　France, *Gospel of Matthew*, 213.
116　Blomberg, *Matthew*, 112.
117　Stott, *Sermon on the Mount*, 102.
118　Keener, *Gospel of Matthew*, 195; Evans, *Matthew*, 128; Bruner, *Matthew*, 1:241.
119　Keener, *Gospel of Matthew*, 195. 로버트 굴리히에 따르면 마태복음 5:34, 37에서 예수님은 "모든 종류의 맹세를 금하신다." Guelich, *Sermon on the Mount*, 218.
120　Bruner, *Matthew*, 1:234. 초기 서방교회에서는 문자적으로 이해하지 않은 예외 사항이 분명하게 있었다.

☼ 눈에는 눈

마태복음 5:38-42은 우리 질문과 관련하여 매우 중요한 본문이다. "또 눈은 눈으로, 이는 이로 갚으라 하였다는 것을 너희가 들었으나 나는 너희에게 이르노니 악한 자를 대적하지 말라 누구든지 네 오른편 뺨을 치거든 왼편도 돌려 대며 또 너를 고발하여 속옷을 가지고자 하는 자에게 겉옷까지도 가지게 하며 또 누구든지 너로 억지로 오 리를 가게 하거든 그 사람과 십 리를 동행하고 네게 구하는 자에게 주며 네게 꾸고자 하는 자에게 거절하지 말라."[121]

"눈에는 눈"이라는 원리는 그 유명한 함무라비 법전Code of Hammurabi, 주전 8세기 이후로 고대 근동 법률의 중심 원리였다. 그리고 분명 이것은 "구약성경에서 볼 수 있는 것처럼, 유대교 율법의 사법 제도에 있어 핵심 원리"였다.[122] 출애굽기 21:23-25은 "그러나 다른 해가 있으면 갚되 생명은 생명으로, 눈은 눈으로, 이는 이로, 손은 손으로, 발은 발로"라고 분명히 말한다. 레위기 역시 동일한 기준을 제시한다. "사람이 만일 그의 이웃에게 상해를 입혔으면 그가 행한 대로 그에게 행할 것이니 상처에는 상처로, 눈에는 눈으로, 이에는 이로 갚을지라 남에게 상해를 입힌 그대로 그에게 그렇게 할 것이며."레 24:19-20 신명기 19장은 법정에서 거짓 증언을 한 사람을 어떻게 처벌해야 하는지 규정하고 있다. 증인이 거짓말한 것이 재판장에 의해 판명될 경우 "그가 그의 형제에게 행하려고 꾀한 그대로 그에게 행하여 … 네 눈이 긍휼히 여기지 말라 생명에는 생명으로, 눈에는 눈으로, 이에는 이로, 손에는 손으로, 발에는 발로이니라."신 19:19-21

예수께서는 구약의 이 핵심 원리에 대해 다음과 같이 반응하신다. "그

---

121 누가복음 6:29-31도 약간의 변형이 있을 뿐이지 동일한 진술을 담고 있다.
122 Guelich, *Sermon of the Mount*, 219.

러나 나는 너희에게 말한다. 악한 사람에게 맞서지 말아라."마 5:39, 새번역 여기에서 우리는 NIV성경이 "저항하지 말라"do not resist고 번역하고 있는 핵심 동사가 실제로 무엇을 의미하는지 주의깊게 살펴보아야 한다. 하지만 어떤 사람들처럼[123] 예수님이 여기에서 구약의 가르침을 배제하시는 것이 아니라고 주장하는 것은 본문의 자명한 의미를 무시하는 것 같다. 본문의 가장 분명한 의미는 블롬버그의 관점에 가깝다. 즉 여기에서 예수님은 "구약의 명령을 공식적으로 폐기하셨다"는 것이다.[124] 존 파이퍼 John Piper도 동일하게 명확한 입장을 보인다. "악에 저항하지 말라는 예수님의 명령마 5:39-42은 구약의 법적 원리에 반대되는 것을 요구한다. … 그것들은 서로를 배제한다. 그리고 그것들은 서로 모순된다."[125]

이 구절을 이해하는 데 있어 핵심은 주요 동사 "안티스테나이"ἀντιστῆναι 를 어떻게 적절하게 번역하는가이다. NIV성경은 그 단어를 "저항하지 말라"마 5:39로 번역한다. 그리고 다수의 사람들은 이를 예수께서 악에 대한 절대적 수동성과 전적인 무저항을 옹호한다고 결론 내렸다. 폴 램지Paul Ramsey와 라인홀드 니버Reinhold Niebuhr에 의하면 "그리스도를 닮은 사랑은

---

[123] Charles and Demy, *War, Peace, and Christianity*, 260-61을 보라. 그들의 주요 논증은 다음과 같다. (1) 그러한 관점은 마태복음 5:17-20의 예수님의 진술과 모순된다. (하지만 우리가 위에서 살펴보았듯이, 5:21-48에 있는 예수님의 실제적인 가르침이 5:17-20을 가장 잘 해석한다.) (2) "눈에는 눈"은 모든 율법의 법률적 원리이다. 그러므로 예수님은 그것을 배제하실 수 없었을 것이다. (하지만 분명한 것은 예수께서 실제로 말씀하신 것이 그분이 말씀하지 않으시려 했던 것에 대한 우리의 '추정'보다 권위 있는 것이어야 한다.) 또한 이상한 것은 존 스토트의 논증이다. "예수께서는 보복의 원리가 참되고 정당한 원리이기 때문에 그 원리를 반박하지 않으셨다." 예수께서 배제하신 구약의 규범이 "참되고 정당하다"고 단순하게 주장함으로 예수께서 말씀하신 것을 예수님이 말씀하고자 하신 것이 아니라고 말하는 것은 이상하다. "비판을 받지 아니하려거든 비판하지 말라"는 예수님의 진술이나 죄나 최후 심판에 대한 예수님의 가르침이 눈에는 눈이라는 원리를 지지한다는 스토트의 논증은 더 이상 설득력이 없다. Stott, *Sermon on the Mount*, 105.

[124] Blomberg, *Matthew*, 113.

[125] Piper, "Live Your Enemies," 89. 이에 대해 좀 더 자세히 보려면 D. Weaver, "Transforming Nonresistance"를 참고하라.

저항하지 않는 사랑이고 비폭력적인 저항을 의미한다."[126] 메노나이트 초기 사상가들은 자신들이 이해하는 예수님을 묘사하기 위해서 "무저항"이라는 단어를 사용했다.[127]

그런데 예수께서 마태복음 5:39에서 악에 대한 완전한 수동성을 옹호하시는 것이라면 이것 또한 예수님이 자신의 가르침에 대한 모순을 보이시는 것이다. 예수께서는 바리새인들에게 맹렬한 공격을 퍼부으신다. 그들에게 눈 먼 인도자들, 어리석은 맹인들, 위선자들, 그리고 뱀이라 비난하신다마 23:13-33. 예수님은 죄 지은 교회 지체들에 맞서라고 제자들에게 촉구하신다마 18:15-17. 예수께서 성전을 정화하시고, 환전상들의 의자를 들어 엎으시고, 동물들을 몰아내시는 것은 결코 수동적인 일이 아니다마 21:17-17; 막 11:15-19; 눅 19:45-48; 요 2:13-25. 심문 도중 경비병 하나가 예수님의 뺨을 때리자 예수님은 반대쪽 뺨을 대시기보다는 항의하셨다요 18:22-23.

이 본문에서 사용된 동사를 자세히 살펴보면 예수께서는 수동성을 권하고 있지 않으신다. "안티스테미"ἀνθίστημι는 "안티스테나이"마 5:39의 변형으로, 헬라어 구약성경인 칠십인역LXX은 이 단어를 주로 군사적 용어로 사용한다. 이 용어는 칠십인역에서 71회 사용되는데, 그 중 44회가 군사적 충돌에서의 무력 저항을 가리킨다레 26:37; 신 7:24; 25:18; 수 7:13; 23:9; 삿 2:14.[128] 1세기 유대교 역사학자인 요세푸스는 이 단어를 17회 사용하는데, 그 중 15회를 폭력 투쟁을 가리키는 데 사용한다. 리델-스콧의 『영어-헬라어 어휘사전』Greek-English Lexicon은 이 단어를 "특히 전투에서 맞서다"로 정의한다.[129] 에베소서 6:13은 기독교인이 하나님의 전신갑주를 입

---

126 Ramsey and Hauerwas, *Speak Up*, 73; Niebuhr, "Why the Christian Church Is Not Pacifist."
127 이에 대해서는 특히 Hershberger, *War, Peace, and Nonresistance*, 43-64, 170-233을 보라.
128 Wink, "Neither Passivity nor Violence," 114.
129 Liddell and Scott, *Greek-English Lexicon*; Wink, *Jesus and Nonviolence*, 107에서 재인용.

고 사탄과 대적하는 영적 전투를 가리키기 위해서 "안티스테나이"를 사용한다. "요약하자면 마태복음 5:39 상반절에서 '안티스테나이'는 단순하게 '맞서다' 또는 '저항하다' 이상의 것을 의미한다. 그것은 폭력적으로 저항하는 것, 반란을 일으키거나 반역하는 것, 반란에 참여하는 것을 의미한다."[130]

톰 라이트는 이 단어의 의미를 다음과 같이 요약한다. "'저항하다'라는 단어는 '안티스테나이'이다. 이 단어는 특히 군사적인 혁명 저항을 가리키는 전문 용어이다. 이런 의미에서 볼 때 그 명령은 그때까지의 설교에 담긴 암시들을 상당 부분 이끌어 낸다. 이스라엘이 성공하는 길은 폭력적인 저항의 길이 아니다. … 그것과는 다른, 비폭력적 저항이라는 완곡한 길이다. … 예수님의 백성은 저항 운동의 한 부분을 차지할 수 없었다."[131] 라이트는 39절을 자신이 새롭게 번역하여 다음과 같이 제시한다. "폭력을 사용하여 악에 저항하지 말라."[132]

---

[130] Wink, "Neither Passivity nor Violence," 115. 이와 관련있는 단어인 "스타시스"(στάσις)는 마가복음 15:7에서 바라바의 폭력적인 폭동과 사도행전 19:40에 나오는 소요를 가리킨다. 이 단어는 여러 형태로 사용되면서 폭력적인 반란(행 5:37)이나 기독교인들을 향한 유대인의 공격(행 16:22; 17:5) 등을 가리킨다.

[131] N. T. Wright, *Jesus and the Victory of God*, 291. 라이트는 각주 179와 180에서 "안티스테나이"에 대한 월터 윙크(Walter Wink)의 기본적인 분석에 동의하여 그것을 인용한다. Guelich, *Sermon on the Mount*, 220에서 굴리히는 39절 상반절을 더 좁은 의미로 이해해야 한다고 주장했다. 그 본문이 법정에서 악한 사람을 반대하는 것을 정죄할 뿐이라고 본 것이다. Richard Hays, *Moral Vision*, 235-26에서 헤이스가 지적하는 바에 따르면, '안티스테나이'에 어떤 법적 배경이 있다고 하더라도 그 단어는 "법적 반대를 의미하는 전문적인 용어"가 아니고, 신약의 나머지 부분에서도 일반적으로 그런 의미를 가지고 있지 않다. 더 나아가 그 본문을 좁은 의미로 이해하는 것은 5:39 하반절이나 5:41-42과 통하지도 않는다. Bruner, *Matthew*, 1:248-49에서도 굴리히의 견해는 거부된다.

[132] N. T. Wright, *Kingdom New Testament*, 9. 마찬가지로 Glen Stassen and David Gushee, *Kingdom Ethics*, 138은 다음과 같이 사역(私譯)한다. "폭력적으로나 복수심으로나 악한 수단으로 보복하거나 저항하지 말라." 39절 상반절에는 또 다른 모호함이 있다. NIV 성경은 "악한 사람에게 저항하지 말라"고 번역한다. 하지만 "사람"으로 번역된 헬라어 단어는 여격(與格)이다. 그러므로 그것은 남성이나 중성 둘 다 될 수 있다. 중성이 될 경우 그 단어는 악한 사람이 아니라 일반적인 악을 가리킨다.

악에 대한 폭력적인 반응을 금지한 후 본문은 무엇이 적절한 반응인지 네 가지 구체적인 상황으로 묘사한다. 각 상황에서 주어지는 명령은 폭력적인 것도 아니고 수동적인 것도 아니다. 예수께서는 소극적으로 돌아서거나 되받아치지 말고 오히려 악에 비폭력으로 맞서라고 요구하신다.[133] "압제자가 요구하는 것 이상을 함으로써 제자들은 또 다른 실재인 하나님 나라를 목도하게 되는 것이다."[134]

월터 윙크는 39-41절에 대한 새로운 해석을 제시했는데, 이 해석이 정확하다면 이 진술들 속에서 예수님은 확실히 비폭력적이지만 악과 불평등에 대해 열렬한 운동가적 반응을 보이고 계시다는 주장이 큰 힘을 얻게 된다.[135] 어떤 학자들은 윙크에게 동의하지만[136] 그렇지 않은 이들도 있다. 그렇지만 그의 논증은 신중히 평가해 볼 만하다.

왼쪽 뺨도 돌려 대라. 본문은 "누구든지 네 오른편 뺨을 치거든 왼편도 돌려 대며"라고 말한다5:39하. 헤이스는 주석가들이 폭넓게 수용하는 견해를 언급한다. 즉 어떤 사람의 오른쪽 뺨은 손등으로만 때릴 수 있고, 그러한 행동은 상급자가 하급자에게나 할 수 있는 일종의 모욕적인 행동이라는 것이다.[137] 이 이론을 검증하려면, 어떤 사람 앞에 서서 오른쪽 주먹으로 상대방의 오른쪽 뺨을 때리는 것보다 오른쪽 손등으로 상대방의 오른쪽 뺨을 때리는 것이 얼마나 더 쉬운지 해 보라. 우리는 당시 문헌들을 통해 손등으로 오른쪽 뺨을 때리는 것이 커다란 모욕이었다는 점을 알 수 있다. 그것은 "한 사람의 존엄성을 공개적으로 모

---

133 Bruner, *Matthew*, 1:251.
134 Hays, *Moral Vision*, 326.
135 Wink, *Engaging the Powers*, 175-84; Wink, *Powers That Be*, 98-111.
136 Stassen and Gushee, *Kingdom Ethics*, 139; Fahey, *War and the Christian Conscience*, 35-38; Kraybill, *Upside-Down Kingdom*, 182; Neufeld, *Killing Enmity*, 23-25.
137 Hays, *Moral Vision*, 326. 헤이스 자신도 완전하게 확신하지 않는다.

욕하는 가장 심한 행위"였다.[138] 또한 고대 문서들이 보여주는 바에 의하면 신분이 동등할 경우 모욕적으로 손등으로 때리는 행위는 주먹으로 치는 행위보다 벌금이 두 배였다.[139] 하지만 노예들을 그렇게 때리는 것에는 어떤 벌금도 부과하지 않았다. 손등으로 뺨을 때리는 것은 노예나 여성들처럼 신분이 낮은 사람들을 향한 것이었다.[140]

예수님 말씀을 그러한 배경에서 이해하는 것이 적절하다면 반대쪽 뺨도 대라는 예수님의 충고는 매우 놀라운 제안이다. 일반적으로 하급자라면 그러한 모욕을 때때로 저항하거나 그냥 받아들였을 것이다. 하지만 모욕을 주는 사람에게 반대쪽 뺨을 돌려 댐으로써, 그 사람은 폭행을 가하는 사람에게 다시 때리고 싶다면 주먹을 사용하도록 강요하는 것이나 마찬가지이다. 손등으로 왼쪽 뺨을 때리는 것이 주먹으로 때리는 것보다 훨씬 어렵다. 윙크에 따르면, 하급자가 자신의 존엄성을 주장하는 극적인 행위는 상급자를 놀라게 하는 효과를 불러온다. 즉 되받아치는 것이 아니라 폭행을 가하는 사람에게 그만둘 것을 요구하거나 주먹을 사용함으로써 하급자를 동등하게 대우하라 요구하는 것이다. 따라서 예수님은 비폭력을 주장하시면서도 악에 대하여 적극적인 행동으로 반응하라 요구하고 계시는 것이다. 예수께서 의도하셨던 것이 이것인지 아무도 확신 있게 주장할 수는 없다.[141] 하지만 이 결론에는 분명히 개연성이 있다.

겉옷까지도 내어 주라. "또 너를 고발하여 속옷을 가지고자 하는 자에

---

138 Keener, *Gospel of Matthew*, 197.
139 Gundry, *Matthew*, 95.
140 Wink, *Engaging the Powers*, 176.
141 브루너는 오른뺨을 돌려 대는 것에 대한 윙크의 논증에 동의하지 않는다. 하지만 브루너는 악에서 도망치거나 그것에 반격하지 말고 악에 맞서라는 예수님의 부르심에 동의한다. Bruner, *Matthew*, 1:251을 보라.

게 겉옷까지도 가지게 하며."마 5:40[142] 이 구절의 배경은 1세기의 일반적인 상황이다. 당시에는 빚을 진 가난한 사람들이 많았다. 예수님은 빚 진 사람들에 관하여 여러 비유들을 말씀하셨다. 로마의 갈릴리 지역 분봉왕인 헤롯 안디바Herod Antipas가 로마에 바치기 위해 과도한 세금을 거두었기에 많은 가난한 사람들이 빚을 지게 되었다.[143]

예수님 말씀에서 빚을 갚지 못해 법정으로 끌려온 사람은 분명 매우 가난했다. 소유한 것 중에서 빚을 갚기 위하여 지불할 만한 것이라고는 옷이 전부였다. 그런 가난한 사람들은 부유한 사람들을 이길 가망이 없었고, 빚 때문에 속옷까지도 빼앗겼다. 본문에서 빚을 진 사람이 속옷 포기 소송을 당한 이유는 아마도 구약이 겉옷을 담보로 취하지 못하도록 명시적으로 금지했기 때문일 것이다. 구약은 해가 질 때까지 겉옷을 담보로 붙잡아두지 못하도록 한다. 가난한 사람은 잠을 자는 동안에 겉옷을 담요로 써야 하기 때문이다.[144]

예수께서는 왜 자신의 속옷을 빚쟁이에게 빼앗긴 가난한 사람에게 겉옷까지도 주라고 말씀하시는가? 많은 가난한 사람들이 겉옷을 한 벌만 가지고 있었기 때문에 겉옷을 주는 것은 법정에서 알몸이 된다는 것을 의미했을 것이다. 팔레스타인의 유대 사회에서 알몸이 되는 것은 끔찍한 치욕이었다.[145]

윙크의 설명에는 분명히 개연성이 있다. 알몸으로 인한 치욕은 발가

---

142 "속옷"과 "겉옷"에 해당하는 헬라어는 "키톤"(χιτών)과 "히마티온"(ἱμάτιον)이다. 리델과 스콧에 따르면 각각은 피부 바로 위에 입는 내부의 옷(키톤)과 외부의 옷(히마티온)을 의미한다. Liddell and Scott, *Greek-English Lexicon*, 829, 1993.

143 Wink, *Engaging the Powers*, 178.

144 출 22:25-27; 신 24:10-13, 17 참조. 70인역에서 "옷"에 해당하는 헬라어는 "히마티온"이다. 누가복음 6:29 상반절에서 빚진 자는 겉옷에 대하여 소송을 당했다. 마태복음의 진술이 구약의 율법에 더 잘 부합한다. Gundry, *Matthew*, 95.

145 Keener, *Gospel of Matthew*, 198.

벗은 사람만 당하는 것이 아니라 발가벗은 사람을 보는 사람들도 당하는 것이다.[146] 빚진 사람은 발가벗김 당함으로써 빚쟁이의 잔혹함을 드러낼 뿐만 아니라 빚쟁이가 대변하는 억압적인 제도의 잔혹함도 드러낸다. "빚쟁이를 억압하는 제도 전체가 공개적으로 드러난 것이다."[147] 예수께서는 부당한 현실에 대해서 수동적으로 반응하라 제안하지 않으시고 비폭력 저항이라는 극적인 반응을 권고하신다.

십 리까지도 동행하라. "또 누구든지 너로 억지로 오 리를 가게 하거든 그 사람과 십 리를 동행하고."마 5:41 이 말씀의 배경은 분명 로마 제국주의 시기이다. "리"mile로 번역된 헬라어 "밀리온"μίλιον은 로마 단위이지 유대 단위가 아니다.[148] 그리고 "억지로 시키다"forces you로 번역된 헬라어 "앙가레이아"ἀγγαρεία는 로마 법률에서 널리 쓰이는 전문 용어의 동사형 단어이다. 이 법에 따르면 로마 군인은 피지배국 사람들에게 자신의 군장을 오 리약 1.6km 지고 가게 할 수 있었다.[149] 마태복음 27:32은 구레네 사람 시몬에게 예수의 십자가를 억지로 지워 가게 한 것을 설명하려고 이 단어를 사용한다. 로마 군인들이 이 권한을 남용했고 식민지 사람들이 그 의무를 증오했다는 사실을 보여주는 문헌은 방대하다.

우리가 1장에서 살펴본 바와 같이 예수님 당시 1세기 무렵에는 로마의 지배와 거기 동조하는 사람들에 대항하는 성난 반항과 폭력적인 반란이 유대인들 사이에서 계속 발생했다. 폭력적인 혁명가들은 유대인들

146　창 9:20-27을 보라.

147　Wink, *Engaging the Powers*, 179. Stassen and Gushee는 *Kingdom Ethics*, 154에서 윙크 의견에 동의한다.

148　France, *Gospel of Matthew*, 222.

149　Wink, *Engaging the Powers*, 371-72nn17-19. 윙크는 여기에서 방대한 문헌을 번역하여 소개한다. 현존하는 로마법에는 그 권한을 오 리로 제한하는 내용이 없지만, 일반적으로 학자들은 그러한 법률이 있었다고 믿는다(특히 371n17).

에게 압제적인 로마 군인들의 군장 들어주는 일을 거부하라고 종용했다.¹⁵⁰ 예수께서 권하신 것은 "열심당이 로마에 대항하기 위해서 혁명적 폭동을 일으키며 옹호했던 행위들과는 정반대"였다.¹⁵¹ 본문에 사용된 단어와 정황을 볼 때 예수께서는 압제적인 로마 제국주의자들에 대한 당시 일반적인 태도를 명백히 거부하고 계신다.

하지만 예수께서 수동적인 자세를 권하고 계신 것인가? 로마의 압제를 인정하라고 유대인들을 종용하시는 것일까? 다시 말하지만, 윙크의 해석은 매우 흥미롭고 개연성 있다. 로마 군인은 식민지 사람들이 자신의 군장을 지고 오 리를 가 줄 의무가 있음을 알고 있었다. 그는 또한 식민지 사람들에게 그 이상을 강요하지 못하도록 로마법이 제한하고 있다는 사실도 알고 있었다. 이 법을 위반할 시 지휘관에게 엄중한 문책을 받게 되리라는 사실도 알고 있었다. 따라서 오 리를 걸어간 후 군인은 자신의 군장을 돌려달라고 요청했다. "따라서 그 군인이 마지못해 자신의 군장을 잡으려고 손을 뻗을 때 식민지 사람이 '아니요, 제가 오 리 더 지고 가겠습니다'라고 말하여 그 군인이 놀라게 되는 장면을 상상해 보라." 이제 그 군인은 곤경에 처했다. 그는 상급자에게 징계를 받을 수도 있기 때문이다. 따라서 그는 자신의 군장을 돌려달라고 다시 요청한다. "한 로마 군인이 유대인에게 자신의 군장을 돌려달라고 간청하는 장면을 상상해 보라! 이 장면에 담긴 해학이 우리에게는 와 닿지 않더라도 예수님의 청중에게는 그렇지 않았을 것이다. 그들은 자신들을 압제하는 사람들이 당황해할 모습을 생각하며 즐거워했을 것임에 틀림없다."¹⁵²

---

150 예수님 당시 갈릴리 지역을 지배했던 로마 분봉왕은 헤롯 안디바였다. 따라서 마태복음 5:41은 헤롯의 군인들을 가리킬 가능성이 있다. Wink, *Engaging the Powers*, 373n28을 보라.

151 Schweizer, *Matthew*, 130. 또한 Bruner, *Matthew*, 1:255를 보라.

152 Wink, *Engaging the Powers*, 182.

이러한 행동을 통해 억압받는 유대인들은 주도권을 잡고 개인의 존엄성을 주장한다. 이 모든 것은 비폭력적 방식으로 압제를 지지하지 않으면서도 압제자를 사랑하는 것과 온전히 조화를 이룬다.

가진 것도 공유하라. "네게 구하는 자에게 주며 네게 꾸고자 하는 자에게 거절하지 말라."마 5:42 예수님께서는 어떤 사람이 요청하는 것은 그것이 무엇이든 주라고 말씀하지 않으신다. 이 사실은 중요하다. 오히려 예수님은 경제적으로 어려움에 처한 사람에게 사랑으로 반응하라고 제자들에게 가르치신다. 어떤 경우 다른 사람에게 최선의 이익이 무엇인지 애정 어린 관심을 가짐으로써 그 사람의 요청 중 일부를 거절할 수도 있다. 예수님은 현실을 무시하며 이상적이고 비현실적이고 유토피아적인 행동을 하라 요구하지 않으신다.[153] 예수님은 여기나 다른 곳에서 제자들에게 비록 큰 대가를 치르더라도 실행 가능한 경제적 공유를 실행하라 요구하신다. 그것은 메시아 왕국이 이미 시작되었다는 사실을 반영한다. 그 새 나라에서 예수님 제자들은 '눈에는 눈'이라는 엄격한 기준을 포기해야 한다. 이것은 경제적 영역에서도 마찬가지이다.

"네 원수를 사랑하라"

"또 네 이웃을 사랑하고 네 원수를 미워하라 하였다는 것을 너희가 들었으나 나는 너희에게 이르노니 너희 원수를 사랑하며 너희를 박해하는 자를 위하여 기도하라 이같이 한즉 하늘에 계신 너희 아버지의 아들이 되리니 이는 하나님이 그 해를 악인과 선인에게 비추시며 비를 의로운 자와 불의한 자에게 내려주심이라 너희가 너희를 사랑하는 자를 사랑하면 무슨 상이 있으리

---

[153] Stassen and Gushee, *Kingdom Ethics*, 132–37의 요점에 따르면, 예수님께서 산상수훈에서 제시하시는 윤리적 요구들은 현실적이고 실행 가능하다.

요 세리도 이같이 아니하느냐 또 너희가 너희 형제에게만 문안하면 남보다 더하는 것이 무엇이냐 이방인들도 이같이 아니하느냐 그러므로 하늘에 계신 너희 아버지의 온전하심과 같이 너희도 온전하라" 마 5:43-48

예수님께서는 43절에서 "이웃을 사랑"하라고 말씀하신다. 이 전통적인 요청의 기원에 대해서는 이견이 없다. 이것은 레위기 19:18의 헬라어 번역을 문자 그대로 인용한 것이다. 존 파이퍼는 기독교 이전 시대에 유대인들이 이웃 사랑에 관하여 어떻게 생각했는지를 학문적으로 분석했다. 파이퍼에 따르면 당시 유대인들은 일반적으로 이스라엘 동포가 자신들이 의무를 가지고 사랑을 해야 할 이웃이라고 생각했다.[154] 이방인들을 향해서는 다른 태도가 요구되었다.

하지만 사람들에게 "원수를 미워하라"고 요청하는 자들은 누구인가? 예수께서는 누구를 염두에 두고 계시는가? 예수님 당시에 활동했던 사해 사본이 발견되며 우리에게 알려진 에세네파의 『공동체의 규칙서』 Manual of Discipline는 "빛의 자녀들 모두를 사랑하라 … 그리고 … 어둠의 자녀들 모두를 미워하라"고 명시적으로 말한다.[155] 그리고 예수님 당시 일부 유대 혁명가들에게 있어 "하나님의 뜻을 위한 열정으로 하나님을 모르는 대적들을 살해하는 것은 핵심 명령이었고, '하나님을 모르는 자들의 피를 흘리는 것은 희생 제사를 올려드리는 것과 같다'는 랍비의 격언과도 일치했다."[156]

하지만 예수께서도 구약의 성경 구절을 생각하셨는가? 원수를 미워하라고 명시적으로 명령하는 구약 본문은 없다. 사실 원수를 향하여 자비를 보이라고 주장하는 구약 본문은 있다. 원수의 나귀를 발견하거든

154　Piper, "Love Your Enemies," 30-32. 또한 Schweizer, *Matthew*, 132를 참고하라.
155　Schweizer, *Matthew*, 132에서 재인용. 또한 Josephus, *Jewish War*, 2.139를 보라.
156　Hengel, *Victory over Violence*, 75에서 재인용.

돌려주어야 한다출 23:4-5. 원수가 배고프거든 그에게 음식을 주어야 한다잠 25:21.[157]

하지만 학자들 다수가 하나님의 대적들을 미워하고 하나님 백성의 원수들을 미워하라고 가르치는 본문이 있다고 주장한다.[158] 시편 저자는 하나님을 미워하는 자들에 관하여 언급하면서 "내가 그들을 심히 미워하니 그들은 나의 원수들이니이다"라고 말한다시 139:21-22. 그리고 시편 137편에서는 바벨론에 관하여 말한다. 바벨론은 유다를 정복한 원수 국가였다. "네가 우리에게 입힌 해를 그대로 너에게 되갚는 사람에게, 복이 있을 것이다. 네 어린 아이들을 바위에다가 메어치는 사람에게 복이 있을 것이다."시 137:8b-9, 새번역 따라서 굴리히는 "마태복음 5:43은 어떤 면에서 구약의 가르침과 연속성을 갖는다. … 5:43의 전제는 구약 율법에 대한 일반적인 이해에 기인한다."라고 결론을 내린다.[159] 예수께서 동시대 사람들을 떠올리셨는지 구약의 본문들을 떠올리셨는지 현대 독자들은 분명하게 알 수 없다. 어쩌면 예수님은 두 가지 모두를 생각하셨을지도 모른다. 하지만 어떤 경우라도 그의 명령은 실제로 모든 사람과 문화에 급진적인 도전을 안겨 준다. 그의 명령은 '눈에는 눈'이라는 규범에 담긴 상호주의와 아주 상반되는 것을 주장하는 것이다.

그렇다면 예수께서 제자들에게 사랑하라고 요청하신 원수는 누구인가? 흥미로운 사실은 마태복음 5:43에서 "이웃"과 "원수"로 번역된 단어들이 모두 단수라는 점이다. 하지만 44절에서는 복수가 사용된다. "너희

---

157 이와 유사한 구절들에는 삼상 24:5-7, 18; 욥 31:29; 잠 24:17이 있다.

158 Bruner, *Matthew*, 1:268; Gundry, *Matthew*, 96-97; Guelich, *Sermon on the Mount*, 227; Keener, *Gospel of Matthew*, 203. 일부 구약 본문은 대적들을 처벌하라고 분명히 명하고 있다(가령, 신 25:17-19).

159 Guelich, *Sermon on the Mount*, 226-27.

원수들을 사랑하라."¹⁶⁰ 모든 원수가 포함되는 것처럼 보인다.¹⁶¹

리처드 호슬리Richard Horsley에 의하면 예수님께서 "원수들"로 사용하신 헬라어 "에크쓰로이"ἐχθροί는 외국이나 군사적 원수들을 지칭하지 않고 개인적 원수들을 지칭한다. 이는 팔레스타인 내 소규모 마을 간 지역 다툼에서 생겨나는 관계였다. 그러므로 원수들을 사랑하라는 이 요청은 폭력적인 원수들을 살해하는 것을 예수께서 반대하셨는지에 관한 질문과는 상관이 없다.¹⁶²

하지만 듀크 대학교Duke University의 신약학자 헤이스는 호슬리의 주장을 설득력 있게 반박한다. 호슬리가 상상하는 종류의 사회적 상황이 작은 마을에서 발생했다고 암시하는 부분이 마태복음 본문 안에는 전혀 없고, 사전상의 증거가 호슬리의 견해를 지지하지 않는다는 것이다. "'에크쓰로이'라는 용어는 포괄적이다. 이 단어는 성경에서 국가적 또는 군사적 원수들을 가리키는 헬라어로 사용된다."¹⁶³ 예를 들어 신명기 20:1의 칠십인역 본문은 "네가 나가서 적군에크쓰로이과 싸우려 할 때에 말과 병거와 백성이 너보다 많음을 볼지라도 그들을 두려워하지 말라"고 말한다. 흥미로운 사실은 이 구절이 예수께서 구체적으로 반대하시는 원리인 '눈에는 눈'을 명령하는 신 19:21 바로 뒤에 나온다는 것이다. 하인즈-울프강 쿤Heinz-Wolfgang Kuhn은 이 주제에 관한 최근 학문적 문헌을 검토했는데, 이후 쿤은 예수께서 제자들에게 사랑하라 하신 원수들에는 모든 사람이 포함된다고 결론 내렸다. "그 명령에는 경계가 없다. 종교적인 경계나 정치적인 경계, 주관적인 경계 등 모든 것이

---

160 한글 성경의 경우 43절의 "이웃"과 "원수", 44절의 "원수"를 모두 단수로 표기하고 있지만 영어 성경은 44절에서 "원수들"(enemies)과 "박해하는 자들"(those who prosecute)로 복수로 표기하고 있다. 역주.

161 France, *Gospel of Matthew*, 225.

162 Horsley, "Ethics and Exegesis." 또한 Horsley, *Jesus and the Spiral of Violence*, 261-73을 참고하라.

163 Hays, *Moral Vision*, 328.

포함된다. 모든 원수가 포함된다."[164]

마르틴 헹엘은 예수님 당시 민족주의적이고 혁명적인 유대 운동 연구에서 선도적인 학자이다. 헹엘에 따르면 원수를 사랑하라는 예수님의 명령은 "신정주의적이고 민족주의적인 해방 운동과 직접적으로 관련하여 일어났다. 그 운동에서는 원수를 향한 증오가 선한 일로 여겨졌기 때문이다."[165] 그것을 확정적으로 입증할 만한 방법은 없다. 하지만 바로 이어지는 부분에서 예수님이 자기를 따르는 사람들에게 로마 군인의 군장을 법에 규정된 오 리만이 아니라 십 리까지도 들어 주라고 요청하신다는 사실은 예수께서 생각하시는 상황이 폭력을 사용하는 유대 혁명가들이 싫어했던 방식임을 보여준다. 예수님이 41절에서 말씀하시는 바가 로마 제국주의자들에게 어떻게 반응하는가에 관한 것이라면 원수를 사랑하라는 예수님의 명령은 혁명가들이 살해하고자 했던 사람들까지도 포함할 가능성이 매우 크다.

예수께서 말씀하신 원수를 사랑해야 하는 이유는 중요하다. 예수님 제자들은 그렇게 행동함으로써 "하늘에 계신 너희 아버지의 자녀가 될 것"이기 때문이다마 5:45, 새번역. 하나님께서 선한 사람과 악한 사람 모두에게 햇빛과 비를 내려 주시기 때문에 예수님의 제자들은 친구와 원수 모두에게 사랑으로 행동해야 한다. 팔복 중 하나에 따르면 평화를 이루는 사람들은 "하나님의 아들이라 일컬음을 받을 것"이다마 5:9.

이 부분의 마지막 구절은 "그러므로 하늘에 계신 너희 아버지께서 완전하신 것 같이, 너희도 완전하여라"이다마 5:48, 새번역. 이 구절은 불가능한 이상을 요구하는 것으로 이해될 수 있고, 우리를 제자도보다는 회개

---

[164] Klassen, "Love Your Enemies," 11에서 재인용. 마찬가지로 Schrage, *Ethics of the New Testament*, 76을 참고하라.

[165] Hengel, *Christ and Power*, 19.

의 자리로 몰아가는 것처럼 보일 수도 있다. 하지만 "완전한"을 가리키는 헬라어 "텔레이오스"τέλειός는 바울에 의해서 종종 "성숙한"으로 사용되고는 한다고전 2:6; 빌 3:15. 바울은 고린도전서 14:20에서 아이처럼 되지 말고 "장성한 사람"텔레이오이, τέλειοι이 되라고 그리스도인들에게 권유하면서 이 단어를 사용한다.[166] "예수께서는 이룰 수 없는 이상으로 청중에게 좌절감을 주시는 것이 아니라 하나님 뜻에 대한 순종으로 성장하라고 요구하시는 것이다."[167]

하지만 우리는 예수님의 요구에 따르는 대가를 얕보아서는 안 될 것이다. 그분 말씀은 구약의 명령을 상기시킨다. "너희는 거룩하라 이는 나 여호와 너희 하나님이 거룩함이니라."레 19:2 "예수님의 제자 공동체는 예수님의 가르침을 통해서 드러난 하나님 뜻에 철저하게 순종해서 하나님의 거룩함을 나타내어야 한다. 예수님은 율법의 최종 해석자로서 모세의 자리를 대신하셨다."[168] 메시아 왕국은 시작되었다. 이제 예수님 제자들이 하나님 성품을 불완전하더라도 강력하게 입증하는 것은 가능하고, 또 요구된다. 예수님 말씀에 의하면 이는 자기 원수를 사랑하는 것을 포함한다. 원수를 사랑하는 일에 관하여 동일한 가르침이 누가복음에 나타난다. 마태복음과 같이 누가복음에서도 그것은 예수님의 첫 번째 윤리적 가르침의 주요한 부분이다.[169]

이웃을 사랑하라는 예수님의 직접적인 명령의 독창성이나 중요성을 과장하기는 어렵다. 예수님의 명령은 역사가들에게 알려진 모든 사회 관

---

166 France, *Gospel of Matthew*, 228-29; Bruner, *Matthew*, 1:276.
167 Blomberg, *Matthew*, 115; Yoder, *War of the Lamb*, 146-47.
168 Hays, *Moral Vision*, 329.
169 눅 6:27-36. 마태복음과 비교해 볼 때 누가의 기록에는 차이점이 조금 있다. 하지만 원수를 사랑하라는 요청과 그렇게 하나님 자녀가 된다는 것은 두 복음서에서 핵심이다.

습과 모순된다. 예수님의 말씀과 정확히 평행을 이루는 원리는 발견된 적이 없다. 신약 학자들에 따르면 그 말씀은 예수님의 말씀들이 담긴 학자들이 Q자료라고 부르는 초창기 말씀 전통과 누가복음6:27, 35, 마태복음 모두에서 등장한다. 이로 인하여 헹엘은 "아가페적 사랑에 관한 이 대헌장은 사실 예수님의 메시지에서 혁명적인 것이다"라고 말하게 되었다.[170] 존 하워드 요더에 의하면 신약성경은 이 아가페적 사랑이라는 윤리적 문제만을 언급한다. 예수님 제자들은 아가페적 사랑의 방식으로 행동함으로 하늘 아버지와 같이 될 수 있다.[171]

놀랍게도 초기 기독교 저술가들부터 콘스탄티누스 황제 시대에 이르기까지 존재하던 살인에 관한 모든 진술 중 마태복음 5:38-48이 가장 빈번하게 인용되는 성경 본문이다. 최소한 서로 다른 28곳에 있는 저술가 열 명은 이 구절을 인용하거나 언급하고, 기독교인들이 원수를 사랑하고 다른 쪽 뺨도 돌려 댄다고 설명한다. 이들은 아홉 차례에 걸쳐 예수님의 이 구절을 기독교인들은 평화를 추구하고, 전쟁을 모르고, 타인에 대한 공격을 반대한다는 진술과 연관시킨다. 때로는 예수님 말씀을 명시적으로 살인과 전쟁에 대한 반대 주자와 연관시킨다.[172] 콘스탄티누스 시대 이전에 살인이라는 주제에 관하여 언급하는 기독교 저술가들 모두 기독교인들은 살인하지 않는다고 말하고 있다. 그것이 낙태이든 사형이든 전쟁이든 말이다.[173] 그중 한 이유로 원수를 사랑하라는 예수님 말씀이 인용된다.

170　Hengel, *Was Jesus a Revolutionist?*, 26-27.
171　Yoder, *War of the Lamb*, 79.
172　Sider, *Early Church on Killing*, 171-72.
173　Ibid., 163-95, 특히 190-95.

예수님의 가르침 회피하기

시간이 지나면서 그리스도인들은 원수를 사랑하라는 예수님의 가르침을 약화하거나 배제하는 여러 방법들을 발전시켰다. 이는 놀라운 일이 아니다. 예수님의 가르침이 우리의 타고난 본성과 정면으로 모순되기 때문이다. 또 예수님의 가르침이 모든 문명 사회의 관습에 반하기 때문이다. 우리는 예수님의 혁명적인 가르침을 배제하려는 가장 일반적인 논증들을 살펴보아야만 한다.[174]

예수님은 죽기 위해서 이 땅에 오셨다. 많은 그리스도인들은 예수께서 이 땅에 오신 유일하고 중요한 이유가 우리 죄를 위한 대속물로 죽으시기 위함이라고 생각한다. 복음이 전하는 기쁜 소식이란 우리가 십자가를 통해서 용서받았기에 우리는 죽어서 천국에 갈 수 있다는 것이다. 예수님의 윤리적 가르침은 비교적 중요하지 않고, 어쩌면 우리와 상관없을 수도 있다.

이러한 이해는 예수님의 복음에 대한 예수님의 전체적인 가르침을 제대로 다루지 못한다는 문제가 있다. 1장에서 살펴보았듯이 예수님의 복음이 전하는 기쁜 소식이란 오랫동안 고대했던 메시아 왕국이 역사 속으로 침투하고 있다는 것이다. 하나님께서 죄인을 용서하신다는 것과 예수님의 십자가 죽음이 우리와 하나님 사이의 화해를 성취했다는 것은 기쁜 소식의 핵심을 이루는 한 부분임에 분명하다. 하지만 그것만큼 중요한 예수님 복음의 주요한 다른 차원은, 평화의 정의의 새로운 메시아 시대가 이미 시작되었고 예수님 제자들은 이제 그분 가르침에 부합하는 삶을 살도록 요청받는다는 점이다.

---

174 이러한 논증들을 좀 더 광범위하게 정리한 연구를 보려면 Yoder, *Politics of Jesus*, 4-8; Hays, *Moral Vision*, 320를 보라.

예수님의 가르침은 영적 문제를 다루지 사회적 문제를 다루지 않는다. 앞의 관점과 다소 비슷해 보이지만, 이 입장은 예수님의 가르침이 개인의 내면적이고 영적인 삶과 관계가 있지 개인의 사회적 삶과 관련이 있는 것은 아니라고 말한다.

다시 말하지만, 우리가 앞서 살펴보았듯이 예수님의 하나님 나라 복음은 제자들 내면의 영적 삶과 새로운 사회경제적 실재 모두와 관련이 있다. 이 둘은 예수님의 메시아 왕국이 도래할 때 시작되기 때문이다.

예수님께서는 과도기적 윤리를 가르치셨다. 20세기 초반의 알버트 슈바이처 이후로 많은 학자들은 예수님께서 우리 시공간 세계의 임박한 종말을 바라보셨다고 가르쳤다. 이 세계가 곧 종말을 맞이할 것이기 때문에 예수께서 그 짧은 과도기를 위한 혁명적 윤리를 선포하실 수 있었다는 것이다. 이 세계가 지속된다면 그 윤리는 완전히 비현실적인 것이 되는 것이다.[175]

이 논증에는 문제가 있다. 톰 라이트가 분명하게 입증하는 바, 예수님 당시 메시아 왕국의 도래를 우리 시공간 세계의 종말로 생각했던 유대인은 없었다.[176] 메시아 왕국의 도래를 종말론적 언어로 묘사하는 것은 메시아가 가져올 전면적인 사회 변화를 강조하기 위한 비유적 표현이었다.[177] 예수님은 물리적 세계의 임박한 종말을 염두에 두신 것이 아니었다. 따라서 예수님의 가르침을 이 세계가 끝나기 직전의 짧은 시간

---

175 George Weigel, *Tranquillitas Ordinis*, 26: "하나님이 역사 속에서 최종적인, 종말론적인 역사(役事)를 이루실 것이라는 소망이 예수님 가르침에서 상당 부분을 채색했다." 그러므로 예수님께 전쟁과 평화에 관한 윤리학을 기대하는 것은 실수이다. Niebuhr, *Interpretation of Christian Ethics*를 참고하라.

176 N. T. Wright, *Jesus and the Victory of God*, 40, 81, 95-96; N. T. Wright, *New Testament and the People of God*, 333-34.

177 이 책 1장에 있는 "메시아적 기대"를 참고하라.

을 위한 과도기적 윤리로 여기는 생각은 역사적으로 맞지 않는다. 이것은 현대 학문이 만들어 낸 허구이다.

예수님의 혁명적 윤리는 특정 그리스도인 계층을 위한 것이다. 중세 가톨릭 신학자들은 예수님의 어려운 말씀들원수를 사랑하라는 요청과 같은을 "완전한 덕행의 권고"이 수도승이나 수녀와 같은 종교인들에게만 적용된다는 생각을 발전시켰다. 일반 그리스도인들은 덜 까다로운 기준을 따라 살 수 있었다.

이 관점의 문제점은 예수님이나 신약성경이 그러한 이중적 기준을 암시하고 있지 않다는 데 있다. 예수님은 자신이 이스라엘 전체를 위한 메시아라고 생각하셨다. 예수님의 윤리적 가르침은 그분의 복음을 받아들이는 모든 사람을 위한 것이다. 예수님의 복음은 하나님 나라가 지금 도래하고 있고, 이제 제자들이 그분 가르침을 따라 사는 것이 가능하고 중요한 것이라고 말하고 있다. 사실 예수님이 자신을 따르는 사람들에게 내리시는 분명한 명령은 "모든 민족"을 새로운 제자로 삼고 "분부한 모든 것을 … 지키게 하라"는 것이다마 28:19-20.

예수님의 혁명적인 윤리는 우리를 제자도가 아니라 회개로 이끈다. 일부 그리스도인들특히 마틴 루터은 예수님의 혁명적인 윤리대로 살아내는 것은 불가능하다고 생각했다. 그래서 그들은 그 가르침의 목적이 우리의 죄 된 본성의 결핍을 드러내고 그 죄를 고백함으로 용서를 간구하도록 하는 것이지, 예수께서 제자들이 어떻게 살기를 바라시는지를 드러내는 것은 아니라고 보았다.

예수님의 수준 높은 요구는 우리를 회개로 이끌지만 그것이 그분이 의도하신 전부인지 예수께서는 어떠한 암시도 내비치지 않으신다. 다시 말하지만, 우리가 앞서 살펴보았듯이 예수님은 제자들이 자신의 모든 명

령에 순종하라 요청하고 계심이 분명하다.[178]

예수님의 윤리는 미래에 있을 종말론적 왕국을 위한 것이지 현재를 위한 것이 아니다. 세대주의 신학은 유대인들이 예수님을 메시아로 받아들이지 않은 이후 메시아 왕국이 천년왕국 때까지 지연되었다고 가르쳤다. 그러므로 산상수훈과 다른 곳에 담긴 예수님의 윤리적 가르침은 교회 세대에 속한 오늘날에는 적용되지 않는다는 것이다.

이 관점은 복음에 관한 예수님의 기본적인 이해를 파악하지 못했다는 점에서 오류가 있다. 예수님은 하나님 나라가 지금 침투하고 있고, 제자들이 그분 가르침을 따라 지금 살 수 있고 또 살아야 한다고 보셨다. 게다가 "원수를 사랑하라"와 같은 가르침이 그리스도인들이 실제 원수를 가지고 있는 우리의 현실에 적용되지 않고 오직 악이 정복되고 더 이상 원수가 존재하지 않는 천년왕국에만 적용된다고 말하는 것은 이상하다.

원수를 살인하지 말라는 예수님의 명령은 개인적인 역할에 적용되는 것이지 공적인 역할에 적용되는 것이 아니다. 이 논증은 다양한 형태로 나타났다. 이것은 원수를 사랑하라는 예수님의 명령이 절대 살인할 수 없다는 뜻이 아니라고 주장하기 위해 기독교인들이 사용한 가장 흔한 논증이다. 사형이라는 사법적 결정을 수행하는 공무원이나 군인이라면 기독교인으로서 정당하게 살인하게 된다.

뺨을 맞거나 옷에 대한 요구에 어떻게 반응해야 하는지 예수께서 가르치신 것은 공적인 삶이 아니라 개인적인 상해에 대해 어떻게 반응할지를 말하고 있는 것이다.[179] 폴 램지Paul Ramsey에 따르면 예수님은 누군가를 압제하는 한 개인에 대하여 우리가 어떻게 반응해야 할지를 말씀하고 계시는 것이지, 악한 사람들에게 공격받는 다수의 이웃이라는 복잡한 사회

---

178   3장 도입부를 참고하라.
179   Charles, *Between Pacifism and Jihad*, 96. 또한 Charles and Demy, *War, Peace, and Christianity*, 252를 보라.

적 정황 속에서 우리가 어떻게 반응해야 할지를 말씀하고 계시는 것이 아니다.[180]

이 관점을 지지하는 사람들은 악을 악으로 갚지 말고 원수를 하나님에게 맡기라는 로마서 12:9-21이 교회 안에 있는 개인의 삶에 적용된다고 주장하고는 한다. 로마서 13:1-7악인을 처벌하기 위한 하나님 종으로서의 정부은 시민으로서 기독교인이 가지는 국방의 의무를 포함한 공적인 책임들에 대해 말하고 있다는 것이다. 십계명 중 한 계명이 살인을 금지하고 있지만 구약은 사형과 전쟁을 분명하게 명령하고 있기 때문에 개인으로서 살인해서는 안 되지만 공적인 역할을 수행하는 사람으로서는 정당하게 살인할 수 있다는 것이 타당하다고 여긴다. 이것이 로마서 12-13장 이면에 있는 전제라고 보는 것이다.[181]

마틴 루터의 두 왕국 신학two-kingdom theology은 이렇게 사적인 영역과 공적인 영역을 구분하는 가장 일반적인 형태를 보여준다.[182] 루터에 따르면 모든 그리스도인들은 두 왕국 안에 살고 있다. "그리스도의 왕국"은 교회 안에서 가장 분명하게 나타나는 것으로, 그 안에서 개별 그리스도인은 원수를 사랑하고 악에 저항하지 않는다. 하지만 동일한 개인이 "세속 왕국" 안에서는 공적인 업무를 수행하며 정당하게 악을 저지할 수 있다. 심지어 칼을 사용할 수도 있다. 그리스도인이 전쟁에 참여하여 "오른 뺨을 때리든 왼 뺨을 때리든 살인을 하든 그리스도인과 이방인 사이에 차이가 없다"고 루터는 말한다. 기독교인 군인은 "이 본문마 5:38-39과 반

---

180 Ramsey, *Basic Christian Ethics*, 42.
181 Charles, *Between Pacifism and Jihad*, 96-97; Stott, *Sermon on the Mount*, 105-13. 로마서 12-13장을 이렇게 해석하는 것에 관하여 세부적인 반응을 살펴보려면 6장에서 "로마서 13장" 부분을 참고하라.
182 루터에 관한 논의를 보려면 Cahill, *Love Your Enemies*, 101-8을 참조하라.

대되는 어떤 것도 하지 않았다. 그들은 기독교인으로서 그렇게 한 것이 아니라 세속 권위에 대한 의무를 따르는 일원이자 주체로서 그렇게 한 것이기 때문이다."[183]

널리 사용되는 이 논증을 주의깊게 살펴보아야 한다. 내가 파악하기에 이 논증의 특징은 다음과 같다. (1) 이 논증은 예수님의 가르침이 주어진 역사적 정황을 무시한다. (2) 이 논증은 해당 본문의 가장 명백한 가르침과 모순된다. (3) 이 논증은 예수님을 배제하기 위해 실용주의에 의존한다. (4) 역사적으로 볼 때 이 논증은 매우 나쁜 결과로 이어지기도 했다. (5) 이 논증은 첫 3세기 동안 있었던 기독교의 살인에 관한 가르침을 무시한다.

첫째, 예수님은 자신이 속한 역사적 정황 속에서 자신이 유대인 전체의 메시아라고 주장하셨다. 톰 라이트에 따르면, 예수님은 자신의 가르침이 이스라엘이 어떻게 살아야 하는지를 보여주리라 기대하셨다. 모든 유대인들(보통 사람들과 종교적 지도자들, 일반 백성과 산헤드린 회원들)은 예수님의 가르침을 들었다. 예수께서는 헌신적이지만 폭력적인 당시 유대교 혁명가들에 동의하지 않으신 것이 분명하다. 요세푸스에 따르면 그들은 유대인들이 로마 제국주의자들과 그 부역자들에게 저항하도록 충동했다. 예수께서는 당시 만연한 군사적 메시아라는 기대를 거부하셨다. 그리고 자신을 따르는 사람들에게 원수까지 사랑하라고 요청하시는 평화의 메시아가 되시겠다는 뜻을 분명히 밝히셨다. 로마 군인의 군장을 십 리까지도 지고 가라는 말씀에서 드러나듯이 이 '원수'에는 증오의 대상이던 로마인들도 포함되었다.

예수께서는 사랑을 주창하셨다. 심지어 정치적 대적들에 대한 사랑까

---

[183] Luther, *Sermon on the Mount*, 196; Sprinkle, *Fight*, 140-41에서 재인용.

지도 옹호하셨다. 이것은 수세기 동안 이방인 압제자들에 대하여 폭력적인 유대인들이 가진 태도에 대한 예수님의 반응이었다. 그러나 이러한 폭력이 산헤드린 정치 종교 지도자들의 승인 없이 수행한 것이기에 불법적이라고 보신 것이 아니다. 예수님의 요점은, 원수에 대한 혁명가들의 접근법 자체가 틀렸다는 것이다. 그들은 메시아 시대 도래를 위한 자신들의 방식을 택했고 예수께서는 다른 방식을 제시하신 것이다. 그런데 유대인들 전체에게 이 두 전략이 모두 자신들의 바람과 가르침에 부합하는 것으로 여겨졌다.

예수님의 가르침에 나타난 국가적 재앙의 전조를 살펴보면, 예수께서는 혁명가들이 주장하는 무장 폭동을 부정하는 것만이 파멸을 피하는 유일한 방법이라고 보셨음을 알 수 있다. 예수님이 군마가 아니라 나귀를 타고 승리의 입성을 하신 이야기 바로 뒤에 누가는 예수께서 예루살렘을 바라보며 우셨다고 말한다. 예수께서는 예루살렘이 파괴될 것과 그것이 "평화에 이르게 하는 일"을 알지 못할 것을 예언하시며 우셨다눅 19:41-44. 또한 예수께서는 성전 자체도 무너질 것이라고 말씀하셨다막 13:1-2.[184] 예수께서는 혁명적 폭력이 국가적 파괴를 가져올 것이라고 인식하셨고 불과 몇십 년 후 유대 반란주후 66-70으로 인해 그렇게 되었다. 예수님의 메시아적 이상은 전적으로 다른 접근법을 제시했고, 예수님은 유대인들에게 그 이상을 받아들이라 요청하셨다. 그 이상은 화평의 메시아 왕국이며 그곳에서 사람들은 원수를 죽이는 것이 아니라 사랑한다. 예수께서는 그 왕국이 역사 안으로 지금 침투하고 있다고 말씀하셨고, 유대 사람 모두가 그 왕국을 받아들이기를 바라셨다. 역사적 배경을 이해할 때 원수를 사

---

[184] 눅 23:26-30도 참고하라. 누가복음 12:54-56과 13:1-5도 예루살렘 파괴에 대한 암시일 것이다. N. T. Wright, *Jesus and the Victory of God*, 182-86, 335-36, 417-17, 424 등을 보라.

랑하라는 예수님의 요청은 사적이고 개인적인 영역으로만 제한될 수 없음이 분명하다.

둘째, 사적인 영역과 공적인 영역을 구분하는 것은 해당 본문의 가장 자연스럽고 문자적인 의미와 모순되는 것처럼 보인다. 본문에는 그러한 구분을 암시하는 곳이 없다. 예수님의 가르침을 나타내는 구체적인 사례들 중 한둘이 개인적 삶을 가리키는 것은 사실이다. 뺨을 때리는 예화가 그러하다. 빚진 자가 어떻게 반응해야 하는지 진술하는 부분도 그러한 사례라 볼 수 있다. 하지만 이러한 사례를 이루는 배경은 공적 법률을 다루는 법정이다. 로마 군인의 군장을 메고 십 리를 가 주라는 요청도 공적이고 정치적인 배경에 관하여 말하고 있음이 분명하다. 로마 제국주의자들에게는 그런 억압적인 요구를 할 수 있는 법적 권리가 있었기 때문이다. 예수께서 '눈에는 눈'이라는 원리를 거부하라 요청하신 사실은 그것이 모든 근동지역 법률 체계의 기초 원리였다는 것을 암시한다. 즉 그것은 공적인 삶의 핵심 원리였지 개인적이고 사적인 영역의 원리가 아니었다. 스위스 신약학자 에두아르트 슈바이처Eduard Schweizer의 다음과 같은 진술은 분명 옳다. "예수님 제자들이 그분 말씀에 얽매이지 않아도 되는 어떤 영역이 따로 있다는 암시는 전혀 없다."[185]

산헤드린 공회원들과 다른 관계자들은 예수님의 가르침을 분명히 들었을 것이다. 가장 자연스러운 결론은 예수께서 자신의 말씀이 사적인 삶에서 뿐만 아니라 공적인 삶에서도 규범이 되기를 원하셨다는 것이다. 이 두 번째 주장은 원수를 사랑하라는 예수님의 진술을 사적인 삶에만 적용하려는 사람들이 입증해 보여야 할 것 같다.

셋째, 이 논증의 저변에는 윤리적 실용주의가 있다. 즉 예수께서 제자

---

[185] Schweizer, *Matthew*, 194.

들이 치명적인 폭력을 절대 사용해서는 안 된다고 뜻하셨을 리 없다는 것이다. 죄악이 가득한 세상에서는 비폭력적인 사람이 짓밟히고는 하기 때문에 자신과 타인을 보호하기 위해 폭력이 필요하다는 주장이다. 니버에 따르면, 예수님의 사랑 윤리는 "불가능한 이상"으로 현실 세계에서는 작동하지 않는다. 현실에 근거한 이 주장은 맞을 수도 있고 맞지 않을 수도 있다.[186] 하지만 기독교인에게 가장 중요한 것은 이 논증에 담긴 본질적인 실용주의이다. 예수님의 윤리가 우리와 타인이 고통을 피하도록 해 주는지 등 단기간에 효과를 불러오느냐는 실용주의적 질문은 예수께서 실제로 무엇을 의미하셨는지 분석하는 데 있어 결정적인 요소가 아니다. 교회가 이천 년 동안 고백해 온 것처럼 우리가 예수님을 성육신하신 참 하나님으로 고백한다면 감히 예수님의 가르침이 현실 세계에서 비현실적이라고 말하거나, 그 가르침을 배제할 수 있다거나, 배제해야 한다고 말할 수 없을 것이다.

넷째, 사적 영역과 공적 영역을 이분법적으로 구분하는 것은 처참한 결과를 불러오고는 했다. 기독교인들은 공적 질서에 도전하는 것이 자신들의 권리가 아니라는 구실로 스스로 끔찍한 악에 동참하는 일을 정당화했다. 독일 개신교인 대부분은 히틀러의 잔혹 행위에 반대하지 못했다. 루터의 두 왕국 이론이 그 이유로 거론되고는 한다.[187] 1933년, 독일 기독교인들은 "교회는 지상의 모든 문제에 있어 정부에 복종할 의무가 있다"고 주장했다. 그리고 그들은 나치 정부에 대한 무조건적 충성과 그

---

186 Sider, *Nonviolent Action*을 보라. 나는 그 책에서 불의와 독재에 맞서 성공을 거두었던 수많은 비폭력적 활동의 사례들을 다룬다.

187 두 왕국 교리에 대한 역사적 분석을 보려면 Duchrow, *Lutheran Churches*를 보라. 또한 Hertz, *Two Kingdoms*도 참고하라.

리스도에 대한 충성이 "완전히 양립한다"라고 결론지었다.[188]

마지막으로, 첫 3세기 동안의 기독교 저술들은 사적인 영역과 공적인 영역의 구분을 지지하지 않는 것이 분명해 보인다. 살인에 대한 모든 논의에서 기독교인들은 살인을 하지 않고, 해서도 안 된다고 말하고 있다. 이는 낙태나 유아 살해 같은 사적인 영역, 사형 제도나 전쟁 같은 공적인 영역 모두에 해당된다.[189] 기독교 연설가 락탄티우스Lactantius, 240-320는 4세기 초반 10년 동안 글을 쓰면서 다음과 같이 주장했다. "하나님께서 우리에게 살인을 금하셨을 때 … 하나님은 사람들 사이에서는 합법적인 것으로 보일 수 있는 일을 수행하는 것에 대해 경고하신 것이다. 따라서 의로운 사람기독교인이 병역 의무를 지는 것은 합법적이지 않을 것이다. … 그리고 누군가에게 사형을 선고하는 것도 합법적이지 않을 것이다. 말이든 칼이든 누군가에게 죽음을 드리운다는 점에는 차이가 없기 때문이다. 그것은 결국 죽음을 불러오는 금지된 행위이기 때문이다.[190] 다시 말하지만, 초기 기독교 저술가들은 기독교인이 군인이나 사형 집행인 등의 공적 역할을 수행하면서 살인할 수도 있다는 견해를 거부했다.

구약이 살인이나 사형, 전쟁과 관련하여 사적 역할과 공적 역할을 구분하고 있다는 주장이 종종 제기되어 오고는 했다. 그 주장이 옳다면 초기 기독교 저술가들의 주장에 반영된 사고, 즉 아무런 권위가 없는 개인이 하는 사적 살인뿐만 아니라 모든 종류의 살인이 옳지 않다는 정반대의 생각이 만들어지도록 한 특별한 계기가 있었어야 했다. 이들은 모든 종류의 살인을 금지하는 주장은 바로 예수님에게서 왔다고 보았다. 3세

---

188 Hertz, *Two Kingdoms*, 184-85.
189 Sider, *Early Church on Killing*, 165-95. 낙태에 관해서는 165-66을, 유아 살해에 관해서는 110-11을, 사형 제도에 관해서는 166-68을, 전쟁과 병역 의무에 관해서는 168-90을 보라.
190 Lactantius, *Divine Institutes* 6.20; Sider, *Early Church on Killing*, 110.

기 중반에 가장 널리 알려진 기독교 저술가 오리게네스Origenes는 전쟁에서 살인이 허용되던 이스라엘의 "이전 질서"와 그리스도의 가르침 사이에 구분이 있다는 점을 분명히 말하고 있다. "기독교인들은 모세가 명령한 것처럼 대적들을 살해할 수 없고, 화형이나 투석형을 선고할 수도 없다."[191] 이러한 큰 변화가 왜 발생했는지를 가장 그럴 법하게 설명해 주는 것은 예수께서 제자들로 하여금 사적이든 공적이든 삶의 모든 영역에서 살인하지 말라고 하셨다는 사실에 있다. 이것이 초기 기독교 저술가들이 생각했던 것이다.

가장 자연스러운 해석을 보여주는 산상수훈이 예수께서 제자들에게 절대 살인하지 말라고 가르치시는 것이라 생각한 3세기 이전 기독교인들의 생각을 확증하는 것 같다. 다음 장에서 우리는 예수님의 가르침에 담긴 또 다른 면을 검토할 것이다.

---

[191] Origen, *Against Celsus*, 4.9; 7.26. Sider, *Early Church on Killing*, 73, 76에서 재인용.

4장

예수님의 다른 가르침

앞장에서 살핀 주요 본문들과 더불어 예수님의 진술이 폭력을 반대하는 것으로 보이는 추가 구절들이 다수 있다.

예수님의 취임 설교

누가복음 4:16-30은 예수께서 자기 고향 회당에서 이사야 61:1-2을 읽고 계시는 모습을 묘사한다. 앞서 살펴보았듯이 예수님 당시 일부 유대인들은 이 본문이 메시아 시대에 관하여 말하는 것으로 이해했다.[192] 여기서 우리 목적과 관련하여 주목할 만한 점은, 예수께서 2절을 읽으시다가 중간에 멈추시는 것처럼 보인다는 것이다. 예수께서는 "우리 하나님의 보복의 날"이라는 말씀을 생략하신다. 이스라엘의 원수들을 향한 하나님의 보복의 날, 이스라엘 대중이 열망하며 기다렸던 메시아를 기

---

[192] 1장에 있는 "예수의 하나님 나라 복음"을 참고하라.

대하는 날에 관한 말씀을 예수께서 왜 포함하지 않으셨는지 본문이 우리에게 특별히 말해 주는 것은 없다. 하지만 일부 학자들에 따르면 그 이야기의 핵심은 적들을 향한 보복이라는 유대인들의 기대를 거부하고 하나님 언약을 모든 민족에게도 확장하는 것이다.[193]

다음 구절들은 그 해석에 무게를 실어 준다. 마을 사람들이 질문했다. "이 사람이 요셉의 아들이 아니냐?"눅 4:22 이는 예수께서 자신에 관하여 암시하셨던 것들을 그들이 질문하고 있다는 것을 의미한다. 그에 대한 답으로 예수께서는 선지자가 자기 고향에서는 환영받지 못한다는 사실을 상세히 설명하시고는 구약의 유명한 두 선지자를 언급하신다. 그들은 이스라엘의 원수였던 이들을 위해 사역했고 그 사람들을 고쳐 주었다. 예수님 말씀에 따르면 엘리야 시대에 이스라엘에 과부가 많았음에도 불구하고 엘리야는 시돈이라는 이방 도시에서 바알을 섬기는 과부들에게 갔다눅 4:26; 왕상 17:8-24 참조. 또한 엘리사 때 이스라엘 사람들 사이에 문둥병 환자가 많았지만 엘리사는 시리아의 나아만을 먼저 고쳤다눅 4:27. 나아만은 단순한 이방인이 아니라 이스라엘을 친 시리아 군대의 장군이었다왕하 5:1-19. 그는 이스라엘 국가 전체의 적이나 마찬가지였다! 예수님의 두 말씀은 구약의 유명한 두 선지자가 국가적 원수들을 향한 사랑을 가지고 활동했음을 보여준다. 이것이 뜻하는 바는, 예수님의 메시아 왕국은 국가적 원수조차 받아들이고 사랑한다는 것이다. 나사렛의 경건한 유대인들이 이것을 듣고 격노했다는 사실은 그리 놀랄 만한 일이 아니다. 그들은 예수님을 동네 끝에 있는 벼랑에서 밀어 떨어뜨리려 하였다눅 4:28-29.

---

[193] Jeremias, *Jesus' Promise to the Nations*, 41-46. 마찬가지로 Cowles, "Case for Radical Discontinuity," 24-25를 참고하라.

예수님과 사마리아인

예수께서 사마리아인들을 향해 보이신 태도나 그들과 소통하신 것은 원수 사랑을 보여주는 놀라운 사례이다.

예수님 당시 유대인들과 사마리아인들은 서로를 증오했다. 사마리아인들은 이방 정복자들이 그 지역에 데려온 이방인들과 결혼한 혈통이 뒤섞인 유대인 집단이었을 것이다.[194] 최소한 주전 4세기경에 사마리아인들은 예루살렘 성전과 경쟁하기 위하여 그리심 산에 자신들만의 성전을 세웠다. 사마리아 오경은 예루살렘이 아니라 그리심 산이 하나님을 예배하는 곳이라고 선언했다.[195] 주전 129년 무렵 유대 하스모니아 왕조는 그리심 산에 있는 사마리아 성전을 파괴했다. 그리고 주후 6-9년경, 유대인의 거룩한 절기인 유월절 어느 밤에 사마리아인 몇 명이 사람 뼈를 예루살렘 성전 입구에 쌓고는 그 뼈들을 성소 전체에 뿌렸다.[196] 유대 순례자들이 예루살렘에서 절기를 지키기 위하여 갈릴리에서 사마리아를 경유하여 여행할 때 종종 충돌이 일어나고 유혈사태까지 발생했다.[197] 우리는 이 증오에 찬 적대감을 복음서에서 확인할 수 있다. 예수께서는 예루살렘으로 가시는 중이라서 숙박을 거부당하셨다눅 9:52-53. 그리고 사마리아 여인은 예수께 물을 드리지 않으려 했다요 4:9. 유대인들이 예수님을 "사마리아 사람이다, 또는 귀신이 들렸다"고 비난할 때요 8:48, 그들은 이러한 강력한 증오를 드러내는 것이었다. 유대인들은 사마리아인들과의 결혼

---

194 사마리아인들에 관한 다소 광범위한 논의, 그리고 유대인과 사마리아인 사이에 있는 상호간 증오에 대한 연구를 살피려면 Jeremias, *Jerusalem in the Time of Jesus*, 352-58을 참고하라.
195 Keener, *IVP Bible Background Commentary*, 205.
196 Josephus, *Jewish Antiquities*, 13.255-56; 18.29-30.
197 Josephus, *Jewish War*, 2.231, 234.

을 금하고 그들을 이방인이라 여겼다.

이러한 정황에서 알 수 있듯 예수께서 사마리아인들을 대하시는 모습은 국가의 원수까지도 사랑하는 것이 무엇인지 보여주는 놀라운 사례가 된다. 예수님은 사마리아인의 믿음을 칭찬하셨고, 자신을 모욕하는 사마리아인들에게 하늘에서 불을 내려 주시라는 요청을 거절하셨고, 한 사마리아 여인을 자신의 초기 "복음 전도자들" 중 하나로 여기셨고, 잘 알려진 어떤 이야기에서는 한 사마리아인을 영웅으로 만드셨다.

예수께서 문둥병 환자 열 명을 고치셨을 때 사마리아인 단 한 명만 돌아와 감사를 드렸다. 예수님은 이 "이방인"만이 돌아와서 감사를 표했다며 날카롭게 지적하시고 그의 믿음을 칭찬하셨다눅 17:18-19.

사마리아를 지나 예루살렘으로 여행하시던 중 예수께서는 사마리아의 한 마을에서 쉴 곳을 찾으려 하셨다. 하지만 종종 그래왔듯이 사마리아인들은 예루살렘으로 올라가시는 중이라는 이유로 예수님을 거부했다눅 9:51-56. 이에 대해 제자들은 엘리야가 그랬던 것처럼 하늘에서 불을 내려 대적들을 소멸하면 어떠할지 예수께 여쭈었다왕하 1:9-16. 예수께서는 폭력적인 반응을 거부하시고 다른 마을로 가셨다. 리차드 헤이스는 이 사건을 언급하면서 다음과 같이 설명한다. "모든 면에서 예수님은 폭력으로 하나님 나라를 도래시키려 하지 않으셨다."[198] 캐어드G. B. Caird에 의하면 누가복음은 이 이야기 직전에 엘리야와 모세가 예수님과 함께 있다 사라지는 변화산 사건을 묘사하고 있다. 그리고 캐어드는 설명한다. "이것이 엘리야가 변화산에서 사라져야 했던 이유이다. 예수님은 원수를 사랑하는 새로운 방식으로 엘리야의 자리를 대신하셨다."[199]

---

[198] Hays, *Moral Vision*, 329–30.
[199] Caird, *Gospel of St. Luke*, 140.

예수께서 우물가에 있던 사마리아 여인에게 관심을 가지신 것도 인상적이다. 그 여인은 "유대인이 사마리아인과 상종하지 아니한다"요 4:9는 이유로 물을 좀 달라는 예수님의 요청을 거부했다. 하지만 예수께서는 계속 대화를 나누셨고 결국 그 여인이 기대하던 메시아가 자신임을 드러내셨다. 이에 대한 반응으로 여인은 와서 예수님을 보라고 온 마을을 초청했다. 예수님은 사마리아 사람들의 초청에 응하시고 그곳에서 이틀을 머무르셨다요 4:21-42. 예루살렘으로 올라가는 유대인들과 사마리아인들 사이에 일어나고는 했던 유혈사태 대신 원수였던 사람들 사이에 신뢰가 생겨난 것이다.

예수님은 비유를 통해 증오의 대상인 사마리아인을 위대한 영웅으로 묘사하셨다. 이 이야기는 틀림없이 많은 유대인 청중을 격분시켰을 것이다. 비유에서 두 유대교 지도자들제사장과 레위인은 강도를 만나 거의 죽은 상태로 발가벗겨져 길가에 누워 있는 사람을 무시하고 도와주지 않았다. 하지만 이후에 한 사마리아 여행객은 멈추어 서서 상처 입은 사람을 싸매어 나귀에 태웠고, 근처 여관으로 데려가서 주인에게 그를 돌보아 달라며 돈을 지불했다. 예수께서는 이야기를 마무리하시며 진정 이웃으로서 행동했던 이는 증오의 대상이던 사마리아인이었음을 인정하라고 유대 율법 전문가에게 강력하게 요구하셨다. 예수께서는 그에게 사마리아인을 본받으라고 말씀하시며 그 사실을 다시 강조하셨다눅 10:25-37.

예수님 말씀을 들은 유대인들은 모두 자신들의 국가적 원수를 예수께서 영웅으로 만들고 계신다는 것을 알았을 것이다. 이 비유에 숨은 핵심은 자신의 원수를 사랑하라는 것이다.[200] 실제로 예수께서 사마리아인

---

200 이 비유를 원수를 사랑하는 실례로 보고 있는 다수 학자들을 알려면 Klassen, *Love of Enemies*, 82-83, 107n13을 참고하라.

들과 만나시는 모든 장면은 동일한 요점을 전달하는 것으로 보인다.

백부장의 종을 고치신 사건

마태복음 8:5-13은 병든 종을 고쳐달라고 예수께 간구했던 백부장 이야기를 전한다.[201] 백부장은 로마 군인 100명을 책임지는 군 지휘관이다. 이 이야기에서 그는 유대 땅을 다스리며 증오의 대상이 된 로마 제국주의자들을 대표한다. 그는 "멸시받는 식민 제국을 다스리는 권력의 일원"으로서 이방 정복자들을 나타내는 가시적 상징이자 폭력적인 유대 혁명가들의 전복 대상이기도 했다.[202]

하지만 예수님은 백부장의 집에 직접 가서 고쳐주시겠다고 하셨다마 8:7. 백부장은 예수님을 집으로 모실 만한 자격이 자신에게 없다고, 자신이 원하는 것이라고는 예수님의 치료의 말 한마디뿐이라고 겸손하게 대답했다. 예수님은 그의 믿음에 놀라셨다. "내가 진실로 너희에게 이르노니 이스라엘 중 아무에게서도 이만한 믿음을 보지 못하였노라."마 8:10

더 놀라운 것은 그 다음 말씀이다. "또 너희에게 이르노니 동서로부터 많은 사람이 이르러 아브라함과 이삭과 야곱과 함께 천국에 앉으려니와."마 8:11 예수님께서는 자신이 시작하시는 메시아 왕국이 유대인들만을 위한 것이 아님을 백부장에게 말씀하셨다. 그것은 모든 사람들을 위한 것이다.

---

201 누가복음(7:1-10)에서 그 백부장이 유대인들과 친분이 있었음을 알 수 있다. 하지만 개인적 친분에도 불구하고 그의 공적 임무는 로마 제국주의자를 상징했다.
202 Bruner, *Matthew*, 1:378.

이 이야기는 유대인들의 국가적 원수를 가장 뚜렷하게 상징하는 사람의 종을 예수께서 고쳐주시고 어울리신다는 사실만을 묘사하지 않는다. 이 이야기는 예수께서 시작하시는 왕국이 그러한 원수들까지도 일원으로 받아들인다는 사실을 분명하게 암시하는 것이다.[203]

로마에 세금을 내는 문제

경건한 유대인이 로마에 세금을 내야 하는지에 관한 문제는 예수님 당시 뜨거운 논쟁거리였다. 주후 6년에 갈릴리 사람 유다가 큰 폭동을 일으켰을 때 그는 로마에 세금을 납부하는 것을 날카롭게 비판했다.[204] 예수께서 빌라도에게 심문을 받으실 때 유대교 지도자들이 예수님을 고발했던 내용은 황제에게 세금 바치는 것을 반대했다는 점이었다눅 23:2. 그 고소가 참이라면 그것은 분명히 사형감이었다.

공관복음서에 따르면 헤롯당원들과 바리새인 집단은 예수님을 책잡으려고 다음과 같이 질문했다. "우리가 황제에게 세금을 바치는 것이 옳습니까, 옳지 않습니까?"[205] 토라Torah를 따라 사는 경건한 유대인이 이방인 정복자에게 세금을 납부해야 하는가? 예수께서 '옳지 않다'라고 답하신다면 로마가 즉시 그를 반역죄로 처형할 것임을 그들은 알았다. 예수께서 '옳다'라고 답하신다면 예수님은 로마 제국주의를 혐오하는 엄청나

---

203 이 본문은 군인이 되는 것과 예수님 제자가 되는 것이 양립 가능한지 부정적으로나 긍정적으로 아무 말도 하지 않는다. 이에 대해서는 6장에서 "신약성경의 군인들" 항목을 참고하라.
204 1장에서 "메시아적 폭력" 부분을 보라.
205 눅 20:2-26; 막 12:13-17; 마 22:15-21.

게 많은 유대인들, 즉 로마와의 전투를 승리로 이끌 메시아를 기다리는 유대인들의 신뢰를 잃을 것이다. 로마의 세금 징수를 지지하는 것은 대다수는 아니더라도 많은 유대인들에게 그가 메시아가 아님을 의미했을 것이다.[206]

예수께서는 질문한 자들에게 로마의 데나리온 한 닢을 보여 달라고 하셨다. 예수께서는 황제의 로마 세금 납부를 위해 특별히 주조된 동전 앞면에 "티베리우스 카이사르, 신과 같은 아우구스투스의 아들, 예배 받아 마땅한 자"라는 문구가 새겨져 있음을 아셨다.[207] 뒷면에는 신들의 보좌 위에 앉아 있는 황제의 모친 형상이 새겨져 있었다.[208] 유대교 신학은 특정 인간의 신성을 인정하지 않는다. 그뿐만 아니라 특정 사람의 형상을 만드는 것도 금지한다. 예수님의 현명한 대처는 반대자들로 하여금 자신들이 이 신성모독적인 동전을, 심지어 이 논의가 일어나고 있는 성전 안에서도 휴대하고 있다는 점을 인정하게 했다눅 20:1. 예수님은 그들의 위선을 폭로하신 것이다.

예수님의 대답은 "그러면 황제의 것은 황제에게 돌려주고, 하나님의 것은 하나님께 돌려드려라"였다눅 20:25, 새번역. 이로써 반대자들이 파 놓은 덫을 현명하게 빠져나가셨다. 예수께서는 유대인들이 로마가 징수한 세금을 거부해야 한다고 말씀하지 않으셨다. 폭력적인 유대 혁명가들과 분명하게 거리를 두는 답변이었다.[209]

하지만 예수께서는 유대인들이 로마에 세금을 납부해야 한다고 주장하셨는가? "황제의 것은 황제에게"라는 문구는 그들이 주머니에 황제의

---

206 Lasserre, *War and the Gospel*, 87; Bruner, *Matthew*, 2:397; Blomberg, *Matthew*, 330.
207 Bruner, *Matthew*, 2:398.
208 Douglass, *Non-Violent Cross*, 190.
209 Blomberg, *Matthew*, 332.

신성모독적인 동전을 가지고 다님으로써 이미 자신들의 유대교적 가치들을 훼손시켰기 때문에 세금 납부를 거절할 명분이 없다는 것을 의미할 수도 있다. 여러 주석가들에 따르면, 백성이 황제가 아니라 하나님께만 전적으로 복종하는 것이 분명할 경우에만 예수님 말씀은 세금 납부를 지지하는 것이 된다.[210] 하지만 예수님의 청중이 잘 계획된 모호함을 알아들었을 가능성도 있다. 특히 그 이야기 마지막 부분에서 예수께서 딜레마를 현명하게 피해가시는 모습을 보면서 예수님께 질문했던 사람들이 놀라는 장면이 그렇다. 그들은 자신들이 빠져나가기 불가능한 딜레마에 예수님을 가두었다고 생각했기 때문이다. 로마에 세금을 납부하는 것에 관한 예수님의 대답이 모호하다는 것을 예수님의 청중이 이해했든 이해하지 못했든 분명한 것은 예수님께서 로마에 대한 폭력적인 반란을 지지하신다는 암시가 그 이야기에는 전혀 없다는 점이다.

교회 내 충돌을 다루는 문제

마태복음 18장에서 예수님은 교회 내 죄 문제를 다루는 과정을 소개하신다18:15-20. 첫째, 죄 짓는 사람에게 혼자 찾아가서 뉘우치라고 요구하라. 둘째, 첫 번째 단계가 실패할 경우 두세 사람이 함께 가서 대화를 나누라. 그것도 실패하면 그 문제를 교회 전체에 맡겨라.

이 본문은 살인에 관하여 아무것도 말하고 있지 않다. 이 본문은 충돌을 해결하는 비폭력적 방식을 제시하는 것이다. 사람이 모이는 공동체

---

[210] Bruner, *Matthew*, 2:400-403; France, *Gospel of Matthew*, 833-34.

에는 충돌도 있고 죄악 된 행위도 있다. 사람들은 보통 이런 문제들에 폭력적으로 반응한다. 이에 대하여 예수님은 비폭력적 대응을 대안으로 제시하신다.[211] 프레더릭 브루너Frederick D. Bruner는 마태복음 주석에서 이 본문을 "대립 상황의 대헌장"이라고 부른다. 이 본문이 실제로 일어나는 악한 대립을 "산상수훈의 비폭력"과 연계하기 때문이다.[212] 따라서 이 본문은 예수께서 전반적으로 폭력을 거절하신다는 사실에 잘 들어맞는다.

"아버지, 저 사람들을 용서하여 주십시오"

누가복음에 따르면 군인들이 예수님을 십자가에 못 박고 난 후에 예수님은 놀라운 말씀을 하신다. "아버지, 저 사람들을 용서하여 주십시오. 저 사람들은 자기네가 무슨 일을 하는지를 알지 못합니다."눅 23:34, 새번역[213] 일반적인 이해로는 나를 십자가에 못 박은 사람은 나의 원수다. 하지만 예수님은 악한 사람들에게조차 사랑과 용서를 베푸신다. 십자가 위에서 보이신 예수님의 행동과 말씀은 원수를 사랑하라는 가르침의 강력한 예증이다.

성경에 나오는 라멕 이야기부터 복수에 불타는 아킬레우스Achilleus에 관한 호메로스Homeros의 묘사에 이르기까지, 우리는 인간 본성이 용서보

---

211 Yoder, *Body Politics*, 1-13에 나오는 논의를 보라. 또한 A. Kreider, E. Kreider, and Widjaja, *Culture of Peace*, 62-68을 보라.
212 Bruner, *Matthew*, 2:224.
213 일부 중요한 사본들에는 이 말씀이 없다. 하지만 캐어드에 따르면 "다른 사본들은 그것을 잘 증언하고 있다. 그리고 현대 본문 비평가들 대부분은 그 말씀을 본문 일부로 인정한다." G. B. Caird, *Gospel of St. Luke*, 251.

다는 복수로 향한다는 것을 알 수 있다. 라멕은 자신을 때린 사람을 죽인 이후에 이렇게 말한다. "가인을 위하여는 벌이 칠 배일진대 라멕을 위하여는 벌이 칠십칠 배이리로다."창 4:24 형제나 자매를 몇 번이나 용서해야 하는지 베드로가 묻자 예수님은 이 이야기를 암시하셨다. 베드로는 일곱 번이면 충분하리라고 생각했지만마 18:21 예수께서는 "네게 이르노니 일곱 번뿐 아니라 일곱 번을 일흔 번까지라도 할지니라"고 대답하셨다마 18:22.²¹⁴ 예수님은 심지어 원수를 향한 용서의 모범을 보이시고, 그것을 자신을 따르는 자들에게도 요구하신다. 따라서 미로슬라브 볼프Miroslav Volf가 지적하듯이, 예수님의 가르침에 기반한다면 원수를 용서하는 것이 복수의 악순환을 끊는 유일한 방법이다.²¹⁵

예수님과 이사야 40-55장의 고난 받는 종

현대 신학자들은 그동안 예수께서 자기 자신과 사역을 이사야서의 고난 받는 종과 연관시키셨는지에 관하여 서로 동의하지 않았다.²¹⁶ 톰 라이트가 설득력 있게 주장한 바와 같이 예수께서 자신의 사명을 이해하시는 데 있어 핵심은 이사야 40-55장, 특히 52:13-53:12에 기록되어 있는 종의 노래였다.

---

214 어떤 역본은 "일흔 번씩 일곱 번"이라고 번역한다. 하지만 창세기 4:24을 분명하게 암시하는 "칠십칠"이 확실히 정확하다. Bruner, *Matthew*, 2:236; France, *Gospel of Matthew*, 701을 보라.
215 Volf, *Exclusion and Embrace*, 121-25.
216 오스카 쿨만은 강력하게 이 둘을 동일시하는 논증을 편다, Oscar Cullmann, *Christology of the New Testament*, 51-82. 그 주제에 관한 주요 연구 목록은 N. T. Wright, *Jesus and the Victory of God*, 601n 218을 참고하라.

예수님 당시 유대인들에게 이사야 40-55장이 중요했던 이유는 하나님께서 자신들의 방랑 생활을 끝내실 것이라는 기대, 자신들을 사로잡고 있는 이방인들을 벌하실 것이라는 기대, 하나님께서 시온의 왕으로 돌아오실 것이라는 기대 때문이었다. 그리고 이 시기의 일부 유대인들이 이사야서의 종을 메시아를 가리키는 것으로 이해했다는 분명한 증거가 있다.[217] 하지만 그러한 유대인 사상가들이 고난 받는 메시아에 관하여 명확하게 이야기하지는 않았다.[218] 메시아가 고통을 받고 죽을 것이라는 생각은 "유대교 안에 전례가 없었다."[219]

이사야 52:13-53:12에 있는 종의 노래는 예수님 당시 널리 퍼진 유대교적 관점의 핵심이었다. 그들은 자신들의 유랑 생활이 끝나고 자신들이 당하고 있는 고통이 끝날 것이며 "이스라엘을 억압하고 있는 이방 나라들"에게 하나님의 진노가 떨어지리라 기대했다.[220] 예수님은 그러한 기본적인 미래상을 상당 부분 공유하셨다. 하지만 "당시 사람들이 이스라엘 대적들에 대한 군사적 승리를 기대하고 있던 지점에서" 예수님은 그들의 기대에 맞서셨다.[221]

예수께서는 메시아 왕국의 도래를 알리셨다. "하지만 당시 왕국의 도래를 알린 갈릴리 사람 유다부터 시므온 벤 코시바Simeon ben Kosiba, 유대 전쟁 당시 자칭 메시아와 같은 이들과 달리 예수님은 평화, 사랑, 십자가의 방식

---

217 N. T. Wright, *Jesus and the Victory of God*, 588-89. 마이클 셰퍼드(Michael B. Shepherd)에 의하면 탈굼역 이사야서는 이사야의 종과 메시아를 분명히 동일시하고 있다. Michael B. Shepherd, "Targums," 55.
218 N. T. Wright, *Jesus and the Victory of God*, 590.
219 J. Collins, *Scepter and the Star*, 235.
220 N. T. Wright, *Jesus and the Victory of God*, 591.
221 Ibid.

이 왕국으로 향하는 길이라고 선언하셨다."²²² 마카비 순교자들이나 좀 더 나중에 일어난 종교적 반란들과는 달리 예수님은 "이교도와 싸우고자 하는 바로 그 욕구를 이교적인 타락으로 보셨다. 이스라엘은 민족주의적 혁명의 온상이 되었다. 거기에서 고통이 시작될 것이다. 특히 로마의 어두운 모습으로, 날아오는 돌의 모습으로, 무엇보다도 도시 밖에 박힌 십자가의 모습으로 다가올 것이다."²²³ 예수께서 예언하신 것은 불과 몇십 년 후에 실제로 발생했다. 주후 66-70년 유대 전쟁 당시 로마는 예루살렘을 파괴했다. 예수께서는 이사야의 고난 받는 종이라는 개념으로 평화의 메시아라는 다른 전략을 제안하셨다. 여기에는 원수를 사랑하는 것, 심지어 십자가에 못 박혔을 때도 원수를 사랑하는 것이 포함되었다.

"칼을 쓰는 사람은 모두 칼로 망한다"

사복음서 모두 예수께서 체포되실 때 누군가 검을 꺼내 체포하러 다가오는 사람을 쳤다고 기록하고 있다. 요 18:10-11에 따르면 그 사람은 베드로였다. 그리고 각 복음서에서 예수님은 자신을 보호해 주려는 것으로 보이는 그 사람을 꾸짖고 검을 사용하지 말라고 명령하셨다. 요한복음은 아버지께서 주신 잔을 예수께서 마셔야만 한다고 설명한다18:11. 마가복음과 누가복음은 예수님의 명령에 대한 이유를 말해 주지 않는다. 그러나 마태복음에 따르면 예수께서는 "네 칼을 칼집에 도로 꽂아라. 칼을 쓰는 사람

---

222 Ibid., 595.
223 Ibid., 596(강조는 원저자의 것).

은 모두 칼로 망한다."마 26:52, 새번역고 말씀하셨다.

일부 주석가들에 의하면 예수께서 "칼을 버리라"라고 말씀하지 않으시고 "칼을 제자리에 두라"고 하셨다는 것은 칼을 위한 적절한 장소가 있다는 것을 의미한다. 정부에 의해 권한을 부여받은 장소가 있다는 것을 나타낸다는 것이다.[224] 하지만 본문은 그것을 분명하게 말하고 있지 않다. 게다가 마태복음 본문은 예수께서 베드로를 꾸짖은 이유를 대략적으로 제공할 뿐이다. "칼을 쓰는 사람은 모두 칼로 망한다." 이 대략적인 이유를 어떻게 칼을 사용하는 모든 사례에 적용할 수 있는지 보는 것은 쉽다. 프랑스에 따르면 "'칼을 쓰는 자'라는 예수님 말씀은 상당히 일반적인 진술이다. 그리고 겉으로 보기에 물리적인 폭력, 특히 보복적인 폭력이 예수님을 따르는 것과 양립할 수 없다는 믿음을 지지하는 것처럼 보인다. 마태복음 5:39에 나오는 무저항의 원리를 보라."[225] 헤이스는 울리히 마우저Ulrich Mauser를 인용한다. "그와 반대로 마태복음에서 이 체포 장면은 산상수훈에서 주어진 "악한 사람에게 맞서지 말아라"마 5:39는 명령에 대한 진정한 해석이다."[226]

예수님 제자들이 모든 폭력을 거부해야 한다고 이 본문이 명시적으로 말하고 있지는 않다. 하지만 예수님의 전반적인 진술에 담긴 그러한 암시는 그의 다른 행동이나 가르침과 조화를 잘 이룬다는 사실은 분명하다.

---

224 Bruner, *Matthew*, 2:672. 마틴 루터도 동일하다.
225 France, *Gospel of Matthew*, 1013. 유사한 설명을 보려면 Schweizer, *Matthew*, 495를 참고하라.
226 Mauser, *Gospel of Peace*, 80; Hays, *Moral Vision*, 322에서 재인용.

"자기 십자가를 지고"

예수님의 메시아 이해가 그 당시 널리 퍼졌던 견해들과 뚜렷이 달랐다는 점을 살펴보았다. 많은 유대인들은 로마와의 전쟁을 이끌어 줄 군사적 메시아를 기대했다. 그중 일부는 유대인들이 용감하게 검을 집어 들 때 하나님께서 개입하셔서 메시아를 보내주시고 승리를 가져다 줄 것이라고 가르쳤다.[227]

예수님의 행동과 가르침은 예수께서 폭력적인 길을 거부하시는 대신 십자가를 선택하셨음을 보여준다. 그리고 예수님은 제자들에게도 자신들의 십자가를 져야 한다고 거듭 가르치셨다.

공관복음서 세 권 모두 일련의 사건을 동일한 순서로 묘사한다. 베드로는 예수님이 메시아이시라고 고백한다.[228] 그 직후 예수께서는 유대교 지도자들이 자기를 배척할 것과 자신이 죽을 것을 예견하신다.[229] 베드로는 예수님이 생각하시는 화평의 메시아에 대해 깨닫지 못한 채 예수께서 배척과 죽음을 말씀하시는 데 대해 항의한다. 예수께서는 베드로와 그의 폭력적인 이해를 사탄이라고 꾸짖으며 응수하셨다.[230] 뒤이어 예수께서 제자들에게 자기 십자가를 지고 따르라 요구하신다. 이에 대한 세 복음서의 기록이 동일하다. 각 복음서 저자들이 가르치려 했던 바는 매우 분명하다. 예수님 제자들은 폭력이 아닌 십자가를 선택함으로써 예수님을 따라야만 한다.

예수께서는 제자들에게 자신들의 십자가를 지라고 반복해서 요구하

---

227 이 책 1장에 있는 "메시아적 폭력" 부분을 보라.
228 마 16:13-16; 막 8:29; 눅 9:18-20.
229 마 16:21; 막 8:31; 눅 9:21-22.
230 마 16:22-23; 막 8:32-33. 누가복음은 베드로의 이 당혹스러운 실패를 생략한다.

신다.231 "또 자기 십자가를 지고 나를 따르지 않는 사람도 내게 적합하지 않다."마 10:38, 새번역 "누구든지 나를 따라오려거든, 자기를 부인하고, 제 십자가를 지고, 나를 따라 오너라."마 16:24, 새번역 예수께서는 자신이 직접 경험하게 될 잔과 침례세례를 자기 제자들도 마시고 받아야만 한다고 경고하신다마 10:39. 예수님의 행동과 가르침은 폭력 행사를 거부하고 있으며, 예수님은 제자들에게도 동일한 것을 기대하시는 것처럼 보인다.

복음서 전체를 통해 분명해지는 사실은, 예수께서는 자신이 가르치신 대로 제자들이 살아내기를 바라셨다는 점이다. 산상수훈 마지막 부분에서 예수님은 어리석은 사람과 현명한 사람을 묘사하셨다. "그러므로 누구든지 나의 이 말을 듣고 행하는 자는 그 집을 반석 위에 지은 지혜로운 사람 같으리니."마 7:24 아버지의 뜻을 행하는 사람만이 천국에 들어갈 것이다마 7:21. 마태복음 마지막 장면에서 예수께서는 제자들을 떠나기 직전에 명령을 내리신다. 모든 사람들을 제자로 삼을 뿐만 아니라 "내가 너희에게 분부한 모든 것을 가르쳐 지키게 하라"고 명령하신다마 28:20. 그리고 요한복음을 보면 예수께서는 "너희가 나를 사랑하면 나의 계명을 지키리라"14:15고 말씀하신다. 헤이스의 설명은 분명히 옳다. "마태복음은 산상수훈의 제자도를 불가능한 이상으로 여기지 않는다. 오히려 산상수훈은 '하늘과 땅의 모든 권세'를 가지신 예수께서 직접 명령하신 삶의 방식이다."232

---

231 Lasserre, *War and the Gospel*, 67을 보라.
232 Hays, *Moral Vision*, 323. 마찬가지로 Hauerwas, *Peaceable Kingdom*, 85를 참조하라.

5장

신약성경의 평화

우리가 지금까지 살펴본 예수님의 말씀과 행동 외에 신약에서 초기 기독교인들이 예수님의 가르침을 이해하고 이어갔다는 증거는 무엇인가? 예수님 말씀과 행동이 아닌 신약성경의 다른 부분에서는 그것이 어떻게 나타나고 있는가?

초기 기독교는 유대교적 믿음과 기대라는 기본 틀을 유지하면서도 그것을 상당 부분 수정했다. 그들은 하나님께서 모든 민족을 축복하시기 위해 아브라함과 그의 후손들을 하나님의 특별한 민족으로 삼으셨다는 유대교적 믿음을 수용했다창 12:1-3. 그들은 메시아의 때에 관한 기본적인 유대교의 종말론적 기대를 받아들였다. 때가 되면 하나님 나라가 권력을 잡아 악을 물리치고 회복을 불러올 것이라고 생각했다. 하지만 예수님께서 오랫동안 기다린 메시아이시라는 믿음, 예수께서 자신의 삶과 죽음, 부활을 통해 하나님 나라를 이미 시작하셨다는하지만 아직 완성되지는 않았다는 믿음이 그들의 이해를 크게 변화시켰다. 그들은 더 이상 토라의 음식 규정이나 성전에서의 희생 제사, 아브라함의 후손들이 갖는 배타적 관계 측면에서 하나님 나라를 규정하지 않는다. 예수님의 새로운 메시아 왕국에서는 모든 사람이 동일하게 환영을 받는다. "새로운 운동에 관한 이야기는 이스라엘의 국가적, 인종적, 지리적 해방에 관한 언급 없이 주어졌다. 새로운 하나님 나라의 실천거룩함은 토라에 관한 언급 없이 규정되었다. … 초기 기독교의 이러한 하나님 나라 언어는 이스라엘 민족을 지지하는 것, 팔레스타인 지역의 로마 지배를 전복시키는 것, 시온 산에 새로운 성전을 건설하는 것, 토라 준수를 확립하는 것, 민족들이 시온 산으로 몰려드는 것과는 관련이 거의 없거나 아주 없다."233 그 틀 안에서 신약성경은 초기 기독교가 평화를 어떻게 이해했는지 우리에게 말해 준다.

"평화"의 빈번한 사용

평화 개념이 초기 교회에 중요했다는 것은 "평화"에이레네, εἰρήνη라는 단어가 당시 널리 사용되었다는 사실에서 분명히 나타난다. 이 단어는 신약성경에서 최소한 99회 나타난다. 요한일서를 제외하면 그 단어는 신약성경 모든 책에서 명사나 동사로 적어도 한 번 이상 쓰인다. 그 절반이 바울 서신에서 나타난다.234

땅에 있을 평화를 말하는 천사의 노래눅 2:14는 신약성경 전체에 울려 퍼진다. 초창기 기독교인들에게 평화가 핵심 주제였다는 점은 그리 놀라운 것이 아니다. 그들은 종말론적인 평화의 시대가 지금 시작되었다고 믿었다. 메시아이신 예수는 '메시아가 불러올 샬롬'에 관한 예언적 이상

---

233 N. T. Wright, *Jesus and the Victory of God*, 218-19(강조는 원저자의 것).
234 Klassen, *Love of Enemies*, 110. 바울의 평화 사상을 연구한 방대한 학문적 성과들을 참고하려면 Klassen, *Love of Enemies*, 129n1을 보라.

의 성취이셨다. 그들은 그리스도 안에서 하나님과의 평화를 이루었고, 새로운 메시아 공동체 안에서 기독교인 형제자매들과 평화를 누렸으며, 마음의 내적 평화를 경험했다. "평화"라는 단어는 어디에나 있다. 그렇게 평화 개념은 초기 기독교인들의 복음 전체를 묘사했다. 그들은 "평화의 복음"을 말했다. 바울은 계속해서 하나님을 "평화의 하나님"으로 묘사한다. 언제 어디서나 주님께서 평화를 주신다. "평화의 주님께서 친히 언제나 어느 방식으로든지, 여러분에게 평화를 주시기를 빕니다."3:16, 새번역 신약성경은 "평화의 하나님"과 "평화의 복음", 신약 서신 인사말의 평화, 교회의 평화, 모두와의 평화에 관하여 말한다.

평화의 하나님. 신약성경 저자들은 적어도 여섯 번에 걸쳐 하나님을 "평화의 하나님"으로 규정한다.[235] 바울은 고린도에 보낸 두 번째 편지를 마무리하며 기독교인들이 그곳에서 화평을 이루어 살라고 요청한다. 그러면서 "그리하면 사랑과 평화의 하나님께서 여러분과 함께 하실 것"이라고 약속한다고후 13:11, 새번역. 히브리서는 예수님을 죽음에서 이끌어 내신 그분을 "평화의 하나님"으로 묘사한다히 13:20. "평화의 하나님"이라는 문구 대부분은 바울 서신들에 나온다. 예수님 시대 이전이나 그 무렵 기록된 유대교 문헌에는 이 문구가 극도로 드물게 나오지만 사도 바울은 이 문구를 가장 선호한다.[236]

평화의 복음. 에베소서 6:15은 "평화의 복음"을 말한다. 베드로는 고넬료에 관해서 이야기하며 자신의 전체 이야기를 "예수 그리스도로 말미암아 화평의 복음"이라고 요약한다행 10:36. "화평의 복음"을 헬라어로 보면 "유앙겔리조메노스 에이레넨"εὐαγγελιζόμενος εἰρήνην이다. 첫 번째 단어는 "복

---

[235] 롬 15:33; 16:20; 고후 13:11; 빌 4:9; 살전 5:23; 히 13:20. 또한 빌 4:7의 "하나님의 평화"와 살후 3:16의 "평화의 주님"을 보라.

[236] Mauser, *Gospel of Peace*, 106.

음"에 해당하는 헬라어 동사 형태이다. 문자적으로 이 문구는 "복음을 전하는 것"이나 "복음을 설교하는 것"을 의미하고, 복음을 전하는 목적이나 내용은 "평화"이다. 곧 말씀을 전하는 사람들이 평화의 복음을 선포했다는 것을 의미한다.[237]

유대인과 이방인 사이에 있는 격렬한 적대심을 그리스도께서 어떻게 극복하시는지 설명하는 가운데 에베소서 2장은 "평화"라는 단어를 네 번 사용한다. 하나님께서는 유대인과 이방인을 정확하게 동일한 토대 위에서 받아들이셨다. 그것은 그리스도의 십자가 죽음이다. 그 결과 그리스도는 우리의 평화이시며엡 2:14 평화를 이루신다2:15. "그분은 오셔서 멀리 떨어져 있는 여러분에게 평화를 전하셨으며, 가까이 있는 사람들에게도 평화를 전하셨습니다."2:17, 새번역 이 구절에서 "평화"라는 단어는 그리스도께서 이루신 구원 사역 전체를 핵심적으로 묘사하는 단어가 되었다. 누가복음이 기록하는 그리스도의 탄생을 전하는 천사의 말씀도 유사한 함축을 담고 있다. 다시 말해서 그리스도에 관한 전체 말씀은 "지극히 높은 곳에서는 하나님께 영광이요 땅에서는 하나님이 기뻐하신 사람들 중에 평화로다"눅 2:14로 암시될 수 있음을 누가는 보여주고 있다. 마찬가지로 데살로니가후서 3:16에서 "평화의 주님께서 친히 언제나 어느 방식으로든지, 여러분에게 평화를 주시기를"새번역 기도할 때 "평화"라는 단어는 그리스도 안에 있는 온전한 구원을 요약하는 것으로 보인다.

신약 서신 인사말의 평화. 헬라어 서신에서 "은혜"는 표준적인 시작이고, 유대교 서신에서는 "평화"가 동일한 역할을 수행한다. 그렇기 때문에 바울 서신 대부분과 신약의 다른 서신들이 "은혜와 평화"로 시작되는 것은

---

237 동일한 헬라어 본문이 로마서 10:15의 다수 사본에서 나타난다.

놀랄 일이 아니다.²³⁸ 그러나 울리히 마우저에 따르면 이 단어들은 사도 바울의 믿음을 반영하는 것이다. 이 단어들이 어떤 식으로든 하나님은혜와 평화의 말씀을 전한다는 믿음이다. 게다가 바울은 서신들을 평화에 대한 언급으로 끝맺는다. "평화는 통상 바울 서신 시작 부분에 나왔고, 마지막 부분에도 빈번히 나왔다. 그 단어에는 각 바울 서신의 핵심 내용을 요약하는 품위와 가치가 있다."²³⁹

교회의 평화. 신약성경은 교회 내의 조화를 말하기 위해서 "평화"라는 단어를 빈번히 사용한다. 기독교인이라면 음식이나 절기 문제에 있어 양심이 연약한 사람들을 다치게 해서는 안 된다고 강력히 권한 후, 바울은 기독교인들에게 다음과 같이 상기시킨다. "하나님의 나라는 먹는 일과 마시는 일이 아니라, 성령 안에서 누리는 의와 평화와 기쁨입니다. … 그러므로 우리는 서로 화평을 도모하는 일과, 서로 덕을 세우는 일에 힘을 씁시다."롬 14:17-19, 새번역 이와 유사하게 바울은 고린도 교인들에게 방언 문제와 관련하여 무질서와 혼란을 피하라고 권면한 후 "하나님은 무질서의 하나님이 아니라, 평화의 하나님"이심을 상기시킨다고전 14:33, 새번역.²⁴⁰

모두와 평화롭게 사는 것. 평화에 관하여 말하는 신약성경 일부에서는 그 단어에 좀 더 일반적인 의미가 담겨 있는 것처럼 보인다. 로마서 12:18은 다른 기독교인들 이상을 말하고 있는 것이 분명하다.²⁴¹ 바울은 고린도 지역 그리스도인들에게 믿지 않는 배우자 문제를 어떻게 다루어야 하는지 말한 후 "하나님께서는 여러분을 부르셔서 평화롭게 살게 하셨습니다"라고 결론 짓는다고전 7:15, 새번역. 야고보서는 싸움과 다툼, 살인이 탐욕

---

238 Mauser, *Gospel of Peace*, 107에는 모든 사례들이 인용된다.
239 Ibid., 108.
240 다른 본문들도 교회 안의 평화에 관하여 말한다. 고후 13:11; 엡 4:1-3; 살전 5:13; 히 12:14 참조.
241 히 12:14도 마찬가지일 것이다.

에서 나온다고 지적한다. "그러나 위에서 오는 지혜는 우선 순결하고, 다음으로 평화스럽고, … 정의의 열매는 평화를 이루는 사람들이 평화를 위하여 그 씨를 뿌려서 거두어들이는 열매입니다."약 3:17-18, 새번역

요약. 기쁜 소식이란 "평화의 복음"이다. 하나님은 "평화의 하나님"이시다. 예수님은 "평화의 주님"이시다. 그리고 하나님의 뜻은 "성령 안에 있는 평화"이다. 그리스도인들은 교회 안에서나 더 큰 세상에서 평화롭게 살기를 요구받는다.

앞에서 인용한 본문들 중에서 그 어느 곳도 기독교인이 살인해도 좋은지 아닌지 명시적으로 말하지 않는다.[242] 하지만 이 모든 본문들이 분명히 입증하듯이 신약성경 전체의 핵심 관심사는 하나님과, 다른 기독교인들과, 그리고 모든 사람들과 맺는 평화이다.

베드로와 고넬료

사도행전 10장은 놀라운 이야기를 전한다. 경건한 유대인이 국가적 원수의 대명사인 로마 백부장에게 복음을 전하기 위해 어떻게 중요한 유대교 규범을 어겼는지 말해 주고 있다. 고넬료는 로마군 주둔지인 가이사랴에 살고 있는 백부장이다. 그는 로마 군사력의 실체를 전형적으로 보여 준다. 그는 유대인들에게 로마법을 강요하는 로마 군대를 거느리는 사람이다. 더 나아가 고넬료는 이방인으로서 베드로와 같은 경건한 유대인이

---

[242] 하지만 야고보서 3:17-18은 "싸움, 다툼, 살인"이 아니라 평화를 이루라고 요청함으로써 좀 더 명시적으로 언급한다.

함께 음식을 먹거나 집에 방문해서는 안 되는 사람을 대변한다.[243]

하지만 고넬료는 "하나님을 경외"하는 사람이었다. 가령, 그는 유대인 신앙에 매우 공감했다. 하나님께서는 베드로를 집으로 초대하라고 고넬료에게 말씀하셨다. 하나님께서는 베드로에게 깨끗한 동물과 부정한 동물이 나오는 환상을 보여주심으로써 이교도적 행위를 하도록 준비시키셨다. 구약 율법에 따르면 유대인들은 부정한 동물을 먹지 말아야 하기에 베드로는 그럴 수 없다고 대답했다. 그는 "속되고 깨끗하지 아니한 것을 내가 결코 먹지 아니하였나이다"라고 말했다 행 10:14.[244] 하지만 베드로는 환상 가운데 유대교의 엄격한 음식 규정에 관한 생각을 바꾸라는 말씀을 들었다. 그리고 그것은 이방인에 대한 생각도 바꾸라는 것을 암시했다. 그래서 베드로는 엄격한 유대교 관습에도 불구하고 고넬료가 보낸 사람들을 불러들여 유대인의 집에 묵게 하였다. 그리고 그들과 함께 떠나기로 했고, 고넬료의 집 곧 이방인의 집에 들어갔다. 베드로는 고넬료의 집에서 "로마의 대리자를 만났다. 전형적인 유대인 또는 갈릴리 사람 관점에서 고넬료는 점령국을 대표한다."[245]

베드로는 유대인과 이방인 사이에 있는 적대감을 상기시키며 고넬료와 대화를 시작한다. "유대인으로서 이방인과 교제하며 가까이 하는 것이 위법인 줄은 너희도 알거니와."행 10:28[246] 그리고 베드로는 하나님께서 자신에게 아무도 깨끗하거나 부정하다고 판단하지 말라고 하셨음을 덧붙인다. 결과적으로 베드로는 이제 하나님께서 모든 민족을 받아들이신다는 것을 자신이 깨닫게 되었음을 인정한다.

---

243 Keener, *IVP Bible Background Commentary*, 350-52.
244 음식 규정에 관한 유대교 관습에 대한 논의를 보려면 Keener, *Acts*, 2:1768-71를 보라.
245 Keener, *Acts*, 2:1774.
246 Ibid., 2:1787-92.

이제 베드로는 고넬료에게 예수님 이야기를 전한다. 그리고 그는 예수님 말씀을 "평화의 복음"이라고 요약한다. "하나님께서는 이스라엘 자손에게 말씀을 보내셨는데, 곧 예수 그리스도를 통하여 평화를 전하셨습니다. 예수 그리스도는 만민의 주님이십니다."행 10:36, 새번역 이 구절은 우리가 앞에서 논의한 헬라어로 구성된다. 하나님과 베드로은 평화의 "복음을 전하거나 선포"하고 계신 것이다. 베드로는 자신이 고넬료에게 전한 말씀 전체를 "평화의 복음"으로 요약할 수 있다! 이 표현의 온전한 의미가 선명하게 드러나는 것은 우리가 유대인과 이방인 사이의 일반적인 적개심만이 아니라 로마 백부장 고넬료가 유대인들의 국가적 원수를 대변한다는 사실 모두를 기억할 때이다. 베드로는 증오의 대상인 로마 제국주의자들의 핵심 인물에게 예수님 말씀이 평화의 복음이라고 말하고 있는 것이다.[247] 크레이그 키너에 따르면 베드로는 그렇게 함으로써 "전통에 따라 원수로 간주되는 사람에게 평화의 기쁜 소식을 선포"한다.[248]

더하여 한 가지가 특히 중요하다. 이교도 로마 황제는 자신이 평화의 기쁜 소식을 세상에 전한다고 주장했다. 우리가 프리에네Priene, 오늘날 터키 지역에서 발견된 고대 비문주전 9세기으로 알 수 있듯, 많은 사람들이 아우구스투스Augustus, 주전 27 - 주후 14 재위를 "신의 아들이자 우주의 구원자"로 여겼다. "카이사르, 그는 전쟁을 종식시키고 평화를 가져올 것이다." 그리고 그들은 로마의 평화Pax Romana를 이룩한 자의 탄생을 기리기 위하여 "복음"에 해당하는 헬라어를 사용했다.[249] 물론 칼을 사용해서지만 "세계 평화"를 가져오는 자로서 아우구스투스는 평화의 여신 숭배를 시작했다.[250]

---

247   A. Kreider, E. Kreider, and Widjaja, *Culture of Peace*, 18-27.
248   Keener, *Acts*, 2:1800.
249   Dechow, "'Gospel' and the Emperor Cult," 73.
250   Mauser, *Gospel of Peace*, 86.

베드로가 로마 백부장에게 전한 것은 로마 황제가 아니라 예수님이 평화의 복음을 전하는 주님이시라는 사실이다! 아우구스투스는 자신의 군대가 무력을 성공적으로 사용하여 평화를 가져왔다고 주장했다. 예수님은 사람들이 십자가와 부활을 받아들일 때 평화를 가져다주신다. 하지만 둘 다 "평화의 복음"을 전한다. 그리고 두 경우 모두에서 평화는 순전히 개인적인 것이 아니다. 분명 예수님이 주시는 평화는 개인적인 죄 용서행 10:43를 수반한다. 하지만 36절은 그리스도께서 가져다주시는 평화가 "만민의 주님"에게서 온다고 명시적으로 말하고 있다. 그러므로 주님의 평화는 개인의 마음과만 연관이 있는 것이 아니라 모든 현실과 연관이 있다고 볼 수 있다.

유대인과 이방인 사이의 평화

에베소서 2:11-22은 유대인과 이방인이 십자가로 인하여 누리는 하나님과의 평화가 중대한 사회적 평화에 어떻게 영향을 미치는지 설명한다. 이 단락을 이해하기 위해 우리는 1세기 유대인과 이방인 사이에 있던 적대심의 깊이를 알아야 한다. 이것은 유대 저술가들과 이방 저술가들 모두에게서 분명히 나타난다.

주전 1세기 무렵의 한 유대 문헌에 따르면 모세의 가르침은 유대인들이 "다른 어떤 민족과 어떤 방식으로든 섞이지 않도록 막기 위해서 철벽"을 둘렀다. 모세의 가르침은 "고기와 마시는 것과 접촉하는 것과 관련한"

규정들을 엄격하게 준수하게 함으로 유대인들을 통제했다.[251] 이것은 결과적으로 유대인들이 주변 이교도들에게 적대심을 갖게 했다.

유대인들 주변 이방인들도 똑같이 대응했다. 여러 로마 저술가들은 유대인들에 대한 분노를 표출했다. 이들에 따르면 유대인들은 자신들의 일신론 때문에 로마 신들을 거부했다. 주전 1세기 이방인 저술가 아폴로니우스 몰론Apollonius Molon에 의하면 "유대인들은 무신론자들이고 인간을 혐오하는 자들이다. 그들은 야만인들 중에서도 가장 어리석은 자들로 간주되어야 한다."[252] 타키투스Tacitus는 전반적으로 공정한 로마 역사가로서 에베소서가 기록될 무렵 저술 활동을 했다. 그러한 그도 유대교 관습은 "비열하고 가증스럽고" 유대인들은 비유대인들에게 "혐오와 적대감을 느낄 뿐이다"라고 기록했다.[253]

따라서 유대인과 비유대인 사이에 격렬한 충돌이 많이 있었다는 것은 놀랄 일이 아니다. 특히 1세기 동로마 제국 여러 도시들에서 그러했다. 요세푸스는 이집트 알렉산드리아에서 유대인 공동체와 그들의 이웃 사이에 지속적인 충돌이 있었다고 기록하고 있다. 유대인 세 명이 산 채로 화형을 당하는 사건이 발발하자 전체 유대인 공동체는 주변 이방인들을 불태우려고 위협했다. 잠잠히 지내라는 로마 총독의 요청을 유대 반란군이 거절하자 총독은 군대를 동원해 유대인 지역을 파괴했다. "유대인 지역 전체가 피에 잠기고 오만 구에 달하는 시체가 쌓일 때까지 멈추지 않았다."[254] 또 다른 곳에서 요세푸스는 "주변 이교도들이 유대인들을 향해

---

251 *Letter of Aristeas*; Mauser, *Gospel of Peace*, 157에서 재인용.
252 Mauser, *Gospel of Peace*, 159.
253 Tacitus, *Histories*, 5.3–5; Mauser, *Gospel of Peace*, 159에서 재인용.
254 Josephus, *Jewish War*, 2.487–98. 또한 요세푸스는 안디옥 지역의 적대감과 그에 따른 참상을 보고한다. 이에 대해서는 *Jewish War*, 7.42–64를 보라.

가진 증오와 두려움의 감정"을 묘사한다. 이 감정은 시리아 지역 일부 도시들 안에서 유대인들을 노예로 삼거나 학살하는 것으로 이어졌다.[255] 에베소서가 설명하고 있는 유대인과 이방인 사이의 적대감이 단지 신학적인 문제가 아니었음은 분명하다. 두 집단은 서로를 경멸하는 일이 잦았고, 이는 심각하고 치명적인 사회적 폭력으로 이어졌다.

에베소서 2장에서 주어지는 바울의 가르침은 이러한 정황에서 나왔다. 그리스도는 충돌을 일삼는 두 집단 사이에 평화를 가져오셨다. 이전에 이방인들은 하나님에게서 멀리 있었다. 하지만 이제 그들은 "그리스도 예수 안에서 그분의 피로 하나님께 가까워졌다."엡 2:13, 새번역 그리고 이어지는 다섯 구절에서 "평화"에 해당하는 단어가 계속 나온다.

> "그리스도는 우리의 평화이십니다. 그리스도께서는 유대 사람과 이방 사람이 양쪽으로 갈라져 있는 것을 하나로 만드신 분이십니다. 그분은 유대 사람과 이방 사람 사이를 가르는 담을 자기 몸으로 허무셔서, 원수 된 것을 없애시고, 여러 가지 조문으로 된 계명의 율법을 폐하셨습니다. 그분은 이 둘을 자기 안에서 하나의 새 사람으로 만들어서 평화를 이루시고, 원수 된 것을 십자가로 소멸하시고 이 둘을 한 몸으로 만드셔서, 하나님과 화해시키셨습니다. 그분은 오셔서 멀리 떨어져 있는 여러분에게 평화를 전하셨으며, 가까이 있는 사람들에게도 평화를 전하셨습니다. 이방 사람과 유대 사람 양쪽 모두, 그리스도를 통하여 한 성령 안에서 아버지께 나아가게 되었습니다."
>
> 엡 2:14-18, 새번역

---

255   Josephus, *Jewish War*, 2.477–80. 다마섹에서 유대인 10,500명이 학살된 사건에 관해서는 *Jewish War*, 2.559–61을 보라.

예수께서는 유대인과 이방인 모두 십자가라는 같은 토대 위에서 하나님과 화해시키셨다. 바울이 로마서에서 말하고 있듯 그리스도의 십자가를 통하여 죄 사함을 받은 사람들은 하나님과 평화를 누리고 있다롬 5:1. 유대인과 이방인 모두 십자가를 통하여 하나님과 화해하였기 때문에 십자가 아래 동등하다. 그리하여 바울 당시 교회 안에서 가장 적대적이던 두 공동체 사이에 평화가 생겨났다. 예수님의 십자가가 하나의 새 인류를 만들어 평화를 이루시기 때문이다엡 2:15.

에베소서 2:14이 말하는 "사이를 가르는 담"이 무엇인지 분명하지는 않다. 우리가 위에서 살펴본 바와 같이 주전 1세기의 한 유대 저술가는 "철벽"이 유대인과 이방인이 섞이는 것을 막았다고 언급한다. 본문이 말하는 것이 그것일지도 모른다.[256] 하지만 톰 라이트에 의하면 "가르는 담 개념은 예루살렘 성전에서 가져온 것이 꽤 분명하다. 거기에는 이방인들에게 이 이상 넘어오지 말라고 경고하는 표지판이 있었다."[257]

이 단락을 통해 매우 분명하게 드러난 사실은 바울이 그리스도 안에 있는 구원을 광범위하게 이해했다는 것이다. 그것은 우리가 죄 용서를 받았다는 사실이나 거룩한 하나님께서 우리를 받아들이셨다는 것보다 훨씬 많은 것을 포함한다.[258] 구원은 교회 안에 있을 완전히 새로운 사회 질서까지도 포함한다. 교회 안에서 유대인과 이방인은 오래된 적대감을 극복했다. 실제로 바울은 에베소서 3장에서 자신에게 드러난 "비밀"창 12:1-3에서 아브라함에게 약속된 모든 민족을 향한 하나님의 계획을 논의하는 데로 나아간다. 그리고 바울이 복음의 한 부분으로 선포한 이 비밀은 하나님께서 이스라엘을 통해 펼치시는 구원 사역에 이제 이방인도 포함된다는 것이다. "그 비

---

256 Mauser, *Gospel of Peace*, 157.
257 N. T. Wright, *Justification*, 172.
258 이 요점은 N. T. Wright, *Justification*에서 잘 제시된다.

밀의 내용인즉 이방 사람들이 복음을 통하여 그리스도 예수 안에서 유대 사람들과 공동 상속자가 되고, 함께 한 몸이 되고, 약속을 함께 가지는 자가 되는 것입니다."엡 3:6, 새번역[259] 이 새로운 평화, 적대적 집단들 사이의 사회적 화해는 매우 중요하다. 교회가 이 새로운 평화를 모범으로서 이 세상에 보이게 될 뿐만 아니라 "하늘에 있는 통치자들과 권세자들에게"3:10 알려지기도 하기 때문이다. 통치자들과 권세자들은 타락한 천사들이다. 바울은 그들이 우리 세계의 왜곡된 사회 경제적, 문화적 체계와 관련이 있다고 생각했다.[260]

바울이 갈라디아서 3:28에서 간략하게 언급한 것을 에베소서는 훨씬 폭넓게 발전시켰다. 바울은 갈라디아서 본문에서 당시 유대교 남성들이 사용했을 법한 공동 기도문을 반복하고 그리고 교정하고 있다. 그들은 자신들이 이방인, 노예, 여성이 아니라는 것에 감사 기도를 드렸다. 하지만 그리스도께서는 이들 사회 집단에 새로운 평화를 가져오셨다. "너희는 유대인이나 헬라인이나 종이나 자유인이나 남자나 여자나 다 그리스도 예수 안에서 하나이니라."갈 3:28

바울 시대에 유대인과 이방인이 증오에 찬 적대 관계에 있었음은 분명하다. 마찬가지로 분명한 것은 그리스도께서 가져오시는 평화를 바울이 복음의 핵심으로 선언한다는 것이다. 그리스도께서는 이 오래된 대적들 사이에 놀랍고도 새로운 사회적 평화를 가져오신다. 원수를 사랑하라는 예수님의 명령에 대해 에베소서는 분명한 언급을 하지 않지만 예수님의 새로운 공동체가 실제로 그 방식대로 살았다는 놀라운 사례를 보여 준다.

---

259 이와 유사한 진술을 보려면 골 1:26-27을 참고하라.
260 바울이 "통치자들과 권세자들"을 어떻게 이해하고 있는지 보려면 Sider, *Good News and Good Works*, 150-51, 특히 각주 33-34의 논의를 참고하라.

우주적 평화

신약성경에는 그리스도께서 주시는 평화가 죄 용서나 교회라는 새로운 사회적 실재 안에서 다른 그리스도인들과 누리는 평화에 국한하지 않는다는 분명한 암시들이 있다. 골로새서에 따르면 하나님께서는 그리스도로 말미암아 만물을 창조하시고 그리스도로 말미암아 만물을 화해시키셨다. "하나님께서는 그분의 안에 모든 충만함을 머무르게 하시기를 기뻐하시고, 그분의 십자가의 피로 평화를 이루셔서, 그분으로 말미암아 만물을, 곧 땅에 있는 것들이나 하늘에 있는 것들이나 다, 자기와 기꺼이 화해시켰습니다."골 1:19-20, 새번역 본문에 따르면 이 화해에는 "왕권이나 주권이나 권력이나 권세"도 포함된다1:16. 이 용어들은 본래 선하게 창조되었으나 반역으로 인해 타락한 천사들을 가리키고, 우리 세계의 사회 경제적 체계나 문화적 체계와 관련을 가지며 영향을 미치는 천사들을 가리킨다. 그리고 골로새서 2:15에 따르면 그리스도께서는 "통치자들과 권력자들"을 십자가에서 "무력화"하셨다.[261] 그것은 그들이 그리스도 왕국의 '이미 하지만 아직' 시대에 완전히 정복되었다는 것을 의미하지 않는다. 본문은 이들 "통치자들과 권력자들"이 여전히 힘을 가지고 있고, 그리스도인들이 그들과 싸워야 한다는 것을 분명히 말하고 있다엡 6:12. 하지만 승리는 이미 시작되었고 그리스도께서 돌아오실 때 완성될 것이다. 그리스도께서 "통치자들과 권력자들"에 대해 십자가에서 이루신 승리는 이미 하늘과 땅에 우주적 평화를 가져오기 시작했다.[262]

로마 시민들은 기독교인들이 예수님을 부를 때 사용했던 그 단어들로

---

261 Sider, *Just Politics*, 47-48, 62.
262 "골로새서의 찬송에 나오는 평화는 우주적 관심과 연관이 있다." Mauser, *Gospel of Peace*, 152.

자신들의 황제를 불렀다. "구원자"와 "주님", "하나님의 아들"이 그것이다. 로마인들은 로마의 평화Pax Romana를 가능하게 했던 군사적 승리를 설명하기 위해 기쁜 소식을 의미하는 "복음"이라는 단어를 사용했다.[263] 그리고 로마인들은 평화의 여신을 숭배했다.[264] 마우저에 따르면 "사도행전의 평화 개념은 로마의 평화라는 이상과 침묵의 대화를 나누고 있다."[265]

바울이 말하는 '평화의 복음'에 개인이 하나님과 누리는 평화나 교회 안에서 누리는 평화 이상이 내포된다는 사실은 바울이 데살로니가에서 복음을 전했을 때 일어난 소요를 이해하는 데 도움이 된다. 소요를 일으킨 자들은 바울을 지지하는 사람들을 시청 관원에게 끌고 가서 이렇게 고소했다. "그 사람들은 모두 예수라는 또 다른 왕이 있다고 말하면서, 황제의 명령을 거슬러 행동을 합니다."행17:7, 새번역 로마 황제와 예수에 대한 주장들이 서로 경쟁하고 있었다는 사실을 떠올리면 우리는 이 단락을 좀 더 잘 이해할 수 있다.

데살로니가의 성난 폭도들은 기독교인들이 카이사르에 대적하는 또 다른 왕예수을 전한다고 말했다행 17:5-8. 그들은 틀리지 않았다. 베드로가 로마 백부장 고넬료에게 기독교의 가르침을 "만유의 주 되신 예수 그리스도"에 대한 평화의 복음행 10:36이라고 전했을 때 그는 예수가 바로 만물을 책임지는 참 주님이시라고 암묵적으로 말하는 것이었다. 분명 이것은 예수께서 주신 평화가 개인이 하나님과 누리는 평화 이상임을 의미한다. 이것이 주는 암묵적 전언은 예수가 사회적 평화를 향한 길이시기도 하다는 것이다.

그것은 모든 사람이 구원될 것이라고 말하는 것과 다르다. 신약성경

---

263 이 장 "베드로와 고넬료" 부분을 보라.
264 Mauser, *Gospel of Peace*, 86.
265 Ibid., 85.

은 최후 심판과 하나님에게서 영원한 분리를 자주 말한다. 하지만 그것은 예수께서 주신 평화가 창조 질서 전체에 확장된다는 것을 의미한다. 로마서에서 바울은 창조 세계강, 나무, 공기 등가 죄 때문에 왜곡되었다고 말한다. 하지만 인간이 육체의 부활을 경험하게 되는 마지막 때에 "피조물도 썩어짐의 종살이에서 해방되어서, 하나님의 자녀가 누릴 영광된 자유를 얻으리라는 것"이다롬 8:21, 새번역. 요한계시록에 따르면 마지막 완성의 때에 이 세상 왕들이 "그들의 영광을 그 도성으로 들여올 것"이다. 인류 문명은 그 악을 씻어낼 것임에 틀림없고 "사람들은 민족들의 영광과 명예를 그 도성으로 들여올 것"이다계 21:24-26, 새번역.[266] 분명 그리스도께서는 우주적 평화를 가져오신다.

예수님의 목소리

예수께서 산상수훈을 통해 가르치신 내용을 명시적으로 언급하는 곳은 신약성경에서 복음서 말고는 없다. 하지만 산상수훈의 목소리가 메아리치는 곳이 여러 군데 있다.

악으로 악을 갚지 말라. 바울은 데살로니가전서 마지막 부분에서 기독교인들이 어떻게 살아야 하는지 간략하게 가르친다. "아무도 악으로 악을 갚지 말고, 도리어 서로에게, 모든 사람에게, 항상 좋은 일을 하려고 애쓰십시오."살전 5:15, 새번역 이 구절은 예수님의 특정 말씀을 사용하지 않는다.

---

[266] 좀 더 자세히 알려면 Sider, *Just Politics*, 50-51을 보라. 특히 각주 36-42에서 언급되는 문헌을 보라.

하지만 예수께서 눈에는 눈이라는 법적 원리를 거부하셨던 것과 마 5:38-42 동일한 요점을 제시하는 것처럼 보인다. 바울은 기독교인들이 교회 안에서 "서로에게", 그리고 더 큰 사회에서 "모든 사람에게" 이 방식을 따라 살아야 한다고 말한다.

모욕을 당할 때 축복하라. "우리는 욕을 먹으면 도리어 축복하여 주고, 박해를 받으면 참고, 비방을 받으면 좋은 말로 응답합니다." 고전 4:12-13, 새번역 이 구절에서 예수님의 목소리는 조금 더 약해진 것 같다. 하지만 그 내용은 예수님의 명령에 매우 잘 들어맞는다. 예수께서는 학대하는 자들을 적대적으로 응대하지 말라고 명령하셨기 때문이다. 마 5:38-42.

악을 악으로 갚지 말라. 베드로전서에서 예수님의 목소리는 좀 더 분명히 메아리친다. "악을 악으로 갚거나 모욕을 모욕으로 갚지 말고, 복을 빌어 주십시오." 벧전 3:9, 새번역 예수께서 눈에는 눈이라는 원칙을 거부하셨다는 사실을 베드로전서 저자가 의식적으로 요약하고 있는지 아닌지 우리는 알 수 없다. 하지만 이 진술은 악을 어떻게 대해야 하는지 예수께서 명령하신 것과 동일한 반응을 분명하게 권고하고 있다. 악을 보복하기보다는 사랑으로 행하라는 것이다.

원수를 갚지 말라. 로마서 12:14-21에는 예수님의 목소리가 특히 강력하게 울려 퍼진다.

> "여러분을 박해하는 사람들을 축복하십시오. 축복을 하고, 저주를 하지 마십시오. 기뻐하는 사람들과 함께 기뻐하고, 우는 사람들과 함께 우십시오. 서로 한 마음이 되고, 교만한 마음을 품지 말고, 비천한 사람들과 함께 사귀고, 스스로 지혜가 있는 체하지 마십시오. 아무에게도 악을 악으로 갚지 말고, 모든 사람이 선하다고 생각하는 일을 하려고 애쓰십시오. 여러분 쪽에서 할 수 있는 대로 모든 사람과 더불어 화평하게 지내십시오. 사랑하는 여러

분, 여러분은 스스로 원수를 갚지 말고, 그 일은 하나님의 진노하심에 맡기십시오. 성경에도 기록하기를 "'원수 갚는 것은 내가 할 일이니, 내가 갚겠다'고 주님께서 말씀하신다" 하였습니다. "네 원수가 주리거든 먹을 것을 주고, 그가 목말라 하거든 마실 것을 주어라. 그렇게 하는 것은, 네가 그의 머리 위에다가 숯불을 쌓는 셈이 될 것이다" 하였습니다. 악에게 지지 말고, 선으로 악을 이기십시오." 새번역

이 말씀과 산상수훈 사이의 유사성은 매우 두드러진다. 그래서 여러 학자들은 바울이 교회를 통해 전해지는 "예수 전통"Jesus-tradition을 알았고, 그것을 사용하고 있었다고 보았다.[267] 영국 신약학자 제임스 던James Dunn 은 근거 자료들을 주의 깊게 살핀 후 "산상수훈의 정신이 이 구절들 안에 살아 숨쉬고 있다"고 언급했다. 그리고 결론 내렸다. "바울이 삽입한 문구가 예수님의 가르침을 반영할 가능성이 매우 높다고 판단된다."[268]

바울은 원수에게 어떻게 반응해야 하는지 이야기하고 있다롬 12:14, "여러분을 박해하는 사람들". "아무에게도 악을 악으로 갚지 말고"12:17는 예수께서 거부하신 눈에는 눈이라는 원칙을 재진술하는 것이다. 이 구절은 우리가 데살로니가전서와 베드로전서에서 본 것과 동일한 진술이다. 원수를 갚지 말라는 명백한 금지 명령12:19은 동일한 요점을 약간 다른 방식으로 보여주는 것이다.

바울에 따르면 기독교인들이 복수하지 않는다는 것은 악이 영원히 처벌받지 않는다는 의미가 아니다. 무한하신 하나님은 유한한 인간과는 다르시기에 하나님의 사랑과 정의의 완벽한 조합으로 악을 제대로 심판하실 것이다.

---

267 Hays, *Moral Vision*, 330.
268 Dunn, *Romans*, 2:745-51; Hays, *Moral Vision*, 345n38에서 재인용.

미로슬라브 볼프에 의하면 "역사의 종말에 하나님의 정의로운 심판이 있다는 사실은 역사의 종말 이전에 폭력을 휘두르지 못하게 하는 전제가 된다."[269]

로마서 12:20잠 25:21-22 인용은 원수들을 어떻게 대해야 하는지 바울이 말하고 있다는 사실을 강조한다. 원수에게 음식과 마실 물을 주라는 바울의 말은 예수님의 양과 염소 비유마 25:35, 42를 상기시킨다. 물론 그 구절에서 필요에 처한 사람이 원수로 묘사되지는 않는다. 학자들은 원수의 머리 위에 "숯불을 쌓는 셈"이라는 구절이 무엇을 의미하는지 알고자 애썼다. 일부 해석가들에 따르면 이 문장은 사랑을 받은 원수가 수치와 회한을 느껴 화해를 추구한다는 것을 의미한다. 또 다른 해석에 의하면 이 문장은 원수가 사랑의 대우에 응하기를 거부하면 하나님께서 최후 심판 때 이 사람을 의롭다 하신다는 것을 의미한다.[270]

우리는 바울의 의중을 확실히 알 수 없다. 하지만 그것이 로마서 12장에 있는 분명한 명령 즉 원수를 사랑하고, 눈에는 눈으로 갚는 것을 멈추고, 보복을 하지 말라는 명령들을 약화하는 것은 아니다. 이 명령들은 산상수훈 나타난 예수님 말씀과 매우 유사하게 들린다.

그리스도를 닮는 것

반복해서 말하지만 신약성경 전체에서 저자들은 기독교인이 신실한 제

---

269 Volf, *Exclusion and Embrace*, 302.
270 Zerbe, "Paul's Ethic of Nonretaliation," 194-202과 거기에서 인용하는 자료들을 보라. 또한 Klassen, "Coals of Fire"를 참고하라.

자로서 그리스도를 닮고 따라야만 한다고 말한다.[271] 이 본문들 중 어느 것도 기독교인이 살인을 해도 되는지 구체적으로 말하지 않는다. 하지만 예수님 가르침에 대한 우리 해석이 옳다면 그리스도인들로 하여금 그리스도와 같이 살라고 요구하는 방대한 양의 본문들은 나머지 신약성경이 원수를 사랑하라는 예수님 명령을 잊지 않았다는 주장을 뒷받침한다.

"주님께서 여러분을 용서하신 것과 같이" 그리스도인들은 서로를 용서해야 한다골 3:13; 엡 4:32. "그리스도께서 사신 것과 같이" 사는 것이 그리스도인이라는 증거이다요일 2:6. "우리가 하나님의 계명을 지키면, 이것으로 우리가 하나님을 참으로 알고 있음을 알게 됩니다."요일 2:3 기독교인은 그리스도와 함께 자신의 죄악 된 자아에 대하여는 죽고, 이제 그리스도의 부활하신 생명을 공유하며 그리스도처럼 삶을 산다.[272] 그리스도인은 그리스도께서 섬기신 것처럼 다른 그리스도인을 섬겨야 한다.[273] 다른 그리스도인들과 경제적으로 공유를 실천함으로써 후하게 주시는 그리스도의 마음을 닮아야 한다. 그분은 "부요하나, 여러분을 위해서 가난하게 되셨기" 때문이다고후 8:9. 그리스도인은 그리스도께서 겸손하셨던 것처럼 겸손해야만 한다빌 2:3-14.

그러한 본보기들은 무수히 많아 보인다. "그리스도께서 여러분을 사랑하셔서, 우리를 위하여 … 자기 몸을 내어주신 것과 같이, 여러분도 사랑으로 살아가십시오."엡 5:2, 새번역 "그리스도께서는 여러분을 위하여 고난을 당하심으로써 여러분이 자기의 발자취를 따르게 하시려고 여러분에게 본을 남겨 놓으셨기" 때문에 그리스도인은 무고하게 고난을 당할 수 있다벧전 2:21, 새번역. 우리는 특히 몇몇 구절에서 그리스도를 닮으라는

---

271 이 점을 강력하게 제시하는 책으로는 Yoder, *Politics of Jesus*, 7장(112-31)을 보라.
272 롬 6:6-11; 8:11; 갈 2:20; 엡 4:20-24; 골 2:21-3:1.
273 요 13:1-17; 롬 15:1-7; 고후 5:14-21.

이러한 요청을 분명하게 발견할 수 있다. 그리스도인은 가정과 교회, 세상의 사회 경제적 삶에서 그리스도를 닮아야 한다.

가정에서 그리스도를 닮는 것. 에베소서 수신자들은 남성이 지배하는 헬라 사회에 살고 있었다. 하지만 그것이 에베소서 저자가 남편들에게 예수께서 십자가에서 모범을 보이신 자기희생적 사랑으로 아내를 사랑하라고 권하는 일에 걸림돌이 되지는 않았다. "남편들아 아내 사랑하기를 그리스도께서 교회를 사랑하시고 그 교회를 위하여 자신을 주심 같이 하라."엡 5:25 이 말씀은 여성이 남성에 비해 매우 열등하다고 간주되는 사회에서 매우 급진적인 발언이었다. 그러나 그리스도인 남편들이 결혼 생활을 하면서 십자가의 길을 따를 경우 내면의 고뇌와 고통스런 불만을 피할 수 있으리라는 점을 생각해 보라. 십자가의 길은 부당함을 교정하는 비폭력적 방식에 불과하지 않다. 십자가의 길은 더 나아가 모든 결혼 생활을 망가뜨리는 지속적인 어려움 속에 걸어가야 하는 그리스도의 평화의 길이기도 하다.

교회 안에서 십자가의 길. 그리스도인이 타인에게 어떤 겸손과 사심 없는 관심을 가져야 하는지 묘사하기 위해 바울은 빌립보서 2:5-8에서 놀라운 찬송시를 사용한다. "여러분 안에 이 마음을 품으십시오." 바울이 기록하기로 그것은 "곧 그리스도 예수의 마음이기도 하다."

"그는 하나님의 모습을 지니셨으나,
　　하나님과 동등함을 당연하게 생각하지 않으시고,
　오히려 자기를 비워서
　　종의 모습을 취하시고,
　　사람과 같이 되셨습니다.
　그는 사람의 모양으로 나타나셔서,

자기를 낮추시고,
죽기까지 순종하셨으니,
곧 십자가에 죽기까지 하셨습니다." 새번역

바울의 명령은 명확하다. 그리스도인들이 교회 안에서 평화를 이루는 방법은 그리스도께서 십자가에서 보이신 모범을 따르는 것이다. 그리하여 그 본보기대로 자신들도 다른 그리스도인들을 대하는 것이다. 요한일서도 마찬가지로 동일한 요점을 강력하게 가르친다. "그리스도께서 우리를 위하여 자기 목숨을 버리셨습니다. 이것으로 우리가 사랑을 알게 되었습니다. 그러므로 우리도 형제자매를 위하여 목숨을 버리는 것이 마땅합니다."요일3:16, 새번역 그 진술은 그리스도께서 십자가로 향하시면서 제자들에게 내리신 명령을 완전하게 반영한다. "내가 너희를 사랑한 것 같이, 너희도 서로 사랑하여라."요13:34; 15:12, 새번역 십자가의 그리스도를 닮는 것이 교회 안에서 평화를 이루는 길이다.

세상의 사회 경제적 삶에서 십자가의 길. 베드로전서 2장은 그리스도인 노예들에게 너그러운 주인들에게만이 아니라 고약한 주인에게도 복종하기를 요청한다.[274] 여기에는 부당하게 고통받으신 그리스도가 닮아야 할 모범으로 제시된다. "바로 이것을 위하여 여러분은 부르심을 받았습니다. 그리스도께서는 여러분을 위하여 고난을 당하심으로써 여러분이 자기의 발자취를 따르게 하시려고 여러분에게 본을 남겨 놓으셨습니다. 그는 죄를 지으신 일이 없고 그의 입에서는 아무런 거짓도 찾아볼 수 없었습니다. 그는 모욕을 당하셨으나 모욕으로 갚지 않으시고, 고난을 당

---

[274] 하지만 리처드 헤이스의 지적을 주목하자. Hays, *Moral Vision*, 354n40. 헤이스에 따르면 베드로전서가 기독교인 노예들에게 제시하는 규범은 모든 기독교인들에게 제시되는 규범들과 동일하다(벧전 3:17-18).

하셨으나 위협하지 않으시고, 정의롭게 심판하시는 이에게 다 맡기셨습니다. 그는 우리 죄를 자기의 몸에 몸소 지시고서, 나무에 달리셨습니다. 그것은, 우리가 죄에는 죽고 의에는 살게 하시려는 것이었습니다. 그가 매를 맞아 상함으로 여러분이 나음을 얻었습니다."벧전 2:21-24, 새번역

십자가의 예수를 깊이 생각함으로써 기독교인들은 부당한 압제자들을 포함하여 다른 비기독교인들과의 사회 경제적 관계에서 어떻게 살아야 하는지를 배운다. 그것은 억압받는 노예나 그 당시의 사회 제도적 불평등의 희생자들이 자신들의 억압을 묵인해야 한다는 것을 의미하지 않는다. 우리는 예수님의 가르침과 모범에 관한 논의에서 예수께서 비폭력적이지만 악에 분명히 도전하고 비판하셨다는 것을 살펴보았다.[275] 하지만 베드로전서의 이 단락이 분명하게 보여주는 바는, 그리스도의 발자취를 따라 성경의 명령에 복종한다면 우리는 압제자들을 욕하고 미워하고 타도할 대상으로 보지 않을 것이라는 점이다. 대신 하나님과 원수일 때에 그리스도께서 우리 죄를 위해 죽으신 것을 기억할 때 우리는 그리스도께서 십자가에서 보이신 원수를 향한 그리스도의 사랑을 닮게 될 것이다.

신약성경이 그리스도인들에게 그리스도를 닮으라고 지속적으로 요청한다고 해서 우리가 그리스도 삶의 모든 부분을 닮으라고 하는 것은 아니다. 그리스도께서 세상을 위해 치르신 단 한 번의 희생 제사는 결코 반복될 수 없다. 로레인 뵈트너Loraine Boettner, 1901-1990는 "그리스도의 속죄의 죽음은 이 세상의 창조만큼이나 우리가 따라할 대상이 아니다"라고 말했고, 이는 상당히 옳은 말이다.[276]

사실 신약성경은 그리스도인이 단 한 가지 면에서 그리스도를 닮아

---

275 3장의 "여섯 가지 반제" 부분에 있는 "눈에는 눈" 항목을 보라. 또한 악에 대한 비폭력적 도전들의 현대적 사례들을 보려면 Sider, *Nonviolent Action*을 참조하라.
276 Boettner, *Atonement*, 32.

야 한다고 말하고 있다. 그것은 십자가이다. 심지어 바울이 독신주의를 옹호하는 발언을 할 때에도 그는 예수께서 결혼하지 않으셨다는 사실을 전혀 언급하지 않는다. 신약성경은 그리스도인들이 예수님과 같이 목수가 되어야 한다고 말하지 않는다. 예수께서 몇 년 동안 적은 무리의 제자들을 훈련시키신 것을 닮으라고도 말하지 않는다. "그렇다면 '본받다'라는 개념이 적용되는 단 하나의 영역만이 존재한다. 하지만 그것은 신약의 모든 부분에서 적용되고 다른 모든 영역에는 적용되지 않는다는 점이 더욱 두드러진다. 이것이 바로 증오와 권력과의 관계에서 십자가가 갖는 구체적인 사회적 의미의 요점이다. 섬김이 지배를 대체하고 용서가 적대감을 흡수한다."[277]

원수를 향한 하나님의 사랑

우리가 마태복음 5장에 대한 논의에서 살펴본 바와 같이 예수께서는 원수를 사랑하라는 명령의 토대를, 그 사랑이 늘 즉각적인 사랑의 반응으로 나타날 것이라는 막연한 희망에 두는 것이 아니라 하나님의 본성에 둔다3장 참조. "너희 원수를 사랑하고 … 그래야만 너희가 하늘에 계신 너희 아버지의 자녀가 될 것이다."마 5:44-45; 또한 5:9

예수님의 가르침을 신학적으로 분명하게 표현하는 것은 아마도 바울의 저술일 것이다. "그러나 우리가 아직 죄인이었을 때에, 그리스도께서 우리를 위하여 죽으셨습니다. 이리하여 하나님께서는 우리들에 대한 자

---

[277] Yoder, *Politics of Jesus*, 131.

기의 사랑을 실증하셨습니다. … 우리가 하나님의 원수일 때에도 하나님의 아들의 죽으심으로 말미암아 하나님과 화해하게 되었다면, 화해한 우리가 하나님의 생명으로 구원을 얻으리라는 것은 더욱더 확실한 일입니다."롬 5:8, 10, 새번역 바울의 이 구절이 분명하게 가르치듯 예수님의 십자가 죽음은 하나님께서 하나님의 원수를 사랑하신다는 사실을 보여준다.

리처드 헤이스는 그 점에 대해 잘 설명하고 있다. "하나님께서는 원수들을 어떻게 다루시는가? 바울에 의하면 하나님께서는 그들을 죽이시기보다는 그들을 위해 자기 아들을 죽게 하셨다. 여기에는 예수님의 죽으심을 통해 하나님과 화해를 이룬 사람들이 그 다음 어떻게 행동해야 하는지 깊은 함축이 담겨 있다. … 그리스도께서 다른 사람들을 위해 보여주신 자기-비움의 섬김을 닮아가는 것이 바울의 윤리에 있어 핵심 동기이다"빌 2:1-13. 그렇다면 그리스도 안에서 자신의 삶을 형성해 나가는 사람들은 하나님께서 그리스도 안에서 원수들을 다루신 것과 같은 방식으로 자기 원수들을 대해야 한다는 점이 분명해진다."[278]

이 장에서 우리가 다룬 풍부한 자료들에 근거하면 신약의 초기 교회는 평화에 관한 예수님의 가르침을 잊거나 거부하지 않았다. 평화에 대한 관심이 바울 서신들에 만연하다. 집이나 교회에서의 평화뿐만 아니라 하늘과 땅의 평화에도 관심을 갖는다골 1:20. 헤이스는 이렇게 결론 내린다. "바울이 서신들에서 한 그 어떤 말도 그리스도인들이 폭력 사용을 지지하는 데 사용할 수 없다."[279]

그리스도는 1세기 유대인과 이방인 사이에 있던 지독한 민족적 적대 분위기에 평화를 불러오셨다. 신약성경 여러 곳에서 산상수훈의 메아리

---

278 Hays, *Moral Vision*, 330.
279 Ibid., 331.

가 들려온다. 다시 말하지만 신약성경은 그리스도인들에게 그리스도를 닮으라고 요청한다. 좀 더 정확히 말하자면 십자가 그리스도를 닮으라고 요청한다. 예수님 제자들은 그분 가르침에 충실하여 원수를 사랑함으로써 하늘 아버지의 자녀가 될 수 있다. 바울은 하나님께서 십자가를 통해 하나님의 원수들을 사랑하신다고 분명하게 말하고 있다. "따라서 마태복음부터 요한계시록에 이르기까지 우리는 폭력에 반대하는 증언을 계속해서 발견할 수 있다. 또한 고통을 가하기보다는 고통을 받아들이면서 예수님의 모범을 따르라는 공동체를 향한 부르심을 계속해서 들을 수 있다."[280]

---

280 Hays, *Moral Vision*, 333. 일부 기독교인들이 폭력을 지지한다고 말하는 구절들에 대한 논의를 보려면 이 책 6장을 참고하라.

6장

신약성경의 살인과 폭력

지금까지 한 논의를 보고 많은 비평가들은 이 책이 폭력을 지지하는 것처럼 보이는 여러 신약성경 구절들을 간과하고 있다고 비난할 수도 있을 것이다. 평화가 아니라 칼을 주러 왔다는 예수님의 진술은 어떠한가? 또한 경건한 군인들에 관한 몇 가지 이야기가 있는 반면 군인이 되지 말라는 말은 전혀 없다는 사실은 어떠한가? 예수께서는 성전을 정화하시고자 채찍을 사용하셨다. 심지어 제자들에게 칼을 사라고 말씀하셨다. 신약 여러 곳에서 이스라엘 용사들은 칭송을 받고 가나안 족속을 멸절하라는 말씀이 지지를 받는다. 군사적 상징을 사용하는 것은 군사적 행동을 지지하는 것 아닌가? 예수께서는 전쟁이 일어난 소식과 전쟁이 일어날 것이라는 소문에 대해 경고하셨다. 마태복음 15:4은 예수께서 사형을 지지하신다는 말씀인가? 로마서 13장에 따르면 정부는 악행을 하는 자에게 신적 징계를 위해 칼을 사용한다. 사실 신약성경은 하나님께서 악을 벌하신다고 말하고 있고, 요한계시록은 악에 대한 최종적 승리를 묘사하기 위해서 폭력적이고 피가 난무하는 심상을 사용한다.

이 모든 것들은 악을 이기기 위하여 살인을 사용하는 것이 정당하다고 분명하게 지지하고 있는 것 아닌가? 폴 코판Paul Copan과 매튜 플래너건Matthew Flannagan은 이 점을 직설적으로 말한다. "절대적 평화주의를 선언하려면 ⋯ 예수님의 권위 있는 진술들과 신적 심판에 대한 성경의 방대한 흔적들, ⋯ 그리고 요한계시록을 묵살하거나 무시해야 한다."[281] 따라서 이러한 본문들을 세심하게 검토할 필요가 있다.

"평화가 아니라 칼을 주려고 왔다"

마태복음 10:34에서 예수님은 직설적으로 말씀하신다. "평화가 아니라 칼을 주려고 왔다." 많은 기독교인들은 이 진술에서 예수님이 폭력적인 칼 사용을 지지하신다고 주장했다.[282] 하지만 주석가들 절대 다수는 이 진술에서 예수님이 은유적 표현을 사용하시는 것이라 본다. 예수님을 따름으로 가정에서 큰 갈등을 생길 수도 있고, 심지어 죽음에 이르는 핍박을 당할 수도 있다고 제자들에게 경고하신다는 것이다.[283]

마태복음에서 예수님의 이 진술이 주어진 배경을 살펴보면 이러한 해석이 매우 개연성 있음을 알 수 있다. 헤이스에 따르면 마태복음 10:5-42에 있는 모든 내용은 "파송 담화"mission discourse에 해당한다.[284] 5-15절은 예수께서 열두 제자를 내보내시며 천국을 선포하고 아픈 자를 치료

---

[281] Copan and Flannagan, *Did God Really Command Genocide?*, 44.
[282] 다양한 해석들을 잘 정리한 자료로는 Matthew Black, "Not Peace but a Sword"를 참고하라.
[283] Bruner, *Matthew*, 1:487-88; Blomberg, *Matthew*, 180; France, *Gospel of Matthew*, 408; Evans, *Matthew*, 228; Schweizer, *Matthew*, 251; Hays, *Moral Vision*, 332; Black, "'Not Peace but a Sword,'" 288.
[284] Hays, *Moral Vision*, 332.

하라고 가르치시는 장면을 묘사한다. 16-33절은 예수님의 제자들이 극심한 박해를 받게 될 것이라고 경고하시는 내용이다. 슈바이처에 따르면 "칼은 제자들이 아니라 그 반대자들이 손에 쥐고 있다."²⁸⁵ 34절에 이어지는 구절들은 계속해서 제자들을 준비시키시는 내용이다. 그들이 예수님의 말씀을 받아들인다면 자기 가족들에게서 극심한 핍박을 받게 될 것이기 때문이다10:35-40. 본문은 실제로 "나는, 사람이 자기 아버지와 맞서게 하고, 딸이 자기 어머니와 맞서게 하고, 며느리가 자기 시어머니와 맞서게 하려고 왔다"고 말한다10:35, 새번역. 하지만 이것을 문자 그대로 이해해서 예수께서 가정을 파괴하시려고 오셨다고 생각하는 사람은 아무도 없다. 예수께서는 제자들이 아버지나 어머니, 아들, 딸보다 예수님을 더 사랑해야 한다는 뜻으로 말씀하셨다10:35-36. 헤이스는 34절에 나오는 "칼"은 천국의 기쁜 소식을 선포하는 사람들과 그것을 거부하는 사람들 사이에 일어나는 분열을 상징하는 것이라 결론짓는다.

누가복음이 예수님의 진술을 이런 식으로 이해했다는 것은 분명하다. 예수께서 가정 분열을 일으키신다고 언급하신 말씀의 누가복음 병행 구절은 "칼" 대신 "분열"이라는 단어를 사용한다. "너희는 내가 세상에 평화를 주러 온 줄로 생각하느냐? 내가 너희에게 말한다. 그렇지 않다. 도리어, 분열을 일으키러 왔다."눅 12:51, 새번역²⁸⁶

우리가 마태복음 10:34을 그 문맥에서 읽으면 예수님께서 제자들이 칼을 사용해야 한다고 말씀하시는 것이 아니라는 점이 꽤 분명해진다.²⁸⁷

285　Schweizer, *Matthew*, 251.

286　예수 자신이 칼/분열을 주러 왔다는 진술은 어떤 행동의 결과를 그 목적처럼 묘사하는 셈족 관용구의 한 사례일 가능성이 크다. 가령, 호 8:4을 보라. Macgregor, *Basis of Pacifism*, 20을 참고하라.

287　Richard McSorley, *Basis of Peacemaking*, 27. 여기에서 맥솔리(McSorley)는 초기 교회가 전쟁에 반대하기 위해 이 본문을 사용했다고 주장한다. 하지만 나는 그의 주장을 지지할 만한 증거

오히려 예수께서는 자신을 따르는 사람들에게 경고하기 위해 은유적 표현을 사용하시는 것이다. 그들이 가족에게서 배척을 당하고 예수의 말씀을 거부하는 사람들에게서 심한 핍박을 받을 것임을 경고하고 계신다. 헤이스는 이에 대해 직설적으로 표현한다. "마태복음 10:34을 그리스도인의 폭력 사용에 대한 보장으로 이해하는 것은 본문에 대해 커다란 해석학적 폭력을 저지르는 것이다."[288]

신약성경의 군인들

신약성경 네 곳에서 군인에 관한 긍정적인 암시나 언급을 발견할 수 있다. 신약성경은 군인이 되지 말아야 한다고 암시하고 있지 않다. 침례세례 요한의 회개하라는 요청에 일부 군인들은 어떻게 해야 할지 반응하며 물었다. 요한은 "아무에게도 협박하여 억지로 빼앗거나, 거짓 고소를 하여 빼앗거나, 속여서 빼앗지 말고, 너희의 봉급으로 만족하게 여겨라"라고 답했다눅 3:14, 새번역. 요한은 그들에게 군인 신분을 벗으라고 말하지 않았다. 마태복음 8:5-13과 누가복음 7:1-10은 백부장 이야기를 담고 있다. 여기에서 백부장은 자신의 종 하나를 고쳐 달라고 요청하는데, 예수께서 자신의 집에 오실 필요는 없고 단순하게 치료의 말씀을 해 주시면 된다고 말한다. 예수께서는 놀라서 대답하신다. "나는 지금까지 이스라엘 사람 가운데서 아무에게서도 이런 믿음을 본 일이 없다."마 8:10, 새

를 찾지 못했다. *Ante-Nicene Fathers*, 3:333; 6:220, 234; 7:345를 보라. 이 방대한 저술에서 발견되는 마태복음 10:34에 대한 언급들 중에서 그런 식으로 주장하는 예는 하나도 없다.

[288] Hays, *Moral Vision*, 333.

번역 예수께서는 백부장의 군인 직업에 관하여 아무 말씀도 하지 않으신다. 마가복음을 보면 예수님이 하나님 아들이라고 고백한 첫 번째 사람은 예수님의 십자가형을 관장하는 로마 백부장이었다막 15:39. 사도행전에서는 베드로가 로마 백부장에게 복음 전하는 데 동의하자 성령이 그의 온 집안에 내리셨고 그들은 침례세례를 받았다행 10:1-11:18. 다시 말하지만 베드로가 새로 그리스도인이 된 백부장에게 로마 군대를 떠나야 한다고 했는지 여부에 대하여 본문은 아무것도 말하고 있지 않다.

적어도 1,500년 동안 저명한 기독교인들은 이 이야기들이 예수님과 신약성경 저자들이 군인이라는 직업을 완전히 받아들일 만한 것으로 생각했다는 증거라고 주장했다. 5세기 경 아우구스티누스는 군인이라는 직업 때문에 염려하는 한 그리스도인에게 군인으로서 하나님을 기쁘시게 하는 것이 가능하다는 것을 알려주기 위해 위의 성경 사례들을 사용했다.[289] 16세기의 마틴 루터와 존 칼빈도 동일한 논증을 제시했다.[290]

옥스퍼드 대학교Oxford University의 나이젤 비거Nigel Biggar는 자신의 저술인 『전쟁 옹호』In Defence of War에서 이 이야기들이 담고 있는 바에 대해 설명한다. 즉 신약성경은 군인이라는 직업을 기독교 믿음과 조화되지 않는 것으로 보지 않는다는 것이다. 비거는 그리스도를 받아들인 죄인이 어떻게 회개하고 자신의 악행에서 돌아서게 되는지를 묘사하는 신약성경의 주목할 만한 사례들을 지적한다. 사도행전 19:18-20에서 주술사들은 그리스도인이 된 후에 자신들의 책들을 불태웠다. 하지만 신약성경 어디에서도 군인이 그러한 종류의 변화를 보였다고 말하고 있지 않다. 비거는 다음과 같이 결론짓는다. "신약성경이 … 군인이라는 직업을 본질적으로

---

289 Augustine, "To Count Boniface," in Holmes, *War and Christian Ethics*, 61-62.
290 Holmes, *War and Christian Ethics*, 158, 168.

악한 것으로 여겼다면 분명 성경 저자들은 그리스도의 제자가 된 군인들이 자신들의 군복무를 포기했다고 강조하여 말했을 것이다."[291]

하지만 이 논증은 실질적인가?

먼저, 침례세례 요한의 사례가 중요한 것처럼 보일지도 모른다. 회개하라는 요한의 요청에 대해 군인들은 자신들이 무엇을 해야 하는지 묻는다. 요한은 몇 가지를 구체적으로 제시하지만 그들이 군복무를 중단해야 한다고 말하지는 않는다. 하지만 분명한 것은 예수님을 예비하는 자가 예수님과 동일한 권위를 갖지 않는다는 점이다. 루터는 침례세례 요한을 "기독교 교사" 그리고 "경건한 기독교 교사"라고 이름 짓는다. 이를 통해서 군인에 대한 요한의 반응이 그리스도인이 군인이 될 수 있다는 점을 입증한다는 자신의 주장을 정당화한다.[292] 하지만 침례세례 요한은 그리스도인이 아니었다. 예수께서는 요한의 때와 예수님의 때, 예수께서 시작하신 메시아 왕국의 때를 분명하게 구분하셨다. "그런데 하늘 나라에서는 아무리 작은 이라도 요한보다 더 크다."마 11:11, 새번역 그리스도인에게 그리스도교적 제자도의 기준을 제공하는 이는 침례세례 요한이 아니라 예수님이시다.

다음으로, 예수님과 베드로는 하나님을 경외하는 백부장들을 만났을 때 그 백부장들이 군복무를 중단해야 하는지에 관하여 침묵한다. 그러한 침묵에서 오는 논증이 정확하게 침묵 논증argument from silence인지를 살피는 것은 중요하다. 예수님과 베드로가 백부장들에게 군복무를 중단하라고 말했다고 주장하는 것은 군복무를 계속하는 것이 윤리적이라고 말씀하셨다고 주장하는 것만큼이나 개연성 있다. 본문은 둘 중 어느 것에 대해

---

[291] Biggar, *In Defence of War*, 41-42. 또한 K. B. Payne and K. I. Payne, *Just Defense*, 94; Copan and Flannagan, *Did God Really Command Genocide?*, 305를 보라.

[292] Holmes, *War and Christian Ethics*, 145, 158.

서도 말하지 않는다. 두 논증은 침묵 논증이고 아무런 무게가 없다.²⁹³

우리는 여러 자료들을 통해 로마군의 생활이 이교에 물들어 있었다는 것을 알 수 있다. 아우구스투스 황제주후 14년 사망는 군대의 종교를 통일했다. 로마 군인들은 로마 국교의 신들을 섬겼다. 그들은 주피터Jupiter와 유노Juno, 미네르바Minerva, 전쟁의 신 마스Mars를 섬겼다. 매해 군인들은 서약식을 했는데, 여기에는 종교적이면서도 법적인 의미가 있었다.²⁹⁴

백부장은 자기 군대 지휘관으로서 로마군의 이교적인 종교 행위와 관련될 수밖에 없었다. 예수님과 베드로가 백부장들과 만난 이야기는 그러한 이교 행위를 중단하라고 말했는지 여부에 관하여 아무 설명도 하지 않는다. 하지만 분명한 것은 우리가 이 침묵 논증에서 예수님과 베드로가 이교 행사 참여를 수긍했다고 결론을 내릴 수는 없다는 것이다. 본문은 이교 행위에 참여하는 것이나 군복무를 수행하는 것에 관하여 아무 말도 하지 않는다. 그리고 예수님의 제자들이 둘 중 하나를 받아들일 만한 것으로 생각했는지에 대해서도 아무런 정보를 주지 않는다.

예수님과 베드로가 백부장들을 만난 이야기를 검토해 보면, 두 이야기의 강조점은 놀랍고도 새로운 현실, 즉 예수께서 시작하시는 하나님 나라에는 유대인들만이 아니라 이방인들과 국가적 원수들까지도 있다는 점에 있다. 예수께서는 백부장의 믿음을 칭찬하신 직후에 하나님 나라에 아브라함의 후손들 말고도 많은 사람들이 포함될 것이라고 말씀하신다마 8:10-11. 동일한 요점이 베드로와 고넬료에 관한 이야기에도 흐르고 있다. 이방 백부장들이 군인이라는 사실은, 증오의 대상이 되는 국가적 원

293　Biggar, *In Defence of War*, 56. 비거는 정의로운 전쟁 입장을 옹호하는 현대 최고 논증가들 중 하나이다. 비거에 따르면 백부장에 관한 이 논증은 "침묵 논증"이다. 비거는 이 논증에 중대한 약점이 있다는 점을 인정한다.

294　Watson, *Roman Soldier*, 128-31; Helgeland, "Roman Army Religion," 1470-505, 특히 1478, 1487.

수를 대변하는 그들의 군인 신분이 예수님의 새로운 왕국이 어떻게 모두를 받아들이는지를 강조한다는 점을 제외하고는 우연적인 요소이다. 두 이야기가 백부장의 믿음을 확언한다는 사실이 예수님과 베드로가 군인 경력을 지지한다는 것을 의미하는 것이 아니다. 마치 예수님께서 세리와 창녀들을 그들이 다른 많은 유대인들보다 하나님 나라를 받아들인다는 점에서 칭찬하셨다는 사실마 21:31이 예수께서 탈세와 매춘을 지지하는 것을 의미하지 않는 것과 마찬가지다.[295]

어떤 사람들은 예수님과 일부 신약성경이 로마에 세금 납부하는 것을 옹호하고, 그것이 로마군의 재정에 도움이 되었기 때문에 군대의 타당성을 지지한 것이라 주장했다. 하지만 로마의 세금은 이교 숭배나 잔인한 검투사 경기를 위한 자금도 지원했다. 이 경기에서 검투사들은 죽을 때까지 싸우면서 "경기장"에 모인 엄청난 수의 관중들에게 유희를 제공했다. 로마군의 자금이기도 했던 세금을 납부하라는 논증이 신약성경이 군인 직업을 지지한다는 것을 의미한다면, 동일한 논증은 신약성경이 이교 숭배와 검투사 경기를 지지한다는 것을 의미하게 될 것이다.[296]

그 후 신약성경 이후부터 콘스탄티누스 황제 이전까지 이어지는 기독교 저술가들의 진술들은 그리스도를 만나거나 믿는 이들이 계속 군복무를 해도 되는지 성경이 침묵한다는 것이 그 직업에 대한 예수님과 신약성경 저자들의 승인을 의미한다는 관점을 약화한다. 이 책 13장에 있는 "콘스탄티누스 이전 기독교"라는 제목이 말해 주듯이 살인에 관하여 질문을 제기하는 이 시기 모든 기독교 저술가들은 기독교인들이 살인해서는 안 된다

---

[295] Hays, *Moral Vision*, 335.
[296] 검투사 경기에 대한 기독교의 평가 중에서 우리가 확인할 수 있는 초기 자료들은 검투사 경기를 강력하게 정죄한다. 인용된 자료들을 보려면 Sider, *Early Church on Killing*, 30-32, 47, 84-85, 110-11, 121, 168을 참조하라.

고 말한다. 기독교인이 로마군에 입대할 수 있는지에 관한 논의에서 모든 기독교 저술가들은 그럴 수 없다고 말한다. 그리고 사도적 전통2세기 중반부터 3세기 초반까지의 교회 질서은 기독교 신앙에 관심을 가지고 있는 로마 군인들을 어떻게 대해야 하고 침례세례를 어떻게 준비시켜야 하는지 구체적으로 다루고 있다. 그들은 절대 살인하지 않겠다고 약속해야 침례세례 받을 준비를 할 수 있었다. 그리고 침례세례 받은 기독교인이 군에 입대할 경우 교회에서 출교되었다.[297]

"성전 정화"

사복음서는 예수께서 성전에 들어가셔서 돈을 바꾸어 주는 사람들의 상을 둘러엎으시고 "성전 뜰에서 팔고 사고 하는 사람들을 다 내쫓으시는" 사건을 묘사한다마 21:12; 막 11:15-17; 눅 19:45-46; 요 2:13-17. 요한복음만 제사를 위해 거래되는 동물들 때문에 예수께서 채찍을 드신 일을 언급한다요 2:15. 일부 기독교인들은 이 사건을 예수께서 폭력을 사용하셨다는 증거로 인용하여 예수께서 제자들에게 결코 살인하지 말라고 가르쳤다는 주장은 잘못되었다고 결론짓는다. 이 행동은 "사실 강압적이고 폭력적인 저항으로 간주되기 때문에 이념적 평화주의자ideological pacifists의 모습에 적합하지 않은 것이 분명하다."[298]

---

[297] 사도적 전통에 관해서 알려면 Sider, *Early Church on Killing*, 169-77, 119-21를 보라. 좀 더 구체적인 설명은 이 책 13장 "콘스탄티누스 이전 기독교" 부분을 참고하라.

[298] Charles and Demy, *War, Peace, and Christianity*, 370. 또한 Copan and Flannagan, *Did God Really Command Genocide?*, 302를 참고하라.

누군가 평화주의를 악에 대한 순전한 수동성으로 정의한다면 성전에서 보이신 예수님의 행동은 분명히 평화주의자의 행동이 아니다. 하지만 우리가 앞에서 살펴보았듯이[299] 예수께서는 반복적으로 악에 맞서고 도전하셨다. 그러나 결코 사람을 물리적으로 다치게 하거나 죽이는 방법으로 하지 않으셨다. 물론 이 사건을 예외 사항으로 볼 수도 있지만 본문 어디에서도 예수께서 누군가를 다치게 하거나 죽이셨다는 내용을 찾을 수 없다. 아래에서 나는 요한복음 2:15의 헬라어 문구가 예수께서 채찍을 사람이 아니라 동물에만 사용하셨음을 가리킨다는 사실을 보일 것이다.

예수님의 성전 "정화"는 물리력으로 성전을 장악하려는 폭력적 시도가 아니라 간결한 행동으로 극적인 상징을 보여주기 위한 것이었다.[300] 그렇게 생각하는 데는 몇 가지 강력한 이유들이 있다. 일례로, 성전과 매우 가까운 곳에 무장한 두 부대가 있었다. 예수께서 성전을 탈취하려는 목적으로 폭력을 사용하셨다면 그들이 재빠르게 개입했을 것이다.[301] 그리고 유대교 당국자들은 성전 경비대를 통제할 수 있었다. 그들은 며칠 후 밤에 예수님을 체포했다. 또한 성전과 연결된 넓은 계단은 안토니아 요새Fortress Antonia로 이어졌는데, 여기에는 약 500-600명에 달하는 보병 부대가 대기하고 있었다.[302] 요세푸스에 따르면 중요한 축제 기간 동안에는 그곳에 추가 군대가 배치되었다. 소동이 일어났다면 무장된 두 부대 중 일부 혹은 전부가 신속히 개입했을 것이다. 몇십 년 후 바울이 성전에 올라감으로 폭력적인 소요가 일어났을 때 그러한 일이 정말로 발생했다행 21:30-32.

---

299 이 책 3장 "눈에는 눈" 항목을 보라.
300 Hays, *Moral Vision*, 334.
301 약 33년 후 유대 열심당원들이 성전을 점령하고 대제사장을 살해했을 때 그 일이 정말로 발생했다. Klassen, *Love of Enemies*, 98.
302 Hengel, *Was Jesus a Revolutionist?*, 16; Keener, *Gospel of Matthew*, 498.

공관복음서를 보면 성전 정화 사건이 있은 후 예수님께서는 며칠 동안 성전 뜰에서 가르침을 계속하셨고 아무도 그를 체포하지 않은 것은 분명하다막 11:18. 그들은 예수님을 체포할만한 정당한 근거가 없다고 느낀 것으로 보인다. 유대교 지도자들은 몇몇 무리들을 보내서 예수님의 체포를 정당화할 발언을 유도하려 했기 때문이다막 11:27-33; 12:13-27; 마 21:23-27; 22:15-32; 눅 20:1-8, 20-39. 게다가 예수님과 대면했던 대표단은 예수께서 폭력적인 행동을 했다는 이유로 고소하지 않았다. 오히려 그들은 무슨 권위로 행하는지 질문했다막 11:28.

사복음서 모두 동일한 헬라어 단어ἐκβάλλω; 내쫓다를 사용하여 예수께서 행하신 일을 묘사한다. 『신약희영사전』Greek-English Lexicon of the New Testament에 보면 이 단어는 "다소 강제로 내쫓다" 혹은 "무력 없이 내보내다"를 의미할 수 있다.[303] 마가는 예수께서 죽은 소녀를 치료하시기 전에 우는 사람들을 내보내신 일을 묘사하기 위하여 이 단어를 사용한다막 5:40. 마태복음 9:38은 주님께서 일꾼들을 추수밭으로 더 보내는 것을 표현하기 위해 그 단어를 사용한다. 마가복음 1:12은 성령께서 예수님을 광야로 "내보내셨다"라고 말하기 위해서 동일한 단어를 사용한다. 분명한 것은 이 단어가 반드시 폭력을 함축하지는 않는다는 것이다.

하지만 요한복음 2:15은 예수께서 채찍을 사용하신 것과 관련하여 이 단어를 사용한다. 일부 헬라어 번역은 예수께서 동물들과 더불어 환전상에게도 채찍을 사용하셨다고 암시한다. NKJVNew King James Version는 본문을 다음과 같이 번역한다. "예수께서는 그들 모두를 양과 소와 함께 성전에서 내쫓으셨다."[304] 이 번역은 예수께서 채찍을 사용하셔서 사람들과

---

303 Arndt and Gingrich, Greek-English Lexicon, 236-37.
304 원문은 "He drove them all out of the temple, with the sheep and the oxen"이며, 아직 한글판이 없기에 사역을 실었다. 역주.

양과 소를 함께 내쫓으셨음을 분명하게 암시한다. 문제는 헬라어 본문이 그렇게 말하지 않는다는 점이다.[305] 또 다른 영어 성경은 헬라어를 적절하게 번역한다. "예수께서는 양과 소 등의 모든 동물들을 성전에서 내쫓으셨다."[306]

복음서의 모든 기록들, 특히 요한복음에서 예수님은 전혀 수동적이지 않으시다. 예수님은 환전상들을 내쫓으셨고, 그들의 상을 둘러 엎으셨고, 동물들을 쫓아내기 위해 채찍을 사용하셨다요 2:15. 하지만 예수님이 사람들에게 채찍을 사용하셨는지 본문은 아무것도 말하지 않는다.[307]

복음서의 모든 기록에서 예수님의 말씀은 예수님의 행동을 설명하는 데 도움이 된다. 예수께서는 환전상들의 상을 둘러엎으신 후 그들에게 다음과 같이 가르침을 전하신다. "기록한 바 '내 집은 만민이 기도하는 집이라고 불릴 것이다' 하지 않았느냐? 그런데 너희는 그 곳을 '강도들의 소굴'로 만들어 버렸다."막 11:17, 새번역 예수님의 첫 번째 인용구는 이사야 56:7이다. 그 단락은 평화가 만연하고 이방인들도 하나님 백성에 속하게 되는 때를 예언하는 부분이다. 두 번째 인용구는 예레미야 7:11로써 성전이 강도의 소굴이 된 사실을 비난하는 부분이다.[308] 주석가들에 의하면 그 사건은 이방인들을 위해 마련된 성전 바깥뜰에서 발생했다. 담에

---

305 헬라어 원문은 "πάντας ἐξέβαλεν ἐκ τοῦ ἱεροῦ τά τε πρόβατα καὶ τοὺς βόας"이다. 신약성경의 '테 ... 카이'(τε ... καὶ) 용례들을 세심하게 연구해 보면, 90개 정도의 사례들 중에서 사실상 전부가 전치사 '테 ... 카이'를 사용하여 앞에서 언급된 주체 혹은 객체(여기에서는 '모두'[πάντας])를 그 구성 요소들(여기에서는 '양'[τά πρόβατα]과 '소'[τοὺς βόας])로 세분화한다. Yoder, *Politics of Jesus*, 43n38을 보라. 그리고 헬라어 '판타스'(πάντας; 모두)는 남성 명사인 것이 맞다. 왜냐하면 하나의 형용사가 성이 서로 다른 두 명사를 수식할 때 중성 명사(τά πρόβατα; 양)에 맞추는 것이 아니라 여성 명사나 남성 명사(τοὺς βόας; 소)에 맞추기 때문이다. Macgregor, *Basis of Pacifism*, 17n2를 보라.

306 "Jesus drove all the animals out of the Temple, both the sheep and the cattle"(Good News Translation). Yoder, *Politics of Jesus*, 43.

307 Stassen and Gushee, *Kingdom Ethics*, 157.

308 Hays, *Moral Vision*, 334.

경고 표시를 붙여 이방인이 성전 안뜰로 들어가지 못하게 하였다. 이방인들이 환전을 위해 그리하여 서로 다른 화폐를 가진 순례자들이 성전에서 사용할 수 있는 화폐로 바꿀 수 있도록 성전을 상업적으로 사용하는 것이 예수님 시대 직전에 시작되었을 가능성이 있다.[309] 예수께서는 이방인들을 위해 있는 그 영역을 이렇게 상업적으로 사용하는 것이 도래하는 하나님 나라는 유대인만이 아니라 이방인도 포함된다는 사실을 위배하는 것처럼 느끼셨을 가능성이 꽤 있다. 또한 예수께서는 "대제사장 가문들이 성전 안에서 이루어지는 환전과 물물교환을 독점하고 있다는 사실을 비난"하고자 하셨다.[310]

어떤 경우에도 예수님의 행동에는 선지자적 저항이라는 극적인 행동이 수반된다. 이를 통해 예수께서는 자신이 반대하시는 행위에 맞서시는 것이다. 하지만 그것은 성전을 탈취하시려는 것도, 환전상들의 행위를 영원히 끝내시려는 것도 아니다. 그렇게 하려면 예수께서는 많은 병력을 동원하여 폭동을 일으키셔야 했을 것이고, 그럴 경우 로마 군사들이 신속히 진압에 나섰을 것이다. 반대자들이 예수님의 행동을 일시적으로 묵인한 것은 예수님을 따르는 사람들의 규모 때문이 아니라 예수께서 가지고 계신 도덕적 권위 때문이었다. 분명한 것은 예수께서 상징적이고 비폭력적인 행동을 짧게 수행하시고 다시 자신의 가르침을 이어가셨다는 점이다. 이 점에서 헤이스의 언급은 옳다. "복음서 저자들 중 어느 누구도 이 사건을 쿠데타로 보지 않는다. 즉 이 사건은 예루살렘의 정치 종교적 기득권을 장악하려는 시도가 아니었다는 것이다. 오히려 이 사건은 상징적인 '길거리 공연'과 같은 행위로서 이스라엘의 예언적 전통 안에서 잘 확립된 선례와도 일치한다렘 27:1-22."[311] 이 이야기는 도덕적 권위에 있

---

309 Keener, *Historical Jesus*, 292-93; Keener, *Gospel of Matthew*, 500.
310 Hengel, *Christ and Power*, 18.
311 Hays, *Moral Vision*, 334.

는 강제력을 잘 보여준다. 하지만 그것은 어떤 면에서도 폭력 사용을 지지하지 않고, 살인은 더욱더 지지하지 않는다.

"옷을 팔아서 칼을 사라"

누가복음은 예수님과 제자들 사이에 있었던 한 대화를 기록한다. 이 대화는 누가복음에만 기록된 것으로 최후의 만찬이 끝나고 겟세마네 동산에 도착하기 전에 이루어졌다. 예수께서는 돈주머니와 신발 없이 제자들을 내보내셨던 점을 상기시키신 후 다음과 같이 말씀하신다.

> "예수께서 그들에게 말씀하셨다. '이제는 돈주머니가 있는 사람은 그것을 챙겨라, 또 자루도 그렇게 하여라. 그리고 칼이 없는 사람은, 옷을 팔아서 칼을 사라. 내가 너희에게 말한다. '그는 무법자들과 한 패로 몰렸다'고 하는 이 성경 말씀이, 내게서 반드시 이루어져야 한다. 과연, 나에 관하여 기록한 일은 이루어지고 있다.'
> 제자들이 예수께 말하였다. '주님, 보십시오. 여기에 칼 두 자루가 있습니다.'
> 예수께서 그들에게 말씀하시기를 '넉넉하다' 하셨다." 눅 22:36-38, 새번역

일부 기독교인들은 이 구절이 예수께서 평화주의자가 아니셨다는 사실을 결정적으로 보여준다고 주장한다. 예수께서는 제자들에게 앞으로 있을 위험한 전도 여행을 준비시키시면서 자기 방어를 위해 칼로 무장하라고 말씀하셨다. 심지어 옷을 팔아 칼을 사라고 제자들에게 요청하셨

다.³¹² 제자들은 예수님의 말씀을 문자적으로 이해했음이 분명해 보이고, 예수께서는 그들이 칼 두 자루를 가지고 있다는 사실에 놀라지 않으셨다. "평화주의가 원칙이었다면 베드로의 무장은 그 원칙을 상당히 벗어난 것처럼 보이지 않는가?"³¹³

하지만 그 사건을 이렇게 문자적으로 이해하는 데는 몇 가지 난점들이 있다. 예수님께서 미래 전도 여행을 위해 제자들을 준비시키시는 것이었다면, 칼 두 자루가 충분하다는 예수님의 언급은 터무니없는 것이다. 열두 제자에게 칼 두 자루가 어떻게 적절하단 말인가?

게다가 몇 시간 후 베드로가 예수님의 체포를 막으려 실제로 칼을 경솔하게 사용하자 예수께서는 즉시 베드로를 꾸짖으셨다. 그리고 우리가 4장에서 살펴보았듯이³¹⁴ 예수께서 베드로를 꾸짖으신 것은 예수께서 죽으실 필요가 있다는 사실뿐만 아니라 칼을 사용하는 자는 다 칼로 망할 것이라는 일반적인 진술에도 근거하고 있다. 칼을 사라는 수수께끼와도 같은 진술이 있은 지 몇 시간 지나지 않아 예수께서는 베드로가 칼을 사용한 것을 강력하게 꾸짖으셨다눅 22:50-51; 요 18:10-11. 그리고 또 몇 시간 후에 예수께서는 제자들이 싸우지 않는다는 것을 빌라도에게 분명하게 말씀하셨다요 18:36. 이러한 행동으로 볼 때 칼을 사라는 예수님의 말씀을

---

312   Boettner, *Christian Attitude toward War*, 23-24.
313   K. B. Payne and K. I. Payne, *Just Defense*, 96. 제자들이 칼 두 자루(machaira; 긴 단도)를 가지고 있다는 사실은 예수께서 폭력적인 자기 방어를 허용하셨다는 것을 입증하는 것이 아니다. 긴 단도나 짧은 검은 당시 유대 여행자들이 야생 동물이나 강도에게서 자신을 보호하기 위해서 지녀야 할 기본적인 여행 품목이었다. Hengel, *Was Jesus a Revolutionist?*, 21-22. 베드로가 예수님의 비폭력적인 메시아 왕국 이해를 이해하지도, 허락하지도 않았다는 증거는 많다. 그는 예수가 메시아이심을 고백한 직후에 예수께서 자신이 죽을 것이라고 선언하시자 예수님을 비난했고, 예수님은 베드로를 사탄이라고 꾸짖으셨다(막 8:29-33). 베드로는 예수님의 승인이나 생각이 아니어도 칼을 휴대할 수 있었다. 또는 예수님께서는 베드로가 칼을 사람에게 사용할 경우 (예수께서 체포될 때 정말로 그러셨던 것처럼) 베드로를 꾸짖을 것을 아시면서도 베드로가 자신을 야생동물에게서 보호하도록 칼 휴대를 허락하셨을 수도 있다.
314   이 책 4장 "칼을 쓰는 사람은 모두 칼로 망한다" 부분을 보라.

문자적으로 받아들여 폭력적인 자기 방어를 준비하라는 것으로 이해하기에는 무리가 있다.[315]

많은 학자들이 이 구절에 대해서 신뢰할만한 두 가지 설명을 제시했다. 첫 번째에는 문자적 이해와 함께 매우 좁은 구체적 적용이 포함된다. 두 번째 관점은 좀 더 일반적인 것으로 예수님 말씀을 상징적으로 본다. 하지만 어느 경우에도 예수님은 제자들이 자기 방어를 위해 무장하는 것을 원하지 않으셨다.

제자들에게 칼을 사라고 말씀하신 직후 예수께서는 자신의 명령을 분명하게 설명하시기 위해 이사야의 한 구절을 인용하신다. "내가 너희에게 말한다. '그는 무법자들과 한 패로 몰렸다'고 하는 이 성경 말씀이, 내게서 반드시 이루어져야 한다. 과연, 나에 관하여 기록한 일은 이루어지고 있다."눅 22:37, 새번역 여기에서 예수님은 이사야 53:12을 인용하신다. "남들이 죄인처럼 여기는 것도 마다하지 않았다."새번역 이 이사야 구절은 사람들의 죄를 위해 죽으시는, 비폭력적이고 평화를 사랑하며 고통 받는 종에 관한 긴 묘사 끝에 나온다. 어떤 면에서 예수님은 이 구절을 토대로 자신의 소명을 이해하시는 것처럼 보인다.[316] 예수께서는 자신의 사명에 있어 죽음을 핵심으로 이해하셨고, 십자가에서 돌아가실 것을 반복적으로 예언하셨다. 하지만 사람을 십자가형에 처할 수 있는 권한은 로마인들에게만 있었다. 그리고 그들은 자신들의 통치를 위협하는 사람들을 십자가형에 처했다. 로마 당국자들이 칼을 소유한 사람을 혁명가로 여길 수 있다는 것을 예수께서는 잘 알고 계셨을 것이다.[317] 그러므로 예수께서는 자

---

[315] 모호한 본문은 더 분명한 다른 구절들을 통해 해석해야 한다는 기본 원칙을 기억해야 한다.
[316] 예수께서 자신의 역할을 이해하심에 있어 이사야 52:13-53:12이 어떤 역할을 하는지에 대한 폭넓은 논의를 보려면 N. T. Wright, *Jesus and the Victory of God*, 597-611를 참조하라.
[317] Sprinkle, *Fight*, 239; Murphy, "Yoder's Systematic Defense," 67.

신이 체포될 때 제자들이 칼을 가지고 있기를 바라셨을 수도 있다. 칼 두 자루가 실제적인 무장 방어에 적합하지는 않겠지만 혁명가로 보이기에는 충분했을 것이다. 이러한 해석에 따른다면 예수님은 말 그대로 칼 두 자루가 충분하다고 의미하신 것이다.

하지만 주석가들 대부분은 칼을 사라는 예수님의 명령을 비유적으로 생각한다. 즉 제자들에게 극심한 핍박의 때가 다가오고 있음을 말씀하시기 위한 비유라는 것이다. 예수께서는 임박한 재난에 대해서 제자들에게 경고하고자 하셨지만 제자들은 오해했다. 그래서 예수께서는 "넉넉하다"라는 말씀으로 대화를 갑자기 마무리하셨다. 그 의미는 "너희들이 제대로 이해하지 못하니 이 대화는 이쯤에서 충분하다"라는 것이다. 존 칼빈도 제자들이 예수님을 잘못 이해했다고 생각했다. 칼빈에 따르면 예수께서는 "전쟁 비유"를 사용하셔서 제자들에게 앞으로 다가올 영적 전투를 경고하고자 하셨다. 칼빈은 제자들의 오해에 관하여 직설적으로 말한다. "제자들이 얼마나 우둔하고 무지한지를 보여주는 또 다른 사례가 있다. 그들은 자신들이 십자가를 져야 한다는 경고와 책망을 받고도 쇠로 만든 검을 가지고 싸워야겠다고 생각했다. … 그들은 영적 대적에 관하여 생각하지 못했다는 점에서 매우 어리석었다."[318]

프레스턴 스프링클Preston Sprinkle은 이 구절을 다룬 열 명의 주석가들을 살펴보았다. 이들은 이 구절과 관련하여 매우 권위 있는 주석가들로서 상당수는 평화주의자가 아니었다. 하지만 열에 아홉은 예수님의 말씀을 비유적으로 이해하여 이 구절은 무장하라는 명령이 아니라고 보았다.[319] 대럴 복Darrell Bock에 따르면 칼을 사라는 예수님 말씀은 상징적으

---

318 Calvin, *Commentaries*, 1:660–61; Lasserre, *War and the Gospel*, 43에서 재인용.
319 Sprinkle, *Fight*, 238.

로 이해되어야 한다.[320] 개혁파 주석가인 윌리엄 헨드릭슨William Hendriksen, 1900-1982은 분명하게 말한다. "칼이라는 용어는 상징적으로 해석되어야 한다."[321] 영국 신약학자인 하워드 마셜I. Howard Marshall에 따르면 "그 말씀은 극히 풍자적인 것으로밖에 볼 수 없다. 그것은 예수와 제자들이 경험하게 될 저항의 강렬함을 표현하는 것이기 때문이다."[322] 주석가들 대부분은 헤이스에 동의하여 이 구절에서 "칼에 대한 언급은 상징적 목적을 갖는다"고 말한다.[323]

군사 지도자들에 대한 칭송

스데반 집사와 사도 바울, 히브리서 저자는 구약에 나오는 군사적 사건들이나 지도자들을 긍정적으로 언급한다. 스데반 집사는 돌에 맞아 죽기 직전 이스라엘 역사를 길게 설명하면서 그들의 조상들이 "하나님께서 우리 조상들 앞에서 쫓아내신 이방 민족들의 땅을 차지"했다고 청중에게 상기시켰다행 7:45, 새번역. 바울은 비시디아 안디옥으로 전도 여행을 떠났을 때 회당에서 하나님께서 자신들의 조상들을 선택하신 것에 대해 설교했다. 하나님께서는 "권능의 팔"로 그들을 이집트에서 인도하셨고 "가나안 땅의 일곱 족속을 멸하셔서, 그 땅을 그들에게 유업으로" 주셨다는

---

[320] Bock, *Luke 9:51-24:53*, 747.
[321] Hendriksen, *Luke*, 976.
[322] I. Marshall, *Commentary on Luke*, 823; Hays, *Moral Vision*, 333에서 재인용.
[323] Hays, *Moral Vision*, 333. 마찬가지로 Caird, *Gospel of St. Luke*, 241; Green, *Gospel of Luke*, 774-75; Morris, *Gospel according to St. Luke*, 310를 보라. 동일한 논증을 하는 학자들을 보려면, Macgregor, *Basis of Pacifism*, 24를 참조하라.

것이다행 13:17-19. 그리고 성경 속 명예의 전당이라고 불리는 히브리서 11장에서 히브리서 저자는 하나님을 믿는 믿음으로 살았던 구약 인물들을 길게 나열한다. 이 목록에는 기드온, 삼손, 다윗 등과 같은 다수의 군사 지도자들도 포함된다. 그들은 "믿음으로 … 외국 군대를 물리쳤다."히 11:32-34, 새번역 일부 저술가들에 따르면 이 본문들은 그리스도인들이 전투에서 살인하는 것이 정당함을 신약 저자들이 믿었다는 것을 보여준다.[324]

하지만 그러한 해석은 본문이 말하는 것보다 훨씬 많은 것을 주장하는 셈이 된다. 히브리서 11장의 전체적인 강조점은 하나님에 대한 믿음에 있지 기독교인들이 군사적 전투에서 싸우는 일의 정당성에 있지 않다. 믿음의 영웅들 목록에는 "창녀 라합"도 있다히 11:31. 본문은 창녀가 되는 것이 좋은지 나쁜지 아무 말도 하지 않는다. 군사 지도자들에 대한 언급도 마찬가지다. 모든 사례들이 말하고자 하는 바는 그들의 믿음이다. 군사 지도자들의 믿음을 칭송하는 것은 성경 저자가 그들의 살인적인 폭력을 승인한다는 것을 말하는 것이 아니다. 이는 창녀의 믿음을 칭송하는 것이 저자가 성매매를 지지하는 것을 의미하지 않는 것과 같다. 더 나아가 다음 장에서 히브리서 저자는 앞선 사람들의 믿음을 통해 용기를 얻으라고, 그리하여 극심한 핍박을 당하더라도 인내하도록 권면한다. 그들은 십자가를 견디신 그리스도를 따라야만 했다. 핍박을 받는 기독교인들이 스스로를 방어해야 한다는 암시가 본문에는 전혀 없다. 오히려 그리스도는 "새 언약의 중재자"히 12:24로서 우리가 따라야 할 모범이시다. 사실 본문은 "모든 사람과 더불어 화평하게" 지내라고 말한다히 12:14. 또한 히브리서 저자는 그리스도인들이 "자기 소유를 빼앗기는 일이

---

[324] Copan and Flannagan, *Did God Really Command Genocide?*, 43; K. B. Payne and K. I. Payne, *Just Defense*, 94.

있어도, 그보다 더 좋고 더 영구한 재산이 있다는 것을 알고서, 그런 일을 기쁘게 당하였습니다"라고 말한다히 10:34, 새번역.

스데반과 바울은 유대인이다. 예수님과 마찬가지로 그들이 믿은 것은 하나님께서 아브라함의 후손들을 선택하셔서 특별한 민족으로 삼으셨다는 것이고, 그들에게 땅을 주셔서 그분의 계시를 드러내는 특별한 도구로 사용하셨다는 것이다. 그것은 예수께서 불러오실 메시아 왕국에서 절정을 이루는 계시의 역사이다. 그리스도인들이 살인을 할 수 있는지, 심지어 이스라엘이 가나안 족속 남자와 여자와 아이들을 죽인 것을 그리스도인들이 어떻게 이해해야 하는지 스데반과 바울은 어떤 본문에서도 논하고 있지 않다.[325] 스데반과 바울의 설교가 그리스도인들이 전쟁에 참여하는 것을 정당화한다고 주장하는 것은 그 본문이 말하고 있지 않는 것을 읽어내는 것이다.

신약의 군사적 상징들

바울은 기독교인들에게 "싸움"에 임하여고후 10:3-4 방패와 투구와 검엡 6:14-16 등의 "하나님의 전신갑주"를 입으라엡 6:11고 권한다. 또한 바울은 디모데에게 "믿음의 선한 싸움"을 싸우라고 권면한다딤전 6:12.[326] 바울은 세상을 떠날 때가 가까워오자 "나는 선한 싸움을 다 싸우고"라고 선언했다딤후 4:7. 일부 기독교인들은 신약성경이 군사적 상징들을 사용하는

---

325 그 주제에 대한 자세한 논의를 보려면 이 책 10장 "폭력을 용인하는 본문들" 항을 보라.
326 또한 빌 1:27-30을 보라.

것이 기독교인의 전쟁 참여가 정당함을 암시하는 것이라고 결론짓는다. "성경이 군인이나 전쟁 같은 개념을 사용하여 그리스도인의 삶을 설명해야 한다고 말하면서 동시에 이 개념들이 실제로 나타내는 현실이 그릇되므로 그 현실을 부인해야 한다고 말할 수는 없는 것이다. 주류 판매나 부정한 돈벌이 등의 상징을 통해 기독교인의 삶을 설명할 때 다른 측면을 떠올리기란 어려운 일이다."[327]

사실 바울은 성령으로 충만해지는 것을 포도주에 취하는 것에 비유한다엡 5:18. 마찬가지로 예수께서는 자신을 밤도둑에 비유하시고마 24:43, 하나님을 불의한 재판관에 비유하신다눅 18:1-8. 그러나 예수께서 야밤의 도둑질이나 타락한 재판관이 되는 것을 옹호하신다고는 누구도 생각하지 않는다.

바울이 사용하는 군사적 상징을 간략하게 살펴보더라도 그가 말하는 바를 분명하게 알 수 있다. 그는 그리스도인들이 세상과 같은 방식으로 싸우지 않는다고 말하고 있다. "우리가 육신을 입고 살고 있습니다마는, 육정을 따라서 싸우는 것은 아닙니다. 싸움에 쓰는 우리의 무기는, 육체의 무기가 아니라, 하나님 앞에서 견고한 요새라도 무너뜨리는 강력한 무기입니다."고후 10:3-4, 새번역 그리고 그리스도인의 전신갑주에 대한 바울의 긴 논의를 보면 "우리의 싸움은 인간을 적대자로 상대하는 것이 아니라" 악마와 악한 권세자들에 대한 것이다엡 6:11-12. 그리스도인들은 발에 "평화의 복음"을 신고 "성령의 검 곧 하나님의 말씀"이라는 검을 지닌다엡 6:15, 17. 이러한 군사적 은유들은 군사적 행동을 정당화하기보다는 폭력을 멀리하고 비폭력적 투쟁을 확증하는 것이다. 군사적 은유를 근거로 전쟁을 정당화하는 것은 문학적 해석의 규칙들을 무시하는 것이다.

---

[327] Boettner, *Christian Attitude toward War*, 33; K. B. Payne and K. I. Payne, *Just Defense*, 93.

"전쟁이 일어난 소식과 전쟁이 일어나리라는 소문"

예수께서는 "전쟁이 일어난 소식과 전쟁이 일어나리라는 소문을 들을 것"이라고 예언하신다. 그리고는 바로 "그러나 아직 끝은 아니다"라고 덧붙이신다마 24:6; 막 13:7; 눅 21:9. 이 본문은 주께서 다시 오실 때까지 전쟁이 계속될 것이라고 말하지 않는다. 하지만 인간의 이기심 때문에 전쟁이 계속되리라는 것은 쉽게 생각해 볼 수 있다. 일부 주장처럼 현실이 이처럼 냉혹하기 때문에 그리스도인들이 전쟁을 반대해서는 안 되는 것인가?[328] 예수께서는 제자들에게 극심한 박해와 순교도 예언하셨다. 자녀들이 부모를 배반하고 형제가 형제를 배반할 것이라고 말씀하셨다눅 21:16-17. 어느 누구도 그리스도인들이 기도와 행동으로 이러한 끔찍한 악을 반대해서는 안 된다고 생각하지 않는다. 전쟁에 대해서도 마찬가지다.

그리스도께서 다시 오실 때까지 이기적인 인간들과 공동체들은 자신의 뜻을 다른 이들에게 강요할 것이다. 그렇다고 우리가 폭력 대신 비폭력으로 맞설 때 진보를 이루지 못한다고 할 수 없다. 물론 예수님의 새 왕국이 가져오는 평화가 충만해질 때까지 폭력은 지속될 것이다. 그때까지 우리는 원수를 사랑하라는 예수님 명령에 순종해야 한다.

예수께서 사형 제도를 지지하셨는가?

마태복음 15장에서 예수님은 장로들의 전통을 어겼다는 바리새인들의

---

[328] 그러한 논증의 한 예를 보려면 Rutenber, *Dagger and the Cross*, 31를 참조하라.

비난에 답하신다. 곧 예수님을 비난한 그들이 "하나님께서 말씀하시기를 '아버지와 어머니를 공경하여라' 하시고, 또 '아버지나 어머니를 욕하는 자는 반드시 죽을 것이다' 하셨다"마 15:4, 새번역 같은 명확한 가르침을 회피하기 위해 세부 율법 조항들을 고안해 냈다는 것이다. 어떤 사람들은 이 구절이 제시하는 바를 다음과 같다고 주장한다. "예수께서는 명백히 모세의 사형 제도가 … 적절한 것이라고 보셨다."[329]

두 가지가 중요하다. 첫째, 예수께서는 부모를 공경하라고 그 명령을 인용하셨다. 부모를 저주하는 자녀에 대한 처벌이 타당하다고 말씀하고 계시는 것이 아니었다. 예수님은 세부 율법 조항을 고안하여 자녀들이 부모에 대한 재정적 책임을 회피하게 한 바리새인들을 비판하시는 것이었다마 15:5-6. 예수님 말씀은 부모를 저주한 자녀들에게 사형을 내려도 되는지 말하고 있지 않다. 둘째, 예수께서는 분명히 사형 제도를 지지하지 않으신다. 예수께서 복음서에서 모세 율법이 사형이라 규정하는 상황을 다루시는 장면을 통해 그것을 확인할 수 있다. 바리새인들은 예수께 간음을 하다 붙잡힌 여인을 데려왔다요 7:53-8:11.[330] 예수께서는 죄가 없는 사람이 먼저 돌을 던지라고 제안하셨고 고발한 모든 이들은 사라졌다. 그 후 예수께서는 여인에게 질문하신다. "너를 정죄한 사람이 한 사람도 없느냐?" 그 여인은 "주님, 한 사람도 없습니다"라고 답했고 예수께서는 "나도 너를 정죄하지 않는다"라고 말씀하셨다요 8:10-11. 모세 율법이 제시하는 분명한 형벌이 있지만 예수님은 사형을 권하지 않으셨다.[331]

---

329 Copan and Flannagan, *Did God Really Command Genocide?*, 42.
330 초기 사본에는 이 구절이 없다. 하지만 많은 학자들은 그것이 예수님에 대한 참된 이야기라고 믿는다. Keener, *Gospel of John*, 1:736를 보라. "많은, 어쩌면 대다수의 학자들"은 그 이야기가 예수에 대한 믿을 만한 전통이라고 생각한다. B. M. Metzger, *Textual Commentary*, 220. 메츠거에 따르면 이 구절에는 "역사적 진실성을 보여주는 모든 흔적들"이 있다.
331 이에 대한 탁월한 논의로는 C. Marshall, *Beyond Retribution*, 230-34를 참고하라.

로마서 13장

로마서 13:1-7은 그리스도인들이 허가된 정부 차원의 살인에 동참하는 것을 하나님께서 승인하신다고 주장할 때 가장 널리 사용되는 본문이다.

> "사람은 누구나 위에 있는 권세에 복종해야 합니다. 모든 권세는 하나님께로부터 온 것이며, 이미 있는 권세들도 하나님께서 세워주신 것입니다. 그러므로 권세를 거역하는 사람은 하나님의 명을 거역하는 것이요, 거역하는 사람은 심판을 받게 될 것입니다. 치안관들은, 좋은 일을 하는 사람에게는 두려울 것이 없고, 나쁜 일을 하는 사람에게만 두려움이 됩니다. 권세를 행사하는 사람을 두려워하지 않으려거든, 좋은 일을 하십시오. 그러면 그에게서 칭찬을 받을 것입니다. 권세를 행사하는 사람은 여러분 각 사람에게 유익을 주려고 일하는 하나님의 일꾼입니다. 그러나 그대가 나쁜 일을 저지를 때에는 두려워해야 합니다. 그는 공연히 칼을 차고 있는 것이 아닙니다. 그는 하나님의 일꾼으로서, 나쁜 일을 하는 자에게 하나님의 진노를 집행하는 사람입니다. 그러므로 진노를 두려워해서만이 아니라, 양심을 생각해서도 복종해야 합니다. 같은 이유로, 여러분은 또한 조세를 바칩니다. 그들은 하나님의 일꾼들로서, 바로 이 일을 하는 데 힘쓰고 있습니다. 여러분은 모든 사람에게 의무를 다하십시오. 조세를 바쳐야 할 이에게는 조세를 바치고, 관세를 바쳐야 할 이에게는 관세를 바치고, 두려워해야 할 이는 두려워하고, 존경해야 할 이는 존경하십시오." 새번역

앞선 단락을 보면 바울은 마태복음 5장을 반영한 것 같은 표현으로 로마의 기독교인들에게 말하고 있다. 그들은 "악을 악으로 갚지 말고 … 원수를 갚지 말고" 자신들을 "박해하는 자를 축복"해야 한다롬 12:14-19. 하

지만 13장에서 바울은 하나님께서 악행하는 자들을 벌하기 위해 정부를 임명하셨다고 말하고 있다. 많은 그리스도인들은 두 가지 진술을 함께 취하여 이해하고자 하였다. 즉 그리스도인들은 개인 삶의 영역에서는 절대 살인적 폭력을 사용해서는 안 되지만, 공적인 직무를 수행함에 있어서는 정당하게 허용된 살인 행위에 동참하는 것이 당연하다고 생각한다.[332] 종종 제기되는 주장들에 의하면 바울은 로마서 13:1-7을 의도적으로 12장 바로 뒤에 배치했다. 바울 자신이 12장에서 제시한 강력한 진술을 독자들이 오해하지 않도록 하기 위함이라는 것이다. 즉 복수를 하나님께 맡기는 것은 정부가 그리고 정부에서 일하는 그리스도인들이 살인적 폭력 행사를 거부해야 한다는 것을 의미했다. 구약은 개인이 자기 손으로 복수하는 것은 정죄하지만 사형이나 전쟁을 통한 정부 차원의 살인은 분명하게 인정하고 있다. 어떤 이들은 바울도 적법하게 허용된 정부의 살인에 그리스도인이 참여하는 것을 허용하고 있다고 주장한다.

이 논증은 얼마나 타당할까? 오늘날 거의 대부분 학자들은 로마서 12:14-13:10이 확장된 하나의 논증이라고 인정한다.[333] 일반적으로 로마서 12장이 "예수님 말씀의 흔적들"을 담고 있는 것으로 인식되고 있다. 그리스도인이 보복이나 복수를 하지 말아야 한다고 강력하게 진술하고 있기 때문이다.[334] 바울은 그리스도인들에게 "너희를 박해하는 자들을 축복"하고 12:14 "아무에게도 악을 악으로 갚지 말라고"12:17 명령한다. 이어서 바울은 말한다. "여러분은 스스로 원수를 갚지 말고, 그 일은 하나님의 진노하심에 맡기십시오. 성경에도 기록하기를 "원수 갚는 것은 내가

---

332 Charles, *Between Pacifism and Jihad*, 84-87; Skillen, *With or Against the World?*, 118; Copan and Flannagan, *Did God Really Command Genocide?*, 303-4; Biggar, *In Defence of War*, 42-44.
333 Biggar, *In Defence of War*, 42-44.
334 Dodd, *Romans*, 214; Hays, *Moral Vision*, 330.

할 일이니, 내가 갚겠다'고 주님께서 말씀하신다"하였습니다. "네 원수가 주리거든 먹을 것을 주고, 그가 목말라 하거든 마실 것을 주어라. 그렇게 하는 것은, 네가 그의 머리 위에다가 숯불을 쌓는 셈이 될 것이다."하였습니다. 악에게 지지 말고, 선으로 악을 이기십시오."롬 12:19-21, 새번역

하지만 바울은 바로 다음 구절에서 모든 사람이 정부 당국에 "복종"해야 한다고 말한다. 바울은 모든 사람을 염두에 두고 있었겠지만 일차적으로는 로마의 모든 기독교인들을 염두에 두고 편지를 쓰고 있다. 로마서 13:1, 5에서 사용되는 동사휘포타소, ὑποτάσσω의 의미를 이해하는 것은 중요하다. 이 단어는 종종 "복종하다"로 옳지 않게 번역되고는 한다. 신약성경에서 "복종하다"를 의미하기 위해 사용되는 적절한 헬라어 단어는 세 가지이다. 하지만 바울은 그 단어들을 사용하지 않는다.[335] 바울이 사용하는 단어의 의미는 "종속되다, 지배받다"이다. 우리는 누군가의 지배를 받으면서도 악한 명령들을 거부할 수 있다. 초기 그리스도인들은 이 점에 있어 꽤 분명했다. 그들은 정부가 악한 일들을 명령할 때 인간의 권위보다 하나님께 순종해야 했다행 4:18-20; 5:29.

바울은 정부에 종속되는 범주의 일들을 나열한다. 그것은 정부에 반역하지 않는다는 것으로써,[336] 세금을 납부하고 정부 관계자에게 존경과 존

---

335 Cranfield, *Epistle to the Romans*, 2:660; Cranfield, "Observations on Romans XIII:1-7," 242.
336 이것은 바울의 주된 관심사일 가능성이 크다. 바울이 로마서를 쓰기 몇 년 전인 주후 49년에 글라우디오(Claudius) 황제는 로마에서 유대인들(그리고 어쩌면 유대 기독교인들)을 추방했다. 그리스도교 가르침으로 인한 유대 공동체 내부 소요 때문이었다. 로마 역사가 타키투스(Tacitus)는 50년대 로마에서 세금에 대한 저항이 있었음을 보고한다. 아마도 바울은 로마에 있는 그리스도인들이 이 저항에 동참하지 않기를 바랐을 것이다. Moo, *Epistle to the Romans*, 792-93. 바울이 로마서를 쓴지 약 5년 후인 64년, 네로(Nero) 황제는 로마에서 발생한 화재를 그리스도인들 탓으로 돌렸고 많은 그리스도인들을 죽였다. 게다가 그리스도인 다수가 유대인이기도 했기 때문에 로마의 유대 그리스도인들은 가열되고 있는, 그리고 주후 66년 발발한 유대 전쟁으로 이어지는 유대 혁명적 열기에 어느 정도 공감을 하고 있었을 것이다. Dodd, *Romans*, 209를 보라.

중을 보이는 것을 의미한다롬 13:6-7. 하지만 바울은 정부가 악행을 저지르는 사람들을 처벌하는 데 그리스도인들이 동참해야 한다고 일절 언급하지 않는다. 바울은 정부가 그 일을 하고 있다는 것과 정부가 그 일을 할 때 하나님의 대리자로 일한다는 것을 인정할 뿐이다13:4. 하지만 본문 어디에서도 바울은 독자들에게 그 일을 하라고 권하지 않는다. 정부에 관한 언급 바로 이후에 바울은 사랑에 관한 주제로 돌아온다. 거기에서 바울은 "사랑은 이웃에게 해를 입히지 않습니다"라고 주장한다13:8-10.

로마서 12:19과 13:4에서 사용되는 헬라어 단어들을 비교해 보면 바울이 그리스도인들에게 하지 말라고 명한 바로 그것을 정부가 하고 있다는 점이 드러난다. 12장에서 바울은 모든 사람과 평화롭게 지내는 것이 무슨 의미인지 말하고 있다. "스스로 원수를 갚지에크디카운테스, ἐκδικοῦντες 말고, 그 일은 하나님의 진노하심오르게, ὀργῇ에 맡기십시오." 그리고 바울은 신명기 32:35을 인용한다. "원수 갚는 것은 내가 할 일이니, 내가 갚겠다에모이 에크디케시스, ἐμοὶ ἐκδίκησις." 그리스도인들은 복수를 포기해야 한다. 의로우신 하나님께서 세계를 책임지고 계시고 마지막 때에 최후의 결정을 내리신다는 것을 알기 때문이다. 그리고 로마서 13:4을 보면 바울은 그리스도인이 해서는 안 되는 것을 묘사할 때 사용한 단어와 정확하게 동일한 단어로 정부의 일을 묘사한다! 하나님의 대리자로서 정부는 "나쁜 일을 하는 자에게 하나님의 진노를 집행하는 사람에크디코스 에이스 오르겐, ἔκδικος εἰς ὀργήν; 문자적으로, 진노를 위해 복수하는 사람"이다. 바울은 두 구절에서 "복수"와 "진노"를 표현하는 데 동일한 단어를 사용한다. 복음주의 신학자인 브루스F. F. Bruce의 설명이 적절해 보인다. "기독교인에게 명시적으로 금지된 기능이 국가에게 부여된 것이다."[337]

---

[337] Bruce, *Romans*, 238(강조된 부분은 저자가 추가). Dodd, *Romans*, 210-11도 참조하라. 하지만

요더의 논증은 설득력 있다:

"로마서 12:19과 13:4의 진술들이 동일한 단락에 있지 않았다면 우리는 두 본문을 상호 참조하지 않아도 되었을 것이다. 그렇다면 어떤 구절에서 복수를 금하는 것과 다른 구절에서 복수하는 일에 그리스도인들이 동참하는 일을 묘사하는 일이 상충하는 것이라 생각할 필요가 없을지 모른다. 두 진술이 다른 단락에 있었다면 우리는 그 문맥이 달라서 용어들이 정확하게 동일한 의미가 아닐 수도 있다고 말할 수 있었을 것이다. 하지만 한 단락에 이어지는 추론 속에서 동일한 문맥의 동일한 단어가 사용된다는 것으로 볼 때, '복수'와 '진노'가 신적 통제 안에 있다는 것을 인정한다면 그리스도인들은 그것을 행해서는 안 된다고 말하는 것과 같다는 해석이 가장 그럴듯하다."[338]

복음주의 신학자인 벤 위더링턴Ben Witherington이 내리는 결론에 따르면 로마서 13장은 "전쟁이나 군사 행동과 같은 정부 활동에 그리스도인이 참여하는 것에 관하여 아무 말도 하지 않는다. … 이 본문은 이방 통치자들의 다스릴 권리, 어떤 목적을 위해 칼을 사용할 권리를 말하는 것이다. 이 본문은 그리스도인이 무장할 권리나 의무에 관하여 아무 말도 하지 않는다."[339] 헤이스도 이에 동의하면서 다음과 같이 결론짓는다. "바울 서신에는 그리스도인의 폭력 사용을 지지하기 위해서 인용할 만한 언급이 전혀 없다."[340]

브루스에 따르면 기독교 국가라는 개념은 바울 사상의 범주를 넘어선다. 기독교 국가 개념은 기독교인 정치가가 살인적 폭력을 적법하게 사용할 것임을 암시한다.

338 Yoder, *Politics of Jesus*, 198.
339 Witherington, *Paul Quest*, 178.
340 Hays, *Moral Vision*, 331.

로마서 13장에 관한 중요한 점 하나가 더 있다. 본문은 하나님께서 정부를 사용하여 악을 억제하신다고 분명하게 말하지만 하나님께서 정부가 행하는 모든 일을 지지하신다거나 허용하신다고 말하지는 않는다.

바울은 전형적인 유대교적 이해를 보인다. 즉 모든 정부의 권한이 궁극적으로 하나님에게서 나오고, 하나님은 자기 목적을 이루시기 위해 역사 속에서 일하신다는 것이다. 하지만 그것은 하나님께서 정치 지도자들의 행위를 계획하신 것이라거나 승인하신다는 의미가 아니다. 예수께서는 빌라도가 가진 권한도 하나님에게서 온다는 사실을 빌라도에게 말씀하셨다.요 19:11 하지만 그것은 하나님께서 예수님에 대한 빌라도의 불의한 결정을 지지하신다는 뜻이 아니다. 구약성경은 하나님께서 이방 통치자들을 사용하셨다고 반복해서 말하고 있다가령, 사 10:5-11; 13:3-5. 하지만 하나님은 그들의 어떤 행동들은 분명하게 힐난하신다10:12.[341] 바울도 하나님은 로마 당국자들이 그리스도인들을 핍박하는 것을 허용하신다고 생각하지 않는다.[342] 어쨌거나 자신이 "세우신" 정부 당국자들의 모든 행위들을 하나님께서 승인하시는 것으로 바울이 보고 있다는 근거가 본문에는 없다. 심지어 본문은 정부가 무력으로 복수하는 것을 하나님께서 지지하신다고 말하고 있지도 않다. 본문은 정부가 그것을 행하고 있다는 점과 하나님께서 그것을 통해 악을 억제하신다고 말하고 있을 뿐이다.

---

[341] Eller, *War and Peace*, 76-77; Sprinkle, *Fight*, 168-69; Yoder, *Politics of Jesus*, 198.

[342] 로마서 13:1에서 "세워 주신"(탓소, τάσσω; τεταγμέναι의 분사형)으로 번역된 단어는 "공직에 임명하다" 또는 "명령하다, 고정하다, 결정하다, 임명하다"를 의미할 수 있다(Arndt and Gingrich, *Greek-English Lexicon*, 813). 『신약신학사전』에 따르면 그 단어는 "임명하다" 또는 "정렬하다" (그리하여 종교적 절기들을 "배열하다"; "τάσσω," *TDNT* 8:27)를 의미한다. 요더에 따르면 로마서 13:2에서 사용되는 그 동사는 "만들어 내다"나 "도입하다"보다는 "정렬하다"를 의미한다. 마치 도서관 사서가 책 내용에 동의하지 않더라도 그 책들을 정리하는 것과 같다(Yoder, *Politics of Jesus*, 201). 안타깝게도 요더는 이에 대한 증거 자료를 제시하지는 않는다.

하나님께서 하나님의 원수들을 죽이시므로 …

일부 기독교인들은 하나님께서 죄인들을 벌하시고 종국에는 죽이시기 때문에 그리스도인들이 절대 살인해서는 안 된다는 주장이 설득력을 잃는다고 주장한다.[343] 또한 예수님은 어떤 이들은 하나님에게서 영원히 멀어지게 될 최후의 심판에 관하여 말씀하시기도 한다. 비록 그것이 인간이 자신의 자유 의지를 통해 하나님의 죄 용서를 끈질기게 거절한 결과라 할지라도, 어떤 이들이 하나님에게서 영원히 분리되도록 우주를 구성하셨다는 점에서 하나님께 궁극적인 책임이 있다는 것이다.[344] 하나님께서 악인들을 "죽이시기" 때문에 그리스도인들도 때로는 동일한 일을 수행해야 한다고 본다.

최후 심판이나 하나님과 악인 사이의 영원한 분리에 관한 가르침이 신약성경에 자주 나타난다.[345] 바울은 이러한 내용을 반복하여 가르치고 있다(행 17:30-31; 롬 2:5-8; 고후 5:10-11; 참조. 고전 6:9-10; 갈 5:21). 사랑의 교사라고도 할 수 있는 예수님도 하나님에게서 영원히 분리됨을 신약의 다른 어떤 곳들보다 더 자주 언급하신다(마 13:41-42; 18:8; 25:41).[346] 구약이나 신약 모두 "분노하지 않으시는 하나님"을 말하지 않는다는 미로슬라브 볼프의 지적은 옳다.[347]

---

343 Copan and Flannagan, *Did God Really Command Genocide?*, 42-24; Biggar, *In Defence of War*, 50-55.
344 Biggar, *In Defence of War*, 54. 헤이스는 살인에 대한 자신의 논증을 지지하기 위해 원수를 향한 하나님의 십자가 사랑(롬 5:8-10) 개념을 사용한다. Hays, *Moral Vision*, 330. 비거에 따르면 하나님께서 "완고한 죄인들을 죽이시기" 때문에 헤이스의 논증은 성립할 수 없다. Biggar, *In Defence of War*, 55.
345 C. Marshall, *Beyond Retribution*, 180-97.
346 이에 대한 내 논의를 더 보려면 Sider, *Good News and Good Works*, 128-33를 참조하라.
347 Volf, *Exclusion and Embrace*, 298.

하지만 하나님께서 죄인을 벌하신다는 것이 그리스도인들도 살인할 수 있다는 것을 의미하는 것인가? 로마서 12:14-21은 그리스도인들이 복수를 하고 악을 악으로 갚으면 안 된다는 것과 그런 일들은 하나님께 속한 일이라는 점 모두를 말하고 있다. "내 사랑하는 자들아 너희가 친히 원수를 갚지 말고 하나님의 진노하심에 맡기라 기록되었으되 원수 갚는 것이 내게 있으니 내가 갚으리라고 주께서 말씀하시니라"롬 12:19. 바울은 그리스도인들이 복수를 하거나 악을 악으로 갚지 말고 오히려 원수들에게 먹을 것을 주고 핍박하는 자들을 축복하라고 분명하게 말하고 있다. 바울에 따르면 그리스도인들이 이렇게 행동할 수 있는 것은 우주의 의로우신 주님께서 결국 악의 문제를 처리하실 것이라는 사실을 알기 때문이다.[348] 바울은 그리스도인이 해서는 안 될 일을 하나님께서 하실 것이라고 분명하게 가르친다.

하나님은 인간과 다른 존재이시다. 성경이 신자들에게 하나님을 닮으라고 종종 가르치는 것은 사실이지만 모든 면을 닮으라는 것은 아니다. 인간 존재는 무에서 무엇을 창조할 수 없고 세상 죄를 위해 죽지 않는다. 볼프의 언급을 기억하는 것은 중요하다. "인간은 하나님이 아니다. 하나님을 닮으라는 의무보다 앞선 의무가 있다. 그것은 하나님처럼 되려고 하지 않을 의무이다. 하나님은 하나님으로, 인간은 인간으로 남아야 한다."[349] 신약의 명백한 가르침은 그리스도인들이 하나님께서 보복과 살인을 행하시는 점을 닮아서는 안 된다는 것이다. 사랑과 정의를, 자비와 거룩함을 완전하게 조화시킬 수 있는 한 분만이 그것을 충분히 정당하

---

348 동일한 논리가 베드로전서 2:18-23에서 나타난다. 그리스도인들은 십자가 위의 그리스도를 닮아야 한다. 그분은 직접 보복하지 않으셨고 오히려 "정의롭게 심판하시는 이에게 다 맡기셨"다(벧전 2:23). 또한 살후 1:6을 참고하라.

349 Volf, *Exclusion and Embrace*, 301(강조는 원저자의 것).

게 수행하는 방법을 아신다.

그러므로 하나님께서 소돔을 파괴하시고 노아의 때에 홍수를 일으키셨다는 것을 예수께서 인정하고 승인하시는 것처럼 보인다는 점은 그리스도인들이 살인을 해도 되는지 아무 것도 말하고 있지 않다.[350] 사도행전 5:1-11에 나오는 아나니아와 삽비라의 죽음도 마찬가지이다.[351] 본문은 베드로가 거짓말 때문에 그들을 죽였다고 말하지 않는다.[352] 따로 언급은 없지만 본문이 분명히 암시하고 있는 바는 하나님께서 그들을 바로 벌하시기로 정하셨다는 것이다. 신약성경은 모든 것을 아시는 하나님께서 정당하게 행하시는 것을 그리스도인들이 그대로 따라할 수는 없다고 분명히 말하고 있다.

신정론과 비폭력 모두 악은 궁극적으로 하나님께서 억제하셔야 한다고 말한다. "성경은 하나님이 완전히 전능하시고, 모든 것을 아시고, 완전히 선하시다는 개념을 보여준다. 그것은 현존하는 질병과 죄, 고통, 죽음 앞에서 근본적인 해명을 요한다. 최후의 심판 교리는 인간의 그릇된 행위가 고쳐질 것이고, 부당하게 고통당하는 사람들이 보상을 받을 것이고, 이 땅에서 악행에 대한 심판을 면한 자들이 다음 생애에서 심판을 받을 것이라는 소망을 준다. 사람들 대부분은 최종적인 심판이 없다면 궁극적인 정의도 있을 수 없다는 것을 직관적으로 알고 있다."[353]

악과 악인에 대해 최종 심판이 내려지리라는 확신은 비폭력을 위한

---

350 Copan and Flannagan, *Did God Really Command Genocide?*, 42-44의 주장에 따르면 그러한 구절들은 그리스도인이 살인적 폭력을 사용하는 것을 정당하게 해 준다.

351 Copan and Flannagan, *Did God Really Command Genocide?*, 42-44은 여기에서도 동일하게 부당한 주장을 제기한다.

352 Lasserre, *War and the Gospel*, 49에 따르면 심지어 존 칼빈도 이에 대해 잘못 말하고 있다. "베드로가 성령께서 주신 칼을 적절한 때에 치켜 든 것은 자신에게 맡겨진 사역에 반하는 일이 전혀 아니었다."

353 C. Marshall, *Beyond Retribution*, 180-81.

중요한 토대이기도 하다. "의롭게 심판하시는 하나님께 자신을 맡기지 않고서는 자신이 당하는 폭력에 대한 보복을 거부하고 십자가에서 죽으신 메시아를 따르기로 결정하기란 거의 불가능하다. 역사 마지막 때에 하나님의 의로운 심판이 있다는 확실성은 자신이 폭력을 당하는 가운데 타인을 향한 폭력을 포기하기 위한 전제이다. … 비폭력을 실천하려면 하나님께서 갚아주시리라는 믿음이 있어야 한다."[354]

마지막 때에 어떤 이들은 하나님과 분리될 것이라고 말하는 것은 하나님께서 그들에게 영원한 형벌을 내리시기 위해 그들을 의식 있는 상태로 보존하신다는 말이 아니다. 내가 이해하기로 하나님과의 영원한 분리는 하나님께서 우리의 자유를 너무 크게 주신 결과이다. 다시 말해서 매우 오랫동안 자신이 베푸신 사랑의 용서를 사람들이 거절하는 것을 헤아릴 수 없이 슬프지만 허용하셨기에 그들은 존재가 소멸하기까지 이른 것이다.[355] 하나님께서 자신의 사랑을 사람들이 억지로 받아들이기를 강요하신다면 그분은 사랑의 하나님이 아닐 것이다. 어떤 사람이 하나님과의 영원한 분리를 경험하게 된다면 "그 이유는 십자가에서 죽으신 메시아가 두 팔을 벌려 초청할 때 그들이 그것을 끝까지 거부한 탓일 터이다."[356]

요한계시록의 폭력 심상

19세기의 유명한 무신론자인 프리드리히 니체 Friedrich Wilhelm Nietzsche,

---

354   Volf, *Exclusion and Embrace*, 302, 304.
355   나의 논의를 보려면 Sider, *Good News and Good Works*, 130-31를 참고하라.
356   Volf, *Exclusion and Embrace*, 298.

1844-1900 는 성경 마지막 책을 "모든 기록된 역사 가운데 가장 맹렬하게 폭발한 보복"이라고 불렀다.[357] 현대 신약학자들 일부는 니체의 관점을 공유한다.[358]

요한계시록에 폭력적인 심상들이 있다는 것에는 의문의 여지가 없다. 요한계시록은 예수님께서 흰 말을 타시고, "불꽃"같은 눈동자를 가지고 계시며, 적그리스도를 따르는 사람들과 "싸우시는 분"이라고 묘사한다. "그의 입에서 날카로운 칼이 나오는데, 그는 그것으로 모든 민족을 치실 것입니다. 그는 친히 쇠지팡이를 가지고 모든 민족을 다스리실 것이요, 전능하신 하나님의 맹렬하신 진노의 포도주 틀을 밟으실 것입니다."계 19:11-15, 새번역 세상 왕들과 군대들이 그리스도를 대항하여 싸우려고 모였을 때 그들은 "말 타신 분의 입에서 나오는 칼에 맞아 죽었고, 모든 새가 그들의 살점을 배부르게 먹었습니다."계 19:19-21, 새번역[359]

일부 기독교인들은 요한계시록이 기독교인의 폭력 사용을 지지한다고 주장한다.[360] 잘 알려진 복음주의 목회자 마크 드리스콜Mark Driscoll에 따르면 요한계시록은 예수님을 "다리에 문신을 새기고, 손에 칼을 들고, 누군가를 피 흘리게 만들겠다고 다짐하는 격투기 선수"로 묘사한다.[361] 하지만 그것은 이상하고도 강력한 심상들로 가득한 이 독특한 책의 많은 것들을 간과하는 것이다.

현대 신학자들은 요한계시록이 도미티아누스 황제 재위기간주후 81-96 무렵에 기록된 것이라고 본다. 이 무렵 특히 소아시아요한계시록의 일곱 교

---

357 Nietzsche, *Birth of Tragedy*, 185; Hays, *Moral Vision*, 160에서 재인용.
358 Hays, *Moral Vision*, 169에 다르면 여기에는 크리스터 스텐달(Krister Stendahl, 1921-2008)과 잭 샌더스(Jack T. Sanders, 1935-2017) 등이 있다. 또한 Crossan, *God and Empire*, 224를 보라.
359 또한 요한계시록 14:19-20을 보라.
360 Copan and Flannagan, *Did God Really Command Genocide?*, 43.
361 Sprinkle, *Fight*, 173-74.

회들이 위치한 곳에는 황제를 숭배하는 종교가 만연했고 기독교인들은 박해의 위험에 직면해 있었다.³⁶² 바빌론은 착취와 억압을 일삼는 로마 제국을 상징하는 이름이고³⁶³ "성도들의 피와 예수의 증인들의 피에 취한" 음녀계 17:6는 의인화 된 로마이다. 그 음녀는 일곱 머리를 가진 짐승을 타고 있고 "그 일곱 머리는 여자가 앉은 일곱 산"이다계 17:9. 그것은 분명 로마 도시를 가리킨다. 고대 문헌 대부분을 보면 로마는 일곱 언덕 위에 세워졌다.³⁶⁴ 요한계시록이 전하는 핵심은, 그리스도인들은 순교를 당하더라도 그리스도께 충성해야 한다는 것이다계 2:10. 이제 그리스도께서 "만왕의 왕이요 만주의 주"이시기 때문이고계 19:16 모든 악을 최종적으로 정복하실 것이기 때문이다.

예수님이 요한계시록의 중심이시다. 그리고 예수님에 대한 가장 중요한 진술은 "죽임을 당하신 어린 양"이다. 그러한 그리스도에 대한 심상은 요한계시록에서 28회 사용된다.³⁶⁵ 이것은 일곱 개의 인으로 봉한 두루마리를 열 수 있는 사람이 없는 것처럼 보인다며 요한이 비통함을 표하는 5장에서 처음 나타난다. 하지만 장로 중 한 사람은 "유다 지파에서 난 사자"가 그것을 열 수 있다고 요한을 확신시킨다5:5. 유다 지파의 사자라는 표현은 군사적인 정복자 메시아를 기다린 유대인들의 만연한 기대를 반영한다. 하지만 그 사자가 등장했을 때 그는 "어린 양" 같았고, 더군다나 "죽임을 당한 것" 같았다5:6. 요한에 따르면 이 죽임 당한 어린 양은 하나님 보좌 가운데 서 있다. 보좌 주변에 서 있는 스물네 장로들은 어린 양이 인을 떼기에 합당하시다고 노래를 불렀다. "주님은 죽임을 당

---

362 Hays, *Moral Vision*, 170.
363 Bauckham, *Revelation*, 89.
364 Morris, *Revelation*, 203.
365 Hays, *Moral Vision*, 174.

하시고, 주님의 피로 모든 종족과 언어와 백성과 민족 가운데서 사람들을 사서 하나님께 드리셨기"때문이다5:9, 새번역. 요한계시록 전체에서 예수님은 죽임 당하신 어린 양으로 나타난다. 요한계시록은 이 표현을 사용하여 군사적 메시아 개념을 거부한다. 그리고 고통을 감수하는 사랑으로 악을 정복하는 메시아 개념을 제시한다.

전하려는 바는 분명하다. 하나님께서 지금 그리스도의 십자가를 통해 세상을 다루고 계신다는 것이다. 예수께서 지금 죽임 당하신 어린 양으로서 자신의 십자가를 통해 로마를 정복하고 계신 것이다. 마찬가지로 분명한 것은 요한계시록은 기독교인들이 싸움으로가 아니라 고통을 감당함으로 사탄을 정복해야 한다고 말한다. "우리의 동료들은 어린 양이 흘린 피와 자기들이 증언한 말씀을 힘입어서 그 악마를 이겨 냈다. 그들은 죽기까지 목숨을 아끼지 않았다."계 12:11, 새번역 그들은 그리스도께서 하셨던 것처럼 죽음으로 악을 정복했다2:10-11. "따라서 승리는 무장 투쟁을 통해서 오는 것이 아니다. 승리는 순교에 굴하지 않을 정도로 자기 목숨을 사랑하지 않고, 지속적으로 주님의 희생이라는 본을 따라 자신의 삶을 형성함에 따라 주어진다."366

요한계시록 13:10은 예수께서 체포되실 때 베드로가 칼을 빼들자 예수께서 베드로를 꾸짖으신 말씀을 연상시킨다. 요한계시록 13장은 짐승이 하나님 백성을 어떻게 공격하는지 묘사한다. 요한은 그리스도인 청중을 향해 분명한 메시지를 던지며 자신의 환상을 묘사하던 일을 중단한다. "누구든지 귀가 있거든 들을지어다 사로잡힐 자는 사로잡혀 갈 것이요 칼에 죽을 자는 마땅히 칼에 죽을 것이니 성도들의 인내와 믿음이 여

---

366 Klassen, "Vengeance," 306.

기 있느니라"계 13:9-10.[367] 다른 번역본들은 10절을 다르게 이해한다. NIV 성경은 "칼로 죽임을 당할 사람은 칼로 죽임을 당할 것이다"라고 번역한다.[368] NIV 번역을 지지하는 사본은 소수이다. 대다수 초기 헬라어 사본은 "누군가 칼로 사람을 죽이면, 그는 그 칼로 죽임을 당할 것이다"라고 기록하고 있다.[369] 더 잘 입증된 이 견해는 마태복음 26:52"칼을 쓰는 사람은 다 칼로 망한다" 새번역을 상기시킨다. 따라서 요한계시록 13:10은 그리스도인들이 짐승의 공격에서 자신을 보호하기 위해 칼을 사용해서는 안 된다고 말하는 것이라 보는 것이 개연성 있다.

요한계시록에 나오는 그리스도인 순교자들은 자신들의 고통이 끝나기를 오랫동안 기다려 왔다. 그들은 묻는다. "거룩하시고 참되신 지배자님, 우리가 얼마나 더 오래 기다려야 지배자님께서 땅 위에 사는 자들을 심판하시어 우리가 흘린 피의 원한을 풀어 주시겠습니까."계 6:10[370] 이 질문은 종국에는 하나님께서 악을 처리하시리라는 신약성경의 일반적 가르침을 반영한다. 하지만 로마서 12:19과 데살로니가후서 1:6-8, 베드로전서 2:23이 가르치는 것처럼 복수는 인간이 아니라 하나님이 하신다.

분명하게 요한계시록은 예수께서 가르치신 것을 가르치고 있다. 즉 최후의 심판이 있다는 사실이다계 20:11-15. 최후의 심판 이전에 어린 양 예수는 악을 강력하게 정복하신다. 그 전투를 묘사하기 위해 사용되는 개념 일부는 폭력적이다. 하지만 우리는 그 표현들을 문자적으로 읽어서는 안 될 것이다. 요한계시록은 기본 진리들을 묘사하기 위해 생생한 용어

---

367 저자는 TNIV(Today's New International Version)를 인용했다. 이 부분에서 논의의 중심이 되는 구절은 "If anyone kills with the sword, with the sword they will be killed"이다. 사역하자면 "만일 누군가 칼로 사람을 죽이면, 그 칼로 죽임을 당할 것이다"이다. 역주.
368 "If anyone is to be killed with the sword, with the sword they will be killed."
369 Hays, *Moral Vision*, 178, 185n20.
370 또한 계 18:6-7, 20; 19:2을 보라.

들을 사용하는 묵시문학이다.³⁷¹ 그 중심 개념은 마지막에 하나님께서 모든 악을 정복하실 것이라는 것이다.

이따금씩 본문은 현실이 폭력적인 심상과 다르다는 점을 암시하기도 한다. 마지막 전투에서 그리스도는 전투를 준비하신 채 흰 말을 타고 오신다. 그분은 전투가 시작되기도 전인데도 "피 묻은 옷"을 입고 계신다! 이것은 그리스도께서 죽음으로 악을 정복하시는 갈보리를 가리키는 것이 분명하다.³⁷² 그리고 본문은 그분이 자신의 입에서 나오는 칼로 원수를 치실 것이라고 말한다계 19:15. 일부 주석가들에 의하면 주께서 전투에 사용하시는 무기는 하나님 말씀이다.³⁷³ 사탄과 나라들과의 마지막 전투에 관하여 본문이 유일하게 말하는 바는 "하늘에서 불이 내려와 그들을 멸망시킬 것"이라는 사실 뿐이다계 20:9. 격렬하게 충돌하는 군대들에 관한 논의가 본문에는 없다. 요점은 하나님께서 마지막에 악을 정복하신다는 것이다. 하나님께서 그리스도를 통해 정확하게 어떻게 악을 정복하실지 알아내려 상징적 언어들을 해석하려 해서는 안 될 것이다.³⁷⁴

더 중요한 사실은 요한계시록 어디에서도 마지막 전투에 성도들이 참여할 것이라고 말하고 있지 않다는 점이다. 흰 말을 타고 그분을 따르는 "하늘의 군대"19:14는 인간 존재가 아니다.³⁷⁵ 다시 말하지만 요한계시

---

371 묵시문학에서 상징적 표현이 어떻게 사용되는지에 대한 논의를 보려면 Boyd, *Crucifixion of the Warrior God*, 1:597-601과 여기에서 인용되는 문헌들을 참고하라.
372 Morris, *Revelation*, 224; Hays, *Moral Vision*, 175.
373 Hays, *Moral Vision*, 175; Sprinkle, *Fight*, 187; Klassen, "Vengeance," 308. 요한계시록 2:12을 보면 그리스도의 입에서 나오는 칼은 심판의 말씀처럼 보인다. 하지만 볼프는 여기에 동의하지 않는다. Volf, *Exclusion and Embrace*, 296.
374 볼프는 흰 말을 타고 계신 이가 폭력을 사용하신다는 심상을 옳게 해석한다. 그것은 "**하나님께서 고통을 감내하며 하시는 사랑으로 베푸시는 구원을 거부하는 모든 것을 최종적으로 배제한다는 상징적 묘사**"이다. Volf, *Exclusion and Embrace*, 299(강조는 원저자의 것).
375 Leon Morris, *Revelation*, 224에 따르면 "하늘의 군대"는 아마도 "성도들이라기보다는 천사들일 것"이다. Robert H. Mounce, *Revelation*, 354에서 마운스는 순교자들이 "하늘의 군대"의 한 부

록은 성도들이 죽음에 이르기까지 고통을 당한다고 말한다. 결코 그것에 맞서 싸우라고 말하지 않는다. 사실 요한계시록 13:10은 칼을 사용하지 말라고 말하고 있다. 악과의 마지막 전투에 인간은 참여하지 않는다. 역사가 진행중일 때와 마찬가지로 마지막에도 보복은 하나님께서 하시는 것이지 하나님 백성이 하는 것이 아니다. 볼프는 이렇게 말한다. "성경 전통은 하나님만이 하시는 일이 있다고 말한다. 그것은 하나님과 하나님 아닌 존재 사이를 구분하는 근본적인 차이점이다. 그 중 하나는 폭력을 사용하는 것이다."[376]

헤이스의 설명은 옳다. "죽임 당한 어린 양을 찬양과 예배의 중심에 놓는 일은 폭력과 강압을 허용하는 것과는 거리가 멀다. 악인들에 대한 하나님의 궁극적 심판은 분명 냉혹하다. 세상을 망하게 한 사람들은 멸망할 것이다11:18. ⋯ 하지만 이 사건들은 하나님 손에 달렸다. 여기에 인간의 군사적 행동이 개입할 여지는 없다."[377]

여러 시대를 거쳐 그리스도인들은 이 장에서 논의된 본문과 사례들을 사용하여 신약성경이 기독교인의 살인을 때때로 가르친다고 주장해 왔다. 하지만 그 논증들은 빈약하거나 매끄럽지 못했고, 결코 설득력 있지 않았다. 그 단락들을 세심하게 살펴본 결과 신약성경은 그리스도인이 결코 살인해서는 안 된다고 끊임없이 가르친다.

분이라고 생각한다. 하지만 마운스는 이들이 "실제 전투에서 어떤 부분을 담당하지 않는다"라고 말한다.

376 Volf, *Exclusion and Embrace*, 301. 내가 보기에 "성경 전통"이라기보다는 "신약 전통"이라고 말하는 편이 낫다.

377 Hays, *Moral Vision*, 175.

7장

신학적 쟁점들

기독교인들이 평화와 정의를 이유로 살인할 수 있느냐는 질문과 관련한 중요한 신학적 쟁점들이 있다. 예수님은 누구신가? 이 논의에서 예수님의 부활은 얼마나 중요한가? 그리스도가 선포하신 하나님 나라가 이미 시작되었지만 아직 완성되지 않았다는 사실에는 어떤 숨은 의미가 있는가? 우리 질문에 있어서 교회는 얼마나 중요한가? 예수께서 비폭력 윤리를 가르치셨다면, 그것은 교회나 일부 기독교인들만을 위한 것인가?

예수님은 누구신가?

존 하워드 요더John Howard Yoder, 1927-1997는 자신의 유명한 책인『예수의 정치학』*The Politics of Jesus*을 다음과 같은 질문으로 시작한다. "예수님이 인간 규범이 되는 분이 아니시라면 그분 성육신에는 어떤 의미가 있는가? 그분을 인간이기는 하지만 규범이 되시는 분으로 여기지 않는 것은 고대

에비온파와 같은 이단 사상 아닌가? 그분을 인간이 아닌 규범적 권위로만 보는 것은 새로운 영지주의에 불과한 것 아닌가?"[378] 과거 에비온파 Ebionites는 예수의 온전한 신성을 부정하고 참 인성만 주장했던 이단 분파였다. 그들에 따르면 예수는 참 하나님이 아니라 여러 사람들 중 하나였다. 따라서 자신의 가르침이 모든 이들에게 규범이 되기를 바랄 권리가 예수에게는 없었다. 영지주의Gnosticism의 이단적 가르침에 따르면 예수는 참 신이었지만 온전한 인간은 아니었다. 그러므로 예수의 인간적 삶은 기독교인들에게 규범이 될 만큼 중요하지 않다.

"예수님은 참 하나님이신 동시에 참 인간이시다"라는 고전적인 그리스도교 신앙고백이 옳다면 하나님의 성육신하신 아들은 그리스도인들에게 규범임에 틀림없다. 그리스도인들은 예수께서 죄 없는 삶을 사셨다고 믿는다. 예수께서 온전히 인간이시면서 온전히 하나님이시라면 그분의 죄 없는 삶은 인간이 어떻게 살아야 할지 알려주는 하나님의 계시를 드러낸다. 분명 이것은 우리가 예수님 삶의 모든 측면을 닮아야 한다는 뜻이 아니다죄가 전혀 없으시다거나 팔레스타인 지역의 유대인 혈통이시라는 등. 하지만 우리가 살아가는 방식에 관한 예수님의 가르침은 하나님께서 우리가 어떻게 살기를 바라시는지 보여준다.

분명한 것은 예수께서 참 하나님이 아니시라면 그의 가르침을 근거로 비폭력을 주장하는 것은 빈약한 논증이 된다는 점이다. "역사적 기독교가 고백해 온 것처럼 예수 그리스도가 하나님의 성품을 인간 삶을 통해 실제로 드러내는 분이 아니라면 평화주의에 대한 이 논증은 무너진다."[379]

---

[378] Yoder, *Politics of Jesus*, 10.
[379] Yoder, *Politics of Jesus*, 237. 요더의 "고(高) 기독론("high" Christology)에 대해 보려면 Carter, *Politics of the Cross*, 27, 65-70을 참고하라.

하지만 예수님을 참 하나님이자 참 인간으로 이해하는 고전적이고 정통적인 관점은 그리스도인들이 예수님의 가르침에 순종하기를 요구한다. 여기에는 원수를 사랑하라는 예수님의 가르침도 포함된다. 이와 다르게 행동하는 것은 예수님의 말씀에 실수나 오류가 있었다는 것과 그분의 신성을 부정한다는 뜻이 된다.

내가 보기에 라인홀드 니버가 바로 그렇게 했다. 니버는 "예수님의 윤리는 절대적이고 타협의 여지가 없는 윤리"라고 믿었다. 그것은 모든 악에 대하여 전적으로 수동적이고 순전한 무저항의 윤리이다. "'악에 저항하라'나 '원수를 사랑하라'와 같은 명령들은 … 모두 타협의 여지가 없고 절대적이다." 니버에 따르면 어떤 면에서 예수님의 윤리는 최종적 규범이다. 하지만 그것은 "죄악 된 세상에서 정의를 수호하는 과제에 바로 적용될 수 없다."[380] 우리가 사회 정의를 위한 사회 윤리를 전개하려고 할 때 사랑에 대한 예수의 가르침은 우리를 "곤란하게" 한다. 예수님의 윤리가 제시하는 "순전한 무저항은 어떤 정치적 상황에서 직접적인 관련이 없을 수도 있다."[381] 요약하자면, 예수님의 윤리는 현실 세계에서 작용하지 않는다. 분별력 있는 기독교인이라면 예수께서 가르치시는 사랑의 윤리대로 살아내고자 해서는 안 된다.[382]

우리가 고대 신앙고백, 즉 예수께서 참 하나님이시자 참 인간이시라는 신앙고백을 믿는다면 그러한 결론을 받아들일 수 없다. 고대 신앙고백들이 옳다면 정통 기독교인들은 예수께서 제자들에게 가르치신 대로 살아내고자 해야만 한다. 그보다 못한 어떤 것은 신학적 이단 사상을 반

---

380 Niebuhr, "Why the Christian Church is Not Pacifist," 106.
381 Davis and Good, *Niebuhr on Politics*, 137, 140.
382 라인홀드 니버가 주장하는 순전한 수동성을 예수께서 가르치지 않으셨다는 사실을 보려면 이 책 3장에 있는 "눈에는 눈" 항목을 참고하라.

영하는 것이다. 그렇다고 해서 기독교인이 때때로 살인을 해야 한다는 모든 주장이 신학적 오류를 수반한다는 의미는 아니다. 우리가 앞에서 살펴보았듯이 많은 기독교인들에 따르면 예수께서는 기독교인이 결코 살인해서는 안 된다고 실제로 가르치시지는 않으셨다. 오히려 예수님은 원수를 사랑하라는 명령을 개인적 삶에 적용하기를 바라셨지, 군인과 같은 공적인 삶에 적용하기를 의도하지 않으셨다. 나는 앞에서 그러한 해석이 예수님의 가르침을 근본적으로 오해하고 있다고 주장했다.[383] 하지만 누군가는 신학적 이단 사상에 빠지지 않으면서도 그러한 논증을 할 수 있다.

정통 기독론을 수용한다면 신실한 기독교인으로서 예수님의 실제적인 가르침을 회피할 수 있다고 주장할 수는 없다. 예수께서 참 하나님, 참 인간이시라면 그분의 가르침은 참된 규범이다. 예수께서 제자들에게 원수를 사랑하고 그들을 죽이지 말라고 말씀하셨다면 정통 기독교인들은 그분의 가르침에 순종하여 그대로 살고자 해야 한다. 따라서 예수님이 누구이신지 명확하게 이해하는 것이 그리스도인으로서 그리스도인들이 살인해도 되는지를 논하기 위한 출발점이 되어야 한다.

예수님의 부활

자기 제자들에게 원수를 사랑하라고 가르치신 분은 십자가에 못 박히셨다. 자신을 따르는 이들에게 눈에는 눈이라는 표준적인 법적 원칙을 버리라고 명령하신 분은 극악하고 고통스러운 죽음을 감당하셨다. 사람들이

---

[383] 이 책 3장에 있는 "예수님의 가르침 회피하기"와 6장에 있는 "로마서 13장" 항목을 참고하라.

오랫동안 기다렸던 메시아가 바로 자신이라고 밝히신 분, 하나님 나라가 자신의 인격과 사역을 통해 역사 속으로 침투했다고 알리신 분은 자신의 주장이 거짓이었음을 보이는 듯한 인간적 시험을 겪으셔야 했다.

예수님 당시 모든 유대인은 스스로 메시아라 칭한 자들의 죽음이 실패에 지나지 않는다는 사실을 알고 있었다. 또한 그것은 사기였다. 유대교는 이방인들에 맞서 싸워 순교한 사람들을 어떻게 높여야 하는지 알고 있었다. 하지만 톰 라이트가 지적하듯이 "실패했지만 추앙받는 메시아라는 범주가 그들에게는 없었다. 야훼의 승리를 가져오지 못하고 이방인들 손에 죽은 메시아는 사기꾼에 불과했다."[384]

로마 당국자들이 예수님을 십자가형에 처한 이유는 예수가 자신을 "유대인의 왕"으로 허위 주장했다는 것이었다. 그 이후에도 예수님 제자들이 그분을 메시아로 계속해서 불렀던 이유는 그들이 예수님 무덤이 비었음을 발견했고 부활하신 예수님을 만났기 때문이다. 예수님의 부활은 낙담한 제자들에게 예수께서 알려주신 메시아 왕국이 이미 시작되었다는 확신을 주었고, 그러므로 예수님의 가르침에 순종하여 온 나라를 제자로 삼아야 한다는 확신을 주었다.[385]

예수께서 여전히 무덤에 계시다면 원수를 사랑하라는 예수님의 요청은 아무 의미가 없다. 십자가에서 죽으신 예수님의 부활과 텅 빈 무덤은 예수님을 따르는 사람들이 살인을 거부해야 한다는 주장의 필수적 토대이다.[386] "셋째 날에 예수께서 죽음에서 부활하셨을 때 … 하나님은 악과

---

[384] N. T. Wright, *Jesus and the Victory of God*, 658.

[385] 예수님 부활에 관한 역사적 증거를 둘러싼 논의를 보려면 N. T. Wright, *Resurrection*; Licona, *Resurrection of Jesus*를 참고하라.

[386] 요더는 니버를 비판하며 다음과 같이 적절하게 언급한다. "니버는 그리스도의 십자가를 반복해서 말하지만 그리스도의 부활에 관해서는 전혀 말하지 않는다. 게다가 육체의 부활을 신화적 상징으로만 말한다." Yoder, *Niebuhr and Christian Pacifism*, 20.

폭력의 권세에 최종적인 결정권이 없음을 세상에 알리신 것이다. 부활은 다른 폭력적 힘에 대하여 하나님 사랑이 궁극적으로 승리하였음을 확증하였다."[387] "비폭력적이고 원수까지도 사랑하는 공동체의 정당성이 죽은 자의 부활을 통해 입증되지 않는다면 신약성경의 그 어떤 증언도 의미가 없게 된다."[388]

하지만 부활은 비폭력적인 행동이 바로 성공으로 이어진다는 보장을 하지는 않는다. 스데반에서 시작하여 여러 시대에 걸쳐 기독교 순교자들은 자신들의 원수를 사랑했다. 하지만 그들은 죽임을 당했고 아직 무덤에 있다. "십자가 죽음이 작동하는 곳에서 드러나는 최종적인 산물이 언제나 부활은 아니다."[389] 예수님의 부활이 비폭력을 위한 견고한 토대를 제공하는 것은 부활에 담긴 종말론적 함축을 이해하는 것이다. 신약성경에 따르면 예수님의 부활 때 예수께 일어난 일은 예수께서 돌아오실 때 그분을 믿는 모든 자들에게 일어날 것이다롬 6:5; 고전 15:20-23; 빌 3:21. 그리고 그 때 고통에 신음하고 있는 피조물도 완전함으로 회복될 것이다롬 8:18-23. 신약성경은 그리스도께서 죽음까지 포함한 모든 악을 폐하신 후 평화가 만연하게 될 영광스러운 종말론적 미래를 그린다계 21-22장. 그러한 종말론적 확신"어린 양의 방식이 최종적으로 승리하리라는 지식"은 비폭력이라는 방법이 "무의미하지 않다"는 것을 입증한다.[390] 바울은 부활에 대해 다루는 장 마지막 부분에서 영광스러운 소망의 토대가 바로 예수님의 부활이라고 말하고 있다고전 15장. 그리스도인들은 자신이 죽을지언정 원수들을 죽

---

387   Roth, *Choosing against War*, 92. 또한 Ellul, *Violence*, 150; Hauerwas, *Peaceable Kingdom*, 87-91을 참고하라.
388   Hays, *Moral Vision*, 338.
389   Yoder, *Nevertheless*, 126.
390   Yoder, *Original Revolution*, 76; Yoder, "Peace without Eschatology?," 55-90.

이지 않는다. 그들은 역사가 어디로 흘러가는지 알기 때문이다. 그들은 부활하신 그리스도께서 궁극적으로 승리하신다는 것을 알고 있다.

고린도전서 15장 마지막 구절은 그리스도인들이 최후의 부활에 대한 확신을 가지고 지금을 살아야 한다고 말한다. "그러므로 나의 사랑하는 형제자매 여러분, 굳게 서서 흔들리지 말고, 주님의 일을 더욱 많이 하십시오. 여러분이 아는 대로, 여러분의 수고가 주님 안에서 헛되지 않습니다."고전 15:58, 새번역 예수님 부활이 그분을 따르는 이들에게 주는 확신은 메시아 왕국이 시작되었다는 것과 예수께서 다시 오실 때 그 왕국이 완성된다는 것이다. 또한 이제 우리가 그 왕국의 가르침을 따라 살겠다고 노력하는 것이 무의미하지 않다는 것이다. 톰 라이트는 이 점을 훌륭하게 포착해 낸다. "하나님의 새로운 나라는 온 세상을 향한 정의와 기쁨과 소망의 나라이다. 그것은 예수께서 부활절 아침에 무덤에서 나오실 때 이미 시작되었다. 예수께서는 자기 제자들을 부르셔서 그리스도 안에서 성령의 능력으로 살기를 요청하신다. 그리하여 그들이 지금 여기에서 새로운 피조물이 되게 하신다. … 예수님의 부활과 성령의 은사는 우리가 현시대에도 하나님의 새로운 피조물로 태어났다는 실제적이고도 실질적인 흔적들을 나타내도록 부르심 받았다는 것을 의미한다."[391]

그것은 악한 원수들이 우리 주위를 배회하면서 파괴를 일삼을 때에도 우리가 그들을 죽이기보다는 사랑하라는 그리스도의 요청에 순종하는 것을 포함하는가? 그 질문은 이 책의 기본적인 질문에 답함에 있어 기독교인들을 나뉘게 하는 주요 의견들 중 한쪽 갈래로 이어진다.

---

[391] N. T. Wright, *Surprised by Hope*, 209.

"이미 하지만 아직" 사이 하나님 나라

기독교 평화주의자들과 정의로운 전쟁 옹호론자들 사이의 가장 중요한 차이점은 하나님 나라가 이미 시작되었지만 아직 완성되지 않았다는 진술에 담긴 뜻을 다르게 이해하는 데에 있다. 리사 케이힐Lisa Cahill에 따르면 평화주의와 정의로운 전쟁 사이의 차이점은 "하나님 나라가 인간 삶에서 실제로 어떻게 현존하고 있고 접근 가능한지에 대한 견해 차이에 있다. 그것이 전부는 아니더라도 가장 특징적인 차이점이다."[392] 케이힐은 추가적으로 설명한다. "하나님 나라가 역사에서 멀어지고 종말론적으로 성취된다고 보기 때문에 아득한 이상이 되는 만큼 폭력적 행동이 받아들여지게 된다."[393]

하나님 나라가 아직 도래하지 않았고, 그렇기에 기독교인들은 기독교인들이 살인을 할 수 있다고 다양한 방식으로 주장해 왔다.

고전적 세대주의자들은 예수께서 메시아 왕국을 선포하셨지만 유대인들이 그 말씀을 받아들이지 않았다고 주장했다. 그러므로 메시아 왕국의 도래는 예수의 윤리적 가르침과 함께 천년왕국이 시작될 때까지 지연되었다. 원수를 사랑하라는 예수의 가르침은 교회 시대에 속한 기독교인들에게는 무관한 것이다. 다행히도 이 전통에 속한 현대 신학자들은 예수께서 선포한 하나님 나라가 이미 시작되었음을 인정한다.

20세기 여러 신학자들은 알버트 슈바이처를 따랐다. 그들은 예수께서 이해한 하나님 나라는 시공간적 역사의 임박한 종말을 내포한다고 보았다.[394] 예수님의 급진적 윤리는 이 짧은 시간에 적용되는 과도기적

---

392 Cahill, *Love Your Enemies*, 213.
393 Ibid., 79.
394 이 개념에 대한 톰 라이트의 반박을 보려면 1장에 있는 "메시아적 기대"를 보라.

윤리였다. 하지만 역사는 계속 이어졌고, 예수님의 급진적이고 과도기적인 윤리는 이제 기독교인에게 규범이 되지 않는다.[395]

라인홀드 니버가 기독교 평화주의를 비판한 것은 그리스도께서 시작하시는 하나님 나라에 관한 질문과 관련이 있다. 니버는 자유주의 신학을 가진 평화주의자들이 인간 죄에 관하여 부적절한 이해를 가지고 있다고 적절히 비판했다. 그들은 사랑을 쉽게 요구하는데, 이는 그들이 인간의 깊은 죄성을 간과하고 있음을 보여주는 것이다. 하지만 니버가 예수의 부활을 대체로 다루지 않고 있고, 예수께서 시작하신 하나님 나라 안에서 기독교인이 지금 살 수 있는지에 관하여 예수님의 부활이 갖는 함축들을 간과하고 있다는 것도 사실이다. "기독교 평화주의자들이 인간의 죄성을 충분히 이해하지 못했다면, 니버는 부활의 능력을 충분히 확신하지 못했다."[396] 예수께서 죽음에서 부활하셨다면 적어도 우리는 원수를 사랑하라는 예수님의 요청을 삶으로 실천하는 데 있어 부활이 어떤 의미를 주는지 물어야 한다.

하지만 좀 더 최근 논의를 보면 어떤 기독교인들은 평화와 정의를 보존하기 위하여 기독교인들이 살인할 수 있다고 주장하기도 한다. 그들은 하나님 나라가 이미 시작되었다고 분명히 말한다. 기독교인들은 어떤 유의미한 방식으로 새로운 하나님 나라 안에서 지금 살고 있다. 하지만 악과 불의로 점철되는 옛 시대가 여전히 강력하다. 하나님 나라가 이곳에 완전하지 않다는 것은 명백하다. 그리스도께서 다시 오실 때에야 하나님 나라가 완전해질 것이다. 그러므로 이 "이미 하지만 아직"이라는 과도기적 시기에 기독교인들은 살인적 폭력을 사용할 수 있다는 것이다.

---

395 Ramsey, *Basic Christian Ethics*, 35-40; Cahill, *Love Your Enemies*, 200.
396 Allman, *Who Would Jesus Kill?*, 111.

널리 쓰이고 있는 논증이 매우 분명하게 나타나는 곳은 『평화의 도전』The Challenge of Peace이라는 유명한 교서敎書였다. 미국 가톨릭 주교단은 이 교서를 1983년에 발표했다. 주교단에 따르면 아우구스티누스는 "역사를 하나님 나라의 '하지만 아직'의 차원으로 이해했다. 아우구스티누스는 역사 속에 죄가 실재한다는 것과 죄가 보여주는 결과들에 놀랐다."[397] 주교단은 계속해서 설명했다. "기독교인들은 하나님의 통치를 고대하는 것과 하나님의 통치가 구체적으로 실현되는 것 사이의 긴장 속에서 살기를 요청받는다. 그 긴장은 종종 '이미 하지만 아직'이라는 용어로 표현된다. 우리는 이미 하나님 나라의 은혜 안에서 살고 있지만 하나님 나라는 아직 완성되지 않았다."[398] 주교단의 결론에 따르면 기독교인들은 정의로운 전쟁이라는 전통을 사용하여 전쟁을 수행하기도 해야 한다. 많은 기독교인들이 가톨릭 주교단의 주장에 동의한다.[399]

이와 반대로 예수님을 따르는 사람들 중에는 그리스도인이 절대 살인해서는 안 된다고 믿는 이들도 있다. 보통 이들은 하나님 나라가 강력하게 시작되었다는 사실을 훨씬 더 강조한다. 그러므로 기독교인들은 이제 성령의 도움을 통해서 예수님의 급진적인 천국 윤리대로 살아내야 하고, 또 그렇게 살아낼 수 있다.[400] 스탠리 하우어워스는 가톨릭 주교단의 논증, 즉 하나님 나라가 아직 완전하게 현존하지 않으므로 기독교인들이 때때로 전쟁에 참여해야만 한다는 주장을 반박한다.[401] 예수님의 삶을 통

---

[397] *Challenge of Peace*, §81, p. 37.
[398] Ibid., p. 26.
[399] Clough and Stiltner, *Faith and Force*, 33, 50–52; O'Donovan, *Just War Revisited*, 5–7; Mouw, "Christianity and Pacifism," 105.
[400] Cahill, *Love Your Enemies*, ix–xi, 164, 223–28; Hauerwas, *Should War Be Eliminated?*, 49–53; Hauerwas, *Peaceable Kingdom*, 72–95; Yoder, *Original Revolution*, 55–90.
[401] Hauerwas, *Should War Be Eliminated?*, 49.

해 입증되는 것은 "용서와 평화의 삶을 사는 것이 불가능한 이상이 아니라 현존하는 기회라는 것이다. … 하나님 나라의 실재를 선언하는 것, 원수들을 용서하고 그들과 평화로운 삶을 살아갈 가능성을 선언하는 것은 하나님 나라가 실재가 되었다는 우리의 확신에 기초한다. 하나님 나라가 나사렛 예수의 삶과 사역을 통해서 실재가 되었다는 확신 말이다."[402]

톰 라이트의 다음과 같은 주장은 분명 옳다. 즉 예수님이 전하신 하나님 나라 복음은 "하나님 나라가 하늘에서와 같이 땅에서도 시작되었다는 것을 의미한다. 하나님 나라 안에서 악의 힘은 명백하게 파괴되었고, 새로운 피조물은 명백하게 시작되었다. 그러한 승리를 누리고 새로운 세상을 시작할 수 있는 능력이 예수님을 따르는 사람들에게 위임되었다."[403] 라이트는 계속해서 설명한다. "그러한 새로운 피조물을 기념하고 구현하는 삶의 방식이 바로 기독교 윤리이다."[404]

정의로운 전쟁을 옹호하는 사람들은 전반적으로 라이트의 진술을 수용한다. 하지만 그들은 예수의 제자들이 결코 살인할 수 없다는 주장은 거부한다. 평화와 정의가 가득한 완전한 하나님 나라가 아직 도래하지 않았다는 것은 고통스럽지만 명백한 사실이다. 우리가 사는 폭력적인 세계를 잠시 훑어보더라도 알 수 있다. 그들은 하나님 나라가 완전하게 도래할 때까지 그리스도인들이 살인적 폭력을 때때로 사용해야만 한다고 결론짓는다.

하나님 나라의 이미/아직에 담긴 함축들에 반대하는 견해들을 우리 주제와 관련하여 재평가하는 방법은 없을까? 신약성경은 무엇이라 말하는가? 몇 가지 중요한 점들을 살펴보자.

---

402 Hauerwas, *Peaceable Kingdom*, 85.
403 N. T. Wright, *Surprised by Hope*, 204.
404 Ibid., 284.

첫째, 예수께서는 하나님 나라가 이미 존재하지만 아직 완성되지 않았다고 분명하게 가르치신다. 그럼에도 불구하고 예수께서는 하나님 나라가 완전히 도래할 때까지 제자들이 예수님의 가르침을 따르지 않아도 된다고 가르치지 않으신다. 원수를 사랑하라 가르치시는 단락에서 예수님은 "그러므로 하늘에 계신 너희 아버지께서 완전하신 것 같이, 너희도 완전하여라"라는 명령으로 끝을 맺으신다마 5:48. 조금 후에 예수님은 자신의 말을 듣고 행하는 사람은 반석 위에 집을 짓는 지혜로운 사람이라고 말씀하신다7:24. 예수께서 모세의 이혼 허용을 거부하시고 하나님의 창조 의도로 주제를 돌리실 때 옛 시대의 유혹이 아직 있기 때문에 언젠가 이혼이 용인될 것이라고 말씀하시지 않는다. 예수님은 만일 자신의 눈이 간음 죄를 짓게 한다면 그 죄를 피하기 위해 과감한 행동을 취해야 한다고 말씀하신다5:29-30. 예수께서는 옛 시대가 지속되기 때문에 거짓말할 필요가 있게 될 것이라고 말씀하지 않으신다. 예수께서는 우리가 맹세를 할 필요도, 해서도 안 될 만큼 진정으로 정직해야 한다고 말씀하신다5:33-37. 예수께서는 제자들이 예수님처럼 살기를 반복해서 요구하신다. "나를 따라오려고 하는 사람은, 자기를 부인하고, 자기 십자가를 지고, 나를 따라오너라."막 8:34, 새번역 예수께서는 "누구든지 나를 사랑하는 사람은 내 말을 지킬 것"이라고 말씀하신다요 14:23, 새번역. 그리고 예수께서는 하늘로 올라가시며 제자들에게 명령하시기를, 새로운 제자를 삼고 "내가 너희에게 명령한 모든 것을 그들에게 가르쳐 지키게 하여라"라고 명령하신다마 28:20. 하나님 나라가 완전하게 임할 때까지 예수님의 윤리적 가르침을 순종하지 않아도 된다고 예수께서 제자들에게 가르치셨다는 암시는 전혀 없다.

둘째, 우리가 앞에서 살펴보았듯이 신약성경 나머지 부분은 기독교인들에게 예수님을 닮으라고 요청한다. 예수께서 십자가에서 보이신 자기

희생적 사랑을 가정과 교회, 사회에서 닮으라는 것이다.[405] 먼저 베드로는 불의가 가득한 지금 이 세상에서 예수께서 십자가에서 보여주신 보복하지 않는 사랑을 닮으라고 노예들에게 촉구한다벧전 2:18-23. 예수님의 말씀을 상기시키며 바울은 이미 불의에 직면한 로마 기독교인들에게 악을 악으로 갚지 말고 원수에게 먹을 것을 주라고 촉구한다롬 12:17-20. 세상에 불의가 가득하기 때문에 기독교인들이 예수님의 가르침을 어쩔 수 없이 잠시나마 포기해야 한다는 암시는 어디에도 없다.

셋째, 모든 신약성경은 예수님의 새로운 메시아 공동체에 높은 윤리적 기준을 요구한다.[406] 바울에 따르면 간통한 사람들과 도적질한 사람들, 탐욕스러운 사람들은 하나님 나라에 이르지 못한다.[407] 바울은 고린도 교인들 일부가 기독교인이 되기 전에 그랬다는 것을 알고 있다. 하지만 이제 그들이 다른 사람이 된 것은 그들이 "씻겨지고" "거룩하게" 되었기 때문이다고전 6:11. 기독교인들이 죄악 된 일들을 계속 할 수 있다는 생각은 바울에게 끔찍한 것이었다롬 6:1-2.

바울은 기독교인들이 지금 윤리적으로 충실한 삶을 살고 있다고 확신을 가지고 주장한다. 그 토대는 그리스도를 믿는 그들의 믿음이 그들을 급진적으로 변화시켰다는 것이다. 그들은 그리스도의 죽음으로 침례세례를 받았고, 그리스도와 함께 새로운 삶으로 부활했다롬 6:4. 그리스도인들은 "죄에서 해방을" 받았기 때문에 죄가 자신들의 삶을 지배하도록 내버려 두어서는 안 된다롬 6:12, 18. 하나님께서 우리를 해방시키신 이유는 우리가 그리스도 안에서 "육신을 따라 살지 않고 성령을 따라 사는 우리가, 율법이 요구하는 바를 이루게 하시려는" 목적 때문이었다롬 8:4, 새번역.

---

405 5장 "그리스도를 닮는 것" 항목을 보라.
406 Sider, *Scandal of the Evangelical Conscience*, 31-53.
407 고전 6:9-10; 갈 5:19-21을 보라.

바울은 고린도 교인들에게 "누구든지 그리스도 안에 있으면 새로운 피조물"이라고 말한다고후 5:17. 그리스도는 메시아이시다. 이는 그의 메시아 왕국이 이미 시작되었음을 의미한다. 기독교인들은 이미 그리스도께서 선언하신 새로운 메시아 왕국 안에서 이미 살고 있다. 그러므로 기독교인들은 급진적으로 변화된 삶을 살 수 있고, 또 그렇게 살아야만 한다.

로마서 13:11-14은 죄악 된 행동을 거부해야만 하는 이유를 종말론적 관점에서 분명히 제시한다. 기독교인이 죄에 빠지지 말아야 하는 이유는 "지금은 우리의 구원이 우리가 처음 믿을 때보다 더 가까워졌기" 때문이다롬 13:11. 하나님 나라가 이미 시작되었고 곧 완성될 것이기 때문에 기독교인들은 "주 예수 그리스도로 옷 입고 정욕을 위하여 육신의 일을 도모하지" 말아야 한다롬 13:14. 바울은 이천 년 후에 살고 있는 우리보다 하나님 나라가 완성되는 기간이 더 짧을 것이라 기대했음에 틀림없다. 하지만 그때나 지금이나 논리는 동일하다. 하나님 나라가 이미 시작되었고 하나님의 때에 완성될 것이 분명하기 때문에 그리스도인들은 새로운 메시아 왕국의 가치를 지금 살아내야 한다는 것이다.

진정한 기독교 신앙인이라면 급진적인 윤리적 변화를 나타내야 한다고 명확하게 말하는 성경 본문은 에베소서와 요한일서이다. 그리스도의 몸을 세우는 것의 목표는 모두가 "그리스도의 충만하심의 경지에까지 다다르게" 되기 위함이다엡 4:13, 새번역. 이것이 바로 기준이다! 그리스도인들은 "이방인이 그 마음의 것으로 행함 같이" 살아서는 안 된다엡 4:17. 그리스도인들은 "자기 몸을 내어주신" 그리스도 안에서 나타나는 하나님의 행동을 닮아야 한다엡 5:2. 요한일서도 동일하게 직설적으로 표현한다. "우리가 하나님의 계명을 지키면, 이것으로 우리가 하나님을 참으로 알고 있음을 알게 됩니다. 하나님을 알고 있다고 하면서, 하나님의 계명을 지키지 아니하는 사람은 거짓말쟁이요, 그 사람 속에는 진리가 없습니다."요일 2:3-4, 새번역 이 말씀은 세상이 여전히 악하고 잔인하다는 이유로 예수의 제자들이 그의 명령을 따르지 않기로 해도 된다는 뜻이 아니다.

마지막으로, 신약성경은 기독교인들이 세상과는 다르게 살아야 한다고 말한다. 예수께서는 제자들에게 세상이 자신을 미워했던 것처럼 그들을 미워할 것이라고 직설적으로 경고하신다. "세상이 너희를 미워하거든, 세상이 너희보다 먼저 나를 미워하였다는 것을 알아라."요 15:18, 새번역 베드로전서는 기독교인들이 세상의 악한 행위들을 삼가기 때문에 그들이 "나그네와 거류민"과 같다고 선언한다벧전 2:11. 기독교인들은 "이 마지막 때"에 하나님 나라가 드러난 것을 알기에 이 세상에서 "나그네 삶"을 살아야 한다벧전 1:17-20. 바울은 기독교인들이 어떻게 살아야 하는지를 말하기 위해 로마서 12장에서 제물에 관한 주제로 전환하여 세상에 순응하지 말라고 전면적으로 요청한다. "여러분은 이 시대의 풍조를 본받지 말고, 마음을 새롭게 함으로 변화를 받아서, 하나님의 선하시고 기뻐하시고 완전하신 뜻이 무엇인지를 분별하도록 하십시오."롬 12:2, 새번역[408]

골로새서 2:15은 세상의 사회 경제적 구조와 정치적 구조도 어느 정도 개선될 수 있다는 소망을 드러낸다. 바울은 이따금씩 "통치자들과 권력자들"에 관하여 말하고는 한다. 바울은 그들을 타락한 천사와 동일한 존재들로 이해한다. 그들은 현재 불의와 폭력, 파괴를 만들어내는 방식으로 우리 세계의 사회경제적, 정치적, 문화적 구조와 상호 작용한다. 그렇지만 골로새서 2:15에 따르면 그리스도께서는 십자가에서 이 힘들을 무장 해제하셨다.[409] "십자가로 권세와 세력의 천신들을 사로잡아 그 무장을 해제시키시고 그들을 구경거리로 삼아 끌고 개선의 행진을 하셨습니다."

---

[408] 또한 고후 6:14-17을 참고하라.

[409] 이 "통치자들과 권력자들", 그리고 십자가에서 그들을 무장해제 시킨 것에 관한 논의를 보려면 Sider, *Just Politics*, 47-48을 보라.

골 2:15, 공동번역 물론 바울은 이 악의 세력들이 완전히 소멸되지 않았음을 잘 알고 있다. 하지만 그들이 십자가에서 유의미한 방식으로 무장 해제 되었기에 이제 십자가의 이쪽 편[그리스도의 왕국이 이미 강력하게 침투한 세상]에서 사회를 움직여 진보를 이룰 수 있게 되었다. 다시 말해서 그리스도께서 돌아오실 때에만 주어질 완전함에 어느 정도 다가설 수 있게 되었다. 하나님 나라가 시작되었고 권력들이 해제되었기 때문에 이제 이 세상에서 폭력을 줄이는 것이 가능해진 것이다.

    내가 지난 몇 쪽에 걸쳐서 인용한 본문들 중에서 하나님 나라가 아직 완전하게 이르지 않았기 때문에 예수님의 명령이 일시적으로 중단될 수 있는지 또 중단되어야 하는지를 명시적으로 말하는 본문은 하나도 없다. 그리고 그 본문들 중에서 예수께서 제자들에게 원수를 사랑하라고 명령하신 것과 관련하여 그 문제를 다루는 본문도 전혀 없다. 예수님과 신약성경 저자들이 말하는 그 어떤 부분에도 이러한 논리의 단서는 없다. 예수께서는 예수님 제자들이 예수님의 명령을 지켜야만 한다고 계속해서 말씀하신다. 신약성경 저자들이 압도적으로 강조하는 바는 기독교인들에게 급진적 변화가 일어났고, 그 결과 그들은 더 이상 세상의 악습에 순응하지 않는다는 것이다. 예수께서 원수를 사랑하라는 명령을 하셨지만 아직 하나님 나라가 완전히 도래하지 않았기 때문에 그리스도인들도 때때로 자신의 원수들을 죽일 수 있다는 논증은 모든 증거에 의해서 강력하게 반박된다.

교회의 중요성

평화주의 즉, 종교적 평화주의나 세속적 평화주의 모두에는 다양한 유형이 있다.[410] 모든 유형의 평화주의가 공동체의 중요성을 강조하지는 않는다. 하지만 여기에서 전개되는 유형의 성경적 평화주의는 예수님의 새로운 메시아 공동체를 중요하게 여긴다.[411]

원수를 사랑하라는 예수님의 혁명적인 요청은 예수님의 복음에 담긴 변혁 능력을 충분히 경험하지 못한 개인이 따르기에는 불가능한 것이다.[412] 예수님처럼 사는 것은 결국 자신들의 죄를 고백하는 사람들, 그리스도를 주님이자 구원자로 받아들이는 사람들, 성령의 거룩하게 하시는 능력을 경험하는 사람들, 새로운 하나님 나라 공동체의 지지를 누리는 사람들에게만 가능하다. "기독교 제자도는 … 신앙의 방편들을 전제한다. 여기에는 용서의 확신, 기독교 공동체의 가르침과 교제, 통찰과 동기의 원천인 성령의 임재, 중생한 의지의 변화된 태도 등이 포함된다."[413]

앞에서 우리는 신약성경이 예수님을 따르는 사람들을 얼마나 극적으로 변화된 사람들로 보고 있는지 살펴보았다. 신약성경에 따르면 그들은 침례세례를 통해서 자신들의 죄악 된 자아에 대해 "죽었고" 성령께서 주신 능력을 통해 완벽하지는 않지만 새로운 삶에 대해 살아났다. 그들은 예수님의 한 몸을 이루는 지체들로서 변화된 삶을 살도록 서로를 붙잡아 줄

---

410 Yoder, *Nevertheless*를 보라.
411 요더는 자신이 "메시아적 공동체의 평화주의"라고 부르는 것과 자신을 동일시한다. Yoder, *Nevertheless*, 122-27. 또한 케이힐이 요더와 하우어워스에게서 기독교 공동체를 강조한 것을 보라. Cahill, *Love Your Enemies*, 224, 227-28.
412 이것은 간디와 같은 비기독교인들에게서 비폭력의 위대한 행동이 나타날 수 없다고 말하는 것이 아니다. Sider, *Nonviolent Action*, chaps. 2, 8, 9, 10를 보라.
413 Yoder, *For the Nations*, 112. 또한 Yoder, *Nevertheless*, 124-26; Yoder, *Christian Witness to the State*, 78; Hauerwas, *Peaceable Kingdom*, 97 등을 보라.

책임이 있다.⁴¹⁴ 하나님은 모든 사람이 자기 원수를 사랑하기를 원하신다. 하지만 그리스도인들이 진정으로 그렇게 살 수 있도록 해 주는 것은 그리스도에 대한 인격적 믿음이 가져다주는 변화의 힘과 그리스도인들의 공동체적 지지임을 기독교인들은 알고 있다.

한 공동체가 이 세상의 죄악 된 행위에서 돌아서고 진정으로 다른 삶을 살아간다고 그 공동체가 속한 더 큰 사회가 항상 긍정적으로 반응하는 것은 아니다. 원수들까지도 급진적으로 사랑하는 것을 모범으로 삼는 어떤 새로운 공동체는 사랑이 없는 행동을 암묵적으로 비난하기도 한다. 비록 친절하게지만 그렇게 책망을 받은 사람들은 자신들의 죄를 간접적으로 지적하는 사람들을 원망하고는 했다. 예수께서 제자들에게 세상이 그들을 미워할 것이라고 경고하신 이유가 여기에 있다. 초기 교회가 자신들을 이방 땅에서 체류하는 나그네로 본 이유가 여기에 있다. 반反문화적 가치를 가지고 있는 새로운 메시아 공동체에 대한 헌신을 유지하려면 기독교인들은 신실한 교회가 종종 어쩌면 항상 타락한 세상에서 소수의 공동체로 살아가야 한다는 사실을 받아들여야만 한다.

니버가 기독교 평화주의를 거절했다는 것을 니버 자신의 사상과 대조하여 살펴볼 필요가 있다. 바울은 그리스도인이 급진적으로 변화된 삶을 살 수 있는 이유를 중생과 성화 교리에서 찾는다. 반면 니버의 사상 안에는 중생과 성화 교리를 위한 자리가 없다. 니버에게 있어 은혜는 일차적으로 죄 용서이지 성화가 아니다. 니버에게는 사실상 성령에 대한 교리가 없었다. 또한 니버는 예수의 육체적 부활이 신화에 불과하다고 생각했다. 그러므로 니버의 윤리 사상에서 "사회와 구별되는 교회에 아

---

414 고린도전서 5:1-13에 나오는 교회 권징의 사례와 마태복음 18:15-17에 나오는 예수님의 가르침의 사례를 보라.

무런 중요성이 없다"는 것은 놀라운 일이 아니다.[415] 신약성경은 하나님께서 그리스도 안에서 나타내신 구속행위에서 기독교 윤리학을 가져온다. 반면 니버는 죄악 된 인류의 타락한 상태에서 윤리학을 펼친다. 그의 사상을 보면 이는 놀랄 일이 아니다. 한 사람의 신학 안에 중생과 성화, 성령의 능력, 주변 사회의 죄악에서 벗어나 예수와 함께 다른 양식의 삶을 살아가는 새로운 메시아 공동체로서의 교회를 위한 자리가 있고 없고는 그 사람의 윤리학이 형성되는 데 깊은 영향을 미친다. 여기에는 기독교인이 원수를 사랑할 수 있다거나 사랑해야 한다는 것, 그리고 그들을 죽이지 않을 수 있느냐의 여부가 포함된다.

니버는 정의로운 전쟁을 지지하는 기독교인들과 평화주의를 지향하는 기독교인들이 서로 다른 경향을 나타내는 방식을 설명한다. 니버가 보기에 전쟁의 필요성을 수용해야 하는 결정적인 이유는 성경 계시가 아니라 인간 이성과 경험에서 온다. 토마스 아퀴나스Thomas Aquinas는 이와 다르지만 다소 유사하게 정의로운 전쟁에 관한 자신의 입장을 전개한다. 아퀴나스는 모든 사람이 사용 가능한 이성을 통해 파악할 수 있는 자연법칙을 주로 사용했다. 하지만 수많은 기독교 평화주의자들에게 있어 전쟁에 대한 고찰의 결정적 원천은 예수 그리스도 안에서 주어진 계시이다. 이러한 차이점은 또 다른 차이로 이어진다. 아퀴나스나 니버와 같은 정의로운 전쟁을 지지하는 사상가들은 모두를 위한 윤리학을 발전시키고자 했다. 하지만 다수의 기독교 평화주의자들은 기독교 신앙의 변혁적인 능력을 경험하지 못한 사람들이 그 능력을 경험한 사람들과 같이 원수를 사랑할 수 있을 것이라고 기대하지 않는 경향을 보였다.[416]

---

415 Yoder, *Niebuhr and Christian Pacifism*, 21. 니버에 대한 이와 유사한 비평을 보려면 Friesen, *Christian Peacemaking*, 99; Macgregor, *Basis of Pacifism*, 136-37을 참고하라.
416 이러한 차이점들에 대한 유용한 논의를 살피려면 Clough and Stiltner, *Faith and Force*, 13-18을

요더와 하우어워스는 교회가 교회 되는 것이 교회의 첫 번째 과제라고 종종 말한다.417 일부 사람들은 요더나 하우어워스와 같은 평화주의자들이 더 큰 사회에 대한 모든 책무를 거부한다고 이 진술을 이해했다. 이어지는 논의에서 나는 살인을 거부하는 것이 사회를 좀 더 정의롭고 평화롭게 만드는 책임을 포기하는 것이 아니라는 사실을 길게 주장할 것이다.418 그들의 진술은 예수님의 새로운 메시아 공동체가 제시하는 메시지와 윤리대로 지금 살아내는 것이 기독교인의 첫 번째 과제임을 적절하게 지적하고 있을 뿐이다. 우리를 둘러싼 사회가 단기적인 효율성을 위해 예수님의 가르침을 포기해야 한다고 말한다면 우리는 그 주장을 반드시 거절해야 한다. 그 이유는 부활하신 예수께서 지금 역사의 주님이시고 그분의 나라는 결국 승리할 것이기 때문이다. 예수께서 참 주님이시고 메시아시라면 결국은 그분의 방식이 가장 효과적일 것이기 때문이다.419 그렇지 않다면 예수는 참 주님이 아니신 셈이다.

교회는 하나님 나라에 관한 예수님의 가르침을 모범으로 삼고 있다. 따라서 교회는 역사가 어디로 가고 있는지, 최종적 미래는 어떠할지에 대한 강력한 통찰을 가지고 있다. "하나님 백성은 세상이 궁극적으로 존재하게 될 모습으로 오늘 존재하도록 부름 받았다."420 교회는 "도래하고 있는 새로운 세상"인 셈이다.421 칼 바르트Karl Barth가 말했듯이 "기독교 공

참고하라.
417 Hauerwas, *Peaceable Kingdom*, 99; Yoder, *Politics of Jesus*, 150.
418 8장 "역사적 책임에 대한 실패" 항목을 보라. 요더는 이러한 비난을 매우 분명하게 반박한다. Yoder, *For the Nations*, 6을 보라.
419 요더의 언급을 참고하라. "죽임 당하신 어린 양이 부활하신 주님으로서 권세를 가지실 만하다고 고백하는 사람들이라면 고통을 감수하는 사랑과 사회적 효율성 사이에서 선택해야 할 근본적인 이유가 사라질 것이다." Yoder, *Nonviolence*, 38.
420 Yoder, *Body Politics*, ix.
421 요더가 1980년 프린스턴에서 한 강연 제목이다; Carter, *Politics of the Cross*, 204를 보라.

동체"가 시민 사회에 기여할 수 있는 "중요한 공헌"은 "교회가 그 자체의 구성과 구조에 담긴 질서"를 그대로 드러내는 것이다. 세상에서 교회의 생명력은 "예수 그리스도를 통해 이미 이 땅에 세워진 하나님 나라의 법칙을 상기시키는 것이다. … 교회가 입증해야 하는 것은 … 한정된 세상 말고 다른 가능성들이 하늘뿐만 아니라 이 땅에도, 앞으로만이 아니라 이미 지금도 존재한다는 사실이다."[422] 교회는 예수님의 가르침에 기초하고 있는 공동체에게 새로운 가능성이 있음을 입증해야 한다. 이때 교회는 주변 사회에 역사적으로 깊이 영향을 미쳐 온 새로운 실재를 모범으로 삼는다.[423] "어떤 공동체가 관습에서 벗어난 가치 체계에 지속적으로 헌신할 때 세상을 바꿀 수 있다"고 말하는 것은 과장이 아닐 것이다.[424]

성경적 비폭력은
일부 기독교인만을 위한 것인가?

지금까지 살펴보았듯이 그리스도를 주님이나 구원자로 받아들이고 성령의 변화시키시는 능력을 체험한 사람만이 예수님처럼 살 수 있다. 성령 충만한 그리스도인이 살 수 있고 살아야 하는 방식대로 비기독교인이 살 수 있고 살아야 한다고 할 수 없다. 하지만 그것이 하나님에게 두 가지 윤리, 즉 신실한 기독교인을 위한 윤리와 다른 사람들을 위한 윤리가 따로 있다고 말하는 것은 아니다.

---

[422] Barth, *Church Dogmatics*, IV/2, 721; Yoder, *For the Nations*, 27에서 재인용.
[423] 이에 대한 요더의 논의를 보려면 Yoder, *Body Politics*를 참고하라.
[424] Yoder, *Nevertheless*, 125.

역사적으로 볼 때 기독교인들은 두 가지 서로 다른 윤리학이 있다는 견해를 지지하고는 했다. 중세 일부 가톨릭 신학자들은 특별한 부류 기독교인들에게만 적용되는 윤리가 있다고 보았다. 원수를 사랑하라는 것과 같은 "완전한 덕행의 권고"가 그것이다. 그들은 이러한 윤리와 모든 사람에게 적용되는 일반적인 윤리를 구분했다. 아퀴나스는 "성경의 어떤 권고들은 특정 부류에게만 적용된다"는 데 동의한다. 아퀴나스에 따르면 "성직자에게는 그리스도의 비폭력을 닮아야 하는 특별한 소명이 있다. 하지만 평신도에게는 그렇지 않다."[425]

초기 아나뱁티스트의 슐라이타임 신앙고백서Schleitheim Confession, 1527도 이중적 윤리를 수용하는 것처럼 보인다. "칼은 하나님께서 그리스도의 완전하심 밖에 두신 것이다. 칼은 악한 자들을 벌하고 죽이며 선한 자들을 지키고 보호한다. 율법에 따르면 칼은 악한 자들에게 형벌과 죽음을 내리기 위해 제정되었고 세속 통치자들도 동일한 칼을 휘두를 수 있도록 위임받았다. 하지만 그리스도의 완전하심 안에서는 파문만이 죄 지은 자를 훈계하고 출교하기 위해 사용된다."[426] 이 신앙고백을 보면 하나님께서는 기독교인들이 칼을 사용하지 않기를 바라시고 세속 통치자들은 사용하기를 바라시는 것처럼 들린다. 하지만 이러한 논증은 근본적인 문제를 안고 있다. 첫째, 이러한 입장은 하나님이 한 사회에 속한 모든 사람들을 기독교인으로 만드는 것을 절대 원하시지 않는다는 것을 의미한다. 그럴 경우 하나님께서 원하시는, 칼을 사용할 사람이 아무도 없게 되기 때문이다. 그 입장은 베드로의 가르침과 모순된다. 하나님께서는 "모두 회개하는 데에 이르기를 바라시기" 때문이다벧후 3:9. 그리고 그것은 하나

---

425 Cahill, *Love Your Enemies*, 87에서 재인용.
426 Loewen, *One Lord, One Church*, 80.

님의 구원이 현실 세계를 위한 것이 아닌 것처럼 들리기도 한다. 둘째, 그리스도를 통해서 그리스도인들에게 계시된 것과 다른 윤리적 기준을 사회에 주신다는 주장은 그리스도와 상관없이 알 수 있는 어떤 윤리적 기준이 있다는 것을 시사한다. 하지만 예수께서 온전히 인간이시고 온전히 하나님이시라면 그분의 삶과 가르침은 하나님께서 인간에게 바라시는 삶을 보여주는 한 가지 기준이 된다.[427] 셋째, 신약성경이 일관되게 가르치는 바에 의하면 십자가에서 죽으신 어린 양은 부활하셨고, 이제 역사의 주님이시고, "땅 위의 왕들의 지배자"이시다계 1:5. 그리스도인들은 그리스도께서 세상의 주인이심을, 그리고 그분의 뜻과 방법이 우주 전체를 궁극적으로 지배할 것임을 알고 있다. 그리고 마지막으로, 모든 사람이 예수님의 메시아적 가르침대로 살아야 하는 것은 "모든 사람이 예수께서 시작하신 하나님 나라의 일원이 되도록 부름 받았기 때문이다."[428]

신약성경에 따르면 이 세상이 타락한 상태로 지속되는 것은 하나님 뜻이 아니다. 오히려 신약성경은 비기독교인들에게 그리스도를 받아들이라고, 그리스도의 하나님 나라 기준을 따라서 살라고 지속적으로 초대한다.[429] "부활하신 메시아는 교회의 머리이시고, 우주의 주님이시며, 우주의 주권자이시기 때문에 그분을 통하여 교회에 주어진 것은 세상에 주어진 것이나 마찬가지이다. 믿음의 공동체는 도래하고 있는 새로운 세상이다."[430] 예수님이 선재하시는 아들로서 우주의 창조주이시고, 성육신하신 아들로서 세상의 구속자시라는 사실은 이중적 윤리 개념과 모순된다.

---

427 이 점과 다음 요점에 관한 논의를 보려면 Yoder, *Christian Witness to the State*, 71을 참조하라.
428 Hauerwas, "Pacifism," 102.
429 Yoder, *For the Nations*, 158-59.
430 Ibid., 50.

"자연 질서와 … 구속의 질서" 기저에는 "한 종류의 원리들"이 있다.[431] 개혁파 신학자 데이비드 후크마David A. Hoekema가 동일한 점을 지적한다. 그에 따르면 "예수 그리스도는 교회와 종교라는 특별한 영역의 주님이실 뿐만 아니라 모든 자연과 인간 세계의 주님이시다." 그는 예수께서 자신을 따르는 사람들에게 모든 살인을 멈추라고 요구하셨다면 그 기준은 모두에게 적용되는 것이라고 결론 내린다.[432] 결국 사회적 평화와 정의를 진작시키기 위해 살인을 거부하는 것은 모든 그리스도인들과 모든 사람을 향한 하나님의 의지이다. 그것이 아니라면 하나님의 의지는 아무에게도 해당되지 않는 것이 될 것이다.[433]

성경적 평화주의는 몇 가지 핵심적인 신학적 진술에 달려 있다. 역사적 신조들이 옳고 예수께서 참 하나님이시자 참 인간이시라면, 원수를 사랑하라는 예수님의 가르침을 거부하는 것은 근본적으로 기독론적 이단 사상으로 향하게 된다. 예수께서 죽음에서 부활하셔야만 그의 메시아 왕국이 참으로 시작됨을 우리가 믿어야 한다고 주장하는 것이 이치에 맞고, 그를 따르는 사람들이 그가 시작하신 하나님 나라의 윤리대로 살아낼 수 있으며 살아내야 한다고 주장하는 것이 이치에 맞다. 그리스도의 나라가 여기에 아직 완전하게 이른 것은 아니라고 신약성경이 가르치는 것은 사실이다. 하지만 그렇다고 해서 그리스도께서 다시 돌아오셔서 하나님 나라의 완성을 이루실 때까지 그리스도인들이 예수님의 하나님 나라 윤리대로 살아내는 일을 미룰 수 있다고 신약성경 어디에서도 가르

---

431 Schertz, "Partners in God's Passion," 172.
432 Hoekema, "Practical Christian Pacifism," 918.
433 Yoder, *The Priestly Kingdom*, 8. 요더는 이 책을 시작하며 강력하게 논증한다. 그의 논증은 "메노파 이상에 대해 말하고 있지 않다. 그것들은 성경에 근거한 믿음으로 부르심, 즉 메노파나 츠빙글리파, 루터교회나 가톨릭교회, 불신자나 다른 것을 믿는 신자들에게 전해진 부르심에 대한 것이다."

치지 않는다. 그와 반대로, 신약성경이 반복적으로 주장하는 바에 의하면 그리스도인들은 타락한 세계가 돌아가는 방식에 순응해서는 안 된다 롬 12:1-2. 그러기 위해서 우리는 예수님의 새로운 메시아 공동체인 교회에서 애정 어린 지지를 받을 필요가 있다. 비그리스도인들에게는 공동체의 지지가 부족하고 능력을 주시는 성령의 임재가 없기에 원수를 사랑하라는 것과 같은 예수님의 윤리대로 살아내지 못하는 일이 빈번하다. 하지만 그들은 그렇게 살아야만 한다.

8 장

평화주의의 문제점

많은 사람들, 사실 많은 기독교인들은 예수께서 제자들이 살인하는 것을 결코 원하신 적이 없다고 주장하는 기독교인들을 날카롭게 비판해 왔다. 그들은 평화주의자들에게 이웃을 향한 사랑이 없다고 비판했다. 다시 말해, 평화주의자들에게 역사에 대한 책임도 없고 사회를 정의와 평화로 움직여 나가려는 의지도 없다고 비판했다. 평화주의자들은 인간 본성에 관해 비현실적이고 낙관적인 관점을 가지고 있다. 요약하자면, 평화주의자들은 순진한 이상주의자들이고, 이기적인 겁쟁이들이며, 기존 사회 질서에 기여하지도 않으면서 혜택만 받는, 비난받아 마땅한 "무임승차자들"이라는 것이다.

이웃 사랑에 대한 실패

서론에서 나는 C. S. 루이스의 유명한 질문을 인용했다. "어떤 살인광이

나를 때려눕히고 제삼자를 죽이려 한다고 가정해 보자. 나는 그 옆에 우두커니 서서 그 살인광이 다른 희생자를 만들도록 가만히 있어야만 하는가?"[434] 아니면 진 엘쉬타인Jean Bethke Elshtain이 질문하듯이 "우리 이웃이 살인을 당할 때 우리는 그 옆에 서서 아무것도 하지 말아야 하는가?"[435] 4세기 저명한 기독교 지도자 암브로시우스Ambrose of Milan, 340-397에 따르면 "할 수 있는데 친구가 해를 입지 않도록 하지 않는 사람은 친구에게 해를 입히는 사람과 동일하게 잘못을 범하는 것이다."[436]

사람들은 평화주의자들이 자기 이웃들의 뺨을 반대자들에게 내민다고 비판한다.[437] 그들은 이기적인 겁쟁이들로서 외부의 공격에서 이웃을 지키는 일을 두려워한다. 사실 그들은 "무임승차자들"이다. 그들은 다른 사람들경찰이나 군인이 제공하는 평화와 사회적 질서라는 혜택을 받으면서 그 질서에 실질적인 기여는 하지 않는다.[438] 평화주의자들은 다른 사람들이 "지저분한 일을 하도록" 한다. "우리는 왜 다른 누군가가 우리 가정과 은행 계좌를 보호해 주고, 건물의 보안을 제공해 주고, 도시와 국경을 지켜주는 것이 당연하다 생각하고 있는가?"[439] 데릴 찰스Daryl Charles의 설명은 분명히 옳다. "우리에게 선한 양심이 있다면 우리는 자유로운 사회에서 공무를 수행하거나 분쟁을 조정하면서 사회적 혜택과 특권들을 보호하고 집행하는 일을 다른 사람들에게 바랄 수 없다. 우리가 기꺼이 참여

---

434 Lewis, *Weight of Glory*, 86.
435 Elshtain, *Just War*, 51.
436 Ambrose, *Of the Duties of Clergy*, 1.36.179; Johnson, *Quest for Peace*, 55에서 재인용. 또한 K. B. Payne and K. I. Payne, *Just Defense*, 70을 참고하라.
437 Cromartie, *Peace Betrayed?*, 147.
438 Allman, *Who Would Jesus Kill?*, 97.
439 Charles and Demy, *War, Peace, and Christianity*, 274(강조는 원저자의 것).

하려고 하지 않으면서 특권만 받기를 기대한다면 말이다."[440]

이것은 심각한 비난임에 분명하다. 평화주의 윤리학자인 존 하워드 요더에 따르면 이것은 "하나의 중요한 논증으로 … 전쟁 참여를 정당화한다."[441] 하지만 이 주장에 대해 대답할 중요하고 결정적인 사안들이 있다.

가장 중요한 점은 이 논증이 두 가지 선택지만 상정한다는 것이다. 이웃을 보호하기 위해 아무 조치를 취하지 않거나, 치명적인 무기를 사용하는 것이다. 이에 대한 간디의 말은 유명하다. 그에 의하면, 그 두 가지가 유일한 선택지라면 우리는 악에 저항하기 위해서 살인이라도 해야 한다.

하지만 현실을 보면 두 가지 선택지만 있다고 말하는 것은 거짓임이 쉽게 드러난다. 모든 상황에 세 번째 선택지는 항상 있다. 침략자에 대한 강력한 비폭력 저항이 있다. 단기적으로 볼 때 전쟁에서처럼 비폭력 저항이 성공할 것이라는 보장은 없다. 하지만 지난 100년의 역사가, 특히 지난 50년의 역사가 분명하게 보여주는 바를 보면 비폭력 저항은 불의를 물리치고 사회적 평화를 증진시키는 데 성공을 거두기도 했다.[442] 마틴 루터 킹Martin Luther King Jr., 1929-1968의 비폭력적인 인권 운동은 미국의 구조적인 인종차별을 극적으로 감소시켰다. 간디가 인도 독립을 위해 했던 비폭력 운동은 결국 대영제국British Empire에 대하여 승리했다.

비폭력 저항은 민주주의 안에서만 작동하는 것도 아니고 영국의 경우처럼 "인도주의적" 제국주의자들에게만 영향을 미치는 것도 아니다. 사실 영국은 간디의 비폭력 시위에 참가한 수백 명을 무자비하게 살해했다. 대규모 비폭력 시위대는 장기 집권했던 필리핀 독재자 페르디난드 마르코스Ferdinand Marcos 정부를 성공적으로 무너뜨렸다. 많은 사람들이 생각하기에 그러한 성공

---

440   Charles, *Between Pacifism and Jihad*, 92(강조는 원저자의 것).
441   Yoder, *Original Revolution*, 80.
442   Sider, *Nonviolent Action*에서 인용된 여러 사례들과 문헌들을 참고하라.

은 격렬하고 파괴적인 내전을 10년 정도 겪어야 성취될 만한 것이었다. 1989년 폴란드 자유노조연대와 동독의 "촛불 시위"는 비폭력적 행동을 성공적으로 사용하여 공산주의 독재자들의 종말을 가져왔다. 기독교 여성들과 무슬림 여성들의 대담한 비폭력적 운동은 라이베리아Liberia의 잔인한 독재자인 찰스 테일러Charles Taylor 대통령을 결국 탄핵시켰다. 2011년에 일어난 "아랍의 봄"Arab Spring에서 튀니지와 이집트의 비폭력적 운동은 장기 집권했던 폭력적인 독재자를 하야시켰다.[443]

"우리가 지난 세기 동안 경험해서 알고 있듯이 간디의 방법이 압제에 대하여 무능력하고 효과가 없다"고 말하는 것은 역사적 사실과 다르다.[444] 다양한 역사적 증거들은 "독재자의 억압적인 행위들을 멈추게 하고 단념시켰던" 비폭력적 행동 사례들이 없다는 주장에 반대한다.[445] 최근에 에리카 체노웨스Erica Chenoweth와 마리아 스티븐Maria J. Stephan이 출간한 연구 서적은 1900년부터 2006년 사이에 일어났던 주요 무장투쟁과 비무장 투쟁 사례들 323건을 검토한다. 결론은 무엇일까? "비폭력 저항 운동은 그에 비견하는 폭력적 운동에 비해 거의 두 배 가깝게 완전하거나 부분적인 성공을 거두었다."[446] 더 나아가서 비폭력적 운동은 폭력적 운동보다 민주주의적 결과를 낳는 경우가 훨씬 더 많았고, 잠재적인 사회적 충돌을 종식하는 것으로 이어졌다. 체노웨스와 스티븐이 발견한 바로는 "투쟁이 끝나고 5년 후에 그 나라가 민주주의가 될 가능성은 비폭력적 운동의 경우 57%였다. 하지만 폭력적 운동의 경우 그럴 가능성은 6% 이하였다."[447]

---

[443] Ibid., 2, 5, 6, 7, 8, 9장을 보라.
[444] Charles, *Between Pacifism and Jihad*, 102.
[445] Ibid., 99.
[446] Chenoweth and Stephan, *Why Civil Resistance Works*, 7.
[447] Ibid., 213-14. 유사한 연구들의 지지를 보려면 Sider, *Nonviolent Action*, 160n8을 참고하라.

알제리의 폭력 운동과 인도 비폭력 운동에서 발생한 사상자들을 비교해 보면 놀라운 차이점이 있음을 알 수 있다. 인도가 영국에서 독립하기 위해 벌인 비폭력적 운동28년, 1919-47은 알제리가 프랑스 식민 지배에서 벗어나기 위하여 벌인 폭력적 운동8년, 1954-62보다 훨씬 더 오래 걸렸다. 하지만 인도의 사망자가 800명이었던 반면 알제리의 사망자는 100만 명이었다. 좀 더 충격적인 사실은 전체 인구 대비 사망자 수이다. 인도의 3억 인구 중 400분의 1만이 사망했다. 알제리의 경우 1천만 인구 중 10분의 1이 희생당했다.[448]

최근 역사를 보면 독재자와 불의에 대한 비폭력 저항이 성공을 거두고는 한다. 그리고 점점 더 많은 기독교인들그리고 다른 사람들은 악에 저항하기 위한 새로운 비폭력적인 방법들을 찾고 있다. 게다가 최근 주요 기독교 단체들은 비폭력적인 방법들을 조금 더 사용하기를 요청하고 있다. 전미복음주의협의회National Association of Evangelicals가 발행한 공식 정책 문서에 따르면 "우리는 예수님을 따르는 사람으로서 충돌을 없애고자 할 때 우리가 가진 시민이라는 지위 안에서 노력해야 한다. 이는 국제적 이해를 증진시키고 비폭력적인 투쟁으로 함께 문제를 해결하고자 할 때 가능하다." 바티칸 교황청 그리스도인일치촉진평의회Vantican's Pontifical Council for Promoting Unity와 메노나이트 세계회의Mennonite World Conference가 함께 발표한 선언문은 국내외적인 분쟁들을 좀 더 비폭력적인 방법으로 해결하기를 촉구하고 있다.[449]

C. S. 루이스와 암브로시우스, 그리고 다른 사람들이 옳았다. 악한 사

---

448 Wink, *Violence and Nonviolence*, 41-42. John Keegan, *A History of Warfare*, 55에서 키건에 따르면 오늘날 알제리 정부가 밝히는 사망자 수는 전쟁 이전의 무슬림 인구 9백만 명 중에서 백만 명이었다. 그것은 인구 대비 사망자 비율이 10:1이 아니라 9:1임을 의미한다.

449 관련 자료들을 보려면 Sider, *Nonviolent Action*, 164(그리고 162-66 전체)를 참고하라.

람들이 우리 가까이 있거나 멀리 있는 이웃들을 억압하고 파괴할 때 그 옆에 서서 아무것도 하지 않는 것은 비도덕적이다. 예수께서 살인을 금하셨다고 믿는 사람들이라면 악에 저항하기 위하여 새로운 방법과 발전된 방법, 좀 더 강력한 비폭력적인 방법을 찾는 데 앞장서야 한다. 그들이 불의와 억압에 반대하여 비폭력적 운동을 벌이며 군인들처럼 죽음을 각오할 준비가 되어 있지 않다면, 예수님을 따라 평화를 만들겠다는 그들의 주장은 웃음거리가 될 뿐이다. 하지만 그들이 비폭력적인 방법으로 악에 저항한다면 역사에서 나타나는 모든 불의에 대하여 우리에게 두 가지 선택지만 있는 것이 아니라 세 번째 대안도 있음을 입증하게 될 것이다. 우리는 아무것도 하지 않거나, 살인을 하거나, 비폭력적으로 저항할 수 있다. 첫 번째 선택지는 비도덕적이다. 두 번째 선택지는 내가 보기에 예수께서 가르치신 바가 아니다. 세 번째 선택지는 예수님의 원칙에 충실하면서도 역사가 보여주듯이 종종 성공을 거둔다.[450]

평화주의자들이 이웃을 사랑하지 않는다는 비난에 대해 제시할 만한 두 번째 답변이 있다. 즉 그 논증이 예수께서 시작하신 메시아 왕국의 논리 안에서 움직인다기보다는 일반적인 인간 사고의 논리 안에서 움직이는 것처럼 보인다는 것이다. 그 논증에는 특별히 기독교적인 것이 하나도 없다.[451] 하지만 우리가 살펴보았듯이 기독교 윤리의 기본 논리는 예수님의 메시아 왕국이 이미 시작되었고, 예수님의 제자들은 메시아 왕국의 규범대로 지금 살아내기 위해서 부르심 받고 성령님에게서 힘을 얻는다는 것이다. 그리고 기독교 윤리에는 원수를 사랑하는 것도 포함된다.

---

450 하지만 나는 비폭력이 종종 성공한다는 증거가 비폭력을 사용하는 주된 이유라고 주장하려는 것이 아니다. 내가 비폭력을 옹호하는 이유는 그것이 무엇보다도 예수님의 가르침에 충실하기 때문이다.

451 Yoder, *Original Revolution*, 80-84.

기독교 윤리에는 사회 평화와 정의를 증진시켜야 하는 개인의 책임을 회피하는 것이 결코 포함되지 않는다. 대신 기독교 윤리에는 사회를 개선하고 악을 막기 위하여 노력할 때 예수께서 금지하신 방법은 사용하지 않는다는 점이 내포된다. 또한 기독교 윤리는 교회와 세계의 구분을 뚜렷이 한다는 것도 의미한다. 하나님 은혜로 변화된 사람들은 예수께서 제시하신 하나님 나라 규범을 따를 수 있고, 또 따라야 한다. 죄로 가득한 이 세상이 그렇지 않더라도 말이다.

평화주의자들이 이웃을 사랑하지 않는다는 비난에 대해 우리가 제시하는 세 번째 대답은 그렇게 비난하는 사람들이 너무도 자주 잊고 있는 사실과 관련된다. 즉 예수님의 가르침에 따르면 그리스도인들은 이웃을 사랑할 때 원수까지도 포함해야 한다. 내 이웃을 공격하는 악한 사람과 공격을 받는 내 이웃은 모두 예수께서 우리에게 사랑하라 요청하시는 그 이웃인 셈이다.[452] 이것은 공격을 감행하는 악한 침략자와 공격을 받고 있는 비교적 무고한 이웃 사이에 도덕적 구별이 없다고 말하는 것이 아니다. 그보다는, 이들 모두 하나님께서 사랑하시는 사람들이고 내가 사랑해야 할 사람들이라고 말하는 것이다. 아우구스티누스와 같이 정의로운 전쟁을 지지하는 사람들은 우리가 원수들을 죽이더라도 그 원수를 사랑할 수 있다고 주장한다. 하지만 그것은 의심스러운 주장에 불과하다.[453] "원수들"을 죽이면서 그들에게 그리스도를 받아들이고 회개하라고 요청하는 일은 성립할 수 없다. 하지만 우리가 강력한 비폭력적 저항을 사용한다면 분명히 그렇게 할 수 있다. 비폭력적 저항을 하면서 우리는 악한 사람에게 저항하는 동시에 그를 이웃으로 사랑할 수 있다.

---

[452] Hauerwas, "Pacifism," 100.
[453] 특히 정말로 문제가 되는 것은 그 사람의 내적 태도라고 아우구스티누스가 주장할 때이다. 이 책 9장 "우리는 원수를 정말로 사랑하면서 그와 동시에 죽일 수 있는가?" 항목을 보라.

역사적 책임에 대한 실패

많은 사람들이 평화주의자들을 다양하게 비난했다. 평화주의자들은 평화와 정의를 증진시키는 방법들을 사용하여 역사를 이끌어 나갈 의무를 저버린 것으로 보였기 때문이다. 나이젤 비거에 따르면 존 하워드 요더와 스탠리 하우어워스 같은 저명한 기독교 평화주의자들은 역사를 통제하려는 어떠한 시도도 하지 않고 사회에서 무엇이 일어나는지 신경 쓰지도 않는다는 인상을 주었다.[454] 라인홀드 니버는 평화주의자들에게 "사회적 무책임으로 흐르는 경향"이 있다고 비판한다.[455] 옥스퍼드 대학교의 윤리학자이자 정의로운 전쟁 옹호론자인 올리버 오도노반Oliver O'Donovan은 말한다. "비폭력, 무저항, 그리고 평화주의를 말하는 다른 모든 표어들은 이 세상에서 실행력을 억제하는 일련의 한계들을 만들어 낸다."[456] 사람들은 평화주의가 결과에 관심을 갖지 않는다고 비판한다.[457] 제임스 터너 존슨James Turner Johnson에 의하면 기독교 평화주의는 "기독교가 세속 세계의 문제들과 분리될 때에만 기독교 자체에 참일 수 있다"는 관점에 기초하고 있다.[458] 데릴 찰스와 티모시 데미Timothy J. Demy는 아나뱁티스트 평화주의자들이 "정치적 개입을 금하고 비폭력을 수용할 뿐만 아니라 모든 유형의 공직과 공공정책 대부분에 반대한다"고 주장한다.[459] 그들에

---

[454] Biggar, *In Defence of War*, 330. 제프리 스타우트(Jeffrey Stout)의 비판에 따르면 스탠리 하우어워스는 미국 민주주의를 증진하는 데 실패했다. Grimsrud, "Anabaptist Faith and 'National Security,'" 317-18.

[455] Davis and Good, *Niebuhr on Politics*, 142.

[456] O'Donovan, *Just War Revisited*, 10. 뒤에서 살펴보겠지만 올리버 오도노반의 정의로운 전쟁 입장은 "세상에서의 행동을 … 제한하는 한계들"을 규정한다.

[457] Weigel, *Tranquillitas Ordinis*, 247.

[458] Johnson, *Quest for Peace*, 51. 또한 Shannon, *War of Peace?*, 33을 보라.

[459] Charles and Demy, *War, Peace, and Christianity*, 145.

의하면 경제학이나 사회봉사, 법, 민법 이론 등에 관련한 직업이 여기에 포함된다.[460]

신실한 그리스도인이라면 사회에서 물러나지 않는 것이 옳다. 주님께서 모든 이웃을 사랑하라고 명령하시기 때문에 그리스도인들은 모든 사람의 사회적 행복을 증진하기 위해 노력해야 한다. 바울은 그리스도인들이 그리스도인들에게만이 아니라 "모든 사람에게 선한 일"을 해야 한다고 주장한다갈 6:10. 예수께서는 사회와 거리를 두지 않으셨다. 그분은 종교적 지도자들에게 도전하셨고마 23:1-39, 정치적 지도자들에게도 도전하셨다눅 13:31-33. 마가복음에 따르면 종교 지도자들이 예수님을 죽일 방법을 찾게 된 것은 예수께서 성전에서 환전상들의 상을 뒤엎으시면서 비폭력 시민 불복종 운동을 공공연히 나타내셨기 때문이다막 11:15-18. 즉 예수께서 십자가 위에서 생을 마감하신 것은 당시 사회 지도자들에게 도전했기 때문이다.[461] "하나님께서 성경이 말하고 있는 역사 속에서 활동하시는 하나님이시라면 역사 자체에 대한 관심은 불합리하거나 부적절하지 않다."[462] 정의로운 전쟁을 지지하는 가톨릭 윤리학자 조지 와이겔George Weigel의 지적은 옳다. 살인을 거부하면서 "그에 상응하는 사회적 책임을 다하지 않는다면 그것은 평화주의가 아니라 무정부주의이다.[463]

하지만 중요한 질문은 바로 이것이다. 예수님의 하나님 나라 가르침과 윤리는 우리가 사회적 책임을 어떻게 수행해야 하는지 규범을 제공하는가? 아니면 우리는 그러한 규범을 다른 곳에서 찾아야 하는가? 초기

460　Ibid., 145n179. 이 비난이 명백히 거짓이라는 증거를 보려면 다음쪽을 참조하라.
461　Friesen, "In Search of Security," 49.
462　Yoder, *Politics of Jesus*, 232. 또한 Yoder, *For the Nations*, 1-6, 20-36 등에서 반복되는 주장에 따르면 기독교 평화주의자들이 사회에서 평화와 정의를 위해 일하는 것은 중요하다.
463　Weigel, *Tranquillitas Ordinis*, 345.

그리스도인들처럼 예수님을 역사적 주님으로 믿는 사람이라면, 예수님의 메시아 왕국이 이미 시작되었음을 믿는 사람이라면, 그렇게 시작되어 결국 우주 전체를 지배하게 될 메시아 왕국의 규범을 따라 살도록 부름을 받은 것이 바로 예수님의 제자라는 것을 믿는 사람이라면, 그들은 신실한 그리스도인들로서 사회에 대한 "책임감 있는" 관심을 갖기 위해 예수님의 가르침을 저버릴 수 없다. 니버에 따르면 그들은 감히 다음과 같이 말하지 않는다. "예수님, 당신께서는 무조건적인 사랑을 가르치셨습니다. 하지만 그것은 현실 세계에서 작동하지 않습니다. 따라서 우리는 당신께서 가르치신 것을 무시하고 저버릴 것입니다." 신실한 그리스도인들은 예수님의 가르침에 충실한 모든 방법을 동원하여 사회적 행복을 위해 일할 것이다. 하지만 그들은 자신들이 절대로 하지 않을 어떤 일들이 있음을 주장할 것이다. 단기적 효율성에 대한 인간적 계산이 예수님의 윤리적 규범을 이기지는 못한다.

평화주의자들만이 이 점을 지적하는 것은 아니다. 정의로운 전쟁을 지지하는 사람들도 기독교적 도덕 때문에 기독교인이 하지 못하는 일이 있다고 주장한다. 그것이 군사적 패배를 의미하더라도 말이다. 오도노반에 의하면 정의로운 전쟁이라는 원칙을 고수하면 민간인을 고의적으로 목표로 삼는 등의 해서는 안 될 일들이 있다. 그것이 패배를 받아들이는 것을 의미하더라도 그렇다. 오도노반은 말한다. "국가나 공동체, 개인의 자기 방어가 최종적인 결정권을 가질 때 이교 사상은 되살아난다." 정의로운 전쟁이라는 기준이 "모든 가능한 수단들을 동원해서 패배를 면하도록 해 주는 자격증을 발급해 주지는 않는다."[464] 이와 유사하게 다니엘 벨Daniel M. Bell Jr.은 정의로운 전쟁이라는 기준이 기독교인들의 전쟁 참여를 정당화하기

---

464 O'Donovan, *Just War Revisited*, 7-8.

도 하지만 어떤 경우에는 "우선 싸움을 거절한다거나 싸움이 시작됐을 경우 항복을 요구한다"고 주장한다.[465] 벨에 따르면 정의로운 전쟁 기준을 주의 깊게 적용하는 것이 신실한 기독교인들을 때때로 싸움으로 이끈다 하더라도 "전쟁 문제와 관련하여 첫 번째 가장 중요한 관심은 교회가 예수 그리스도를 신실하게 따르느냐이다."[466] 평화주의자와 정의로운 전쟁을 지지하는 기독교인들 양 진영은 예수의 가르침이 금지하는 것들이 있다는 것에 동의한다. 즉 이들은 그 금지된 것들을 행하지 말아야 한다는 뜻이다. 그로 인해 패배하거나 심지어 포악한 원수의 손에 순교를 당하더라도 말이다.[467] 따라서 양 진영에게 있어서 물어야 할 중요한 점은 단기적인 "효율성"이나 생존이 아니라 예수께서 가르치신 바이다.

정의로운 전쟁을 지지하는 저명한 윤리학자 폴 램지는 자신이나 니버 같은 사람들은 평화주의자들이 "무책임"하고 "비효율적"이라는 비난을 철회해야 한다고 주장했다. 그에 따르면 "미래는 근본적으로 예측할 수 없다. 이는 평화주의자나 정의로운 전사 모두에게 동일하다."[468] 마찬가지로 그 행동의 결과도 적절하게 예측할 수 없다. 램지는 평화주의자들이 사회적 행복을 증진하기 위해 많은 일을 한다는 점을 인정한다.

따라서 평화주의를 수용하는 사람들이나 최소한 오도노반처럼 "이교 사상"에 빠지는 것을 거부하며 정의로운 전쟁을 주장하는 사람들 모두 단기적 효율성을 따지는 것이 최종적일 수 없다는 데 동의한다.[469] 무엇보다 예수님 가르

---

465 Bell, *Just War as Christian Discipleship*, 241.
466 Ibid., 20.
467 Yoder, *When War Is Unjust*, 64-67에서 요더는 이 점을 논의하면서 폴 램지와 존 코트니 머레이(John Courtney Murray)를 인용한다.
468 Ramsey and Hauerwas, *Speak Up*, 120-23(강조는 원저자의 것). 요더는 역사의 "역설"에 관한 라인홀드 니버의 연구를 통해 같은 요점을 제시한다. 요더에 따르면 "사람들이 역사를 움직이려고 할 때 결과는 언제나 다른 방향을 선택한 것처럼 나타난다." Yoder, *Politics of Jesus*, 230.
469 Koontz, "Response: Pacifism, Just War, and Realism," 223-25.

침에 순종하는 것은 모든 그리스도인들의 윤리적 의무이다. 그러므로 그 다음으로는, 평화주의자들도 효율성을 면밀히 분석하는 것은 적합한 일이라고 주장한다. 요더는 "예수를 따르는 것이 효율성을 포기하는 것은 아니다"라고 말한다.[470] 우리의 최고 우선 순위는 예수께 신실한 것이므로 그리스도인들은 인위적으로 계산된 단기적 효율성이 요구하는 모든 것을 거부할 수 있다. 하지만 예수께서 역사의 참된 주님이시라는 사실을 아는 그리스도인들은 다음과 같이 결론 내리지는 않을 것이다. "우리는 계획이나 사고, 분석 따위에 신경 쓰지 않는다. … 아니! 우리는 구조나 인과 관계, 개연성을 고려해야 한다."[471] 오히려 우리는 예수께서 우주의 참 주님이시라는 이해 안에서 그 모든 것을 행한다. 예수님의 윤리적 요구들은 실재의 본성에 들어맞기 때문에 그것을 따르는 것이 장기적으로 보았을 때 효율적일 수 있다. "죽임 당하신 어린 양이 부활하신 주님으로서 권세를 받으실 만하다고 고백하는 사람들이라면 고통을 감수하는 사랑과 효율성 사이에서 선택할 근본적인 이유는 사라질 것이다."[472]

게다가 단기적으로 보아도 비폭력은 종종 효율적이다. 비폭력이 종종 효과를 거둔다는 점을 보여주기 위해 우리는 인도의 간디나 미국의 루터 킹, 폴란드의 레흐 바웬사Lech Walesa를 언급할 수 있을 것이다.[473] 간디와 루터 킹, 필리핀의 독재자 마르코스를 전복시킨 비폭력 시위대들, 그리고 다른 많은 사람들은 정치적으로도 적절했고 매우 성공적이었다.[474]

---

470 Yoder, *Politics of Jesus*, 246. 하지만 어떤 경우 요더는 효율성에 대한 관심에 의문을 갖는 것처럼 보인다(230). Friesen, "Power," 89-90을 참고하라. 하지만 마크 네이션(Mark Thiessen Nation)이 설득력 있게 말하듯, 요더는 효율성에 대한 관심을 부정한 적이 결코 없다, Nation, *John Howard Yoder*, 145-88.

471 Yoder, *For the Nations*, 150.

472 Yoder, *Nonviolence*, 38.

473 Yoder, *War of the Lamb*, 178.

474 이에 대한 여러 사례들을 보려면 Sider, *Nonviolent Action*을 참고하라.

사실 우리가 앞에서 살펴보았듯이, 지난 백년간 발생했던 눈에 띄는 폭력적 운동과 비폭력적 운동들을 면밀히 검토해 보면 비폭력적 시위가 폭력적 시위보다 더 자주 성공을 거두었다.[475] 요더는 다음과 같이 결론 내린다. 비폭력 시위는 "정치적으로 효과적일 수 있다. 시위 참가자들이 예수의 역사적 기원을 내세우지 않더라도 그 시위가 효과를 거둘 때가 종종 있다." 비폭력 시위가 "우주의 본질"에 잘 부합하기 때문이다.[476] 물론 비폭력 투쟁이 단기적으로 실패하기도 한다. 하지만 "장기적으로 볼 때 신실함과 효율성은 결국 수렴한다." 예수가 역사의 참 주님이시기 때문이다.[477] 신실함과 효율성이 결국 수렴하지 않는다면 예수께서 참 주님이시라는 기독교인들의 확신은 거짓이다.

평화주의자가 사회를 발전시키려 하지 않는다는 비난에는 또 다른 면이 있다. 즉 그들이 자신들의 작은 분파적 공동체로 물러나고 더 큰 세상을 무시한다는 것이다. 때때로 평화주의자들은 정말로 그렇게 했다. 그들은 심각한 사회적 핍박에 대한 반응으로 그렇게 했다. 하지만 평화주의자들이 언제나 그렇게 한다는 주장은 역사적 기록과 정면으로 모순된다. 모든 사회과학자들은 사회적 변화가 위에서부터 아래로만 일어나는 것이 아니라 아래에서부터 위로도 일어난다는 것을 알고 있다.[478] 간단히 말해, 건전한 가정생활만으로도 사회에 기여할 수 있다. 그렇게 새로운 경제 기업과 교육 기관 또한 영향력을 가질 수 있다.

메노파는 보다 큰 사회를 발전시키는 의무를 저버린 평화주의자들 사례 중 하나로 지목되고는 한다. 하지만 그들은 다양한 방식으로 사회

---

475 이 장 "이웃 사랑에 대한 실패" 부분을 보라.
476 Yoder, *War of the Lamb*, 178-79.
477 Friesen, "In Search of Security," 50.
478 Ibid., 53.

적 행복에 기여했다.⁴⁷⁹ 메노파 의사들과 정신 건강 분야 종사자들은 정신 건강 관련 실무를 개선시켰다. 메노나이트 중앙위원회Mennonite Central Committee는 탁월한 구호 및 지역 사회 발전 프로그램으로 전 세계 수백만 명의 생명을 구하고 삶을 개선시켰다. 노트르담 대학 교수인 존 폴 레더라크John Paul Lederach는 분쟁 해결에 관한 메노파 전문가 중 한 사람으로서 사회적 분쟁을 해결하는 새로운 방법들을 개척했다.⁴⁸⁰ 메노파가 세운 기독교평화사역팀Christian Peacemaker Teams은 폭력적 충돌 상황에서 비폭력적으로 행동하는 방법들을 발전시켜 왔다.⁴⁸¹ 메노파가 시작한 피해자-가해자 화해 제도Victim-Offender Reconciliation Programs는 가해자와 피해자 사이에 생기는 법적 절차를 넘어 더 깊은 화해를 이끌어 내고 있다.⁴⁸² 수천 명의 메노파 의사들과 법률가들, 교육자들, 농업 전문가들은 사회적 행복에 매일 기여하고 있다.⁴⁸³

의심할 여지 없이 아나뱁티스트의 가장 인상 깊은 사회적 기여는 종교적 자유와 민주주의에 대한 공헌이다.⁴⁸⁴ 16세기에 아나뱁티스트 수백 명이 목숨을 잃었던 이유는 교회가 국가의 통제를 받지 않고 자신의 일을 직접 운영할 수 있어야 한다는 주장을 고수했기 때문이다. 그들의 종교적 자유에 대한 요구는 느리지만 점차 확대되었다. 처음에는 네덜란드, 다음에는 잉글랜드, 그리고 미국으로 퍼졌다. 오늘날 무슬림 국가를 제외한 모든 국가들은 최소한 이론적으로는 시민들의 종교적 자유를 허용한다.

아나뱁티스트의 종교적 자유를 위한 투쟁은 단순히 대안적 사회를

---

479 Friesen and Schlabach, *At Peace and Unafraid*, 특히 84-87을 보라.
480 Lederach, *Building Peace*.
481 Sider, *Nonviolent Action*, 146-51.
482 Zehr, *Changing Lenses*. 또한 이 책 11장을 보라.
483 Friesen, *Artists, Citizens, Philosophers*; Lederach and Sampson, *From the Ground Up*.
484 Grimsrud, "Anabaptist Faith and 'National Security,'" 315.

만드는 것이 정치에 큰 영향을 미치기도 한다는 사실을 보여준다. 칼 바르트에 따르면 교회의 공동체적 삶은 "사회 질서를 세우고 작동시키고 유지하는 데 있어 기독교 공동체가 할 수 있는 결정적 기여"이다.[485] 요더는 교회의 공동체적 삶이 사회적 행복에 엄청난 기여를 했다고 여러 글을 통해서 주장한다. 초기 기독교가 유대인과 이방인, 남성과 여성, 노예와 자유인을 그리스도의 한 지체로 받아들인 것은 평등주의적 관점을 증진시켰다. 예수님의 완전한 용서에 대한 요청에서는 한나 아렌트Hannah Arendt, 1906-1975가 사회적 전체성의 핵심으로 보았던 요소가 엿보인다.[486] 초기 교회의 인상적인 경제 공유 체계는 모든 사람의 경제적 행복에 대한 새로운 관심을 표본화했다. 그리고 초기 교회 예배에서는 모든 사람이 발언할 수 있었는데, 이는 모든 사람에게 공유할 은사가 있다는 평등주의적 관점을 제공했다.[487]

가난한 사람들을 위한 "병원"과 학교는 교회 사역을 통해 생겨났다. 중세 기독교인들, 특히 수도원에 속한 기독교인들은 환자들을 돌보는 일에 앞장섰다. 잉글랜드에서 처음 생긴 "주일학교"Sunday schools는 1주일에 6일을 일하는 아이들, 즉 교육받지 못하는 가난한 아이들이 주일에 기본적인 읽기와 산수 교육을 받게 하겠다고 기독교인들이 결심하면서 생겨났다. 점차 보다 큰 사회가 보편적인 의료와 교육을 일종의 권리로 받아들이기 시작했다.[488]

최근 일부 기독교 윤리학자들은 화해에 관하여 좀 더 중요한 기여를 했다. 평화주의자와 정의로운 전쟁 옹호론자들이 함께 『정의로운 화

---

[485] Barth, *Church Dogmatics*, IV/2, 721; Yoder, *For the Nations*, 27에서 재인용.
[486] Arendt, *Human Condition*, 238-43.
[487] Yoder, *For the Nations*, 29-33, 43-50; 또한 Arendt, *On Violence*를 보라.
[488] Larsen, "When Did Sunday Schools Start?"

해: 평화와 전쟁의 윤리학을 위한 새로운 패러다임』*Just Peacemaking: The New Paradigm for the Ethics of Peace and War*이라는 제목의 책을 출간했다.[489] 전쟁이 불가피한지 의견이 분분하지만 그들은 자신들이 제안한 열 가지 비폭력적 실천들이 좀 더 평화로운 세계로 증진해 왔고 앞으로도 그럴 수 있다는 데 동의한다. 많은 평화주의 학자들이 이 유의미한 발전에 기여했다.

증거는 명백하다. 모든 종류의 살인을 반대하는 기독교인들은 사회의 행복을 위해서 일해야 할 뿐만 아니라 예수님께 충실한 모든 방법으로 역사적 책임을 감당하려고 해야 한다.

평화주의는 인간 본성에 관한 순진한 견해에 기초하는가?

많은 기독교인들은 평화주의가 인간 본성에 관한 순진한 견해를생각을 토대로 한다고 주장한다. 이것은 니버의 유명한 논문인 "기독교 교회는 왜 평화주의자가 아닌가""Why the Christian Church Is Not Pacifist"의 핵심 논증이다. "기독교 평화주의의 현대적 관점 대부분은 이단적이다. … 그 관점들은 인간의 선함이라는 르네상스적 신념을 흡수했고, 기독교의 원죄 교리를 시대에 뒤떨어진 비관론이라고 거부했다."[490] 와이겔에 의하면 종교적 평화주의는 "세상에 죄가 있다는 것과 세상이 망가진 상태라는 사실을 축소한다."[491] 마찬가지로 데릴 찰스는 다음과 같이 말한다. "평화주의자들

---

[489] Stassen, *Just Peacemaking: The New Paradigm for the Ethics of Peace and War*.
[490] Niebuhr, "Why the Christian Church Is Not Pacifist," Reprinted in Holmes, *War and Christian Ethics*, 303.
[491] Weigel, "Five Theses for a Pacifist Reformation," 74. 또한 Allman, *Who Would Jesus Kill?*, 254.

은 죄가 세상에서 충돌을 일으키는 범위에 관하여 부인하거나 축소하는 경향이 있다."[492] 로레인 뵈트너는 조금 더 강렬하게 말한다. "평화주의자들 대부분은 우리가 타락한 인류의 구성원으로서 이 세상에 들어왔다는 성경의 가르침을 완전히 무시한다. 그들은 인간 본성이 선천적으로 선하다고 가정한다."[493]

이러한 비난에 대하여 첫 번째로 언급할 점은, 실제로 일부 평화주의자들이 그렇다는 점이다. 마하트마 간디와 레프 톨스토이Leo Tolstoy, 1828-1910, 일부 퀘이커교도들은 인간 본성에 관하여 비성경적인 낙관론을 가졌다. 19세기의 유명한 유니테리언 평화주의자 윌리엄 엘러리 채닝William Ellery Channing은 순진하게도 세계가 해마다 조금씩 행복한 평화의 상태로 진보하는 중이라고 주장했다.[494] 니버는 신학적으로 자유주의를 지지하는 그 당시 평화주의자들이 인간 본성에 관하여 순진하고 낙관적인 견해를 가지고 있다고 비난했다.[495]

하지만 인간의 깊고 만연한 죄를 성경적으로 이해하면서 평화주의를 지지하는 사람들도 많이 있다. 하우어워스나 요더와 같이 저명한 평화주의자들은 인간을 선하게 보는 순진한 견해를 내보임에 있어 자신들의 생각에 기초하지 않았다. 이 책에서 제시되는 평화주의는 역사적인 정통 기독교의 핵심에 기초한다. 그 핵심에는 타락 이후로 모든 사람들에게 이기심이 만연해 있다는 신학적 확신이 포함된다. 인간을 자유롭게 하시는 성령의 능력만이 자기중심적인 죄인들을 원수를 진정으로 사랑하는

---

492 Charles, *Between Pacifism and Jihad*, 105.
493 Boettner, *Christian Attitude toward War*, 41.
494 Channing, *Discourses on War*, 45-71; Hershberger, *War, Peace, and Nonresistance*, 177.
495 가톨릭 윤리학자 조셉 파헤이(Joseph Fahey)는 최근 저술한 책에서 평화주의 유형의 핵심 요점들을 요약하면서 이 점을 첫 번째로 제시한다. "인간 존재는 태생적으로 평화적이다." Fahey, *War and the Christian Conscience*, 66.

능력을 가진 사람으로 변화시킬 수 있다. 성경적 평화주의는 초자연적 은혜에 기초하는 것이지 인간의 타고난 선함에 기초하는 것이 아니다.

그리스도인들은 성령의 임재를 누릴 수 있지만 이 삶에서 완전함을 결코 이룰 수 없다. 하지만 그들은 예수께서 시작하신 하나님 나라의 윤리대로 살도록 부르심을 받았고 그렇게 살 수 있는 능력도 부여받았다는 것을 알고 있다. 그들은 바울이 지적하는 것처럼 죄가 여전히 자신들 안에 숨어 있음을 안다. 하지만 그들은 죄가 그리스도인 안에 머물기 때문에 그리스도인이 간음이나 거짓말이나 도둑질을 할 수 있다고 바울이 주장한 적이 결코 없다는 것도 알고 있다. 그렇다면 왜 우리는 죄가 그리스도인 안에서 지속되고 있다는 것이 원수를 사랑하라는 예수님의 분명한 부르심을 무시해도 된다는 입장을 정당화한다고 주장해야 하는가?

여기에 인간 죄성의 또 다른 면이 관련된다. 모든 사람이 매우 죄 된 본성을 가지고 있기 때문에 전쟁이 불가피하다는 논리에는 문제가 있다.

"죄 때문에 인간 역사에서 전쟁이 구조적으로 불가피한 문제이고 사라지지 않을 것이라고 생각하는 것은, 인간의 죄악 된 본성이라는 일반 조건이 반드시 전쟁으로 표현되어야 하는지에 대한 질문에 답하지 못한다. 가령 범죄나 물리적 폭력은 인간 죄성의 표현이다. 신학적으로 볼 때 모든 사람들이 죄인이라고 말할 수 있겠지만, 사람들 대부분은 자신들의 죄성을 범죄나 물리적 폭력으로 표현하지 않는다. **특정 조건 아래서만** 죄성이 겉으로 드러나기 때문이다. 그렇다면 핵심 질문은 다음과 같다. 인간의 죄성이 전쟁이라는 방식으로 드러나게 만드는 조건은 무엇인가? 노예 제도와 결투, 교수형, 자경주의, 전쟁은 특정 조건들 아래에서 인간의 죄가 표현되는 방식들이다. … 전쟁이 국제 체제의 특정 조건들 아래에서만 발생한다면, 우리는 그러한 조건들이 무엇인지를 규정하고, 전쟁이 발생할 수 없고 발생하지 않을 조건들을 만들어 내려고 노력해야 할 것이다."[496]

이는 모든 전쟁을 종식할 수 있다고 말하려는 것이 아니다. 모든 사람들이 죄인이라는 단순한 사실이 전쟁이 어디에서나 지속적으로 발생한다는 뜻은 아니라는 점을 말하려는 것이다. 전쟁은 특정 상황에서 발생할 가능성이 더 크다. 인간에게 죄악이 가득한 것은 사실이지만 인간에게 전쟁이 일어날 가능성을 줄일 자유가 있는 것도 사실이다.

수백 년 동안 인간은 죄악이 가득한 인간 문명에 노예 제도가 필수적인 것이라고 생각했다. 경제와 사회가 변했고, 대부분 사회가 노예 제도를 금지시켰다. 이백 년 전만 하더라도 결투는 죄로 가득한 남성들이 분쟁을 해결하는 방식으로 용인되었다. 오늘날 동일한 사람들은 법정을 통해 비폭력적으로 분쟁을 해결한다. 오늘날 사람들이 과거 사람들보다 죄악이 덜 가득하다는 말이 아니다. 죄성이 나타나는 양식이 변했다는 것이다. 사회가 올바른 형식으로 변화하면서 세계에서 발생하는 전쟁 빈도수가 파격적으로 감소하였을 것이다. 간단히 말해, 적어도 보편적 죄성이 있는 것이 사실이지만, 그것이 20세기나 21세기 초에 전쟁이 반드시 일어난다는 것을 의미하지는 않는다는 말이다.

기독교 개혁파 전통에 속하는 철학자 데이비드 후크마(David A. Hoekema)는 흥미로운 글 한 편을 썼다. 그에 따르면 인간의 만연한 죄성이라는 쟁점은 평화주의자의 입장을 지지할지도 모른다.

"인간 본성에 대한 실재론은 두 가지 상반된 결과를 낳는다. 낙관론이 평화주의를 약화한다면, 마찬가지로 살상 무기와 폭력이 악을 억제하는 목적으

---

[496] Friesen, *Christian Peacemaking*, 42(강조는 원저자의 것).

로만 사용될 것이라는 추정도 약화한다. 인간 죄성의 실재는 우리가 선을 위해 사용하는 도구들이 분명히 악한 목적을 위해서도 사용될 수 있음을 뜻한다. 그러므로 정의로운 수단들을 사용하는 것에는 강력한 가정이 하나 있다. 즉 그 수단들은 남용될 가능성이 가장 적고, 남용되더라도 심각한 해를 입히지 않는다는 것이다. 그러나 국방을 위해 훈련을 하고 장비를 갖춘 군대가 부도덕한 지도자의 손에 들어갈 때 정복을 일삼는 군대가 되거나 억압의 도구가 되는 경우가 있다. 반면 비폭력적인 국가 방위군이나 십여 개국 시민들로 구성되는 평화유지군은 원래 목적 말고는 거의 쓸모가 없다."[497]

역사적으로 지도자가 국민 다수를 민족주의나 국가주의라는 열정으로 충동하여 전쟁에 참여시키는 경우가 빈번아마도 거의 항상했다. 증거는 많다. 기독교인들이 정의로운 전쟁 기준을 적용하여 자기 민족이나 국가의 전쟁을 멈춘 경우는 극히 드물다.[498] 천박하고 악한 민족주의와 국가주의는 사려 깊은 도덕적 분석을 언제나 압도했다. 죄로 가득한 인간이 비이성적이고도 열광적인 방식으로 자기 진영 전쟁에 참여하는 것이 보편적이다. 이 때문에 일반적인 도덕적 가르침을 통해 모든 살인을 반대하는 것이 인간의 죄 된 본성에 현실적으로 더 적합한 것일 수 있다.

그리스도께서는 자신이 다시 올 때까지 전쟁이 일어났다는 소문과 전쟁이 일어날 것이라는 소문이 있을 것이라고 말씀하셨고, 성경적 평화주의자들은 그 말씀을 기억하고 있다. 또한 그들은 그러한 현상의 근원이 인간 죄악의 만연함이라는 것도 알고 있다. 하지만 그들은 전쟁이 필연적으로 발생하게 되는 것은 인간 죄성이 아니라는 사실도 잘 알고 있

---

[497] Hoekema, "Practical Christian Pacifism," 918.
[498] 이 점에 대해서 좀 더 자세한 논의를 보려면 이 책 9장에 있는 "정의로운 전쟁 기준이 전쟁을 방지하거나 중단한 적 있는가?"를 참고하라.

다. 인간이 올바르게 행동할 때 전쟁은 크게 감소할 수 있다. 그리스도인들에게 가장 중요한 행동은 그리스도의 명령을 따르겠다고 결심하는 것이다. 살인하지 않겠다고 결심하고, 모든 불의에 대해 비폭력적인 도전을 끈질기게 하겠다고 결심하는 것이 중요하다. 모든 그리스도인들이 그렇게 하기로 선택할 때 많은 사람들이 고통을 받을 수도 있다. 하지만 이 세상의 전쟁과 살인의 총량이 확연히 감소하게 될 것은 분명하다.

성경적 평화주의자들은 이웃을 사랑한다. 심지어 이웃을 불의와 해악에서 보호하기 위해 비폭력적으로 개입하는 대담한 행동을 하기도 한다. 성경적 평화주의자들은 더 큰 샬롬을 지향하면서도 예수께서 금지하신 방법들은 사용하지 않는다. 성경적 평화주의자들이 말하는 것처럼 죄는 매우 심각한 문제이다. 하지만 부활하신 주님의 능력이 우리 삶 가운데 임하셔서 우리를 변화시킬 때, 우리는 원수까지도 사랑할 수 있게 된다.

9장

정의로운 전쟁이라는 생각의 문제점

우리는 앞 장에서 평화주의에 대해 제기된 도전들에 대해 논의했다. 더불어 정의로운 전쟁이라는 입장을 취하는 사람들에게도 어려운 도전들이 제기되었다. 어떤 사람을 죽이는 것과 그 사람이 그리스도를 받아들이도록 초청하라는 그리스도의 임무를 어떻게 동시에 수행할 수 있는가? 원수를 죽이면서 원수를 사랑하라는 그리스도의 명령에 어떻게 순종할 수 있는가? 정의로운 전쟁이라는 기준이 전쟁을 방지하거나 종식시키는 방식으로 현실에 실제로 적용된 적 있는가? 전쟁에서 양쪽 진영 모두가 정의로운 전쟁이라며 싸우는 것은 불가능한데, 왜 기독교인 대부분이 국가의 부당한 전쟁을 거부하지 않고 서로 다른 편에서 싸우는가? 기독교의 정의로운 전쟁론자들은 그리스도인이 부당한 전쟁을 거부해야 한다고 하면서 그리스도인이 그러한 결정을 할 수 있게 하는 구조를 왜 만들지 않았으며, 특정 전쟁에 대한 양심적 거부자들을 법적으로 보호해 달라고 요청하지 않았는가? 수백 년 동안 기독교의 정의로운 전쟁론자들이 다른 기독교인들과 싸우고 그들을 죽였다는 사실에서 어떤 결론을 내릴 수 있는가?

많은 사람들은 평화주의자들이 구약성경을 무시한다고 비난한다. 하지만 정의로운 전쟁의 핵심 기준들비전투 민간인 보호 등은 모든 남자와 여자, 아이들을 멸절하라는 구약의 분명한 명령들과 모순되지 않는가? 그리스도인들이 인간의 죄성과 무비판적 국가주의 때문에 자기 나라의 전쟁을 거의 항상 옹호했다는 역사적 사실에 비추어 볼 때 정의로운 전쟁이라는 틀은 인간의 선함이라는 순진하고 낙관적인 관점에 기초하는 것이 아닌가? 마지막으로, 전쟁 결과 예측이 정말 가능한가? 즉, 전쟁에 참여하는 것이 나쁜 결과보다 좋은 결과를 훨씬 더 많이 가져올 것이라는 정의로운 전쟁 기준을 충족할 만큼 정확한 예측이 가능한가?

어떤 사람에게 복음을 전하는 것과 그를 죽이는 것이 동시에 가능한가?

예수께서는 자신을 따르는 사람들에게 마지막 명령을 내리셨다. 그것은 가서 "모든 민족"을 제자로 삼으라는 것이었다마 28:19. 그리스도께서는 모든 그리스도인들이 사랑의 방식을 적절하게 강구하라 요청하신다. 그리하여 자신들이 만나는 모든 사람들에게 복음을 전하고 그들이 그리스도를 받아들이도록 초청하라는 것이다.[499] 그런데 우리가 누군가를 죽이면서 그에게 복음을 전할 수 있는가? 한스 베르너 바르트쉬Hans-Werner Bartsch는 다음과 같이 말한다. "적과 전쟁을 벌이는 것이 그 적에 대한 복

---

[499] 이것은 우리가 만나는 모든 사람들에게 구두로 복음을 전해야 한다는 것을 의미하지 않는다. 오히려 그것은 우리가 만나는 모든 사람들이 그리스도인이 되리라는 소망을 가지고 기도하라는 의미이고, 복음을 전할 수 있는 (성령께서 주시는) 적절한 때를 위해 기도하라는 의미이다.

음 선포가 될 수 있는가 하는 문제는 전쟁 전이나 전쟁 중인 기독교인에게 가장 시급한 질문이다."500

누군가를 죽이면서 동시에 그가 그리스도를 받아들이도록 초청하는 것이 어떻게 가능한지 나는 모르겠다. 우리는 다른 사람을 물리적으로 제한하거나, 다른 사람의 부당한 행위를 거부하거나, 강력하면서도 비폭력적인 방법으로 다른 사람에게 맞서면서, 동시에 그 사람을 향한 진정한 사랑을 표현할 수 있고 그가 복음을 받아들이도록 초청할 수 있다. 하지만 다른 사람을 죽이려고 하는 것은 그를 초청하여 복음을 받아들이게 하면서 그리스도의 사랑을 보여주려는 일과 양립하지 않는다. 게다가 그를 죽이는 것은 그가 그리스도를 받아들일 현실적 기회를 없애버리는 것이다.[501] 마이론 어그스버거Myron Augsburger는 『크리스처니티 투데이』 Christianity Today지에 실은 글에서 다음과 같이 말한다. "복음주의적 관점에서 볼 때 그리스도인이 전쟁에 참여하는 것은 더 큰 소명에 대한 책임을 포기하는 것이다. … 곧 복음 전도를 포기하는 것이다."[502]

우리는 원수를 진정으로 사랑하면서 동시에 죽일 수 있는가?

아우구스티누스와 암브로시우스는 4세기 후반과 5세기 초반에 활동했

---

500 Bartsch, "Foundation and Meaning of Christian Pacifism," 192.
501 Yoder, *What Would You Do?*, 39–40.
502 Augsburger, "Sword into Plowshares," 197. 나는 다른 선교적 의무들보다도 복음 전도가 "더 크고" 더 중요한 임무라고 생각한다. Sider, *Good News and Good Works*, 9-10장을 보라.

던 초기 기독교 신학자들이다. 이들은 정의로운 전쟁이라는 전통을 어느 정도 체계적으로 발전시킨 것으로 여겨진다. 그들은 원수를 사랑하는 동시에 죽이는 것이 가능하다고 주장했다. 아우구스티누스와 암브로시우스는 원수를 사랑하라는 예수님의 명령을 가지고 그리스도인이 전쟁에 참여하는 것을 옹호하기 시작했다. 그것은 어느 정도 예수님의 가르침에 충실하려는 시도였다. 아우구스티누스는 그리스도인이 때때로 원수를 살해하더라도 그들을 사랑해야만 하고 또 사랑할 수 있다고 믿었다.[503] 자연법을 가지고 정의로운 전쟁에 대한 사상을 전개한 토마스 아퀴나스와는 달랐다. 그에 의하면 공격을 받고 있는 이웃에 대한 사랑 때문에, 사회의 평화를 유지하거나 회복시키려는 애정 어린 염려 때문에 그리스도인은 때때로 살인을 해야 한다. "악에게 저항"하지 말라는 예수님의 명령은 개인적인 자기방어를 위해 공격자를 살인하지 말라는 것이다.[504] 하지만 다른 사람을 보호하기 위해서는 살인할 수 있다. 아우구스티누스에 의하면 폭력을 사용하여 평화를 회복시키는 것은 일종의 사랑의 행위이다. 그것은 심지어 침략자를 향한 사랑의 행위이기도 하다. 이러한 "친절한 가혹함"이 침략자가 회개하는 데 도움을 줄 수도 있기 때문이다.[505]

아우구스티누스는 원수를 사랑하라는 그리스도의 명령에 외적인 행위가 아니라 "내적인 성향"으로 순종해야 한다고 말했다. 그는 그것이 원수를 죽이는 것일지라도 그렇게 해야 한다고 주장했다. 이 점은 흥미롭

---

503   Cahill, *Love Your Enemies*, 14, 83.
504   아우구스티누스와 암브로시우스 둘 다 이 점을 주장한다. Cahill, *Love Your Enemies*, 58-60을 보라.
505   Bell, *Just War as Christian Discipleship*, 31. 기독교 진영에 속한 다른 많은 정의로운 전쟁 옹호론자들은 원수를 사랑하라는 예수님의 명령에 정의로운 전쟁의 토대를 놓고자 한다. Bell, *Just War as Christian Discipleship*, 31, 237; Biggar, *In Defence of War*, 2장; Ramsey, *Basic Christian Ethics*, 12, 17-27 등을 참고하라.

다. "주 예수 그리스도께서 '그러나 나는 너희에게 말한다. 악한 사람에게 맞서지 말아라. 누가 네 오른쪽 뺨을 치거든, 왼쪽 뺨마저 돌려 대어라.'고 말씀하셨다. 따라서 하나님께서 전쟁을 명령하실 수 없는 것이라면 그 답은 단순하다. 여기에서 요구되는 것은 물리적인 행동이 아니라 내적인 성향이다."[506] 다니엘 벨Daniel Bell에 의하면 아우구스티누스의 모범은 그리스도이다. 그리스도는 재판 도중 뺨을 맞았을 때 반대쪽 뺨을 대지 않으셨다요 18:22-23.[507] 대신 예수님은 재판 중에 부당한 행위에 대하여 언어와 비폭력 방식으로 도전하셨다. 하지만 어떤 이가 이런 식으로 행하면서도 그 사람을 여전히 사랑할 수 있다는 사실이, 어떤 이가 다른 사람을 죽이면서 그 사람을 사랑할 수 있다는 것을 입증할 수 없다!

기독교인이자 정치적 지도자였던 마르첼리노Marcellinus는 예수님의 가르침과 좋은 로마 시민이 되는 것이 조화를 이루는지 아우구스티누스에게 질문했다. 아우구스티누스는 마르첼리노에게 보내는 편지에서 다음과 같이 대답했다. 원수를 사랑하고 반대쪽 뺨을 대라는 예수님의 가르침은 "언제나 마음의 습관적 원리"가 되어야 하고 "성향으로 온전히 키워야" 한다는 것이다. 하지만 그것은 그리스도인들이 전쟁을 하지 말아야 한다는 의미가 아니다.[508]

원수를 사랑하라는 예수님의 부르심을 마음의 성향으로 한정하는 것은 예수님의 가르침이 주어진 정황을 무시하는 것 같다. 예수님은 열렬한 유대 혁명가들의 폭력적인 행동을 거부하셨다. 그들은 유대 동지들에게 로마 제국주의자들을 살해할 것을 촉구했다. 그와 반대로 예수께서는

---

506 Augustine, *Reply to Faustus*, 22.76, 22.79; *NPNF*, 4:301.
507 Bell, *Just War as Christian Discipleship*, 29. Augustine, *Letter 138 to Marcellinus*, 2.13; *NPNF*, 1:485를 보라.
508 Augustine, *Letter 138 to Marcellinus*, 2.14; *NPNF*, 1:485.

제자들에게 그들을 사랑하라 명령하셨다. 심지어 그들의 군장을 더 지고 가라고 명령하셨다. 그것은 내적 성향에 불과한 것이 아니라 외적 행위가 아닌가! 사실 눈을 눈으로 갚지 말고 원수를 사랑하라는 의미가 무엇인지 예수께서 보여주시는 실례들은 내적 성향에 불과하지 않고 외적 행위를 수반한다. 그리고 살인에 관하여 논의했던 초기 3세기 동안의 모든 기독교 저술가들에 따르면 그리스도를 따른다는 것은 어떤 애정 어린 내적 성향에 지나지 않고 누군가를 죽이기를 거부하는 것을 의미한다.[509]

정의로운 전쟁 기준이 전쟁을 방지하거나 중단한 적 있는가?

역사적 기록이 보여주는 사실은 곤란하면서도 명확하다. 정의로운 전쟁 전통은 부당한 전쟁을 방지하는 데 있어서 효과적인 경우가 거의 없었다. 전쟁이 정의로운 전쟁 기준에 부합하지 않는다는 정부나 군대 내 그리스도인들의 주장 때문에 국가가 전쟁에 참여하지 않기로 결정한 역사적 사례는 거의 없다. 아주 이례적인 경우를 제외하고는 그리스도인들은 자기 나라 전쟁을 옹호했다. 그들은 군사 기술을 새롭게 개발하는 것을 비난했지만 후에는 결국 받아들였다. 그들은 국가에서 독립적으로 전쟁의 정당성을 평가할 수 있는 방법을 개발하지 않았다. 물론 실행할 수 없

---

[509] 이 책 13장에 있는 "콘스탄티누스 이전 기독교"를 보라. Nigel Biggar, *In Defence of War*, 2장은 군인들이 원수를 죽이면서도 그들을 사랑할 수 있다는 주장을 지지한다. 그는 자신의 격정을 억제하면서 앞에 있는 원수에게도 가치가 있다는 사실을 기억한 군인들의 이야기를 몇 편 인용한다. 그의 결론은, 이 사례들이 군인이 원수들을 죽이려고 할 때에도 그들을 사랑할 수 있다는 경험적 증거를 제시한다는 것이다.

는 이론이라고 해서 반드시 폐기되어야 하는 것은 아니다. 하지만 그 실패가 지속적이고 일반적이라면 그 이론의 유용성에 관하여 질문을 제기하고, 그 타당성에 관하여 추가적으로 숙고해 보아야 한다.[510]

역사가 보여주는 바와 같이 정의로운 전쟁 기준은 특히 부족주의tribalism나 강경한 민족주의jingoistic nationalism 같은 사회적 압력에 취약하다. 이 점은 우리가 정의로운 전쟁 이론이 과거에 어떻게 적용되었는지 그 다양한 방식을 살펴볼 때 분명해진다.

정의로운 전쟁 전통에 따르면 분쟁에서 적어도 한 쪽은 부당한 이유로 싸우고 있는 것처럼 보일 것이다. 하지만 지난 수백 년 동안 발생한 세계의 전쟁들과 유럽의 분쟁들을 보면 그리스도인들은 양쪽으로 나뉘어 싸웠다. 정의로운 전쟁 전통이 효과적으로 작동했다면 그릇된 편에 서서 싸우는 그리스도인들은 자기 나라의 부당함을 깨달았을 것이고 자국 군대의 활동에 반대했어야 했다.[511] 정의로운 전쟁에 대한 믿음을 판가름하는 진정한 척도는 조국이 부당한 전쟁을 벌일 때 자기 나라에 기꺼이 맞설 수 있는가이다.[512] 하지만 산발적인 개별 사례들 말고는 실제로 반대를 표명하는 일은 거의 없었고 반대편 군에 지원하는 일은 더 적었다.

---

510 정의로운 전쟁을 열렬하게 지지하는 대릴 찰스나 티모시 데미 조차도 그리스도인들이 정의로운 전쟁 기준을 (십자군 전쟁이나 종교 전쟁 등에서) 적절하게 적용하지 않는다는 것을 인정한다. Charles and Demy, *War, Peace, and Christianity*, 20.

511 내가 보기에 이 논증에 대한 올리버 오도노반의 반응은 당황스럽다. 그는 정의로운 전쟁 전통에는 누구의 입장이 옳은지를 말하려는 의도가 전혀 없다고 말하며 덧붙인다. "전쟁은 표면적으로 양쪽 모두가 옳을 수 있다." Sider and O'Donovan, *Peace and War*, 12. 또한 오도노반은 정의로운 전쟁 이론이 "특정 전쟁을 **입증하거나 반박**"한다는 생각을 거부한다. O'Donovan, *Just War Revisited*, 13(강조는 원저자의 것). 국가들 사이의 불일치가 복잡하다는 것과 정직한 사람도 때때로 모순된 결론에 이른다는 것은 분명히 사실이다. 이 복잡성이 정의로운 전쟁 기준을 균형 있게 적용하는 것이 불가능함을 의미한다면, 계획되거나 실행중인 전쟁이 정당한지 부당한지 살펴보고 그 전쟁을 지지할지 반대할지 결정하는 데 있어서 그리스도인에게 참된 도움을 주지 않음을 의미한다면, 정의로운 전쟁 전통이 어떻게 유용한지 알 수 없다.

512 Kirk, *Theology Encounters Revolution*, 152.

히틀러에 대한 독일 교회의 반응은 이 실패를 잘 보여준다. 동맹국들이 히틀러를 반대한 것이 정의로운 전쟁의 고전적 사례라면, 히틀러의 공격은 부당한 전쟁의 고전적 사례일 것이다. 독일 기독교인들은 무엇을 했나? 아주 소수만이 히틀러를 반대했다.

고든 찬Gordon Zahn, 1918-2007은 독일 가톨릭이 히틀러에 어떻게 대응했는지 자세히 연구했다. 찬에 따르면 "독일 가톨릭은 극히 드문 경우를 제외하고는 히틀러의 전쟁을 지지했다."[513] 전쟁이 막 시작될 무렵1939년 9월, 독일 가톨릭은 전국 주교 회의를 통해 다음과 같이 밝혔다. 우리는 "우리 가톨릭 군인들이 총통에게 순종하는 의무를 다하고 자기의 존재 전체를 바칠 각오를 하도록 격려하고 권면"할 생각이다.[514] 1941년, 남부 독일바바리안의 주교단 연합은 가톨릭 신자들에게 이렇게 촉구했다. "자신의 의무를 온전히, 기꺼이, 충성되게 다하라. 그리고 조국과 소중한 고향을 섬김에 있어 온 힘을 쏟으라."[515] 한 저명한 독일 가톨릭 신학자는 소책자를 통해서 정의로운 전쟁에 관한 의문을 제기하지 말라고 신자들에게 요청했다. 그에 따르면 전쟁의 정당성에 대한 질문은 전쟁이 끝나고 관련 문서들을 볼 수 있을 때에만 "학문적으로" 답할 수 있다. 그러므로 개인은 "자기 나라를 위해서 믿음을 가지고 최선을 다해야 한다."[516]

다른 시간 다른 장소에 있는 그리스도인들이라고 해서 국가적 충돌의 열기 속에서 좀 더 분별력 있었던 것은 아니다. 에드워드 웨스터마크Edward Westermarck는 『도덕 개념의 기원과 발전』*The Origin and Development of the*

---

513 Zahn, "Case for Christian Dissent," 120.
514 Zahn, *German Catholics*, 64.
515 Zahn, "Case for Christian Dissent," 121.
516 Ibid., 128. 작은 고백교회나 디트리히 본회퍼(Dietrich Bonhoeffer)와 같은 개인이 있었지만 독일 개신교가 더 나았다고 할 수 없었다. 지도자격인 한 개신교 주교가 발표한 히틀러 지지 성명을 보려면 Duchrow, *Lutheran Churches*, 266을 참조하라.

*Moral Ideas*에서 개신교에 관하여 다음과 같이 말한다. "어떤 동기에서든 개신교 국가가 전쟁을 일으키고 성직자들 무리가 그 전쟁을 승인하지 않거나 지지하지 않았던 사례를 찾기는 불가능하다."[517] 역사가 레키W. E. H. Lecky는 『유럽 도덕의 역사』*History of European Morals*에서 비슷하게 말한다. "어떤 전쟁을 억제하거나 축소하기 위해서 … 성직자들 스스로가 한 몸처럼 움직인 적은 콘스탄티누스 이래로 찾아보기 힘들다."[518] 아마도 미국이 베트남 전쟁과 2003년 이라크 침공에 대해 상당수 그리스도인들이 반대를 했던 것은 예외적인 경우였을 것이다.

부당한 전쟁제2차 세계대전에 관한 고전적인 설명에서도 압도적 다수의 기독교인들은 정의로운 전쟁 전통의 기준을 충실하게 적용하지 않았다. 그것은 접근법 전체의 유용성에 대하여 심각한 질문을 제기했다. 이렇게 민족주의를 합리화하려는 일관된 유형은 정의로운 전쟁 기준을 충실하게 적용하려는 희망이 아마도 인간 본성에 관한 순진한 견해에 기초한다는 것을 암시할 것이다. 이렇게 인간 죄성이 본질적이라는 점에 대해 좀 더 현실적인 대답은 비폭력을 일관되게 유지하는 것일지도 모른다.[519]

역사 전반을 살펴보면 교회는 전쟁 방법이 진보하는 것을 비난하기도 했고 받아들이기도 했다. 10-11세기에 좀 더 치명적인 석궁이 양궁을 점차 대체했다. 1139년에 열린 제2차 라테라노 공의회Second Lateran Council는 석궁 사용을 비난했지만[520] 기독교인들은 석궁을 계속 사용했다. 미국 서부에서 화약 발전이 더뎠던 것은 기독교의 반대 때문이었다. 하지만 잠시 뿐이었다. 최초의 잠수함이 어뢰를 사용해서 2,500명이 탄 배를

---

517 Rutenber, *Dagger and the Cross*, 90에서 재인용.
518 Ibid.
519 Kirk, *Theology Encounters Revolution*, 154.
520 Clark, *Does the Bible Teach Pacifism?*, 49.

성공적으로 격침하고 수장했을 때 사람들은 그것이 끔찍한 범죄라고 비난했다. 하지만 "곧 그것을 활용하기 시작했다."[521]

독일이 항공 급습으로 영국 민간인을 처음 공격했을 때 영국 기독교인들은 이 끔찍한 비도덕성을 비난했고, 같은 방식으로 보복하지 않겠다고 맹세했다. 저명한 영국 국교도 올덤J. H. Oldham, 1874-1969은 1940년에 다음과 같이 말했다. "비전투 인원을 고의적으로 죽이는 것은 살인이다. 전쟁이 고의적인 학살로 변질된다면 기독교인들은 평화주의자가 되거나 종교를 포기해야 한다."[522]

3년 후 올덤이 내린 결론에 따르면 "한편으로 군사적 목표물에 대한 공격과, 다른 한편으로 무차별적인 살육과 고의적인 파괴 사이의" 구분은 "부차적으로 중요한" 문제일 뿐이다. 즉 정부는 군사적 필요성에 따라 무엇이든 선택할 수 있다는 것이다.[523] 기독교인 비행사들은 연합군과 함께 독일 도시들을 폭격했다. 드레스덴Dresden은 큰 불길에 휩싸였고 하루만에 10만 명이 넘는 민간인이 사망했다. 전쟁에 쓰이는 정의로운 수단들에 대한 정의로운 전쟁 기준은 말로만 신무기의 개발을 반대했다. 하지만 그러한 반대가 기술적으로 실현 가능한 것을 개발하거나 사용하는 것을 막았던 적이 거의 없다.[524]

정의로운 전쟁을 지지하는 기독교인들이 선택적인 양심적 병역거부를[525] 수용하고 실행하는 데 있어 대체적으로 실패했다는 사실은 그 전

521　Rutenber, *Dagger and the Cross*, 46.
522　Macgregor, *Basis of Pacifism*, 95에서 재인용.
523　Ibid., 96에서 재인용.
524　정의로운 전쟁 전통이 수정되면서 (특히 지난 50년간) 어떻게 "그 전통을 껍데기 정도로 약화시켰는지" 요더의 논의를 보라. Yoder, *When War Is Unjust*, 41.
525　양심적 병역거부는 크게 둘로 나뉜다. 모든 유형의 전쟁을 반대하는 "보편적 병역거부"와 특정 전쟁이나 명령을 거부하는 "선택적 병역거부"이다. 역주.

통의 또 다른 약점이다. 정의로운 전쟁 전통은 통치자들이 포고한 전쟁들 중 최소한 일부는 부당할 것이라는 점을 가정한다. 기독교인들이 정의로운 전쟁 전통을 따른다면 부당한 전쟁들에 참여하여 싸우지 않아야 한다.[526] 하지만 정의로운 전쟁 이론가들이 선택적인 양심적 병역거부에 대하여 그나마 미미한 대화라도 시작하게 된 것은 고작 최근 몇 십 년에 불과하다. 많은 민주국가들은 모든 전쟁에 반대하는 "양심적 병역거부자들"이 대체 복무를 선택하도록 허용하는 법률을 가지고 있다. 하지만 특정 전쟁에 반대하는 선택적인 양심적 병역거부를 인정하는 법률을 가진 나라는 찾아보기 힘들다. 그리고 정의로운 전쟁을 지지하는 기독교인들은 정부가 그러한 법률을 통과시키도록 설득하는 데 있어서 자신들이 가지고 있는 자원들을 거의 사용하지 않았다. 정의로운 전쟁 기준을 진지하게 적용한다면 특정 전쟁에 대한 양심적 거부가 빈번하게 일어날 텐데도 말이다.[527]

정의로운 전쟁 전통을 따르는 교회들이 개별 기독교 신자들의 입장에서 특정 전쟁에 대한 선택적인 양심적 병역거부를 지지하는 것도 충분하지 않다. 확실히 이 접근법은 너무 개인주의적이다. 기독교인 개개인은 그러한 복잡한 문제에서 다른 기독교인들의 도움과 통찰이 필요하다. 정의로운 전쟁 전통을 받아들이는 교회들 안에는 윤리학자들과 신학자들,

---

526   이에 대한 강력한 논증을 보려면 Bell, *Just War as Christian Discipleship*, 116-18을 참조하라.
527   1971년에 일부 교회가 일련의 노력을 하였다. 선택적인 양심적 병역거부를 합법화하는 법안에 찬성하는 증언을 한 것이다. Yoder, *When War Is Unjust*, 92. 미국 루터교회가 1970년 10월에 발표한 성명서 "의무 병역과 군인 직업"("National Services and the Military Profession")을 보라. 1968년 미국 가톨릭 주교단은 선택적인 양심적 병역거부를 징병 제도에 추가하라 요청했다. Hunt, "Selective Conscientious Objection," 221을 보라. 미국 가톨릭 주교단은 "평화의 도전"("The Challenge of Peace", 1983)에서 선택적인 양심적 병역거부를 존중하기 위한 법제화를 요구했다 (§233). 선택적인 양심적 병역거부에 관한 최근 논의를 보려면 Ellner, Robinson, and Whetham, *When Soldiers San No*; Clifford, "Legalizing Selective Conscientious Objection"을 보라.

사회과학자들의 통찰들을 조합할 수 있는 구체적이고 효과적인 구조가 있어야 한다. 그래서 국가가 정당하게 고려할 수 있는 전쟁의 타당성을 면밀히 검토할 수 있어야 한다.[528] 물론 기독교인 개개인은 자신들의 개인적인 결론에 도달할 필요가 있다. 하지만 전쟁과 평화처럼 중대한 결정들에는 신자 공동체의 공동체적 지혜가 필요하다.

개인이 복잡한 문제를 이해하고 민족주의적 선전에 맞서기 위해서는 도움이 필요하다. 세속 정부는 현재의 계획과 편협한 국익을 항상 합리화할 것이다. 정의로운 전쟁 전통을 따르는 교회들은 교회 구성원들이 전쟁의 타당성을 평가할 수 있도록 정교하고 기능적인 구조를 개발해야 한다. 그래야만 정의로운 전쟁 전통은 신뢰를 유지할 수 있을 것이다. 정의로운 전쟁 전통에 그러한 구조가 없다는 것은 그 전통이 실패했음을 보여주는 한 척도이다.

정의로운 전쟁을 옹호하는 윤리학자들에 따르면 정의로운 전쟁 기준을 성공적으로 적용하지 못한 것이 곧 그 윤리적 입장이 잘못되었음을 입증하지는 않는다.[529] 폴 램지는 다음과 같이 주장했다. "국가 정책을 형성하는 데 있어 정의로운 전쟁 기준을 유효한 기준으로 삼지 못한 것과 국가 정책을 시행하는 데 있어 비폭력 평화주의를 유효한 기준으로 삼지 못한 것은 서로 반대되는 논증이 아니다."[530] 우리가 어떤 윤리적 입장을 충실하게 적용하지 못했다는 것이 그 입장이 옳지 않음을 입증하지 않는다는 점은 분명 옳다. 하지만 정의로운 전쟁 전통은 기독교 사상가들 사이에서 1,500년 이상이나 주류 가르침이었다.[531] 그것은 대부분 충실한

528　이와 관련된 날카로운 지적을 보려면 G. Schlabach, "Just Policing," 412-13을 보라.
529　Bell, *Just War as Christian Discipleship*, 64-65.
530　Ramsey and Hauerwas, *Speak Up*, 107.
531　요더의 주장은 옳을지도 모른다. 그에 따르면 현실에서 콘스탄티누스 이후 기독교인들 대부

기독교인들이라면 전쟁과 폭력에 대해 생각해야 하고, 부당하고 잘못 인도된 전쟁에 관여하지 않게 행동해야 한다고 기독교 지도자들이 주장하는 공식적인 방식이었다. 정의로운 전쟁 전통이 항상 그러지 못했다면[532] 그 전통이 보이는 접근법이 실제로 유용한지 심각한 질문이 제기된다. 유니온 신학교Union Theological Seminary 총장을 역임한 도널드 슈라이버Donald W. Shriver Jr.에 따르면 "20세기의 전쟁 행위에는 엄청난 불의가 가득했다. … 뻔뻔한 도덕주의자만이 정의로운 전쟁 이론을 21세기 정치적 사고에 맡길지 진지하게 고려할 것이다."[533]

정의로운 전쟁 전통이 전쟁을 방지하지 못했다는 사실이 그 입장이 틀렸음을 논리적으로 입증하지 않는다는 램지의 지적은 기술적으로 옳다. 그럼에도 불구하고 그 전통이 광범위하게 실패했다는 점은 그것의 유용성에 대해 심각한 의문을 일으킨다. 비폭력 운동가들이 자신들의 이론을 실제 상황에 적용하려고 할 때마다 폭력과 부정을 줄이지 못한다면, 나는 그 이론의 유용성에 의문을 제기하는 사람들의 의견에 동조할 것이다. 앞에서 살펴보았듯이 역사적으로 평화와 정의를 증진시키는 데 있어 폭력보다 비폭력이 실제로 더 효과가 있다. 역사를 보면 정의로운 전쟁 사상이 부당한 폭력을 피하기 위해 실제로 이용된 사례들은 거의 없다.

분은 성전("이것은 하나님의 거룩한 전쟁이다")이나 국익("우리나라가 옳거나 그르다")에 관한 생각을 기반으로 움직였다. 이론적으로 정의로운 전쟁 전통은 기독교 지적 엘리트들의 최선의 입장이었다. 그런 의미에서 그 전통은 "공식적" 입장이라고 할 수 있다. 하지만 현실적으로 기독교인들 대부분은 "성전"이나 "국익"이라는 접근법을 가지고 움직였다. Yoder, *When War Is Unjust*, 71-72. 요더의 책 서문을 쓰기도 했던 루터파 윤리학자 찰스 루츠(Charles P. Lutz)는 요더에 동의한다. Yoder, *When War Is Unjust*, 10.

532 그것은 정의로운 전쟁이라는 생각이 아무런 효과가 없다는 것이 아니다. 그것은 전쟁 포로를 다루는 규칙 등에 영향을 미치기도 했다. 이 문제에 대한 오도노반의 언급을 보려면 Sider and O'Donovan, *Peace and War*, 13을 보라. 정의로운 전쟁 이론가들이 그 전통을 적용하려고 했다는 점을 요더는 인정하고 있다. Yoder, *When War Is Unjust*, 42-55.

533 Shriver, *Ethics for Enemies*, 65(강조는 원저자의 것).

이러한 사실은 전쟁에 대한 기독교 교회의 생각이 유용하고 효과적인 방법인지 의문을 제기한다.

기독교인을 죽이는 기독교인

어떤 기독교인들은 정의로운 전쟁 전통을 자신들의 이론적 틀로 삼았다. 그리고 그 기독교인들은 전쟁에서 다른 기독교인들을 죽였다. 그 수는 수만, 수십만, 수백만에 이른다. 미국이 제1차 세계대전에 참전하기 전에 4,600만의 개신교 신자와 6,200만 가톨릭 신자들은 반대편에 있는 4,500만 개신교 신자와 6,300만 가톨릭 신자들을 죽이려 하고 있었다. 이 전쟁에서 기독교인들은 다른 기독교인들 수백만 명을 죽이는 데 성공했다. 한 기독교인은 1925년의 전쟁을 회고하며 다음과 같이 말했다. "기독교 국가들은 역사상 가장 무서운 대학살을 자행했다. 인간이 고안한 잔인하고 살인적인 장치들이 끔찍하다고 해서 사용 못할 것이 없었다. 인간의 창의성은 생명을 파괴하는 목적을 위해 잘 활용되었다. 참 기독교인들과 명목상의 기독교인들은 반대편에 있는 참 기독교인들 및 명목상의 기독교인들과 싸웠다. 양진영의 참호 뒤에 있는 설교 강단에서는 십자군 설교가 선포되었고, 무장한 군대 앞에 십자가가 세워졌으며, 대학살 위에 하나님의 축복을 내려달라고 기도했다.[534] 기독교 국가들 간의 이러한 전쟁을 기독교 교회가 막지 못하는 무능력은 많은 사람들이 기독교 자

---

534 인용문은 허친슨(R. C. Hutchinson)의 것으로 Showalter, *End of a Crusade*, 173에서 재인용하였다. 양쪽 진영의 기독교인들에 대한 통계를 보려면, 31쪽을 보라.

체에 대해 깊은 회의를 갖게 했다. 20세기에 발생한 두 거대한 전쟁에서 기독교인이 기독교인을 학살한 것은 새로운 일이 아니었다. 죽은 사람 수만 다를 뿐이었다. 루터가 개신교 종교개혁을 촉발한 후 가톨릭과 개신교는 거의 150년 가까이 종교전쟁을 벌이면서 수많은 유혈 전쟁을 일으켰고, 이는 "기독교적" 유럽을 황폐하게 했다.

기독교인이 기독교인을 죽이는 것은 이들이 그리스도의 한 몸을 이룬다는 신약성경의 가르침을 위배하는 것이 분명했다. "유대 사람도 그리스 사람도 없으며, 종도 자유인도 없으며, 남자와 여자가 없습니다. 여러분 모두가 그리스도 예수 안에서 하나이기 때문입니다."갈 3:28, 새번역 마찬가지로 그리스도 안에서는 영국인도 독일인도 없다. 바울은 에베소 교인들에게 평화와 일치를 간구하면서 "그리스도의 몸도 하나요 … 주님도 한 분이시요, 믿음도 하나요, 침례세례도 하나"라는 사실을 상기시킨 다엡 4:1-6, 새번역. 그리고 예수님은 자신에게 헌신하는 것이 생물학적 부모에 대한 헌신보다 더 높은 충성이라고 분명히 말씀하신다. "나보다 아버지나 어머니를 더 사랑하는 사람은 내게 적합하지" 않다는 것이다마 10:37.

신약성경의 가르침에 담긴 의미는 모든 기독교인들은 자신의 생물학적 가족이나 정치적 정당, 국가에게보다 그리스도께 더욱 깊이 헌신해야 한다는 것이다. 전미복음주의협의회NAE 공공정책 문건에 따르면 "그리스도의 주되심과 그분의 한 몸에 대한 헌신은 모든 정치적 헌신을 초월한다."535 기독교인이 민족주의를 받아들여 범세계적인 그리스도의 한 몸보다 자기 나라에 더 충성한다면 그것은 일종의 우상숭배이고 그리스도의 한 몸에 대한 성경적 가르침에 위배되는 것이다.536

---

535 Sider and Knippers, "For the Health of the Nations," in *Evangelical Public Policy*, 367.
536 메노나이트 중앙위원회는 다음과 같은 문구가 들어간 우편엽서를 회람했다. "평화를 위한 겸손한 제안: 전세계 기독교인들이 서로 죽이지 않겠다고 뜻을 함께하기 위하여."

요더의 설명은 옳다.

"기독교 일치에 관한 교리는 기독교 안에서 감독제, 노회제, 회중제의 상대적인 장점들을 가지고 다투는 것이 각 정부 요청에 따라 다른 기독교인들을 학살하는 것에 대해 수용공식적으로 항의하지만 효과적인 전쟁 준비를 반대할 마음은 없이하고 이행하느냐에 대한 쟁점보다 왜 더 중요한지 아직 설명하지 못했다. … 기독교인들이 전쟁에 참여하는 것을 도덕적으로 정당화하는 논증들 중에서 한 전쟁의 양쪽 진영에 기독교인들이 참여하는 것을 정당화한 것은 하나도 없다. … 히틀러를 몰아내는 것이 질서 수호에 필요하다는 이유로 연합군의 기독교인들이 전쟁을 수행하는 것이 옳다면 같은 이유에서 독일 기독교인들은 양심적 병역거부자여야 한다."[537]

비극적이게도 기독교인들은 그러지 못했다. "기독교" 국가의 기독교인들은 그리스도의 범지구적인 한 몸보다 자기 나라에 더 충성했다. 그 결과 정의로운 전쟁 전통을 틀로 삼는 기독교인들은 다른 기독교인들을 수백만 명이나 학살했다. 분명 그것은 정의로운 전쟁 전통이 유용한지 심각하게 질문을 제기했다.

정의로운 전쟁 전통과 구약성경

정의로운 전쟁 전통은 구약성경이 명령하는 것을 반대하고 구약성경이

---

537 Yoder, *Royal Priesthood*, 227(강조는 원저자의 것).

정죄하는 것을 지지한다. 정의로운 전쟁 전통은 민간인과 포로를 표적으로 삼는 것을 명백히 반대한다. 하지만 구약성경은 정복지에서 모든 남성과 여성, 아이들을 학살하라고 반복적으로 명령한다. 정의로운 전쟁 전통은 첨단 무기들을 가지고 국가 방어를 준비하라고 권한다. 구약성경은 군사력을 축적하고 거기에 의존하는 것을 자주 비난한다.

구약성경 본문의 계속되는 명령에 따르면 이스라엘은 정복한 지역에 살아 있는 모든 사람을 죽여야 한다. 이는 본문에서 하나님의 명확한 명령으로 종종 제시되기도 한다. "성읍을 점령하였을 때에는, 숨쉬는 것은 하나도 살려 두면 안 됩니다. … 주 당신들의 하나님이 당신들에게 명하신 대로 전멸시켜야 합니다."신 20:16-17, 새번역 이스라엘이 미디안에게 승리를 거둔 이후 포로들을 남겨두자 모세는 화를 내며 "남자는 다 죽이시오. 남자와 동침하여 사내를 안 일이 있는 여자도 다 죽이시오."라고 군대에게 명령했다민 31:13-17, 새번역. 이스라엘은 여리고를 정복한 후 "성 안에 있는 사람을, 남자나 여자나 어른이나 아이를 가리지 않고 모두 전멸시켜서 희생제물로 바치고, 소나 양이나 나귀까지도 모조리 칼로 전멸시켜서 희생제물로 바쳤다."수 6:21, 새번역

여호수아 10:28-39은 여호수아가 이스라엘 백성들을 이끌고 도시들을 정복하는 것을 묘사한다. 본문은 여호수아가 모든 사람을 칼로 쳐서 멸하고 한 사람도 남겨두지 않았음을 반복하여 말한다10:30, 32, 35, 37, 39. 그 단락은 여호수아가 하나님의 명령대로 온 지역을 정복했다고 결론 내린다. 즉 "한 사람도 살려 두지 않았으며, 이스라엘의 주 하나님의 명을 따라, 살아서 숨쉬는 것은 모두 전멸"시켰다10:40, 새번역. 그 다음 장은 이스라엘이 또 다른 도시들을 정복한 후에 무엇을 했는지 설명한다. "성들에서 탈취한 노략물과 가축은 이스라엘 자손이 모두 차지하였고, 사람들만 칼로 쳐서 모두 죽이고 숨쉬는 사람은 한 사람도 남겨 두지 않았다.

모세는 주님께서 자기에게 명하신 대로 여호수아에게 명하였고, 여호수아는 그대로 실행하여, 주님께서 모세에게 명하신 것 가운데서 실행하지 않고 남겨 둔 것은 하나도 없었다."수 11:14-15, 새번역 그리고 선지자 사무엘은 다음과 같이 선포했다. "만군의 주가 말한다. … '너는 이제 가서 아말렉을 쳐라. 그들에게 딸린 것은 모두 전멸시켜라. 사정을 보아 주어서는 안 된다. 남자와 여자, 어린아이와 젖먹이, 소 떼와 양 떼, 낙타와 나귀 등 무엇이든 가릴 것 없이 죽여라.'"삼상 15:2-3, 새번역[538]

존 칼빈은 살아 있는 모든 것을 멸절하라는 하나님의 명령이 필연적으로 우리를 놀라게 한다는 점을 인정한다. 그것은 "흉포한" 행동이고 "악랄하고 야만적인 폭력 행위"라는 것이다.[539] 분명 구약성경은 이스라엘이 군대를 물리친 후 종종 하나님의 명령에 따라 남자와 여자, 어린아이들을 어떻게 학살했는지 반복해서 보여준다. 그것은 정의로운 전쟁 전통이 분명하게 금지하고 있는 행위들이다.[540]

---

[538] 정복한 성읍과 도시들을 완전히 파괴한 사례들을 보려면 다음을 참고하라. 민 21:1-3; 신 2:32-36; 3:1-7; 7:1-2, 16, 24; 20:10-14; 수 8:18-24; 10:28-40; 11:10-15; 삼상 15:2-9, 18-20.

[539] Boyd, *Crucifixion of the Warrior God*, 1:291에서 재인용.

[540] David Clough and Brian Stiltner, *Faith and Force*, 24은 아모스 1:3-2:3에서 "정의로운 전쟁 전통의 오랜 기원"을 찾는다. 아모스가 이방 나라들의 잔혹한 전쟁 행위들을 비난하는 것은 사실이지만 그의 주된 관심은 먼저 이스라엘 주변 적국들을 비난함으로 자신의 예언에 대한 지지를 얻는 것이고, 그리하여 이스라엘에 대한 비난 자체에 특별한 힘이 생기도록 하려는 것이다. 게다가 여기에서 최악이라 비난 받는 것은, 우리가 검토한 여러 본문들에서 이스라엘을 향한 하나님의 명령으로 제시되는 것들이다. 민간인 살해를 정죄하는 듯한 어떤 본문은 이스라엘이 하나님 명령에 따라 그것을 행하는 것을 묘사하는 다른 여러 본문에 비해 덜 중요하다. Arthur Holmes, "Just War," 123은 구약성경에서 정의로운 전쟁 기준에 대한 단서를 찾으려 한다. 홈스는 신명기 2장을 근거로 들지만 이스라엘이 에서나 모압 자손들과 싸우지 않는 유일한 이유는 하나님께서 그들의 땅을 이스라엘에게 주지 않으셨기 때문이다. 신명기 2:34에 따르면 이스라엘은 아모리 족속의 모든 "남녀와 유아"를 진멸했다. 홈스는 전쟁의 사람인 다윗에게 성전을 세우는 일이 금지되었다는 사실과 하나님께서 전쟁 무기들을 부수셨다는 시편 저자의 진술을 언급하지만 그것은 정의로운 전쟁 기준에 대해서는 아무 것도 말해 주지 않는다. Paul Copan and Matthew Flannagan, *Did God Really Command Genocide?*, 58-59, 142에서 제시되는 논증만큼 확실한 것도 없다. 그들은 신명기 20:10-18을 인용하여 거기에 비전투원 면책의 원리가 있다고 주장한다. 증거는 무엇인가? 그 구절에 따르면 이스라엘이 이스

정의로운 전쟁 전통과 충돌하는 구약 본문들이 있다. 이 본문들은 이스라엘이 당시에 군사적 장비특히 병거와 군마를 갖추는 것을 정죄하고 있다. "군대가 많다고 해서 왕이 나라를 구하는 것은 아니며, 힘이 세다고 해서 용사가 제 목숨을 건지는 것은 아니다. 나라를 구하는 데 군마가 필요한 것은 아니며, 목숨을 건지는 데 많은 군대가 필요한 것은 아니다."시 33:16-17 이사야에 따르면 "도움을 청하러 이집트로 내려가는 자들에게 재앙이 닥칠 것이다. 그들은 군마를 의지하고, 많은 병거를 믿고 기마병의 막강한 힘을 믿으면서, 이스라엘의 거룩하신 분은 바라보지도 않고, 주님께 구하지도 않는다."사 31:1, 새번역 신명기 17장은 이스라엘이 다른 나라들처럼 왕을 원하게 될 미래를 묘사한다. 왕의 역할은 나라를 지키기 위해 군사적 장비를 마련하는 것이었다. 하지만 신명기는 이스라엘의 왕이 그렇게 해서는 안 된다고 분명하게 말한다. "왕이라 해도 군마를 많이 가지려고 해서는 안 되며, 군마를 많이 얻으려고 그 백성을 이집트로 보내서도 안 됩니다."신 17:16, 새번역 호세아 선지자는 우상숭배와 경제적 불의, 군사력 신뢰라는 죄 때문에 국가 전체가 포로로 잡혀갈 것을 예언한다. "이는 네가 병거와 많은 수의 군인을 믿고 마음을 놓은 탓이다. 그

라엘에게 약속된 땅 밖에서 도시를 점령할 때 그들은 여성과 유아들을 약탈해도 되지만 본문은 또 다음과 같이도 말한다. "주 당신들의 하나님이 그 성읍을 당신들의 손에 넘겨 주셨으니, 거기에 있는 남자는 모두 칼로 쳐서 죽이십시오."(신 20:13, 새번역) 이 구절에는 포로로 잡힌 (이제 비전투요원이 된) 군인들을 인도적으로 대하는 것에 관한 암시가 없다. Keith Payne and Karl Payne, *Just Defense*, 43에 의하면 "비전투원의 목숨을 살려주는 것은 구약 전체에서 종종 눈에 띈다." 하지만 그들은 어떤 증거도 제시하지 않는다! Joseph Fahey, *War and the Christian Conscience*, 75에서 파헤이는 신명기 20:10-12에서 '최후의 수단'이라는 원칙'을 발견하지만 본문은 이스라엘이 공격 전쟁을 개시하기 전에 평화 조항을 제시할 것을 묘사한다. 즉, 그 성읍 거주민들이 항복 한다면 "그 성 안에 있는 백성을 당신들의 노비로 삼고, 당신들을 섬기게" 하라는 것이다(신 20:11). 이 설명은 이스라엘이 전쟁에 대한 모든 합리적인 대안들을 살핀 후 시작하는 방어 전쟁을 묘사하지 않고 공격 전쟁을 묘사한다. 정의로운 전쟁 전통에 있어서 '최후의 수단'이라는 원칙'은 다른 나라가 노예가 되는 것에 동의하지 않을 경우 한 나라가 다른 나라를 상대로 전쟁을 일으키는 것이 도덕적으로 합법적이라는 것을 의미하지 않는다.

러므로 네 백성을 공격하는 전쟁의 함성이 들려 올 것이다."호 10:13-14

시편 저자는 강력한 군사를 의지하는 것과 하나님을 신뢰하는 것을 대조한다. "어떤 이는 전차를 자랑하고, 어떤 이는 기마를 자랑하지만, 우리는 주 우리 하나님의 이름만을 자랑합니다."시 20:7, 새번역 스가랴는 미래에 하나님께서 예루살렘을 회복시키기 위해서 군마를 탄 왕이 아니라 나귀를 탄 왕을 사용하실 것이라고 묘사한다. "네 왕이 네게로 오신다. 그는 공의로우신 왕, 구원을 베푸시는 왕이시다. 그는 온순하셔서, 나귀 곧 나귀 새끼인 어린 나귀를 타고 오신다. … '내가 에브라임에서 병거를 없애고, 예루살렘에서 군마를 없애며, 전쟁할 때에 쓰는 활도 꺾으려 한다.'"슥 9:9-10, 새번역

여호와 하나님을 신뢰하고 최신 군사 장비를 신뢰하지 말라는 선지자적 요청이 구약성경의 유일한 주제는 분명 아니다. 하지만 그러한 요청은 자주 나타난다. 만일 정의로운 전쟁을 지지하는 기독교인들이 구약성경의 이러한 요청을 따른다면 그들은 강력하게 잘 갖추어진 군대를 조직하기보다 하나님을 신뢰하라고 자기 나라를 설득했을 것이다. 하지만 역사가 실제로 보여주는 것은 정의로운 전쟁을 지지하는 기독교인들이 그렇게 한 사례가 전혀 없다는 사실이다!

구약성경은 정의로운 전쟁을 지지하는 기독교인이나 평화주의자들 모두에게 문제처럼 보인다. 그들이 비난하는 활동을 구약성경이 반복적으로 명령하거나 이따금씩 그들이 간과하는 접근법을 촉구하기 때문이다. 정의로운 전쟁을 지지하는 기독교인들이 자신들은 그저 구약성경이 전쟁에 대해서 가르치는 바를 수용하고 있을 뿐이라고 주장하는 것은 설득력이 전혀 없는 말이다.[541]

---

541 요더의 평가를 참고하라. "오늘날 선지자들이 전쟁을 지휘하고 기적이 승리를 가져다준다면,

인간 본성과 관련하여 평화주의보다
정의로운 전쟁 전통이 더 현실적인가?

정의로운 전쟁 옹호론자들은 정의로운 전쟁 전통이 평화주의보다 인간 본성과 관련하여 좀 더 현실적이라고 주장한다. 그들의 주장에 따르면 평화주의자들은 인간이 기본적으로 선하다고 가정하고 있으며, 그래서 옳은 일을 하도록 사람들을 쉽게 설득할 수 있다고 본다. 하지만 사실 기독교의 죄 교리는 인간이 자기 이웃에게 왜 끔찍한 짓을 저지르고는 하는지 설명해 준다.

우리가 앞 장에서 살펴보았듯이 일부 평화주의자들은 인간을 기본적으로 선하게 보는 순진한 견해를 가지고 있다. 하지만 이 책에서 제시되었던 일종의 성경적 평화주의는 인간의 죄가 만연하고도 깊다는 것을 온전히 인정한다. 사실 죄의 실재는 우리가 이 장에서 살펴본 바를 설명해 줄지도 모른다. 다시 말해 이기적인 이해관계와 맹목적인 부족주의, 강경한 민족주의는 대부분 기독교인들이 정의로운 전쟁 기준을 효과적으로 적용하지 못하도록 막았다. 오히려 그들은 자기 나라의 통치자들이 선언하는 전쟁을 사실상 전부 수용했다. 앞 장에서 보았듯이 이 끈질긴 죄성을 현실적으로 이해한다면 정의로운 전쟁보다는 평화주의 입장이 우리의 타락한 본성에 더 잘 부합한다는 결론으로 이어질지도 모른다. 편협한 자기 이익과 과도한 민족주의에 대한 감정적 호소에 빠르게 굴복하려는 지속적인 유혹에서 더욱 보호 받으려면 국가가 전쟁에 참여하라 감정적으로 호소하기 전에, 예수께서 제자들에게 살인을 거부하라고 요청하셨음을 믿는 것이 정의로운 전쟁에 대한 판단을 조심스럽고 신중하게

여호와 하나님의 전쟁의 적절한 사례가 될 것이다." Yoder, *War of the Lamb*, 70.

적용해야 한다고 생각하는 것보다 더 낫다. 인간의 죄악이 실재한다는 사실로 미루어 정의로운 전쟁 옹호론자보다 평화주의자가 좀 더 현실적이라고 주장하는 것이 타당해 보인다.

전쟁 결과를 정확하게 예측하는 것의 불가능성

정의로운 전쟁을 지지하는 윤리학자 나이젤 비거에 따르면 평화주의자가 쥔 가장 강력한 끈은 우리가 앞날을 미리 알 수 없다는 사실에 있다. 다시 말해 우리는 전쟁에서 반드시 발생하게 될 끔찍한 폐해가 전쟁에 참여하지 않기로 결정할 때 발생할 폐해보다 더 적을지 알 수 없다.[542] 그 사실은 비례성의 원칙이라는 정의로운 전쟁의 기준을 시행하기 어렵게 한다. 비례성의 원칙이란 전쟁이 가져오는 좋은 결과가 전쟁이 가져오는 끔찍한 폐해를 초과하는 경우에만 전쟁을 할 수 있다는 주장이다.

요더는 이 논증을 발전시켜 정의로운 전쟁 전통에 반대한다. 이 때 요더는 역사의 "역설"을 말하고 있는 라인홀드 니버의 작품을 사용한다. "사람들이 역사를 움직이려고 할 때 결과는 언제나 다른 방향을 선택한 것처럼 나타난다."[543] 비거는 다음과 같이 인정한다. "여기에서 요더는 정의로운 전쟁 추론에서 가장 약한 요소들 중 하나를 내리누른다. 전쟁이 가져오는 폐해 … 그리고 전쟁이 불러온 긍정적이거나 부정적인 가치를 한 기준으로 평가할 수 있는 공통 화폐는 없다."[544]

542　Biggar, *In Defence of War*, 326.
543　Yoder, *Politics of Jesus*, 230.
544　Biggar, *In Defence of War*, 32.

내 생각에 이 논증은 예수님의 가르침에서 시작하는 것이 왜 중요한지를 잘 보여준다. 어떤 사람들이 상상하는 악의 결과들이 너무도 끔찍해서 예수님의 윤리적 명령을 무시해야 한다고 우리는 감히 주장하지 않는다. 그 대신, 앞에서 살펴보았듯이[545] 평화주의자들과 정의로운 전쟁을 지지하는 기독교인들은 모두 이 점에 동의한다. 평화주의자들은 예수께서 제자들에게 살인하지 말라고 가르치셨다고 믿는다. 정의로운 전쟁을 지지하는 기독교인들은 예수님의 가르침이 비전투원을 목표물로 삼지 말 것을 가르친다고 믿는다. 그들 모두는 기독교인들이 결코 하지 말아야 할 일들이 있다는 데 동의한다. 우리가 보기에 악랄한 원수에게 정복당하는 결과가 생기더라도 말이다.

누군가 내가 믿는 것처럼 모든 기독교인들이 이차적으로 효율성에 관심을 가져야 한다고 생각한다면, 우리 행동의 결과를 정확하게 예측할 수 없는 무능력은 평화주의자와 기독교의 정의로운 전쟁 옹호론자 모두에게 문제가 된다. 나는 우리의 일차적인 관심이 단기적인 효율성에 있어야 한다고 생각하지 않는다. 우리의 일차적인 관심은 예수에 대한 충실함이어야 한다. 우리는 먼저 예수님의 가르침에 반하는 행동을 택하지 않는 것이 우리의 출발점이라는 점에 동의해야 한다. 그러고 나서 우리는 할 수 있는 모든 방법으로 우리 사회를 정의와 평화의 방향으로 움직이게 해야 한다. 그렇게 하면서 효율성에 대한 결정들을 내려야 할 것이다. 다시 말해서 어떤 행동들이 좀 더 최선의 결과들을 만들어 낼지 결정해야 한다. 그와 관련한 정의로운 전쟁 옹호론자 비거나 램지의 진술은 옳다. "평화주의자와 정의로운 전쟁 지지자 모두에게 미래는 근본적으로

---

545 이 책 8장 "역사적 책임에 대한 실패" 부분을 보라.

예측불가능하다.[546] 우리 행동의 결과들을 정확하게 예측할 수 없는 무능력이 정의로운 전쟁 기준들 중 하나를 충족하지 못하게 하고 그 무능력이 그 전통의 약점을 가리키기도 하지만, 나는 그 무능력 자체가 정의로운 전쟁 전통을 결정적으로 반박하지는 않는다고 결론 내리고자 한다.

정의로운 전쟁 전통에는 누적된 문제들이 있다. 그 결과 그 전통의 유용성에 대한 심각한 의구심이 생겨났다. 우리는 어떤 사람을 죽이는 동시에 그가 복음을 받아들이도록 초청할 수 없다. 원수를 사랑하라는 예수님 명령을 따르는 것과 원수를 죽이는 행위를 동시에 이행할 수 있는지 매우 의심스럽다. 정의로운 전쟁 전통이 전쟁을 방지했다거나 정의로운 전쟁을 지지하는 상당수의 기독교인들이 국가의 부당한 전쟁에 참여하기를 거부했다는 증거는 거의 없다. 기독교인들이 자기 나라 전쟁에 참여하여 다른 기독교인들을 수천, 수백만 명 살해했다는 것은 치욕이다. 그리고 이것은 기독교인들이 정의로운 전쟁 전통에 근거하여 행동하는 데 계속 실패했음을 잘 보여준다. 구약성경에 근거하여 전쟁을 정당화하려는 사람에게는 최소한 하나의 문제가 있다. 즉 정의로운 전쟁 전통이 금지하는 것을 구약성경이 자주 명령하고 있고, 정의로운 전쟁 전통이 장려하는 것을 구약성경이 비난한다는 점이다. 이러한 실패와 문제점에 비추어 볼 때, 죄가 만연하다는 기독교적 이해에 훨씬 더 잘 부합하는 입장은 정의로운 전쟁 전통이 아니라 평화주의라는 주장에는 분명 개연성이 있다.

---

546 Ramsey and Hauerwas, *Speak Up*, 123(강조는 원저자의 것). 또한 Biggar, *In Defence of War*, 33을 참고하라.

10 장

구약성경에서 살인과 예수

모든 기독교인들이 동의하는 바는 우주의 한 분 하나님께서 참 하나님이자 참 인간이신 나사렛 예수 안에서 온전하게 계시되셨다는 것이다. 예수께서는 우리에게 원수를 사랑하라고 말씀하신다. "그래야만 너희가 하늘에 계신 너희 아버지의 자녀가 될 것이기" 때문이다마 5:44-45, 새번역. 그와 동일한 하나님께서 각 성읍에 있는 모든 남자와 여자, 유아를 진멸하라고 이스라엘 백성에게 반복적으로 명령하셨는가? 그와 동일한 하나님께서 게으른 자녀들이나 안식일에 나뭇가지를 줍는 이들을 사형에 처하라고 명령하셨는가?

폭력을 용인하는 본문들

우리가 지난 장에서 살펴보았듯이 구약성경이 반복해서 말하는 바에 의하면 하나님께서는 이스라엘 백성에게 그들이 차지한 성읍의 모든 살아 있는 사람들을 진멸하라고 명령하신다. "숨쉬는 것은 하나도 살려 두면 안 됩니다. … 하나님이 당신들에게 명하신 대로 전멸시켜야 합니다."신 20:16-17, 새번역 여호수아 10장은 여호수아가 각 도시를 정복하는 것을 그리고 있다. 본문에 따르면 "여호수아가 칼로 그 성과 그 성 안에 있는 모든 사람을 무찔러서, 그 안에 산 사람이라고는 하나도 남기지 않았다"수 10:30, 새번역; 또한 32, 35, 37, 39절. 여호수아가 전 지역에서 승리를 거두었다는 점을 얘기한 후 성경은 다음과 같이 말한다. "이와 같이 여호수아는 … 한 사람도 살려 두지 않았으며, 이스라엘의 주 하나님의 명을 따라, 살아서 숨쉬는 것은 모두 전멸시켜서 희생제물로 바쳤다."수 10:40, 새번역

이 본문들은 "헤렘"חֵרֶם; 진멸하기 위해 따로 남겨 두는이라는 이스라엘의 거룩한 전쟁 전통을 반영한다.[547] 주전 9세기의 한 모압 비문은 동일한 관습을 보여준다. 즉 전투에서 패한 성읍의 모든 포로들을 자신들에게 승리를 허락한 신에게 바치는 희생제물 삼아 진멸하는 것이었다.[548] 이 대량학살 관습은 종종 야훼 하나님의 명령으로 구약에 37번 나타난다.[549] 분명 이스라엘은 패배한 가나안 성읍의 모든 남자와 여자, 유아를 진멸하는 것을 야훼 하나님에 대한 예배 행위로 이해했다.[550] 이스라엘 백성은 여리고를 점령한 후 "성 안에 있는 사람을, 남자나 여자나 어른이나 아이를 가리지 않고 모두 전멸시켜서 희생제물로 바치고, 소나 양이나 나귀까지도 모조리 칼로 전멸시켜서 희생제물로 바쳤다."수 6:21, 새번역

구약성경은 하나님을 다양한 범위의 일들에 대하여 죽음을 명하시는 하나님으로 그리기도 한다. 여기에는 간음한 사람레 20:10, 안식일에 불을

---

547 "하람"(חָרַם), *TDOT* 5:180-99.
548 J. Collins, *Does the Bible Justify Violence?*, 5.
549 Boyd, *Crucifixion of the Warrior God*, 1:294.
550 Ibid., 1:301.

붙이거나 나무를 한 사람출 31:14; 35:2-3; 민 15:32-26, 고집이 세거나 방탕하거나 술에 빠진 자녀출 21:15, 17; 레 20:9; 신 21:18-21, 하나님을 저주한 사람레 24:16, 우상에게 제사를 드린 사람출 22:20 등이 속한다. 또한 성경에 따르면 야훼 하나님은 다윗 왕이 인구 조사를 했다는 이유로 천사를 보내어 이스라엘 백성 칠만 명을 죽이셨다삼하 24:15.

시편 일부는 잔인한 행위를 하는 하나님과 하나님 백성을 묘사하고 있기도 하다. 시편 저자는 하나님께서 하나님의 원수들을 쳐부수실 것이라는 사실을 말하면서 주님께서 "바다 깊은 곳에서 그들을 끌어올 터이니, 너는 원수들의 피로 발을 씻고, 네 집 개는 그 피를 마음껏 핥을 것이다"라고 말한다시 68:22-23, 새번역. 또한 시편 기자는 예루살렘을 멸망시킨 바빌론의 멸망을 예언하면서 "네가 우리에게 입힌 해를 그대로 너에게 되갚는 사람에게, 복이 있을 것이다. 네 어린 아이들을 바위에다가 메어치는 사람에게 복이 있을 것이다"라고 선언한다시 137:8-9, 새번역.

사사기 20장은 역겨운 악행을 범한 베냐민 지파 사람들 몇과 다른 지파 사람들이 어떻게 전쟁을 하는지 그린다. 다른 지파 사람들은 몇 차례 하나님의 인도하심을 구했고, 하나님은 그들에게 전쟁을 하라고 반복해서 말씀하셨다삿 20:18, 23. 그들은 "우리가 또다시 올라가서 우리의 동기 베냐민 자손과 싸워도 되겠습니까, 아니면 그만두어야 하겠습니까?"라고 물었고, 주님은 "올라가거라. 내일은 틀림없이 내가 그들을 너희 손에 넘겨 주겠다"라고 말씀하셨다20:28, 새번역. 다음 날 "주님께서 이스라엘 앞에서 베냐민을 치셨으므로, 그 날 이스라엘 자손이 칼을 쓸 줄 아는 베냐민 사람 이만 오천백 명을 모두 쳐죽였다"20:35, 새번역. 백 군데가 넘는 성경 본문에서 야훼 하나님은 다른 사람을 죽이라고 명령하신다.[551]

---

551 Boyd, *Crucifixion of the Warrior God*, 1:305.

구약성경에서 하나님의 일반적인 호칭들 중 하나는 "만군의 주"이다. "만군"의 문자적 의미는 "군대들"이다. 하나님은 군대들의 주님이시다. 그 호칭은 구약에서 200번 넘게 나타난다.[552] 이스라엘의 하나님은 이스라엘 군대를 돕기 위해 싸우시는 분이다.

하나님께서 살인과 전쟁, 남자와 여자와 아이들에 대한 진멸, 대량 학살을 명령하신다는 사실을 담고 있는 구약의 이 모든 내용들은 하나님의 최종 계시와 어떻게 조화를 이룰 수 있을까? 즉 우리가 원수를 사랑하기를 원하신다는, 예수를 통해 주어진 하나님의 계시와 조화를 이룰 수 있을까? 예수님 당시 많은 유대인들은 또 다른 "거룩한 전쟁"을 고대했다. 자신들의 하나님께서 자신들의 원수인 로마 정복자들을 파괴하실 날을 기다렸다. 하지만 예수께서는 그러한 방식을 완전히 거부하셨다.[553] 모세가 자기 백성에게 남긴 마지막 말과 예수께서 자기 제자들에게 남기신 마지막 말씀은 큰 대조를 이룬다.[554] 모세는 백성에게 가나안 땅에 들어가 "내가 당신들에게 명한 대로" 행하라고 말한다신 31:1-5, 새번역. 예수님의 마지막 명령은 세상으로 가서 모든 민족을 제자고 삼고 "내가 너희에게 명령한 모든 것을 그들에게 가르쳐 지키게 하여라"는 것이다마 28:20, 새번역. 그리고 거기에는 원수 사랑이 포함된다!

---

552 Craigie, *Problem of War*, 36.
553 예수님 당시 거룩한 전쟁 개념이 얼마나 두드러졌는지, 그리고 "유대인의 삶에서 거룩한 전쟁이라는 전통을 받아들여 형성된 모든 운동"을 예수께서 어떻게 거절하셨는지 톰 라이트의 논의를 참고하라. N. T. Wright, *Jesus and the Victory of God*, 449.
554 Sparks, *Sacred Word, Broken Word*, 69은 이 점을 지적한다.

예수님과 구약성경

물론 이 모든 구약 본문들을 단순한 고대 문서로 취급하여 하나님 말씀으로 받아들이지 않으면 논란은 쉽게 해결된다. 즉 신약성경의 그리스도인들에게 타당한 권위를 갖지 못하는 끔찍한 원시 사상을 반영하는 문서로 구약성경을 치부하는 것이다. 하지만 제자들에게 원수를 사랑하라고 가르치신 주 예수께서는 "모든 성경은 하나님의 영감으로 된 것"딤후 3:16이라는 1세기 유대교적 관점이자 기독교적 관점을 공유하고 계셨다. 사탄의 유혹에 관한 이야기에서 예수님은 세 번에 걸친 사탄의 유혹에 대하여 "성경에 기록하기를"이라는 문구로 반응하시면서 신명기 본문을 인용하신다마 4:1-11. 예수님 당시 유대교 집단에서는 히브리 성경을 인용할 때 "성경에 기록하기를"이라는 문구가 일반적이었다.[555] 예수께서는 시편 한 구절을 인용하시며 "다윗이 성령의 감동을 받아서 친히 이렇게 말하였다"라고 말씀하셨다막 12:36. 부활 후 예수께서는 제자들에게 "모세의 율법과 예언서와 시편"히브리 성경을 언급하는 전형적인 방식이 어떻게 자신에 관하여 말하고 있는지 설명하셨다눅 24:44. 산상수훈 도입부에서 예수께서는 자신이 "율법"과 "예언서"와 어떠한 연관성을 가지고 있는지 말씀하셨다. "천지가 없어지기 전에는 율법은 일점 일획도 없어지지 않고, 다 이루어질 것이다."마 5:17-18, 새번역

분명 예수께서는 율법, 시편, 예언서를 하나님의 권위 있는 말씀으로 생각하고 가르치셨다. 우리가 예수님을 참 하나님이자 참 인간으로 고백한다면 히브리 성경에 대한 예수님의 가르침을 감히 무시할 수 없다.[556]

---

555 Keener, *IVP Bible Background Commentary*, 54.
556 보이드가 이 점을 자기 사상의 핵심에 놓는다는 것이 그의 책의 강점들 중 하나이다. Boyd, *Crucifixion of the Warrior God*, 1:3-7, 348-50을 보라.

현대 여러 학자들은 다양한 방식으로 그런 종류의 일을 한다. 에릭 세이버트Eric Seibert는 자신의 책 『성경의 폭력』The Violence of Scripture에서 일반적으로 받아들여지는 도덕 기준을 "성경이 말하는 바를 판단하기 위한 적절한 규범"으로 제시한다. 그 기준이란 곧 "정신적으로 건강하고 합리적으로 기능하는 인간이 쉽고 빠르게 인식해야 하는" 옳고 그름에 관한 것이다.[557] 하지만 원수를 사랑하라는 예수님의 명령이 폭력을 말하는 구약 본문보다 이 기준에 훨씬 더 잘 맞는지는 명확하지 않다. 예수를 주님으로 고백하는 사람들이 보기에 널리 수용되고 있는 현대의 어떤 윤리 규범은 우리의 근본적인 윤리 기준을 감히 규정하지 못한다.

제안된 해결책

성경 본문에는 이스라엘 백성이 자신들이 정복한 가나안 성읍들에서 숨 쉬는 모든 것들을 학살하는 장면이 나온다. 이 본문들을 정당화하거나 적어도 수위를 낮추어 설명하려는 시도가 많이 있었다. 먼저, 어떤 이들은 그러한 일이 결코 일어나지 않았다고 주장한다. 그 일이 일어났다 하더라도, 그것은 하나님께서 이스라엘에게 그 땅을 약속하셨기 때문이다. 또한 악한 가나안 사람들이 그 땅에 남았다면 이스라엘 백성을 타락시켰을 것이기 때문이다. 그들을 죽이라는 명령은 특별한 목적을 위한 명령이었을 뿐이라고 주장하기도 한다. 다른 모든 근동 국가들도 그와 동일한 관습을 따랐다. 어쩌면 숨쉬는 모든 것을 죽이라는 표현은 업적을

---

[557] Seibert, *Violence of Scripture*, 86.

크게 과장하기 위해 당시 널리 사용하던 문학 양식이었을 수도 있다. 하나님께서 하나님 자신을 한 나라에 계시하기로 결정하셨고 그 나라가 생존하기 위해서는 전쟁이 불가피했기 때문에 전쟁을 허락하셨다고 설명하기도 한다.

그러한 일은 결코 일어나지 않았다. 여러 구약학자들에 의하면 여호수아와 그의 군대가 가나안 성읍들을 대규모로 파괴한 일은 없었다. 고고학자들은 여호수아 6-11장에서 완전히 파괴된 것으로 보고되는 성읍들 지역을 광범위하게 발굴했다. 여호수아가 정복한 것으로 알려진 12개 성읍들 중 7개만이 그 당시에 점령당했고, 정복당했을 것으로 보이는 시기에는 3개 성읍만이 파괴되었으리라 추정되는 흔적일 보일 뿐이다. 따라서 하나님께서 어떻게 그 가나안 사람들 모두를 죽이셨는가라는 질문에 대한 답은 단순하다. 피터 엔즈Peter Enns의 대답은 이렇다: "하나님은 그렇게 하지 않으셨다." 엔즈는 그런 일이 없었다고 본다.[558]

나는 구약학자가 아니다. 그리고 이 책은 여러 현대 신학자들의 이러한 결론을 평가하기 위한 책도 아니다.[559] 하지만 그들이 맞다 하더라도 신학적 문제점이 없어지지는 않는다. 예수님에 따르면 그 본문은 하나님의 영감으로 된 권위 있는 성경의 한 부분으로서, 하나님께서 숨쉬는 모든 것을 진멸하라는 명령을 내리셨다고 말하기 때문이다.[560]

하나님께서 그 땅을 아브라함 자손들에게 약속하셨다. 하나님께서 그 땅을 아브라함에게 약속하셨다고 성경이 반복해서 말하고 있는 것은 사실이다. 창세기 17:8에서 하나님은 아브라함에게 선언하셨다. "네가 지금 나그네로 사는 이 가나안 땅을, 너와 네 뒤에 오는 자손에게 영원한 소유로

---

558   Enns, *Bible Tells Me So*, 58–60.
559   Stone, "Early Israel"에서 제시하는, 유사하지만 덜 포괄적인 결론을 참고하라.
560   Craigie, *Problem of War*, 50.

모두 주고, 나는 그들의 하나님이 될 것이다."새번역[561] 하나님께서는 아브라함 자손이 가나안 땅에 살면서 하나님이 모든 민족을 축복하기 위한 통로로서 특별한 민족이 되기를 원하셨다창 12:1-3. 우리는 그 사실을 받아들일 수 있다. 그리고 하나님은 아브라함과 다윗의 자손인 예수께서 세상의 구원자로 오셨을 때 그 계획을 이루셨다. 하지만 분명 그것은 전능하신 하나님께서 이 계획을 성취하실 수 있었던 유일한 방법이 그곳에 살고 있는 모든 가나안 사람들을 학살하는 것이었음을 의미하지는 않는다. 분명 강력하고도 지혜로우신 우리 하나님께서는 이 목적을 이루기 위해 대학살이 아닌 다른 어떤 수단을 사용하셨을 수도 있다.

가나안 사람들은 악했다. 가나안 사람들이 악했다는 것은 사실이다. 그들은 우상 숭배를 했고, 자녀를 신들에게 바쳤으며, 신전 매춘을 행했다. "주님께서 이 민족을 당신들 앞에서 내쫓은 것은, 그들이 악하기 때문입니다."신 9:4, 새번역[562] 성경 본문이 자주 말하는 바에 따르면 하나님께서는 우상을 숭배하는 가나안 사람들이 선택받은 사람들 사이에서 살면서 그들을 우상 숭배로 유혹하는 것을 원하지 않으셨다. 하나님께서 모세를 통해 이스라엘에게 주신 율법들 중에는 가나안 사람들이 이스라엘 백성과 함께 살지 못하도록 하는 명령이 있었다. "너희는 그들을 너희 땅에서 살지 못하게 하여라. 그렇게 하지 않으면, 그들이 너희를 유혹하여 나에게 죄를 짓게 할까 염려가 된다. 너희가 그들의 신들을 섬기면, 그것이

---

[561] 또한 창 13:14-17; 26:3; 28:13을 보라. 하지만 아브라함이 자기 아내를 매장하기 위해 가나안 사람들에게 작은 땅을 샀다는 점(창 23:17-20), 야곱이 가나안 사람들에게 작은 땅을 샀다는 점(창 33:19-20)으로 볼 때, 그 땅이 이스라엘 소유였고 가나안 사람들이 "엄격히 말해서 무단침입자"였다고 주장하는 것은 분명 아전인수 격 주장이다. Copan and Flannagan, *Did God Really Command Genocide?*, 63-64.

[562] 또한 레 18:1-2, 24-25, 27, 30; 신 9:5; 12:29-31을 보라.

너희를 잡는 덫이 될 것이다."출 23:33, 새번역[563] 그리고 모세는 이스라엘이 가나안 사람들의 가증스런 행위들을 결코 모방해서는 안 되며, 그렇지 않을 경우 하나님께서 그들을 멸하실 것이라고 경고했다레 18:27-28.

하지만 우리는 다시 질문해야만 한다. 그러한 죄인들을 벌하는 데 있어 대학살이 유일한 방법인가? 물론 유한한 인간에게는 하나님이 하시는 어떤 일이 잘못되었다고 판단할 만한 충분한 지식이 없다.[564] 하지만 자신이 선택하신 모든 것을 하실 수 있는 권리가 하나님 자신에게 있다는 것이, 독생자 예수를 통해 계시되신 하나님께서 어떻게 대학살을 명령하실 수 있는지 이해하기 어렵다는 사실을 바꾸지는 못한다.

그 명령은 "특별한 목적"을 위한 것이었다. 숨쉬는 모든 것을 진멸하라는 명령이 그저 "특별한 목적을 위한 명령"이었기 때문에 그것이 크게 문제가 되지 않는다고 폴 코판과 매튜 플래너건 같이 주장하는 것은 도움이 되지 않는다. 그들은 신명기 20장을 가리킨다. 이스라엘이 아브라함과 그의 후손에게 약속된 땅의 일부가 아닌 "당신들로부터 먼 거리에 있는 성읍들"을 정복할 때, 그들은 남자를 제외한 다른 누구도 죽이지 않았다신 20:10-18. 하지만 약속의 땅에 있는 성읍들의 경우 이스라엘에게는 다음과 같은 명령이 주어졌다. "하나님이 당신들에게 유산으로 주신 땅에 있는 성읍을 점령하였을 때에는, 숨쉬는 것은 하나도 살려 두면 안 됩니다."신 20:16[565] 하나님은 이스라엘 백성에게 모든 성읍에서 살아 있는 모든 것을 죽이라고 말씀하지 않으신다. 하지만 그 사실이 하나님께서 모든 가나안 성읍들에 사는 모든 것을 죽이라는 명령을 반복하여 내리신다는 문제가 없어지지는 않는다.

다른 근동 국가들도 그렇게 했다. 우리가 성경 외부 문서들에서 알 수

---

[563] 또한 출 34:15-16; 신 7:4, 16; 20:18을 보라.
[564] Nugent, *Politics of Yahweh*, 111-15.
[565] Copan and Flannagan, *Did God Really Command Genocide?*, 58-59.

있는 사실은 정복한 지역의 모든 거주민을 학살하는 것이 당시 역사에서 이례적인 일이 아니었다는 것이다. 아시리아 제국의 신전에서 발견된 한 비문을 보면 당시 아시리아 제국의 왕이었던 아슈르나시르팔Ashurnasirpal은 자신이 정복한 도시에서 아이들을 포함한 모든 사람의 팔다리를 절단하거나 불태워 죽였다.[566] 그리고 우리가 위에서 살펴본 것처럼 주전 9세기의 한 비문에는 모압 왕이 자신이 정복한 이스라엘의 도시에서 모든 사람을 학살하는 장면이 그려져 있다. 일부 복음주의 학자들은[567] 이교도들 사이에 이러한 관습이 만연했다는 사실이 하나님께서 이스라엘에게 동일한 명령을 내리셨다는 것을 정당화한다고 주장한다. 하지만 나는 이 논증에서 어떠한 타당성도 발견할 수 없다.

그 표현은 과장된 것이다. 코판과 플래너건은 주전 9세기의 모압 비문과 당시 고대 근동의 다른 여러 문서들에 근거하여 또 다른 논증을 전개했다. 이 문헌들에 의하면 당시 왕들은 크게 과장된 언어를 사용하여 자신들의 군사적 업적을 드러냈다. 그들은 학살의 정도를 엄청나게 과장하고는 했다. 숨쉬는 모든 것을 없애버리라는 여호수아서의 표현은 군사적 승리를 묘사하는 고대의 다른 기록들과 매우 유사하다. 비슷한 시기의 다른 근동 문헌들에서도 "승리는 지나치게 과장된 형태로 서술된다. 적을 완전히 정복했다거나, 완전히 파괴했다거나, 생존자를 하나도 남기지 않고 모두를 죽였다는 식으로 묘사된다."[568] 따라서 일부 성경 본문이 보여주고 있는 살인은 문자 그대로를 의미하려던 것이 아니었을 것이고, 본문이 암시하는 것처럼 대규모도 아니었을 것이다. 코판과 플래너건은 여호수아의 기록이 문자 그대로의 역사가 아니라 과장된 것으로 이해되

---

566 Grayson, *Assyrian Rulers*, 201; Lamb, *God Behaving Badly*, 79, 192.
567 Lamb, *God Behaving Badly*, 77.
568 Copan and Flannagan, *Did God Really Command Genocide?*, 97.

어야 한다는 논증을 강화하고자 했다. 이를 위해 이들은 여호수아서에서 이미 흔적도 없이 사라진 가나안 성읍들과의 전투를 사사기서가 빈번하게 묘사하고 있다는 사실을 지적한다.[569] 그들은 여호수아서와 사사기서 최종 편집자에게는 여호수아가 살아 있는 모든 것을 문자 그대로 '학살했음'을 암시하려는 의도가 없었다고 결론짓는다.[570] 그러므로 최종 성경 본문은 대량 학살을 명령하거나 묘사하려고 쓰인 것이 아니라는 것이다. 코판과 플래너건은 모세나 하나님께서 생명 있는 모든 것을 학살하라 명하지 않으셨다는 결론을 내린다.[571]

이 논증은 얼마나 도움이 되는가? 아마도 약간은 도움이 될 것이다. 적어도 우리는 몇몇 본문이 시사하는 것보다 훨씬 적은 수의 가나안 사람들이 학살당했을 것이라고 말할 수 있다. 아마도 최종 편집자 역시 숨쉬는 모든 것을 학살한다는 표현이 전형적인 과장법 표현이지 실제로 발생한 일에 대해 묘사한 것이 아니라는 사실을 알았을 것이다. 하지만 하나님이나 모세가 살아 있는 모든 것을 진멸하라는 명령을 내렸다고 최종 편집자가 생각하지 않았더라도, 하나님과 모세가 정확하게 그것을 명령했다고 명시적으로 진술하는 표현을 최종 편집자가 반복적으로 포함시켰다는 점은 특이하다.[572] 따라서 성경이 하나님의 대학살 명령에 관하여 계속 말하고 있다는 사실이 여전히 우리에게 해소되지 않고 남아 있다. 내가 보기에 우리 주 예수님의 아버지께서 실제로 그 일을 하셨다고 생각하기는 어렵다.

---

569 Ibid., 85-93, 10-11장과 삿 1:1-2:5을 참고하라.
570 Copan and Flannagan, *Did God Really Command Genocide?*, 90.
571 Ibid., 104.
572 코판과 플래너건에 대한 광범위한 비평을 보려면 Boyd, *Crucifixion of the Warrior God*, 2:946-60을 보라. 무엇보다도 보이드는 "헤렘" 명령을 과장법으로 보기에 어려운 몇몇 성경 본문을 제시한다(2:951-59).

국가는 스스로를 보호해야 한다. 피터 크레이기Peter Craigie는 그 논증에 관하여 강력하게 진술한다. 즉 하나님께서 실존하던 특정 국가를 통해 자신을 계시하기로 결정하셨으므로 전쟁이 불가피하였다는 것이다. "이스라엘은 현실 세계에 존재하는 국가로서 전쟁을 피할 수 없었다."[573] 이 주장은 설득력 있어 보인다. 하나님께서 아브라함의 후손들로 이루어진 한 나라를 통하여 자신을 계시하기로 결정하셨기 때문에 그 나라는 다른 모든 나라들처럼 자신을 세우고 지키기 위해 싸워야만 했을 것이다.

하지만 이 논증에는 한 가지 문제점이 있다. 하나님의 선택된 백성이 다른 나라들처럼 군사적 행동을 하는 것을 하나님께서 원하시지 않는다는 증거가 구약 본문에서 반복적으로 나타난다. 출애굽 기사를 보면 이스라엘은 자신들을 뒤쫓는 바로의 군대에게서 자신들을 보호하기 위해서 아무것도 하지 않는다. 어떤 본문에서는 가나안 사람들을 쫓아내기 위해서 하나님이 말벌을 사용하신다출 23:27-28.[574] 다른 나라들처럼 전쟁에서 자신들을 이끌어 줄 왕을 이스라엘이 원할 때 하나님은 그 요청에 반대하셨다. 결국 왕을 세우는 일을 허락하실 때 하나님은 다른 나라들처럼 병거와 군마를 모으지 말라고 이스라엘 왕들에게 경고하셨다. 그 이후 선지자들은 이스라엘이 하나님보다 군사력을 신뢰하는 점에 대해 반복적으로 비난했다사 31:1.[575] 구약은 하나님께서 이스라엘이 주변 나라들과 아주 다르기를 원하신다는 점을 지속해서 암시하고 있다. 자신들이 방어해야 할 그 나라들과도 말이다. 즉 하나님께서 이스라엘을 선택하셔서 자기 계시를 위한 특별한 도구로 사용하시기 때문에 이스라엘도 다른 일반적인

---

573 Craigie, *Problem of War*, 71.
574 보이드가 다수의 본문을 가지고 주장하려는 것은 하나님의 원래 계획이 가나안 사람들을 비폭력적으로 몰아내는 것이었다는 점이다. Boyd, *Crucifixion of the Warrior God*, 2:964-72.
575 이 책 9장에 있는 "정의로운 전쟁 전통과 구약성경" 부분을 보라.

나라들과 동일하게 최첨단 군사 무기로 자신을 보호해야 한다는 주장을 구약성경은 반대하고 있는 것이다.

존 하워드 요더의 설명

정경적 접근법은 정경 전체를 하나님의 권위 있는 말씀으로 받아들이는 것이다. 요더가 정경적 접근법을 지지하므로 이 주제에 대한 그의 생각에 조금 더 관심을 가질 필요가 있다.[576]

요더는 여러 가지 일반적인 접근법들을 거부한다.[577] 세대주의자들 dispensationalists에 의하면 주권자 하나님은 각 세대마다 다른 것들을 요구하신다. 그러한 접근법은 예수님 자신이 이스라엘의 믿음의 성취라는 예수님의 가르침과 절충하려는 것처럼 보인다. 사람들의 완고함 때문에 모세가 이혼을 허용한 것처럼 구약성경의 전쟁 또한 사람들의 불순종을 용인한 결과인가? 요더가 이 접근법을 거부하는 까닭은 불순종을 용인한다는 개념이 거룩한 전쟁을 다루는 본문에 있지 않기 때문이다. 요더는 구약의 살인 관련 본문이 좀 더 문명화 된 문화가 당연하게 거부하는 "원시사회의 도덕적 미성숙"에서 기인한다는 생각도 받아들이지 않는다. 요더는 이러한 입장이 "진화론적이고 자유주의적인 신학적 관점"에서 도출되는 것처럼 보이므로 문제가 있다고 보기 때문에 이러한 입장을 공유하지 않는다. 또한 요더는 사적 책임과 공적 책임에 관한 구약성경의 설명이

---

[576] John Nugent, *Politics of Yahweh*, 11. 그는 요더의 구약 이해를 분석하는데, 요더의 접근법을 "정경 지향적"이라고 묘사한다.

[577] Yoder, *Original Revolution*, 91-100.

신약성경에도 적용된다는 그리하여 개인이 주도하는 살인은 안 되지만 국가가 그렇게 하는 것은 정당하다는 널리 인식된 견해를 거부한다. 그 이유는 이것이 예수께서 살인을 금하시는 것이 개인의 사적인 영역에만 적용되고 시민이나 군인으로서 속하는 공적인 영역에는 적용되지 않는다고 주장하기 때문이다.

요더의 정경 지향적 접근법은 성경 본문이 이스라엘 역사 서술 안에서 말하는 바대로 받아들이는 방식이다. 요더는 이스라엘 역사 안에서 일종의 점진적인 방향성을 발견한다. 시간이 흐를수록 인간 생명의 신성함이 더 보호를 받는 것이다. "그러므로 구약성경의 이야기를 이해함에 있어 그 이야기가 이후에 나타나는 것들과 어떻게 다른지를 묻기보다는, 이전의 것과 어떻게 다른지, 그 당시 무엇이 우세했는지, 그 이후에 나타난 것을 향해 어떻게 나아가는지를 묻는 것이 더 타당하다."[578]

하나님께서는 아브람을 폭력적인 문화에서 불러내셨다. 그리고는 그의 후손을 커다란 국가로 만들어 온 세계의 복의 근원이 되게 하실 것이라고 약속하셨다창 12:1-3. 요더는 출애굽 이야기에 나타나는 폭력을 부정하지는 않는다. 하지만 그는 "이집트인이 파멸에 이르는 데 있어 이스라엘 백성은 아무 일도 하지 않았다"는 점을 강조한다.[579] 요더는 가나안 정복 시기와 사사 시대에 거룩한 전쟁이 얼마나 중요한지 논하면서, 이스라엘 백성이 살인을 거의 하지 않거나 전혀 하지 않는다는 사실을 강조한다.[580] 오히려 야훼 하나님께서 그 일을 하신다. 여러 본문들이 이스라엘 백성에게 분명하게 요구하는 바는, 하나님의 기적적인 개입에 의존하고 군사적 기술이나 준비에 의존하지 말라는 것이다. 하지만 요더는

---

[578] Yoder, *Original Revolution*, 100-101.
[579] Nugent, *Politics of Yahweh*, 46.
[580] 요더는 거룩한 전쟁에 관한 논의에서 동료 구약학 교수의 연구에 크게 의존한다. Lind, *Yahweh Is a Warrior*를 참고하라.

살아 있는 모든 것을 진멸하는 것이 "원수를 우리 손에 넘겨준 하나님께 피의 제사를 드리는 것"이라는 점을 인정한다.[581] 그는 또 말한다. "우리는 만군의 야훼 하나님께서 실제로 말씀하고자 하신 것이 이 사건들 안에 있었다고 말할 수 있다. 하나님께서는 역사적으로 적절한 시점에 자기 백성에게 말씀하신다."[582]

요더는 군주제 기간에 관한 논의를 하면서 이스라엘이 주변 나라들처럼 왕을 갖고자 할 때 하나님께서 강력하게 반대하셨다고 말하는 본문을 강조한다. 전쟁에서 자신들을 이끌 왕을 달라는 요구를 묵인하실 때조차 하나님은 이스라엘 백성에게 왕이 야훼 하나님을 신뢰하기보다는 어떻게 그들을 억압하고 군사력에 의지할 것인지에 대하여 경고하신다삼상 8:1-21; 신 17:17. 선지자들은 왕이 야훼 하나님의 보호보다는 군사적 방비 상태를 더 의지하고 있다고 정죄한다.[583] 바빌로니아 사람들이 예루살렘을 점령하고 포로들을 바빌론으로 데려간 후, 예레미야 선지자는 이스라엘 백성이 그 성읍의 평화를 구해야 한다고 주장했다렘 29:7. 그리고 그들은 이제 더 이상 군사적 방어가 필요한 국가가 아니기 때문에 전쟁을 수행할 필요가 없다.[584]

선지자들은 하나님 백성이 아브라함 후손 이상으로 확장된다는 점도 지적한다. 요더는 하나님 백성에 대한 이해의 범주가 전에 없이 확장된다는 사실을 인정한다. 그것은 모든 민족을 향한 예수님의 복음에서 절정을 이룬다. "이스라엘 민족을 이스라엘 국가와 동일하게 여기는 태도는 점차 느슨해졌다. … 이것은 긍정적인 방식으로, 즉 야훼 하나님이 모

---

581 Yoder, *Original Revolution*, 104-5.
582 Ibid., 107.
583 사 31:1; 호 10:13-14; 슥 9:9-10. 또한 신 17:16; 시 20:7; 146:3-5을 보라.
584 렘 29:4-7을 보라. 또한 Nugent, *Politics of Yahweh*, 75-80을 참고하라.

든 민족들을 향해서 관심을 가지신다는 관점이 점진적으로 전개되면서, 그리고 모든 민족들이 하나님의 도를 배우기 위해 예루살렘에 모이는 때에 대한 약속이 주어지면서 느슨해진 것이다. … 모든 민족이 언약의 잠재적 당사자로 이해되자 더 이상 외부인을 하등한 인간이나 희생의 대상으로 인식할 수 없게 되었다."585 따라서 하나님의 백성이 무기를 사용하는 것이 모세나 여호수아 시대에는 정당했지만 예수께서 불러오신 하나님 나라에서는 더 이상 그렇지 못하다. 아브라함 후손을 통해서 모든 민족에게 복을 주시려는 하나님의 본래 계획이 유대인과 이방인 사이의 구분이 없는 그리스도의 교회 안에서 성취되었기 때문이다.586

요더의 논증에는 장점이 분명히 있다. 그는 구약성경을 하나님의 권위 있는 계시의 한 부분으로 수용한다. 예수님은 아브라함의 후손을 통해 모든 민족에게 복을 주신다는 하나님 약속의 성취이다. 구약성경 안에는 어떤 발전이 있다.

하지만 요더의 논증은 여전히 하나님께서 이스라엘 백성에게 그들이 정복한 가나안 성읍들에 있는 살아 있는 모든 존재를 죽이라고 명령하셨다는 것을 확증하는 것 같다. 즉 하나님께서 대학살을 명령하셨다는 의미로 들린다. 우리 주 예수의 아버지께서 주 예수께서 가르치신 것과 완전히 모순되는 명령을 내리셨다고 보아야 하는가?

존 뉴전트John Nugent는 요더가 구약을 어떻게 이해하고 있는지 분석하면서, 원수를 사랑하라는 예수님의 가르침이 "악에 대한 하나님의 반응을 철저하게 대변하지 않는다"고 주장한다. 신약성경의 분명한 가르침은, 하나님은 기독교인들이 해서는 안 되는 어떤 일을 하신다는 것이다롬 12:19.

---

585 Yoder, *Original Revolution*, 108(강조는 원저자의 것).
586 Nugent, *Politics of Yahweh*, 189.

더 나아가 요더가 주장하듯이 유한한 인간에게는 무한하신 하나님의 행위가 도덕적으로 정당한지 판단을 내릴 수 있는 적절한 방도가 없다. 하나님과 인간 사이에는 "본질적으로 무한한 차이"가 있기 때문에 하나님에게는 무엇이 옳은 것이어야 하는지 판단할 기준이 우리에게는 없다. "우리가 사실상 충분히 파악할 수 없는 신성의 본질을 확실하게 이해하지 않고는 대학살에 대한 신적 허용이 모순인지 아닌지 분명하게 알 수 없다."[587]

하지만 이 설명은 여전히 불충분한 것 같다. 예수께서 하나님에 관한 모든 것을 완전하게 계시하신다고 주장하는 것은 분명 잘못되었다.[588] 게다가 예수님은 하나님께서 악을 벌하신다고 반복적으로 가르치신다. 예수께서 제자들에게 금하신 어떤 것들을 하나님께서 수행하시고는 한다.[589] 하지만 예수께서 우리에게 하시는 말씀에 의하면 우리가 원수를 사랑할 때 우리는 의인과 악인 모두에게 비를 내리시는 하나님처럼 행동해야 한다. 예수께서 그리신 사랑의 하나님과 대학살은 조화 가능한가?

그레그 보이드의 설명

그레그 보이드Greg Boyd에 의하면 예수께서 묘사하신 사랑의 하나님과 대학살이 양립할 수 있느냐는 질문에 대하여 우리는 '아니요'라고 말해야

587　Ibid., 112-13.
588　내가 보기에 보이드는 이렇게 오해하고 있다. 그에 따르면 "아버지께서 우리에게 주시는 완전한 계시가 예수이다." Boyd, Crucifixion of the Warrior God, 1:40(강조는 원저자의 것).
589　이 책 12장에 있는 "전통적인 속죄론에 대한 도전들" 부분에서 데니 위버(Denny Weaver)에 관한 단락들을 참고하라.

한다. 보이드는 최근 두 권짜리 방대한 저술을 출간했다. 그 책 제목은 『십자가에 달리신 전사 하나님』Crucifixion of the Warrior God이다. 그 책에서 보이드는 예수께서 비폭력을 요청하신다는 사실과 예수께서 구약을 권위 있는 하나님 말씀으로 받아들이신다는 두 사실을 조화시키는 방법을 발전시킨다.

우리는 예수님에게서 시작해야만 한다. 히브리서가 분명하게 제시하는 바를 신약은 여러 곳에서 다양한 방식으로 말한다.[590] 과거에 하나님은 여러 예언자들을 통해 말씀하셨지만 이제 하나님은 아들을 통해 우리에게 말씀하신다. 그분은 "하나님의 본체대로의 모습"이시다히 1:1-3. 실체보다 그림자가 하등한 것처럼 예수님보다 율법과 예언서가 하등하다히 8:5; 10:1; 골 2:17. 신약성경 저자들은 예수님 관점에서 구약을 이해했다. 우리도 그와 같이 해야 한다.[591] 예수님은 성경의 핵심이시고 십자가는 예수님의 핵심이다.

십자가는 예수님에 관한 모든 것을 열어 주는 해석학적 열쇠이다. "예수님에 관한 모든 것을 풀어내는 실타래는 비폭력적이고 자기희생적이고 원수까지도 포용하시는 하나님의 사랑이다. 그 사랑은 바로 십자가에서 계시되었다."[592] 하나님의 본질은 사랑이다. 하나님이 분노하시는 것은 하나님이 사랑하시는 것과 방식이 다르다. "하나님께서 죄에 대하여, 불의에 대하여, 폭력에 대하여, 자신의 백성을 파괴하는 다른 모든 것에 대하여 격렬하게 '분노'하시는 것은 다름 아닌 자기 백성을 향한 격렬한 사랑 때문이다."[593] 그리고 십자가에서 하나님은 그 사랑의 범위를 보

590　Boyd, *Crucifixion of the Warrior God*, 1:37-59.
591　Ibid., 1:97-110.
592　Ibid., 1:142.
593　Ibid., 1:146.

여주신다. 하나님의 십자가 사랑은 너무도 위대했기에 하나님께서 우리를 위한 죄와 저주가 되셨고고후 5:21; 갈 3:13, 우리 대신 죽으셨다. 예수님은 십자가 위에서 하나님께 버림받은 범죄자처럼 보이지만 사실 그분은 참 하나님이시다. 그분은 하나님의 능력과 지혜를 드러내신다고전 1:18-24. 십자가는 어떻게 "하나님께서 일을 이루시는지" 보여준다. 하나님은 "인간의 통상적인 권력이나 무력을 사용하여 일하지 않으신다. 하나님은 갈보리에서 표현된, 자기를 내어주는 사랑으로 일하신다."[594] 그러므로 십자가는 "하나님의 최고의 계시"이다.[595]

그렇다면 보이드는 하나님께서 폭력을 행하시거나 명하시는 구약성경을 우리가 어떻게 이해해야 한다고 말하는가? 십자가가 열쇠이다. 하나님은 사람들에게 무언가를 강요하지 않으셨고, 대신 십자가에서 스스로 고통을 당하셨다. 이는 죄인들이 그릇되게 선택하는 것을 허용하셨기 때문이다. 성경 저술에 있어서도 유사한 일이 발생한다. 하나님께서는 인간 저자들을 강요하셔서 참되고 옳은 것만 기록하도록 하지 않으셨다. 사랑으로 하나님은 성경을 기록한 인간 저자들이 하나님에 관한 거짓된 이야기들을 기록하는 것을 허용하셨다. 십자가에서 드러난 하나님이 언제나 구약을 해석하는 열쇠이다. 보이드는 다음과 같이 결론 내린다.

> "구약에 있는 하나님에 관한 어떤 설명이 십자가에서 드러난 하나님 성품을 반영하는 정도만큼 우리가 그 설명을 직접적인 계시로 여겨야 한다고 생각한다. 자신의 참된 성품을 가능한 한 많이 드러내시기 위해서 자기 백성을 향해 끊임없이 행동하시는, 역사적으로 드러나는 하나님의 신실하심을

594　Ibid., 1:195.
595　Ibid., 1:155.

증언하기 때문이다. … 하지만 구약에 있는 하나님에 관한 어떤 설명이 십자가에서 드러난 하나님의 십자가적 성품과 반대되는 성품을 반영하는 정도만큼 우리는 그 설명을 간접적인 계시로 여겨야 한다고 생각한다. 간접적인 계시는 타락하고 문화에 길들여진 자기 백성이 자기가 내리는 법을 따를 수 있도록 계속해서 자신을 낮추시는, 역사적으로 드러나는 하나님의 신실하심을 증언하기 때문이다."[596]

구약의 어떤 본문이 십자가에서 계시된 하나님과 부합하는 방식으로 하나님을 묘사한다면 우리는 그것을 직접적인 계시로 받아들여야만 한다. 하지만 어떤 구약 본문이 십자가의 비폭력적 하나님과 일치하지 않는 폭력적인 하나님을 묘사한다면 우리는 그것을 인간 저자의 잘못되고 죄악 된 생각으로 거부해야만 한다는 것이다.

보이드의 해결책은 얼마나 적절한가? 내가 보기에 1,400면에 달하는 그의 대표작에는 칭찬할 만한 것들이 많이 있다.[597] 우리를 향한 하나님의 온전한 계시이신 예수님에서 논의를 시작한다는 점에서 그 책은 옳다. 예수님과 신약성경이 구약의 다양한 요구들(음식 규정과 안식일, 할례 등)을 수정하거나 배제함으로써 율법과 예언서를 완성시키고 있음을 보여준다는 점에서 그 책은 옳다. 하지만 결국 그의 입장이 구약성경이 잘못되었고 결정적인 부분에서 거부되어야만 한다고 말하는 현대 신학자들과 실질적으로 다른 입장인지는 분명하지 않다. 보이드의 접근법은 다른 여러 사람들의 접근법보다 훨씬 더 복잡한 것이 분명하다. 하지만 결국 그의 진술에 의하면, 구약성경이 폭력적인 하나님을 묘사할 때 우리는 죄로 가득하고 그

596　Ibid., 1:502.
597　보이드의 광범위한 주해와 신학적 논증들을 몇 단락으로 적절하게 요약하는 것은 불가능하다!

롯된 인간 저자들을 상대하고 있는 것이다. 하나님을 이해하려는 그들의 노력은 존중받을만한 것이지만, 결국 그들은 틀렸다는 것이다.

다른 구약 본문들

어떤 구약 본문이 하나님을 폭력을 명령하시거나 행하시는 분으로 그린다고 해서 그것이 하나님의 유일한 모습이라고 단순하게 말할 수는 없다. 흘러넘치는 하나님 사랑을 묘사하는 본문은 많다. 아마도 폭력적인 하나님을 묘사하는 본문보다 더 많을 것이다. 출애굽기에서 하나님은 자신을 다음과 같이 묘사하신다. "나 주는 자비롭고 은혜로우며, 노하기를 더디하고, 한결같은 사랑과 진실이 풍성한 하나님이다. … 악과 허물과 죄를 용서하는 하나님이다."출 34:6-7, 새번역[598] 하나님을 "노하기를 더디하고 한결 같은 사랑"의 하나님으로 묘사하는 것은 구약성경에서 여러 번 나타난다.[599] 구약에서 야훼 하나님에게 적용하는 가장 흔한 단어는 "헤세드"חֶסֶד이다. 그것은 "인자하심"확고부동한 사랑을 의미한다. 구약은 하나님 사랑이 변하지 않고 "영원하다"고 42번 선언한다.[600] 구약성경 일부 구절들, 특히 선지서 일부 구절들은 하나님께서 폭력을 미워하시고 미래에 평화를 가져오실 것이라 말하고 있다사11:6-9; 미 4:3. 구약성

---

[598] 실제로 7절 나머지 부분에서 하나님이 죄인에게 벌을 내리신다는 사실을 언급하고 있다. 이 책 12장 "하나님의 진노" 부분을 보라. 거기에서 나는 이러한 성경 가르침을 인정한다.

[599] 민 14:18; 느 9:1; 시 86:15; 103:8; 145:8; 욜 2:13; 욘 4:2.

[600] Lamb, *God Behaving Badly*, 39. 이 문구는 시편 136편에서 26번 사용된다.

경이 하나님을 묘사함에 있어 핵심은 사랑이다.601

하지만 이러한 본문이 많다고 해서 폭력과 대학살을 명령하시고 행하시는 하나님을 구약성경이 반복적으로 묘사한다는 사실이 바뀌지는 않는다. 따라서 문제는 여전하다. 우리는 이 본문들과 예수께서 하나님에 대하여 말씀하시는 바를 어떻게 조화시킬 수 있는가?

나는 구약성경이 하나님을 폭력적으로 묘사하는 것과 예수께서 하나님을 원수까지도 사랑하라고 우리에게 요청하시는 분으로 계시하는 것을 조화시키려는 모든 설명들이 만족스럽지 않다. 어쩌면 유한한 우리가 제시하는 그 어떤 답도 적절하지 않을 것이다. 나를 완전히 만족시켜 줄 해결책은 없지만, 몇 가지 분명한 사실은 있다. 곧 우리가 예수님에게서 시작해야 한다는 사실이다. 예수님과 신약성경은 구약의 여러 핵심적인 부분들을 초월하거나 대체함으로써 구약을 성취하기 때문이다.

대럴 콜Darrell Cole은 신약성경이 구약의 신학적, 윤리적 토대를 전제로 한다고 주장한다. 그의 주장은 분명 옳지만, 그것이 그의 주장대로 "구약에 계시된 하나님의 영원하고 불변하는 도덕적 성품과 대조되게 예수님의 성품을 해석할 수 없다"는 것을 의미하는가? "예수님의 성품은 구약의 하나님 묘사와 조화를 이루어야만 한다"는 콜의 주장은 과연 옳은가?602 신약성경은 예수님이 그림자에 불과한 구약성경이라는 계시의 완성이시라고 반복하여 말하고 있다히 10:1. 따라서 우리의 출발점은 구약성경이 아니라 예수님이 되어야만 한다. 베네딕토 교황Pope Benedict은 이 점을 잘 설명한다. "그리스도가 모든 일을 푸는 열쇠이다. … 그리스도와 함께 걸음으로 모든 것을 그리스도의 관점에서 다시 해석하고, 십자가에

---

601 보이드는 긴 각주를 통해 구약의 하나님의 이러한 측면을 강조하는 여러 현대 신학자들의 주장을 보여준다. Boyd, *Crucifixion of the Warrior God*, 1:281-82nn5-6.
602 Cole, *When God Says*, 32.

서 죽으시고 부활하신 그분과 함께함으로 우리는 거룩한 성경의 풍성함과 아름다움 안으로 들어갈 수 있다."[603] 여기에는 새로운 언약이 구약의 여러 핵심적인 면들을 배제하면서 옛 언약을 초월한다고 말씀하고 있는 예수님과 신약성경의 다양한 진술들을 이해하는 과정이 포함된다.

그림자와 실체

히브리서에 따르면 구약의 율법은 예수 그리스도 안에 숨겨진 참 실체의 그림자에 불과하다히 10:1-10. 이제 하나님의 "본체대로의 모습"이신 그리스도께서 오셨고1:3 옛 것은 무효화되었다. 옛 언약에서 핵심적이던 많은 것들율법과 성전, 할례, 안식일, 맹세, '눈에는 눈'이라는 원칙이 새 언약 안에 있는 하나님 백성에게는 이제 더 이상 규범으로서 효력이 없다.

구약성경이 가르치는 것과 1세기 유대인들의 믿음에 따르면 율법과 성전은 유대교 신앙에 있어 핵심이었다. 율법 세부 사항들을 꼼꼼하게 지키는 것은 야훼 하나님에게 순종하는 방식이며 또한 자신이 신실한 유대인임을 드러내는 방법이었다. 성전은 하나님이 특별히 임재하시는 장소였고 매일 죄를 위한 제사를 드리는 곳이었다. 초기 기독교 교회는 율법이나 성전이 아니라 예수님이 하나님께로 향한 길이라는 것을 믿음으로써 그 모든 것을 폐기했다.

모세 율법인 토라Torah를 준수하는 것은 예수님 당시 유대교 신앙과 삶에서 핵심이었다. "성전 제의와 안식일 준수, 음식 규정, 할례는 유대인

---

[603] Sparks, *Sacred Word, Broken Word*, 107에서 재인용.

과 이방인을 구분하는 핵심 요소들이었다."604

안식일 준수는 필수적이지 않다. 십계명에 있는 안식일 계명은 유대교 내에서 삶의 핵심적인 특징으로 견고하게 확립되었다출 20:8. 구약성경은 안식일 준수가 얼마나 중요한지 반복해서 강조한다출 34:21. 민수기 15장에는 "나무하는 자를 발견"한 이야기가 기록되어 있다. 사람들은 그를 어떻게 처리할지 모세에게 물었고, 주님께서는 모세에게 이렇게 말씀하셨다. "그 사람을 반드시 죽일지니 온 회중이 진영 밖에서 돌로 그를 칠지니라."민 15:35 구약성경은 심지어 안식일에 집에서 불을 피우는 사람도 죽임 당할 만하다고 기록하고 있다출 35:2-3.

예수님은 안식일 문제에 있어 바리새인들과 반복적으로 충돌하셨다. 예수님은 자기 제자들이 안식일에 곡식 이삭을 따 먹은 것 때문에 바리새인에게 비판을 받을 때 제자들을 옹호하셨다마 12:1-8. 예수께서는 자신이 안식일에 사람을 고치는 것을 바리새인들이 반대하자 그들을 비난하셨다마 12:9-14. 예수께서는 자신이 "안식일의 주인"이라고 주장하셨다마 12:8. 그리고 "안식일이 사람을 위하여 생긴 것이지, 사람이 안식일을 위하여 생긴 것이 아니라고" 말씀하셨다막 2:27, 새번역.

예수께서 안식일 준수를 특별히 거부하셨다는 증거는 없다. 하지만 초기 교회가 안식일 준수를 필수적인 것으로 생각하지 않았음은 분명하다. 바울이 "어떤 사람은 이 날이 저 날보다 더 중요하다고 생각하고, 또 어떤 사람은 모든 날이 다 같다고 생각합니다"라고 말할 때 그는 분명 안식일을 염두에 두고 있었다롬 14:5, 새번역. 바울은 기독교인들에게 두 견해 모두가 가능하다고 생각했다. 그리고 골로새서 2장은 안식일이 "장차 올 것들의 그림자일 뿐이요, 그 실체는 그리스도에게 있습니다"라고 선언했

---

604   N. T. Wright, *Jesus and the Victory of God*, 384.

다골 2:16-17, 새번역. 우리가 나중에 살펴보겠지만 바울은 이 관점을 토라 전체에 적용했다.

음식 규정은 폐기되었다. 음식 규정도 토라의 중요한 부분이었다. 레위기 11장 전체는 정결한 음식소, 지느러미와 비늘이 있는 물고기 등과 부정한 음식 토끼, 돼지, 지느러미와 비늘이 없는 물고기 등을 매우 세부적으로 구분한다. 토라는 하나님 백성이 정결한 음식만 먹어야 한다고 명령한다. 베드로가 고넬료의 집에 가기 전에 환상을 보았다고 진술하는 본문은 예수님 당시의 경건한 유대인들이 음식 규정을 준수했음을 보여준다. 베드로는 온갖 동물들이 있는 환상을 보았고 그것을 잡아먹으라는 음성을 들었다. 베드로는 토라의 음식 규정을 지켜야 한다고 했다. "주님, 절대로 그럴 수 없습니다. 나는 속되고 부정한 것은 한 번도 먹은 일이 없습니다."행 10:11-14, 새번역 하지만 예수께서는 몸 밖에서 들어오는 것이 사람을 더럽게 하지 않는다고 가르치신다. 마가복음에 따르면 "예수께서는 이런 말씀을 하여 모든 음식은 깨끗하다고 하셨다."막 7:17-19, 새번역 신약성경의 다른 본문들도 토라의 음식 규정을 지키는 것이 하나님 백성에게 더 이상 의무가 아니라고 말한다. 예루살렘 공의회는 "이방인에게 할례를 행하고 모세의 율법을 지키라 명하여야" 하는지 아닌지의 문제를 논의했다행 15:5. 결정된 바에 따르면 이방인들은 우상에게 바쳐진 음식이나 피, 목이 졸린 동물 고기를 먹어서는 안 된다. 하지만 이들은 토라의 다른 음식 규정들을 지킬 필요는 없었다. 바울은 로마서 14장에서 먹을 수 있는 음식에 관하여 서로 다른 견해들을 가진 기독교인들을 어떻게 대해야 하는지 길게 논의했다. 바울의 출발점은 분명하다. "모든 것이 다 깨끗합니다."롬 14:20, 새번역 이것은 구약성경의 음식 규정을 분명하게 반박하는 것이다. 바울에 따르면 예수님을 따르는 사람들은 "시장에서 파는 것은 … 무엇이든 다" 자유롭

게 먹을 수 있었다고전 10:25, 새번역.[605]

토라의 엄격한 음식 규정 준수가 경건한 유대인들이 이방인들과 함께 식사를 하지 않거나 심지어 가까이 하지도 않은 중요한 이유 중 하나였다. 베드로가 고넬료에게 처음 말한 것은 "유대 사람으로서 이방 사람과 사귀거나 가까이하는 일이 불법이라는 것은 여러분도 아십니다"였다 행 10:28, 새번역. 하지만 베드로는 모든 음식이 깨끗하다고 선언하는 환상 10:11-16을 기억했고, 하나님께서 "사람을 속되다거나 부정하다거나 하지 말라고 지시"하셨음을 깨달았다고 고넬료에게 말했다10:28, 새번역. 안타깝게도 나중에 안디옥에 있는 다민족 기독교 공동체를 방문했을 때 베드로는 이전의 유대교적 사고방식으로 다시 돌아간 것처럼 보인다. 처음에 베드로는 이방 기독교인들과 함께 식사를 했다. 하지만 예루살렘에서 "할례 받은" 유대인 그리스도인들이 왔을 때 베드로는 이방 신자들과 함께 음식을 먹다 말았다. 바울은 베드로 면전에서 그가 복음의 정신을 훼손했다고 비난했다. 바울에 따르면 예수님을 따르는 사람들은 유대인이나 이방인이나 "율법을 행하는 행위로 의롭게 되는 것이 아니라, 예수 그리스도를 믿는 믿음으로 의롭게 되는 것"이다갈 2:16, 새번역. 예수님을 따르는 사람들은 유대인이나 이방인이나 토라의 음식 규정과 무관하다.

피 흘리는 여성도 받아들이셨다. 피 흘리는 질병에 걸린 여성이 예수님을 만질 때 예수께서 보이신 반응도 매우 놀랍다. 토라는 여성이 매달 겪는 생리로 인해서 정기적으로 7일 동안 부정하다고 규정하고 그와 접촉하지 않아야 한다고 명시한다레 15:19-24. 뿐만 아니라 생리 기간이 지난 이후에도 피를 흘리는 여성의 경우 부정하며, 그와 접촉하는 자는 반드시 목욕을 하여야 하고, 저녁까지 부정하다고 규정한다15:25-27. 누가복음

---

[605] 또한 골 2:16을 보라.

에 따르면 10년 동안 피 흘리는 질병을 겪은 한 여인이 군중에 섞인 예수님을 만졌다. 율법에 따르면 예수님은 목욕을 해야 하고 저녁까지 부정한 상태가 된다. 하지만 예수께서는 그를 "딸"이라 부르시고, 그의 믿음을 칭찬하시고, 가시던 길을 계속 가셨다눅 8:42-48.

할례는 아무것도 아니다. 남성의 할례는 모세 율법에서 핵심이었고 1세기 유대인들에게 중요한 관습이었다. 할례는 유대인들이 자신을 이방인들과 구분하는 결정적인 방법이었다. 창세기 17장에 따르면 아브라함의 자손들이 할례를 받는 것은 하나님과 맺은 언약의 핵심 징표였다. 할례를 받지 않은 자손은 하나님과의 "언약을 깨뜨린 자"이기 때문에 하나님 백성에게서 끊어져야만 했다창 17:14. 초기 교회는 예루살렘 공의회를 통해 이방 기독교인들이 할례를 받아야만 하나님 백성이 된다는 개념을 분명하게 거부했다행 15장. 바울은 로마서 4장에서 유대 기독교인할례자과 이방 기독교인비할례자 모두 동일하게 아브라함의 자녀임을 매우 분명히 한다롬 4:9-17. 할례 자체에는 아무런 의미가 없다. 하나님께서 의로 인정하신 아브라함의 신앙롬 4:9을 공유하여 아브라함의 자손이 되는 것은 예수님을 따르는 할례자와 비할례자 모두이다. "할례를 받은 것이나 안 받은 것이나, 그것은 문제가 아니다."고전 7:19, 새번역 "그리스도 예수 안에서는, 할례를 받거나 안 받는 것이 문제가 되는 것이 아닙니다."갈 5:6, 6:15, 새번역 그러나 구약 신앙에서 그렇게도 중심이 되는 할례는 여러 민족으로 구성되는 하나님의 새로운 백성과는 무관하다. 엔즈의 설명은 옳다. "하나님 백성임을 나타내기 위해 영원한 명령으로 주어진 물리적 표지가 예수 때문에 만료되었다."[606]

토라는 폐기되었다. 신약성경은 단순히 할례나 안식일, 음식 규정과 같

---

606 Enns, *Bible Tells Me So*, 225.

은 중요한 율법 일부를 폐기한 것이 아니다. 에베소서에 따르면 그리스도 안에서 율법 그 자체가 "무효화"하고 폐기되었다 엡 2:15. 우리가 구약에서 율법이 얼마나 중요한지 이해할 때에야 이 가르침이 얼마나 급진적인지 파악할 수 있다.

신명기에 따르면 모세는 이스라엘을 위해 "규례와 법도"를 준비하면서 다음과 같이 말했다. "듣고 준행하라 그리하면 너희가 살 것이요." 신 4:1 다른 본문에서 하나님은 이스라엘 백성에게 명령하신다. "너희는 내 규례와 법도를 지키라 사람이 이를 행하면 그로 말미암아 살리라 나는 여호와이니라." 레 18:5; 또한 겔 20:11 참조 신명기 말미에서 모세는 율법 사본을 언약궤 안에 넣어 두었다가 7년마다 돌아오는 절기에 사람들에게 읽어 주어 그들이 "이 율법의 모든 말씀을 지켜 행하게" 하라고 명령한다 신 31:12. 하지만 몇 구절 지나 모세는 사람들이 율법에 불순종할 것이고, 그 결과 재앙이 주어질 것이라고 예언한다 31:24-29. 율법에 순종하면 생명이 주어지지만, 율법에 불순종하면 하나님의 형벌이 주어진다는 것이다.

예수님 당시 경건한 유대인들에게는 여전히 그러한 믿음이 있었다. 하나님의 율법을 지키는 데 실패해서 나라가 멸망했고 포로로 끌려갔다 신 31:24-29. 하지만 그들은 포로에서 해방되어 돌아올 것을 고대했고, 이방 통치자들에게서 이스라엘이 자유롭게 될 날을 기다렸다. 당시에는 "언약의 하나님과 하나님의 토라에 신실한 사람들은 자신의 원수들에게서 구원될 것이다"라는 믿음이 편만했다.[607] 일부 유대교 교사들은 회개와 율법 준수가 메시아의 도래를 촉진할 것이라고 가르쳤다.[608]

그렇다면 바울은 왜 "율법의 행위에 근거하여 살려는 사람은 누구나

607　N. T. Wright, *New Testament and the People of God*, 221.
608　Keener, *Acts*, 2:1106-8.

다 저주 아래에 있습니다"갈 3:10, 새번역라고 가르쳤는가? 왜 바울은 "율법으로 의롭게 되려고 하는 사람은 그리스도에게서 끊어지고"5:4, 새번역라고 주장했는가?

사람은 그리스도 안에서 믿음으로 의롭다 함을 받는다. 하지만 바울에 따르면 율법은 "믿음에서 생긴 것이 아닙니다. 오히려 레 18:5을 인용하며 '율법의 일을 행하는 사람은 그 일로 살 것이다' 하였습니다."갈 3:12 율법에 의하면 생명은 율법 조항들을 지킴으로써 주어진다.

물론 바울은 율법 자체가 선하다고 생각했다. 하지만 율법의 요구 사항들은 죄의 크기와 영향력을 드러내기 위한 것이다롬 7:7-12. 따라서 율법의 결과는 우리의 무능력함을 드러내고 우리를 그리스도 안에 있는 해결책으로 인도한다. 실제로 바울은 율법을 미성년자가 성인이 될 때까지만 필요한 "후견인"으로 이해한다. "믿음의 시대가 오기 전에는 우리가 율법의 감시를 받았으며 믿음이 나타날 때까지 갇혀 있었습니다. 율법은 그리스도께서 오실 때까지 우리의 후견인 구실을 하였습니다. 그러나 그리스도께서 오신 뒤에는 우리가 믿음을 통하여 하느님과 올바른 관계를 맺게 되었습니다. 이렇게 믿음의 때가 이미 왔으니 우리에게는 이제 후견인이 필요하지 않습니다."갈 3:23-25, 공동번역 바울의 견해는 분명하다. 그리스도 안에 있는 신자라면 유대인이든 이방인이든 "율법 아래에" 있지 않다갈 5:18. 율법은 그리스도 안에 있는 실체의 "그림자"에 불과하다골 2:17. 바울은 구약성경의 이런저런 작은 조항들을 폐기하는 것이 아니라 구약 신앙의 핵심을 이루는 토라 자체를 폐기하고 있다.

성전은 대체되었다. 예루살렘에 있는 성전은 토라와 함께 예수님 당시 유대인들의 삶에서 핵심이었다. 야훼 하나님은 성전에 특별하게 현존하셨다. 성전의 희생 제사 제도를 통해서 야훼 하나님은 죄를 용서하셨고 깨끗하게 하셨다. 톰 라이트에 의하면 "용서를 받고, 그 결과로써 이스라엘 공동체로 재편입하는 것은 성전을 방문해서 적절한 형식의 의식과 예배에 참여함으로 가능했다.[609] 라이트는 계속해서 설명한다. "따라서 성전은 원리적으로 유대교 정신을 형성했다."[610] 하지만 그 성전이 예수님으로 대체되었음을 예수님께서 다소 간접적으로, 그 이후의 신약성경은 좀 더 명시적으로 언급하고 있다.

마태복음과 마가복음, 그리고 누가복음은 친구들이 예수께 데려온 중풍병자 이야기를 전하고 있다(마 9:2-8; 막 2:1-12; 눅 5:17-26). 하지만 예수께서 "이 사람아! 네 죄가 용서받았다."(막 2:5, 새번역)라고 말씀하시자 종교 지도자들은 경악을 금치 못했고 예수님의 행동을 신성모독으로 비난했다. "하나님을 모독하는구나. 하나님 한 분 밖에, 누가 죄를 용서할 수 있는가?"(막 2:7, 새번역) 모든 유대인들은 하나님께서 "성전과 제사장직을 통해 공식적으로 확립되고 승인된 절차를 통해" 죄를 용서하시는 것으로 알고 있었다.[611] 톰 라이트에 의하면 예수께서는 여기서 "성전이 담당했던 모든 것이 이제 예수 자신을 통해 가능해졌다"는 것을 암시하고 계시는 것이다.[612]

예수께서 성전을 "정화"하신 것은 성전에 대한 권위를 자신이 가지고 계심을 좀 더 분명하게 주장하신 것이다. 예수님 유대인들은 자신들이 기다리고 있는 참 다윗 자손의 왕이 성전의 진정한 통치자가 되리라는 믿음이 있었다.[613] 예수께서는 이제 막 예루살렘으로 "승리의 입성"을 하셨고, 자신을 사람들이 고대하던 메시아로 분명하게 선포하셨다. 이제

609　N. T. Wright, *New Testament and the People of God*, 225.
610　Ibid., 226.
611　N. T. Wright, *Jesus and the Victory of God*, 435.
612　Ibid., 436.
613　Ibid., 490.

예수님은 성전을 "정화"하는 권위를 주장하고 계신다. 톰 라이트가 옳다면, 성전에서 예수님이 보이신 행동은 성전에 대한 심판일 뿐만 아니라 자기 자신이 새로운 성전임을 암시하시는 것이다.[614] 아마도 그것은 성전을 허물고 사흘 만에 다시 세울 수 있다는 예수님의 진술에 담긴 암시의 한 부분일 수도 있다마 26:61; 막 14:58; 15:29; 요 2:19. 마태복음 12:6에서 예수님은 안식일에 대하여 논쟁하시고 자신이 안식일의 주인임을 주장하시며 이렇게 말씀하셨다. "성전보다 더 큰 이가 여기에 있다."새번역

예수님은 자신이 성전을 대체하고 있다고 주장하신다. 확실히 신약성경은 그렇게 말하고 있다. 히브리서 7-10장은 제사장7:11-12; 9:11이자 희생 제물9:26이신 예수님에 관하여 길게 논의한다. 참 성전은 하늘에 있지 예루살렘에 있지 않다. 예루살렘 성전은 "하늘에 있는 것의 모형과 그림자"에 불과하다히 8:5. 옛 희생 제사 제도는 죄를 덮기 위해 끊임없이 반복되어야 했다. 하지만 예수께서는 하늘의 참 성전에 자신을 드리셨다. 즉 "자기 피를 가지고 단 한 번 지성소에 들어가셔서 우리의 영원한 구원을 획득"하셨다히 9:12, 현대인.

예수께서는 더 좋은 언약을 세우셨다. 히브리서는 예수께서 성전이 상징하는 모든 것을 대체하셨고 성취하셨다고 꽤 분명하게 말하고 있다. 예루살렘 성전 안에서 정기적인 제사를 드리도록 규정하는 옛 언약을 이제 예수께서 "낡은 것으로" 만드셨고 "낡고 오래된 것은 곧" 사라진다히 8:13, 새번역. 예수께서는 "더 좋은" "새" 언약을 세우셨다. 이 언약은 "더 좋은 언약"이다히 7:22; 8:6. 사실 율법이 정기적인 제사를 규정하고 있지만 어떤 의미에서 하나님은 그것을 실제로 바라지 않으신다히 10:8. 그러므로 예수께서 "두 번째 것을 세우시려고, 첫 번째 것을 폐하신" 것은 옳다히 10:9, 새번

614　Ibid., 423, 426.

역. 율법과 예루살렘 성전, 성전 제사, 옛 언약 등은 모두 우리가 그리스도 안에서 소유하는 것들의 "그림자"히 10:1에 불과하다.[615]

바울은 옛 언약과 새 언약의 차이점을 극명하게 묘사한다고후 3:4-11. 옛 언약은 "돌에 써서 새긴" 것3:7으로, 하나님의 현존을 영광스럽게 비추면서 주어졌지만 그것은 "잠시 있다가 사라져 버릴 것"3:11이고, "죽음"3:7과 "정죄"3:9를 가져왔을 뿐이다새번역. 바울은 자신이 "주님으로부터 전해 받은 것"을 언급하면서 "이 잔은 내 피로 세운 새 언약이다"라는 예수님의 말씀으로 옮겨간다고전 11:23-25, 새번역.[616] 그 "새 언약"은 훨씬 더 영광스럽고 일시적인 첫 언약과 다르게 영원하다고후 3:6, 11.

변화산 사건 이야기눅 9:28-36는 예수께서 율법이나 선지서들의 옛 언약보다 월등하심을 간접적으로 암시한다. 이 이야기를 보면 예수님은 변화산에 모세율법을 상징와 엘리야선지서들 상징와 함께 나타나신다. 하지만 잠시 후 율법과 선지서들을 상징하는 사람들은 사라지고 예수님만이 자신의 세 제자들과 남게 되신다. 그리고 하늘에서 음성이 들린다. "이는 내 아들이요, 내가 택한 자다. 너희는 그의 말을 들어라."9:35, 새번역

예수께서 옛 언약의 율법이나 선지서들보다 월등하시다는 것은 예수께서 침례세례 요한과 논의하는 부분에서 또 등장한다마 11:7-15. 예수님 말씀에 따르면 "모든 예언자들과 율법은 요한의 때까지 예언하였다."11:13, 현대인 예수님은 침례세례 요한이 최소한 구약의 모든 위대한 선지자들만큼 위대하다고 생각하신다. "여자가 낳은 자 중에 침례세례 요한보다 큰 이가" 없었다11:11. 그리고 덧붙이시기를 "그러나 천국에서는 극히 작은

---

615 에베소서 2:19-21에 따르면 예수님의 새로운 다민족 백성은 "주님 안에서 성전"(2:21)이고 예수께서 그 모퉁잇돌이 되신다. 고린도후서 6:16-17은 교회를 하나님의 성전으로 묘사하기도 한다.

616 누가복음 22:20도 마찬가지이다. 하지만 마태복음과 마가복음의 사본 대부분에는 "새"라는 단어가 없다.

자라도 그보다 크다."11:11 이것은 예수님과 예수님의 하늘나라가 율법과 선지서들을 초월한다는 것을 분명하게 암시한다.

우리는 요한복음에서 이와 유사한 주장을 보게 된다. "율법은 모세를 통하여 받았고, 은혜와 진리는 예수 그리스도로 말미암아 생겨났다."요 1:17, 새번역 분명 예수께서 가져오신 것은 모세가 준 것을 훨씬 능가한다. 그리고 다음 구절은 요한의 요점을 강조한다. "일찍이, 하나님을 본 사람은 아무도 없다. 아버지의 품속에 계신 외아들이신 하나님께서 하나님을 알려주셨다."1:18, 새번역 이 진술은 마태복음 11:27에 기록된 예수님의 진술을 반영한다. "아버지 밖에는 아들을 아는 이가 없으며, 아들과 또 아들이 계시하여 주려고 하는 사람 밖에는 아버지를 아는 이가 없습니다."새번역 사실 그리스도를 통해서가 아니고는 아무도 아버지께 나아가지 못한다 요 14:6. 그리스도 안에 있는 계시는 분명히 모세 율법을 초월한다.

톰 라이트가 바울에 관하여 주장하는 바는 옳다. 바울 그리고 나머지 신약 저자들은 예수께서 어떤 것을 완전히 새롭게 시작하시는 것으로 보지 않았다. 오히려 예수님은 아브라함과 그의 자손들을 통해 온 세상을 축복하려는 하나님의 계획을 성취하시는 것이다창 12:1-3. 하나님은 이스라엘을 세상의 빛으로 만드시겠다는 오랜 계획을 그리스도 안에서 성취하셨다.[617] 율법과 음식 규정, 할례, 엄격한 안식일 준수 등이 여기에 유대인과 이방인 사이를 "가르는 담"을 세웠다엡 2:14. 하지만 그리스도는 율법과 그 조항들을 폐하셨다2:15. 그 결과 유대인과 이방인이 하나의 새로운 인류로 화해하였다. 그것은 "오랜 세대 동안 숨겨졌던"골 1:26, 공동번역 복음의 비밀이다. 하지만 예수님과 그의 새로운 공동체는 구약의 약속을 성취하는 가운데 구약성경의 핵심 측면들을 넘어서고 폐기했다.

---

617 N. T. Wright, *Jesus and the Victory of God*, 594-97.

예수께서 맹세와 눈에는 눈이라는 구약의 분명한 가르침을 폐기하신 것은 이러한 맥락에서만 이해할 수 있다. 사실 예수님의 전체 가르침과 모범은 폭력을 반대한다. 예수님 당시 수많은 경건한 유대인들은 하나님께서 군사적 메시아를 보내어 이스라엘에게 하신 약속을 지키실 것이라고 강력하게 믿었다. 군사적 메시아가 이방인들과 폭력적인 전투를 벌여 그들을 파괴하고, 예루살렘과 성전을 다시 세워 세상의 중심이 되게 하리라 기대했다. 예수께서는 자신이 기대하던 메시아라고 주장하셨다. 그리고 아브라함 자손이 온 세상을 향한 복이 될 것이라는 오래된 약속을 하나님이 예수님 자신 안에서 성취하신다고 생각했다. 하지만 예수님은 하나님의 방식이 원수를 죽이는 것이 아니라 사랑하는 것이라고 가르치셨다. 예수께서는 하늘 아버지의 자녀라면 원수를 사랑해야 한다고 주장하셨다. 예수님은 십자가로 향하는 여정 내내 그 가르침의 모범을 보이셨다. 하나님은 제 삼일에 예수님을 살리셔서 예수님의 방법이 하나님의 방법임을 입증하셨다.

증거는 꽤 분명하다. 예수께서는 자신의 삶과 가르침에서 폭력을 거부하셨고, 원수를 사랑하셨으며, 제자들도 동일하게 해야 한다고 강조하셨다. 교회가 이천 년 동 안 해온 것처럼 우리가 나사렛의 선생을 육체 가운데 거하시는 하나님으로 고백한다면, 우리는 예수께서 틀렸다고 감히 말할 수 없다. 원수를 사랑하라는 예수님의 가르침을 거부하는 것은 그리스도의 신성을 거부하는 것이다.

초기 기독교인들이 그랬던 것처럼 예수 그리스도를 우리에게 보내신 하나님의 최종[618] 계시로 생각한다면, 그래서 옛 언약이 그리스도 안에

---

[618] 그리스도께서 돌아오셔서 새 하늘과 새 땅을 세우시기 전까지 최종적이다. 하지만 그것은 성 육신하신 예수께서 하나님에 대하여 알아야 할 모든 것을 계시하셨다는 의미가 아니다.

있는 새 언약의 그림자에 불과하고 새 언약이 옛 언약의 핵심 측면들율법, 할례, 성전을 폐기함으로써 성취된다고 생각한다면, 우리는 하나님이 누구신지와 하나님이 자기 백성에게 무엇을 요구하는지에 대한 예수님의 가르침에서 논의를 시작해야 한다. 폭력에 대한 구약의 진술에서 시작하고, 예수님의 가르침이 구약 본문에 맞게 해석되어야 한다고 주장하는 것은 전체적인 신약의 해석에 명백히 모순된다. 신약은 언제나 그리스도 안에 주어진 최종 계시라는 기준으로 구약을 이해한다.[619] 앞서 주어진 것은 그림자에 불과하다. 분명한 계시는 주 예수 그리스도 안에 있다. 그림자로 돌아가는 것은 결국 그리스도를 부정하는 것이다.

내가 보기에 폭력에 대한 구약의 진술을 예수님이나 신약성경과 어떻게 조화시킬 수 있는가 하는 문제에 대해 아직 만족스러운 답이 나오지 않았다. 이 구약 진술들은 죄가 가득하고 사회적으로 규정된 인간의 생각들 때문에 오도된 것인가? 그럴 수도 있겠지만, 그렇게 보는 것은 구약을 하나님의 말씀으로 제시하는 예수님의 가르침과 모순된다. 하나님께서 가나안 사람들을 진멸하라고 실제로 명령하셨는가? 아마도 그럴 것이고, 실제로 하나님께서 그러셨다 해도 나는 이 사실에 있어 유한한 인간이 무한하신 하나님을 판단할 수 있는 권한이나 지위가 없다는 점을 인정한다. 그러나 예수께서 '하나님은 사랑이시다'라고 계시한 것이 옳다면, 실제로 하나님의 사랑이 너무도 깊어서 원수를 향한 놀랍고도 헤아릴 수 없는 사랑으로 로마군의 십자가에 굴복하신 것이 옳다면, 예수님의 아버지께서 어떻게 대학살을 명령하셨는지 나는 도무지 헤아릴 수 없다.

---

[619] 심지어 구약의 저자들이 그렇게 의도하지 않는 것 같아 보이더라도, 신약이 그리스도에 관하여 말하기 위해서 구약의 구절들을 해석하는 방법들을 보라. Boyd, *Crucifixion of the Warrior God*, 1:93-140, 504-6.

구약의 일부 선지서들이 전쟁이 끝나고 평화가 지배하는 미래의 메시아 시대를 말하고 있는 것은 사실이다. 또한 예수님 당시에 이 구절들 중 일부가 곧 도래할 메시아를 가리키는 것으로 이해되고 있었음을 우리는 알고 있다.[620] 예수께서는 자신이 그 메시아임을 분명히 주장하셨고, 메시아 왕국이 역사 속으로 들어왔다는 것은 원수들, 심지어 잔인한 로마 제국주의자들까지도 사랑하는 것을 의미한다고 가르치셨다. 따라서 하나님께서 새로운 언약을 체결하시고 칼을 쳐서 보습을 만들 새 날을 불러오신다는 미래에 대한 어떤 선지서의 구절들은, 구약에 나오는 폭력에 대한 적절한 이해가 무엇이든 간에, 우리가 살인을 거부하는 새 언약 아래 살고 있다는 이해에 들어맞는다.

유한한 우리는 구약성경에 폭력을 지지하는 것처럼 보이는 구절이 있다는 문제에 결코 적절한 답을 내릴 수 없을 것이다. 하지만 그 답이 명확하지 않다고 해서 예수님의 신실한 제자들이 무엇을 믿고 행했는지 불분명한 것은 결코 아니다. 하나님의 최종 계시이자 하나님의 영원하신 독생자께서 원수를 사랑하라고 제자들에게 요청하신다면 우리는 그 요청에 순종해야만 한다.

---

620   이 책 1장에 있는 "메시아적 기대" 부분을 보라.

11장

기독교인 대부분이 (또는 모두) 평화주의자가 된다면?

뉴스를 보면 미국과 이스라엘, "서구의 가치"를 파괴하려는 강력한 테러 집단이 있다는 것을 알 수 있다.[621] 급진적 이슬람 테러리스트들은 세계 무슬림 공동체의 작은 부분에 불과하다. 하지만 그들은 지난 수십 년 동안 기독교인들을 테러하고, 강간하고, 참수하고, 학살해 왔다. 이슬람국가 ISIS나 알카에다Al-Qaeda와 같은 단체는 많은 사람들에게, 특히 기독교인들에게 정말로 위협이 된다. 그들은 과거의 잔인한 사람들히틀러나 스탈린, 폴 포트과 같이 무력으로만 대응하려 한다. 이들의 잔인한 행위를 멈추는 유일한 방법은 그들과 싸우거나 그들을 죽이는 것 같다.

기독교인 대부분이, 또는 모든 기독교인들이 평화주의자가 된다면 악이 억제되지 않고 맹렬히 지속될 것인가? 그럴 경우 기독교인들이 수백만 명씩 학살되는 일이 생기지 않을 것인가? 히틀러의 인종차별적 나치

---

621 Clough and Stiltner, *Faith and Force*, 146-74에서 제시하는 논의와 인용들을 보라.

주의나 스탈린의 전체주의적 공산주의, 오사마 빈 라덴의 잔인하고 무자비한 테러가 세상을 정복할 것인가?

초기 교회에서도 유사한 질문이 제기되었다는 점은 흥미롭다. 주후 180년 무렵, 로마의 상당히 박식한 이교도로 알려진 켈수스Celsus는 한 편의 글에서 기독교인을 날카롭게 비판했다. 그가 제시하는 핵심 논증 중 하나는, 기독교인들이 살인을 거부하기 때문에 모든 로마인이 기독교인이 된다면 야만인이 로마 제국을 침략해 파괴할 수도 있다는 것이었다. "모든 사람이 당신네들 기독교인들과 동일하게 행동했다면 … 가장 거칠고 가장 무법한 야만인들의 손에 세상 모든 것이 넘어갔을 것이다."[622]

켈수스의 비판 이후 50년도 더 지나 3세기 전반에 가장 많이 읽힌 기독교 저술가일 오리게네스Orígenes는 그에 대한 대답을 저술했다. 그는 기독교인들이 살인을 거부한다는 켈수스 말에 동의한다. 하지만 그는 모든 로마인이 기독교인이 된다면 하나님께서 그들을 보호하실 것이라고 주장한다. "켈수스의 가정처럼 모든 로마인들이 기독교 신앙을 받아들인다면 그들은 기도를 통해 대적을 이기게 될 것이다. 그렇지 않으면, 하나님의 능력으로 보호를 받아 그들에게 전쟁이 일어나지 않을 것이다." 오리게네스는 하나님께서 기독교인들이 박해 받는 것을 허용하실 때도 있다고 보았다. 하지만 그리스도께서 세상을 이기셨고, 박해는 하나님께서 허용하시는 한에서만 지속된다. 오리게네스에 의하면 기독교인들은 박해가 발생하더라도 핍박을 가하는 자들에게 다음과 같이 말할 것이다. "나에게 능력을 주시는 분 안에서, 나는 모든 것을 할 수 있습니다."[623] 오리게네스는 악랄한 원수들이 기독교를 파괴하도록 하나님께서 허락하지 않으실 것

622　Origen, *Contra Celsum* 8.68; Sider, *Early Church on Killing*, 80에서 재인용.
623　Origen, *Contra Celsum* 8.70; Sider, *Early Church on Killing*, 81에서 재인용.

이라 확고히 믿었다. 2-3세기 로마 제국 안에서 기독교가 불법적인 종교였고, 로마 관료들이 많은 기독교인들을 순교시켰어도 기독교는 빠르게 성장하고 확장했다.

모든 기독교인들이 자신을 보호하기 위해서 싸우기를 거부한다면 그들이 파멸될 것인가 하는 문제를 다룸에 있어 가장 중요하게 고려해야 할 것은 이에 대해 오리게네스가 내놓은 응답이다. 기독교인들은 부활하신 주 예수가 "땅 위의 왕들의 지배자"이심을 믿는다계 1:5. 우리는 "하늘과 땅의 모든 권세"가 그에게 주어졌음을 알고 있다마 28:18. 예수께서는 빌라도에게 "위에서 주지 않으셨더라면, 당신에게는 나를 어찌할 아무런 권한도 없을 것"이라 말씀하였다요 19:11, 새번역. 때때로 하나님께서는 기독교인들이 순교 당하는 것을 허용하신다. 때때로 하나님께서는 놀랍고도 기적적인 방식으로 그것을 막기도 하신다. 하지만 우리는 죽음의 문이 교회를 이길 수 없음을 알고 있다마 16:18. 우리는 역사가 어디로 가고 있는지 알고 있다. 우리는 최종 결과를 알고 있다. 우리는 하나님 때에 그리스도께서 돌아오셔서 모든 악에 대해 완전하게 승리하실 것을 알고 있다. 그때까지 그리스도의 신실한 제자들은 끔찍한 박해를 경험하기도 할 것이다. 하지만 그들은 패배하지 않을 것이다. 하늘과 땅의 주님이신 부활하신 예수께서 약속하셨기 때문이다. "내가 세상 끝날까지 너희와 항상 함께 있으리라."마 28:20 예수께서 제자들에게 원수를 죽이기보다는 사랑하라고 가르치셨기 때문에 악인들이 주님의 교회를 파괴하는 것을 막는 데 있어 우리는 주님을 신뢰할 수 있다. 초기 교회의 증거가 보여주듯 죽기까지 주님을 신뢰한 신실한 순교자들의 증언이 더 많은 사람들을 제자로 변화시켰다.

하지만 우리가 언급해야 할 중요한 것은 이것만이 아니다. 첫째, 그리스도께서 살인하지 말라고 요청하셨다는 것을 믿는 기독교인이라면 악과 불의 앞에서 수동적이어서는 안 된다. 불의에 비폭력적으로 대항할 수 있는 강력한 방법들이 매우 많기 때문이다. 특히 지난 백 년 동안 간디나 마틴 루터 킹 목사와 같이 용기 있는 지도자들은 비폭력적인 행동이 악에 도전하고 악을 이기기 위한 효과적인 방법이 될 수 있음을 입증했다. 우리가 살펴보았듯이 폴란드나 동독의 담대한 기독교 지도자들은 비폭력적인 운동을 이끌어 공산주의 독재자들을 타도하는 데 성공했다. 유사하게 필리핀이나 라이베리아에서도 비폭력적인 운동이 잔인한 독재자를 끌어내는 데 성공했다.[624] 그리고 1900년부터 2006년까지 발생했던 무장 반란과 비무장 반란의 주요 사례들을 검토한 학자들은 "비폭력 저항 운동은 폭력적인 저항 운동에 비해 완벽하게 성공하거나 부분적으로 성공할 확률이 두 배 가까이 높았다"고 결론지었다.[625] 기독교인 대부분이 평화주의자가 된다면 이들은 불의와 폭력에 반대하는 비폭력적 운동을 준비하고 참여하는 데 상당한 자원을 투자할 것이다.[626]

둘째, 평화주의 기독교인들은 세계에서 가장 큰 두 종교 집단인 기독교와 이슬람교 사이에 발생하는 작금의 충돌을 해결하는 데 큰 기여를 할 것이다. 기독교인들을 죽이려고 하는 이슬람국가나 알카에다 같은 테러리스트들은 이슬람교도 중에서 극소수에 불과하다. 하지만 훨씬 더 많은 무슬림들이 기독교인에 대해 정말로 불만을 가지고 있는 것도 사실이다. 많은 무슬림들은 중세 십자군 전쟁을 여전히 기억한다. 유럽 기독교인들은 수백 년 동안 무슬림 통치자들이 다스리던 거룩한 땅Holy Land을 침략했고, 수만 명되는 무슬림들을 학살했다. 수 세기 동안 아랍의 이

---

624 Sider, *Nonviolent Action*, 2, 3, 5, 6, 7, 8장을 보라.
625 Chenoweth and Stephan, *Why Civil Resistance Works*, 7.
626 Sider, *Nonviolent Action*, 167-73의 제안들을 보라. 물론 그들은 Stassen, *Just Peacemaking*에서 논의된 평화 증진을 위한 모든 비폭력적 방법들을 사용할 것이다.

슬람 문명은 철학이나 의학, 수학, 과학 등에서 기독교 유럽 문명보다 더 발달해 있었다. 하지만 19세기에 백인들을 중심으로 하는 유럽의 "기독교" 강대국들은 자신들의 군사적 우위를 이용하여 북아프리카에서 인도네시아에 이르는 무슬림 사회들을 지배했다. 그리고 지난 백 년 동안, 유럽과 아메리카의 "기독교" 국가들은 자신들의 경제적, 군사적 힘을 다양한 방식으로 사용했고, 수많은 무슬림들은 그것이 불공평하다고 느꼈다. 무슬림들은 자신들의 가난과 다른 문제들을 "기독교" 국가들 탓으로 돌렸다. 그것은 어느 정도 정당했다.

나는 주요 무슬림 국가들이 겪고 있는 문제들(가난, 현대 교육의 부족, 독재 정권)이 대부분 또는 전부 서방 "기독교"의 책임이라고 주장하려는 것이 아닙니다. 하지만 우리는 어느 정도 그 문제에 기여했다. 그리고 그러한 사실이 이슬람 테러리스트들이 서방 "기독교"를 파괴하는 것이 유일한 해결책이라고 주장하는 데 어느 정도 명분을 주었다.

단기적으로 보았을 때 앞으로 십년 또는 이십 년 동안, 정의로운 전쟁을 지지하는 기독교인들은 기독교인들 대부분이 평화주의자가 될지 모른다는 걱정을 할 필요는 없다. 테러리스트를 저지하기 위해 필요한 군사적 전투에 참여할 만한 정의로운 전쟁을 지지하는 기독교인들은 충분할 것이기 때문이다. 하지만 이에 정통한 서방 지도자들 거의 대부분은 무력만으로 급진적인 이슬람 세력을 파괴할 수 없다는 것을 알고 그리고 말하고 있다. 수잔 시슬스웨이트Susan Thistlethwaite의 지적은 옳다. "정의만이 실제적으로, 그리고 최종적으로 테러를 멈출 것이다. 폭력은 더 많은 폭력을 만들어 낼 뿐이다."[627] 급진 이슬람과의 주요 투쟁은 사상의 영역 안에서 이루어져야 한다. 우리는 급진 이슬람주의에 유혹된 무슬림 청년들에게 교

---

627 Thistlethwaite, "New Wars, Old Wineskins," 264.

육과 자유, 경제적 발전, 과학적 진보, 평화적 협력이 앞으로 나아가는 길임을 알려주어야 한다.

셋째, 우리가 앞에서 살펴보았듯이 1990년대 초반에 한 평화주의자 단체와 정의로운 전쟁을 지지하는 기독교 윤리학자들은 대화를 시작했고, 그것은 "정의로운 화해"Just Peacemaking라고 불리는 결과로 이어졌다. 기독교인들이 살인해도 되는지 의견 불일치가 해소되지 않은 상태에서 이들은 평화를 증진할 수 있는 효과적인 비폭력적 실천 방안이 많다는 데 동의했다. 지속 가능한 경제 발전 촉진, 민주주의와 인권의 진보, 불의에 대한 책임과 용서 인정, 협력적 갈등 해결 모색, 비폭력적 개입 지원, 풀뿌리 평화 증진 단체와 자발적 협회 장려 등이 여기에 속한다.[628] 이러한 주장을 하는 학자들에 의하면 "테러를 야기한 부당한 것들을 고치겠다는 방안이 우리에게 필요하다. 구조적 정의가 이루어지면 테러리스트를 모집할 근간이 사라질 것이다."[629] 킹 박사의 설명처럼 폭력은 더 많은 폭력을 만들어 내고, 비폭력적 대안들은 평화와 정의를 낳을 것이다.

정의로운 전쟁을 지지하는 기독교인들과 평화주의를 지지하는 기독교인들은 비폭력적이고 정의로운 방식으로 평화를 안착시키기 위해 함께 계획하고 일해야 한다. 분명 그렇게 할 수 있다. 하지만 평화주의자들이 특히 더 적극적이어야 한다. 그리고 그들은 실제로 그렇다. 메노나이트 중앙위원회는 메노나이트 교회의 구호 사역 및 개발 사역을 담당한다. 그들은 경제 개발을 위해 매년 수천만 달러를 투자한다. 여기에는 가난한 무슬림 국가들에 대한 사역도 포함된다. 중앙위원회는 특히 시리아 전쟁이 장기화하면서 생긴 시리아 난민들을 적극적으로 도와 왔다. 기독

---

[628] Stassen, *Just Peacemaking*. 그들은 열 가지 다른 실천 방안들을 논의한다.
[629] Ibid., 2(강조는 원저자의 것).

기독교평화사역팀메노나이트 진영에서 파생은 이스라엘-팔레스타인 지역에서 활동해 왔다. 그들은 비폭력적 개입이라는 전략을 사용하여 이스라엘과 팔레스타인 사람들 사이에 평화와 정의를 증진시키고 있다.[630] 오랜 갈등을 정의롭게 해결할 수 있는 방법을 찾는 데 실패한 것이 이슬람 테러리스트들에게 효과적인 모집 수단이 되고 있다. 그리고 기독교평화사역팀Christian Peacemaker Teams은 새롭게 결성된 무슬림평화사역팀을 교육시키고 훈련시켜 폭력적인 충돌 상황에서 비폭력적인 개입을 할 수 있도록 돕는다. 메노파인 존 폴 레더라크는 최고 지도자와 중간 지도자, 풀뿌리 지도자들을 한데 모아 내전에서의 평화 구축 방법을 개발하는 데 앞장서 왔다.[631]

기독교 평화주의자들은 무슬림 국가에서 서방 국가들의 군사적 활동들과 밀접하게 연계하여 활동하지는 않는다. 따라서 기독교 평화주의자들은 서방 국가들의 계획에 의구심을 가지고 있는 무슬림들과 사회 경제적 개발을 위한 대화와 협력 프로그램을 시작할 수 있게 된다. 서방 국가들의 공식 대표자들이 제안했으면 의심을 사고 거부되었을 대화와 프로그램을 기독교 평화주의자들은 시작할 수 있다. 양질의 교육과 경제적 기회라는 효과적인 프로그램을 개발하는 것은 가난한 무슬림 청년들이 테러 선전보다 더 바람직한 대안이 무엇인지 알도록 도울 것이다. 기독교와 무슬림이 깊은 대화를 시작하는 것은 오늘날 세계의 두 주요 종교 사이의 상호 존중을 증진하는 데 도움이 될 것이고, 신학적 차이를 부정하지 않으면서도 함께 존속하고 번영할 수 있는 권리를 공고히 할 방법을 이끌어 낼 것이다.[632] 평화주의자들은 오늘날 가장 심각한 충돌 중 하

---

630 Sider, *Nonviolent Action*, 148–50.
631 Lederach, *Building Peace*.
632 가령 데이비드 솅크(David W. Shenk, 동부메노나이트선교단 기독교-무슬림 관계팀 창설자)에게 온 초대장을 보라. 그 초대장은 그가 무슬림 학자 바드루 케트레가(Badru D. Kateregga)와

나를 크게 줄일 기회를 가진 것이다. 해소되지 않는다면 이 충돌은 엄청나게 파괴적인 "문명 충돌"로 이어질 것이다.

물론 무슬림과 기독교 사이 충돌이 우리 세계의 유일한 폭력은 아니다. 이기적이고 폭력적인 사람은 어디서든 다른 사람의 재산과 생명을 위협한다. 경찰은 사회가 무정부 상태로 빠지지 않도록 방지하기 위해 있다. 그리고 공격적인 국가들은 종종 이웃 국가들을 위협한다.

주님께서 절대 살인하지 말라고 하셨다는 것을 믿는 기독교인들이 경찰과 국방 문제를 어떻게 다루어야 하는지 실질적으로 논의하려면 최소한 다른 책 두 권은 더 있어야 할 것이다. 나는 여기 이 책 몇 단락으로 앞으로 무엇을 더 논의해야 할지 실마리를 제시할 뿐이다.

앞으로 경찰 업무를 완전히 비폭력적으로 전환하는 것이 가능하든 그렇지 않든 분명한 사실이 하나 있다. 그것은 '회복적 정의'와 '비폭력적 치안 유지'라는 새로운 접근법을 통해 경찰 업무를 포함한 형법 제도가 개선될 수 있다는 것이다.

평화주의자들은 "피해자-가해자 화해 제도"Victim Offender Reconciliation Programs, VORP라는 영향력 있는 제도를 구축했다.[633] 이 제도는 피해자에게 보상을 하고 피해자와 가해자 사이에 화해를 도모하기 위해 만들어졌다.[634] '회복적 정의' 제도는 가해자가 자신의 악한 행동에 대해 책임을 지고, 자신이 해를 가한 사람들을 직접 만나고, 자신이 일으킨 피해를 바로잡

함께 저술한『무슬림과 기독교인의 대화』(A Muslim and a Christian in Dialogue) 2,500부를 가져와 가장 큰 미국 무슬림 연례행사(2017년)에서 나눠줄 것을 요청하고 있다. The Mennonite, Daily News Posts, July 25, 2017를 보라.

633 Zehr, Changing Lenses. 하워드 제어(Howard Zehr)는 VORP를 시작하는 데 핵심 역할을 담당했던 것으로 알려졌다.

634 "회복적 정의"(Restorative Justice)에 대해 다루는 위키피디아 기사에는 방대한 참고 문헌이 실려 있다. https://en.wikipedia.org/wiki/Restorative_justice.

기 위해 노력하도록 돕는다. 최근 십년 동안 시행된 이 VORP에 대해 방대한 연구가 진행되었다. 이에 따르면 VORP는 재범을 낮추고, 피해자와 가해자 모두의 삶을 개선하고, 사법 제도의 비용을 절감시켰다는 폭넓은 검토 결과가 나왔다.[635] 연구에 참여한 사람들은 이 접근법을 확장시켜야 한다고 권고한다.

근래 강력한 전기 충격을 발산해서 범인을 일반적으로 영구적인 손상 없이 일시적으로 무력화하는 테이저건Taser을 사용하는 경찰 부서가 늘고 있다.[636] 테이저건과 호신용 스프레이 사용을 확대시키는 것도 좋은 방법이다.

최근 수십 년 동안 "지역 사회 경찰화"community policing 방안이 여러 곳에서 수용되었다. 도보 순찰을 더 강화하고, 방범대원들이 지역 사회를 개인적으로 더 잘 알게 되고, 그 결과 신뢰감이 더욱 형성되면서 범죄율을 낮추는 경향이 보였다. 지역 사회 경찰화의 한 사례인 보스턴Boston 시를 보면 교회 단체들에서 나온 비무장 방범대원들이 도시 방범에 중요한 역할을 감당했고, 살인 사건이 1990년 152건에서 1999년 31건으로 대폭 감소했다.[637] 범죄를 양산하는 구조적 요인들인종 차별, 경제적 기회 부족 등을 줄이려는 노력과 연계한다면 지역 사회 경찰화라는 최선의 방법이 훨씬 더 광범위하게 수용될 것이고, 이는 비폭력적인 방법으로 범죄를 줄이는 방향으로 이어질 것이다.

시민 자율 방범대citizen patrols는 최근 수십 년 동안 일부 지역에서 활동했다. 비무장 지역 사회 자원봉사자들이 밤에 도보로 순찰을 하며 범죄를 예방하고자 했다. 이 유형의 모범이 클리블랜드Cleveland 기독교평화사

---

635 Sherman and Strong, *Restorative Justice*. 또한 Sullivan and Tifft, *Restorative Justice*와 Moran, "Restorative Justice"를 참조하라.
636 Friesen, "In Search of Security," 69-70.
637 Ibid., 69. 또한 Gingerich, "Breaking the Uneasy Silence," 397를 참고하라.

역팀이다.⁶³⁸ 평화주의자는 이러한 노력을 확장시켜야 한다. 교회 구성원 다수를 훈련시켜 자기 지역을 순찰하도록 하고 범죄에 대한 다른 비폭력적 대응들을 수용하도록 해야 한다.

경찰의 치안 유지 활동이 지금처럼 치명적인 무기를 사용하는 것에서 탈피해 완전히 다른 방향으로 나아갈 수 있다는 생각은 너무 순진한 생각인가? "30년 전에는 피해자와 가해자가 한 자리에 모여 범죄에서 발생한 피해에 대하여 이야기를 나누는 것을 대부분의 경찰은 어리석게 생각했다. 오늘날 우리는 회복적 정의 운동을 펼치고 있고, 그 운동은 사실상 비약적으로 성장하고 있다. 아마도 경찰 치안에서 그러한 인식 전환은 우리가 생각했던 것보다 더 가까이에 있을 수도 있다."⁶³⁹ 물론 아무도 미래를 정확하게 예측할 수 없다. 하지만 치안 활동에 있어 비폭력적인 방법을 더 개발하고 장려하여 보다 확산하도록 평화주의자가 당장 할 수 있는 일들은 많다. 우리가 그 방향으로 광범위한 노력을 지속적으로 기울여야만 무엇이 가능한지 알게 될 것이다.

진 샤프Gene Sharp는 민간기반국방Civilian Based Defense을 옹호하는 가장 저명한 인물이다. 민간기반국방이란 "시민과 사회 기관 전체가 전투력"이 되는 국가 정책이다. 침략자에 대해 비폭력적 비협조nonviolent noncooperation로 맞서도록 한 나라 시민 전체를 훈련시킴으로 민간기반국방을 준비해 놓으면 공격을 억제할 수 있고, 침략을 당하더라도 침략자가 정치로 통합하는 것을 불가능하게 만들 것이다.⁶⁴⁰ 마이클 왈저Michael Walzer는 자신의 유명한 저서인 『정의로운 전쟁과 부당한 전쟁』*Just and Unjust Wars*에서 샤

---

638 Gingerich, "Breaking the Uneasy Silence," 400.
639 Ibid., 401-2.
640 Sharp, *Making Europe Unconquerable*, 2-3. 또한 Sharp, *Civilian-Based Defense*과 Sharp, *Politics of Nonviolent Action*를 참고하라.

프가 제안한 민간기반국방을 여러 쪽에 걸쳐 다룬다. 왈저에 따르면 군사적 국방을 포기하고 민간기반국방을 채택하기로 결정한 나라는 하나도 없다. 따라서 그것이 효과적이라는 증거는 전혀 없다. 이어서 그는 "비폭력 투쟁 방법과 전쟁에서 군인들처럼 그 대가를 받아들이도록 미리 훈련 받은 사람들이 비폭력 투쟁을 수행한 적이 없기 때문에 그것은 참일 수도 있다"고 주장한다.[641] 하지만 왈저는 그것이 기껏해야 기본적인 도덕적 가치들을 지닌 침략자들에게나 작동할 것이라고 생각한다. 거꾸로 말하자면 시민군이 겁에 질려 항복할 때까지 그저 시민들을 학살하기만 하는 히틀러나 스탈린에게는 소용없다는 것이다.[642]

사실 민간기반국방과 유사한 제도가 히틀러 정복에 대해 부분적으로 효과를 보였음을 입증하는 사례가 있다. 노르웨이와 덴마크는 국가 전략 차원에서 민간기반국방을 조직하지는 않았지만 범국가적인 비폭력 저항과 시민 불복종 운동을 전개했다. 노르웨이는 히틀러 군대에게 순식간에 점령당한 이후, 교사와 교회 지도자들이 성공적으로 저항 운동을 펼쳤다. 그들은 학교와 교회를 통해 사람들에게 파시스트 이데올로기를 가르치려던 나치에 성공적으로 저항했다. 그리고 그들은 노르웨이에 거주하던 유대인 절반 이상을 구해 냈다. 덴마크는 히틀러 군대에게 점령당한 후 덴마크 국왕에서 일반 시민에 이르기까지 모두가 비협조운동을 전개했다. 그들은 덴마크에 거주하는 유대인 93%를 구했고, 유대인들이 중립국 스웨덴으로 탈출할 수 있도록 비밀리에 도왔다.[643]

---

[641] Walzer, *Just and Unjust Wars*, 330.
[642] Ibid., 331-33.
[643] 문헌상의 증거들을 보려면, Sider and Taylor, *Nuclear Holocaust*, 238-43을 보라. 민간기반국방에 관하여 좀 더 폭넓은 논의를 보려면, 231-92쪽을 참고하라. K. B. Payne and K. I. Payne, *Just Defense*, 223-49는 *Nuclear Holocaust*에 대한 긴 비판을 담고 있다.

군사 전문가들은 민간기반국방에 관한 좀 더 집중적인 연구를 촉구하기도 했다. 프랑스에서 훈장을 가장 많이 받은 장군 중 하나인 자크 파리 드 볼라르디에르 장군Jacques Paris de Bollardiere은 군사적 국방을 민간기반국방으로 대체해야 한다고 주장해 왔다. 영국의 퇴역 장교인 스티븐 킹 홀Stephen King-Hall 사령관은 책 두 권을 저술했다. 그는 자신의 책에서 외세의 침략에서 잉글랜드를 지키는 최선의 방법은 비군사적 전략이라고 주장했다.[644]

샤프가 『비폭력적 행동의 정치학』The Politics of Nonviolent Action에서 비군사적 국방의 여러 사례들을 제시하자 미국 육해공군의 군사 간행물들은 이를 긍정적으로 평가했고 "진지한 고려 사항"으로 권했다.[645] 어느 시점엔가 스웨덴 정부는 국방부 장관에게 비군사적 국방을 준비하기 위한 특별 정부 조직을 꾸릴 수 있는 권한을 주었다.[646]

미국 가톨릭 주교단은 1983년에 『평화의 도전』Challenge of Peace이라는 교서에서 샤프의 저술을 인용하여 민간기반국방을 더 연구해야 한다고 주장했다. "악에 저항하기 위한 비폭력적 수단들에 대해 지금까지 해 왔던 것보다 더 연구하고 숙고할 필요가 있다. 무력에 의존하지 않고도 억압에 성공적으로 저항한 중요한 사례들이 있기 때문이다." 그들은 노르웨이나 덴마크가 히틀러와 벌인 투쟁을 인용한 후, 정부가 시민을 조직하여 "침략군을 저지하는 수단인 평화적 불이행과 비협조 기술"을 훈련하는 방법을 언급했다. 그들은 그러한 방법이 대가를 치를 수도 있고, 아무것도 보장하지 못한다는 사실을 인정한다. 하지만 가톨릭 주교단은 다음과 같이 결론 내린다. "그것을 비현실적이고 터무니없는 방식이라고

---

644 관련 문헌을 좀 더 자세히 보려면 Sider and Taylor, *Nuclear Holocaust*, 235을 참고하라.
645 Sider and Taylor, *Nuclear Holocaust*, 234-35.
646 Ibid., 234.

치부하기 전에 거대한 전쟁이 가져올 수밖에 없는 결과들과 비교하여 평가하기를 바란다."647

지난 70년 이상 동안 강대국들은 거대한 핵 억제력nuclear deterrence에 의존하여 외부 침략을 막고자 했다. 우리는 적국이 핵 무기로 공격을 가할 경우, 한 시간 내에 적국을 괴멸시킨다는 상호확증파괴mutual assured destruction 전략이 전쟁을 방지하리라 희망했다.648 다행히도 우리는 지금까지 핵전쟁을 피할 수 있었다. 물론 쿠바 미사일 위기나, 몇 차례 러시아가 미국에게 핵미사일을 발사했다고 잠시 생각한 것과 같이 일촉즉발의 상황들이 있기는 했다.649 소련Soviet Union이 붕괴한 이후 핵전쟁 가능성은 줄어든 것 같다. 하지만 핵무기는 계속 확산하고 있으며 북한과 러시아의 핵무기 발전은 지속되는 위험을 잘 보여준다. 핵전쟁은 우리 문명을 파괴할 것이다. 가톨릭 주교들이 인정한 바와 같이, 도덕성과 현실성은 우리가 비폭력적인 자주국방과 같은 가능한 대안책을 모색하게 한다.

미국 혹은 전세계 기독교인들이 예수께서 살인하지 말라고 하셨다고 결론 내리면 어떤 일이 일어날까? 우리는 큰 고통을 겪을지 모른다. 악한 사람들이 수백만 명을 죽일 수도 있다. 우리가 가진 것들을 많이 잃을 수도 있다. 그 고통은 엄청날 것이다. 하지만 전쟁이라는 방법을 사용하는 것도 마찬가지로 치명적이다. 1900-1989년 사이 발생한 전쟁에서 6-8백만 명이 죽었다.650 살인이라는 방식에는 엄청난 대가가 따른다.

모든 기독교인들이 원수를 죽이기보다는 사랑하기로 결심한다면, 과

---

647 *Challenge of Peace*, §§222-24.
648 Sider and Taylor, *Nuclear Holocaust*, 65-65. 수많은 미국 지도자들이 상호확증파괴를 공식 전략으로 채택한 성명서들을 보라.
649 Ibid., 55-56.
650 Glover, *Humanity*, 47.

거 백 년보다 앞으로 있을 백 년 동안 폭력으로 죽는 사람들이 적어질 것이라고 기대하는 것이 합리적이다. 때때로 비폭력 저항은 뜻밖의 성공을 거두기도 한다.

성공을 거둔 비폭력 운동은 용기 있는 비폭력 저항이 군인들의 굳은 마음을 움직이기도 한다는 분명한 증거가 된다. 백만 명에 달하는 필리핀 시민들이 무자비한 독재자 마르코스 대통령의 군대와 당당하게 맞섰을 때 군인들은 시민들에게 돌진하기를 주저했다. 한 목격자에 따르면 "장갑차 위에 있는 군인들은 군중을 향해 총구를 겨누고 있었다. 하지만 그들의 얼굴에는 고뇌가 가득했다. … 소신이라는 무기만을 가지고 나온 시민들에게 방아쇠를 당길 마음이 군인들에게는 없었다."[651] 수녀들의 기도와 시민들의 비무장 시위가 무자비한 독재자를 정복했다.

1989년, 폴란드와 동독에서는 용기 있는 시민들의 비무장 운동이 부자비한 공산주의 독재 체제를 무너뜨린 일이 있다. 소련에서는 고르바초프Gorbachev 대통령이 의미 있는 개혁을 시작했고, 소련 내 개별 공화국의 자치 선거를 허용했다. 보리스 옐친Boris Yeltsin은 러시아 공화국 지도자로 선출되었다. 하지만 강경파들은 1991년 8월 18일 고르바초프에 대해 쿠데타를 일으켰고, 모스크바에 있는 러시아 정부 청사에 있던 옐친을 체포하기 위해 장갑차를 보냈다. 다행히도 비무장한 시민 수천 명이 길거리를 메웠다. 옐친은 장갑차 위에 올라가 군대를 설득했다. 자신의 비무장 지지자들에 대한 발포 명령에 불복종하라고 군인들을 설득했다. 쿠데타는 실패로 끝났다.[652] 때로는 비폭력 시위대의 용기 있는 행동이 상관의 명령보다 강하다는 것이 드러난다!

---

651 Sider, *Nonviolent Action*, 74에 인용됨.
652 Ibid., 79-81, 83-100.

물론 항상 그렇지는 않다. 1989년 중국에서 발생한 천안문 광장 Tiananmen Square 학살 사건을 우리가 어찌 잊겠는가. 모든 기독교인이 살인을 거부할 경우 수많은 사람들이 끔찍한 고통을 당하거나 죽을 수도 있다. 수백만 명이 그렇게 될 수도 있다. 하지만 그것이 20세기에 발발한 전쟁들에서 죽은 사람들보다 많을까?

그리스도의 제자들 모두가 원수를 죽이는 대신 자신이 죽겠노라 결심한다면 우리 주 예수 그리스도께서는 무엇을 하실까? 다시 강조하지만, 우리는 앞일을 미리 알 수 없다. 사도행전과 초기 교회 역사를 보면 하나님은 때로는 기적적으로 개입하시기도 하고 때로는 그리스도인들이 순교하도록 허용하시기도 한다. 하지만 우리가 우리의 기본적인 고백을 참으로 믿는다면, 다시 말해서 부활하신 예수님이 지금 "하늘과 땅"의 주님이시고 지금 "땅의 권세자들"을 다스리심을 믿는다면 그리스도인들이 자신들을 공격하는 자들을 죽이지 않겠다 결심할 때 놀라운 일이 일어날 것이라고 기대하는 것이 순진무구한 생각만은 아닐 것이다. 우리에게는 죽음의 문이 교회를 이기지 못하리라는 예수님의 약속이 있다. 우리가 교회 역사를 통해 알 수 있는 사실은 순교자들의 죽음이 때로는 더 많은 사람들이 그리스도를 고백하도록 이끌었다는 점이다.

오늘날 기독교인들 대다수가 원수를 사랑하고 폭력을 사용하지 않기로 결심한다면, 우리는 교회 역사에서 놀라운 분기점을 경험하게 될 것이다. 기독교인들 수백만 명이 고통을 당하거나 죽을 수도 있다. 하지만 그보다 많은 사람들이 그 모습을 바라보며 크게 놀랄 것이고 그리스도를 받아들이겠다고 결심할 것이다. 감히 기대하건대, 우리가 치명적인 무기들을 개발하고 폭력적 방어의 길을 계속해서 걷는 것보다 훨씬 더 적은 수의 사람들이 죽게 될 것이다. 물론 그러한 기대는 하나의 희망에 불과하다. 3세기 이후로 대부분의 기독교인 대부분은 비폭력보다는 전쟁을 선택했다. 희망에 불과한 내 기대가 실제로 증명되려면 대다수 기독교인들이 주님께서 자신들을 원수를 죽이기보다는 사랑하라고 부르셨다는 사실을 용기 있게 받아들여야만 한다.

12장

비폭력과 속죄

기독교적 비폭력의 토대는 효율성에 있지 않고 십자가에 있다. 원수를 사랑하라는 성경적 가르침의 토대는 하나님의 본성이다. 그것은 예수님의 가르침과 삶, 그리고 무엇보다 예수님의 죽으심 안에서 계시되었다.

예수께서는 비폭력이 항상 악랄한 원수들을 다정한 친구로 변화시키기 때문에 우리가 비폭력과 사랑을 실천해야 한다고 말씀하지 않으신다. 십자가는 원수 사랑이 항상 작용하지는 않는다는 사실을, 또 작용하지 않을 수도 있다는 사실을 상기시키는 혹독한 기억 방식이다. 예수께서 원수를 사랑하라고 요청하시는 것의 토대는 상호주의에 대한 희망에 있지 않고 하나님의 본성에 있다. "그러나 나는 너희에게 말한다. 너희 원수를 사랑하고, 너희를 박해하는 사람을 위하여 기도하여라. 그래야만 너희가 하늘에 계신 너희 아버지의 자녀가 될 것이다. 아버지께서는, 악한 사람에게나 선한 사람에게나 똑같이 해를 떠오르게 하시고, 의로운 사람에게나 불의한 사람에게나 똑같이 비를 내려주신다."마 5:44-45, 새번역 예수께서는 산상수훈에서도 동일한 말씀을 하신다. "평화를 이루는 사람은 복이 있다. 하나님이 그들을 자기의 자녀라고 부르실 것이다."마 5:9, 새번역 하나님은 원수들을 사랑하신다. 하나님은 죄인들을 즉각 진멸하시는 대신 그들에게 창조 세계의 좋은 선물들을 계속 내려주신다. 그것이 바로 하나님께서 행동하시는 방법이기 때문에 하나님 자녀가 되려는 사람이라면 그와 마찬가지로 행해야만 한다. 하나님의 거룩하심과 완전하심의 한 가지 근본적인 원리는 하나님께서 자기 원수들을 사랑하신다는 것이다. 하나님의 거룩하심을 닮으려고 하는 사람들도 마찬가지로 자신의 원수를 사랑해야 한다. 그것이 십자가형으로 이어질지라도 말이다.

1장에서 논한 것은 예수께서 하나님의 아낌없는 용서를 색다르게 가르치셨다는 것과 고통받는 메시아에 관한 비정통적 관점이었다.[653] 예수님의 이러한 핵심 주장들과 비폭력에 대한 가르침 사이의 연관성이 더 분명해졌다. 하나님 아버지는 회개하는 죄인들을 용서하려는 마음이 간절하시다. 원수를 향한 그분의 사랑은 우리가 닮아야 할 사랑이다.

예수님에게는 죄인들을 위한 대속물로서 십자가로 향하는 메시아라는, 고통받는 메시아 개념이 있었다. 이 생각은 하나님께서 원수들을 다루시는 방식을 극명하게 보여준다. 최후의 만찬에서 예수님은 자신이 다른 사람들을 위해 죽을 것이라고 분명하게 말씀하셨다. 이 핵심 관념은 초기 교회의 구전 전통으로 조심스레 전해진 네 가지 성만찬 말씀에 담겨 있다.[654] "이것은 너희를 위하는 내 몸이다."고전 11:24, 새번역 "이것은 죄를 사하여 주려고 많은 사람을 위하여 흘리는 나의 피, 곧 언약의 피다."마 26:28, 새번역 예수님의 죽으심은 새 언약의 시작을 알리는 희생제사이다. 죄인들을 용서할 수 있는 신적 권위가 자신에게 있다고 주장하신 그로 인해 원수들에게 신성모독이라는 비난을 받은 분이 이제 바로 그 원수들

---

653   1장 "예수의 하나님 나라 복음" 항목을 참고하라.
654   마 27:26-29; 막 14:22-25; 눅 22:19-20; 고전 11:23-26. 이 중에서 누가복음만이 본문이 불확실하다.

의 요구에 따라 죽으신다. 자신을 따르는 이들에게 하나님처럼 원수를 사랑하라고 가르친 분이 이제 자신을 십자가로 내모는 원수들을 용서하는 기도를 하시며 죽으신다눅 23:34.

십자가는 하나님께서 고통을 기꺼이 감수하는 사랑으로 원수들을 다루신다는 사실을 가장 잘 보여준다. 바울은 이 사실을 아주 명확하게 신학적으로 표현한다. "그러나 우리가 아직 죄인이었을 때에, 그리스도께서 우리를 위하여 죽으셨습니다. 이리하여 하나님께서는 우리들에 대한 자기의 사랑을 실증하셨습니다. … 우리가 하나님의 원수일 때에도 하나님의 아들의 죽으심으로 말미암아 하나님과 화해하게 되었다면, 화해한 우리가 하나님의 생명으로 구원을 얻으리라는 것은 더욱더 확실한 일입니다."롬 5:8, 10, 새번역 예수께서 죄인 대신 지신 십자가는 원수를 사랑하라는 예수님의 명령의 토대이자 가장 심오한 표현이다. 대리적 속죄 관점으로 보면 우리는 이중적 의미에서 하나님의 원수들이다. 즉 죄악 된 사람들로서 하나님께 대적한다는 것과, 정의롭고 거룩하신 창조자께서 죄를 싫어하신다는 것이다롬 1:18. 율법을 아는 사람이 율법을 지키지 않으면 하나님의 저주가 임한다. 하지만 그리스도께서 우리 대신 그 저주를 받으심으로써 그 저주에서 우리를 속량하셨다갈 3:10-14. 죄를 전혀 모르시는 분이 죄악 된 원수인 우리를 위해 십자가에서 죄를 뒤집어 쓰셨다고후 5:21. 볼프의 말을 빌려 보자. "하나님은 불신자들을 악에 버려두지 않고 오히려 그들을 신적 교제 안으로 불러오시기 위해 그들에게 신적 자아를 주시는 바와 같이 우리도 우리의 원수가 누구든지 간에 그렇게 해야 할 것이다."[655]

---

655 Volf, *Exclusion and Embrace*, 23. 동일한 견해를 보려면 Boyd, *Crucifixion of the Warrior God*, 1:225를 참고하라.

하지만 이렇게 말하는 것은 속죄의 본질에 대한 현대의 격렬한 논쟁 한 가운데로 들어가는 셈이다. 십자가의 "폭력"은 비폭력에 관한 예수님의 가르침과 모순되지 않는가? 십자가는 하나님의 자녀 학대인가? 우리가 바울의 죄 관념을 잘못 이해한 것이고, 따라서 예수님의 죽음이 우리 죄에 대한 값을 지불했다는 생각은 오해인가? 복음주의 진영에 널리 퍼진 대속 개념이 정말로 신약성경이 말하는 바인가? 그렇다면, 그리고 일부 복음주의자들의 주장처럼 대리적 십자가 죽음이 예수님께서 이 땅에 오신 주된 목적이라면 속죄와 기독교 윤리 사이에는 어떤 연관성이 있는가?[656]

나는 속죄를 이해함에 있어서 신약성경이 십자가에 관하여 말하는 모든 것을 받아들이려 한다. 기독교 역사에는 속죄론에 관한 크게 세 가지 관점이 있다. '도덕적 관점'은 십자가가 하나님의 사랑을 드러내는 방식을 강조한다. '승리자 그리스도' 관점은 그리스도께서 자신의 삶과 죽음, 부활에서 악을 정복하시는 방식을 강조한다. 그리고 '대리적 관점'은 우리 죄를 용서하시기 위하여 대신 죽으신 그리스도를 강조한다. 나는 이 모든 관념들이 십자가를 이해하도록 돕는 신약성경의 중요하고도 상호보완적인 요소들이라고 생각하고, 또 그렇게 주장할 것이다. 더 나아가 우리는 오랫동안 고대하던 메시아 왕국이 예수님의 삶과 죽음, 부활을 통해 역사 속으로 침투했다는 예수님의 선언이 주어진 정황에서 이 모든 것을 이해해야 한다. 예수께서는 자신이 시작하신 왕국의 삶을 지금 살아간다는 것이 무엇을 의미하는지 말씀하시면서 원수를 사랑하는 것이 그 중심에 있다고 가르치셨다. 그리고 그러한 삶을 살게 하는 토대는 십자가에서 삼위 하나님의 두 번째 위격이신 하나님이 죄 많은 원수들을 위해서 죽

---

[656] 속죄와 폭력 사이의 연관성을 연구한 목록을 보려면 Boersma, *Violence, Hospitality, and the Cross*, 40n54를 참고하라.

으셨다는 사실에 있다. 하지만 우리는 이 입장이, 특히 대리적 관점의 속죄론이 오늘날 어떻게 도전을 받고 있는지 살펴보아야 한다.

전통적인 속죄론에 대한 도전들

데니 위버 J. Denny Weaver

위버는 메노나이트 신학자로서 예수님의 죽음이 "죄인의 구원을 위해 아무것도 성취하지 않는다"고 주장한다.[657] 위버에 따르면 예수께서는 죽으러 오지 않으셨고, 하나님은 예수님의 십자가 죽음을 원하지 않으셨다. "속죄론에 있어 만족설은 어떤 형태로든 하나님께서 허락하신 폭력에 기초한다."[658] 위버는 이러한 관점이 하나님을 예수의 죽음의 저자이자 자녀 학대범으로 만들며 기독교인들 사이에 건전하지 않은 태도를 낳게 한다고 주장한다. 여성들이 학대를 받아들이도록 장려하고 소수 민족이 지배당하는 것을 당연시하도록 한다는 것이다. 마지막으로 위버는 만족설이 이교적인 삼위일체 교리를 수반한다고 본다. 예수께서는 비폭력을 가르치시는 데 반해, 성부 하나님께서는 폭력적인 형벌을 요구하심으로 우리 죄를 용서하시는데, 이는 삼위의 각 위격이 삼위일체 하나님의 모든 활동에 참여하신다는 핵심적인 삼위일체 이해에 위배된다는 것이다.[659]

내가 보기에 위버의 관점들은 여러 면에서 근본적으로 비성경적이다. 위버는 신약성경의 다른 여러 본문들을 간과하고 있다. 예수께서는 자신

---

657 J. Weaver, *Nonviolent Atonement*, 89.
658 Ibid., 245(강조는 원저자의 것).
659 Ibid., 245-46.

이 "많은 사람을 구원하기 위하여 치를 몸값으로 자기 목숨을 내주러 왔다"라고 말씀하신다막 10:45, 새번역. 복음서들과 사도행전, 바울 서신은 모두 예수님의 십자가 죽음이 하나님의 영원하신 뜻에 따른 것이라고 말하고 있다. 죄악 된 인간이 예수님의 죽음을 계획했고 그대로 성공했다고 말하는 것도 신약성경이 주장하는 바를 간과하는 것은 아니다. 하지만 사도행전 2:23에 따르면 초기 기독교인들은 악의 세력들이 예수님의 죽음을 야기했다는 것과, 하나님도 그것을 의도하셨다고 보는 관점 사이에서 어떠한 모순도 발견하지 못했다. "이 예수께서 버림을 받으신 것은 하나님이 정하신 계획을 따라 미리 알고 계신 대로 된 일이지만, 여러분은 그를 무법자들의 손을 빌어서 십자가에 못박아 죽였습니다."행 2:23, 새번역[660] 예수님의 죽음이 우리 구원에 아무런 중요성이 없다는 위버의 주장은 신약성경의 다른 여러 진술들과 모순된다. 바울은 우리가 그리스도의 죽으심을 통해 하나님과 화해한다고 자주 논증한다.[661]

하나님을 자녀 학대범으로 보는 시각은 어떠한가?[662] 화가 잔뜩 난 하나님이 무고한 인간 예수에게 십자가를 강요하는 것으로 본다면 위버나 다른 사람들이 옳다고 할 수 있다. 하지만 그것은 삼위일체 하나님이 십자가에 함께 현존하셨다는 사실을 무시하는 주장이다. 성부와 성령도 십자가의 모든 고통을 성자와 동일하게 겪으셨다. 삼위일체 하나님이 십자가를 계획하셨다. 칼 바르트Karl Barth에 따르면 "하나님 자신의 마음이

---

660   C. Marshall, "Atonement, Violence, and the Will of God," 81. 크리스토퍼 마셜(Christopher Marshall)에 의하면, 예수님의 죽음이 하나님의 뜻이 아니라고 주장하는 것은 "신약성경이 가진 증거들의 축적된 무게 앞에서 날리는 가벼운 주장이다."

661   롬 3:21-25; 5:9-10; 갈 3:13-14을 보라. 위버에 대한 전체적인 비평을 보려면 C. Marshall, "Atonement, Violence, and the Will of God"과 Sider, "Critique of J. Denny Weaver's Nonviolent Atonement"를 참고하라.

662   동일한 논증을 보려면 Baker, *Executing God*, 5, 67-72, 78을 참고하라.

십자가에서 고통 받으셨다." 십자가 고통을 선택하고 경험한 것은 "다름 아닌 하나님의 유일하신 아들이었고, 따라서 영원하신 하나님 자신이셨다."[663] 사도행전 20:28은 "하나님께서 자기 아들의 피로 사신 교회"새번역라고 말하기까지 한다. 존 스토트는 다음과 같이 잘 설명한다.

"그렇다면 누가 대체자인가? 그리스도를 제삼자로 본다면 그리스도는 분명 아닐 것이다. 세 명의 독립된 행위자가 각자의 역할가해자, 판사, 피해자을 한다는 방식으로 형벌적 대속론을 이해해서는 안 된다. 이 주장은 그 자체로도 적절하지 않을뿐더러, 이로 인해 기독론에 결함이 생기기 때문이기도 하다. 그리스도는 독립적인 제삼자가 아니라 하나님의 영원하신 아들이시고, 본질에 있어 아버지와 하나이시기 때문이다. … 데일Dale은 '아버지와 아들의 신비한 연합은 하나님께서 형벌의 고통을 가하시는 동시에 그 고통을 함께 감당하시는 것이 가능하도록 한다'고 설명한다."[664]

예수께서는 비폭력을 가르치셨고 하나님은 예수님의 죽음을 계획하셨다고 말한다면 우리가 논리적 모순과 이단적 삼위일체 교리에 빠지게 된다는 위버의 논증은 어떠한가? 하나님께서 십자가에서 폭력을 사용하시는 것과 정확하게 동일한 방식으로 행해지는 폭력을 예수께서 정죄하신다면 논리적 모순이 될 수도 있을 것이다. 하지만 그것은 사실이 아니다. 무한하신 하나님 자신이 십자가에서 죄인들을 대신하시는 행위는 유한한 인간들이 타인을 향해 폭력을 사용하는 것과 같지 않다. 삼위일체 유비가 도움이 될 것 같다. 어떤 사람들은 하나님이 한 분이신 동시에 세

---

663 Barth, *Church Dogmatics* II.1, 397-403; Stott, *Cross of Christ*, 153에서 재인용.
664 Stott, *Cross of Christ*, 158.

분이라는 기독교 교리가 논리적으로 모순된다고 비판한다. 이들의 비판이 참이려면 기독교인들은 하나님이 세 분으로 존재하시는 것과 정확하게 같은 방식으로 한 분으로 존재하셔야 한다고 주장해야 한다. 하지만 기독교인들은 그렇게 주장하지 않는다. 하나님은 한 분으로 존재하시는 것과 다른 방식으로 세 분으로 존재하신다. 마찬가지로 하나님은 그리스도께서 폭력을 정죄하시는 것과는 다른 차원으로 십자가에서 폭력을 사용하신다. 이것이 사실이라면 삼위의 한 위격이 거부하는 것을 삼위의 다른 위격이 행한다고 비난하는 것은 단순한 착오에 불과하다.

중요한 점은 위버가 발견했다고 주장하는 모순을 예수께서는 발견하지 않으셨다는 것이다. 예수께서 비폭력을 가르치셨고 그대로 살아내셨다는 사실은 분명하다. 또 예수께서는 자기 제자들에게도 원수를 사랑해야 한다고 말씀하셨고, 그렇게 함으로써 의인과 악인 모두에게 햇빛과 비를 내려주시는 하늘 아버지의 자녀가 된다고 말씀하셨다마 5:43-48. 하지만 바로 그 예수께서 죄인을 향한 하나님의 진노와 악을 행하는 자들을 향한 하나님의 형벌, 하나님에게서 영원히 분리됨에 대하여 말씀하셨다. 사실 최후의 심판 비유에서 죄인들을 정죄하시고 하나님과 영원히 분리시키시는 심판자는 원수를 사랑하라는 비폭력을 가르치신 아들이심에 분명하다마 25:41-46. 따라서 예수께서는 위버가 주장하는 모순을 인정하지 않으시는 것처럼 보인다.

신약성경 나머지 부분도 동일하다. 우리가 곧 살펴보겠지만, 하나님이 죄에 대해 진노하시고 벌하신다는 가르침은 하나님의 흘러넘치는 사랑에 관한 놀라운 진술들과 함께 신약성경 전체에서 나타난다. 위버는 단순히 자신의 주장, 즉 하나님께서 우리 구원을 위해 아들의 십자가 죽음을 사용하신 것이라면 그것이 예수님의 비폭력에 대한 가르침과 모순된다는 자신의 주장의 모든 측면을 고려하지 않고 있을 뿐이다.

유한한 인간은 무한하신 하나님을 충분히 알지 못하기에, 예수님의 말씀과 다른 나머지 신약성경의 진술이 하나님과 십자가에 관하여 말하는 것과 비폭력에 관한 예수님의 말씀이 모순된다고 섣부르게 판단할 수 없다. 우리는 예수님과 신약성경이 가르치는 한 부분을 논리적 모순으로 보이는 기준에 근거하여 거부하기보다는 예수님과 신약성경이 죄인을 벌하시는 하나님과 십자가에서 우리를 대신하시는 아들에 관하여 말씀하는 것을 받아들여야 한다. 위버는 예수님과 신약성경 나머지 부분이 모순이라고 여기지 않는 것을 모순으로 보는 것 같다.

또한 우리가 기억해야 할 중요한 것이 있다. 성경은 어떤 점에 있어서는 하나님을 닮고 또 어떤 점에 있어서는 닮지 말라고 신자에게 요청한다는 사실이다. 유한한 인간 존재는 하나님과 근본적으로 다르다. 우리는 무에서 창조하지 않는다. 거룩함과 사랑, 정의와 자비가 어떻게 완전한 조화를 이루는지에 대한 우리의 이해는 극도로 불완전하다.

신약성경은 특히 다음과 같은 점에서 하나님을 흉내내지 못하게 한다. 즉 신약성경에서 몇 차례 언급된 바와 같이 하나님은 악을 행하는 자들에 대하여 정당하게 원수를 갚으신다롬 12:19; 히 10:30; 벧전 2:23. 바울은 말한다. "사랑하는 여러분, 여러분은 스스로 원수를 갚지 말고, 그 일은 하나님의 진노하심에 맡기십시오. 성경에도 기록하기를 '원수 갚는 것은 내가 할 일이니, 내가 갚겠다'고 주님께서 말씀하신다 하였습니다."롬 12:19, 새번역 예수님을 따르는 사람들은 예수님이 가르치신 대로 원수를 사랑해야만 하고 악을 행하는 사람들에게 복수하려고 해서는 안 된다. 유한한 인간은 하나님처럼 거룩함과 사랑을 올바르게 결합하여 악을 처벌할 만한 완전한 방법을 알지 못한다. 하지만 그것이 하나님도 그렇게 하실 수 없다는 뜻은 아니다. 또한 그것은 성육신하신 하나님께서 삼위일체 하나님이 하나님의 원수들을 사랑하시는 동시에 죄인들을 벌하신다고 우리에게 말씀하실 때 삼위일체나 예수님의 가르침 안에 모순이 있다는 것을 의미하지도 않는다. 유한한 인간은 그 이중적 진리를 우리 편에서는 결코 온전히 이해할 수 없다. 오직 무한하시고, 모든 것을 아시고, 모든 것을 사랑하시고, 완전히 거룩하신 하나님만이 거룩함과 사랑이 자신의 존재 안에서 어떻게 완전하게 조화될 수 있는지 아신다.

마지막으로 한 가지를 더 살펴보고자 한다. 위버는 흑인신학이나 페미니즘신학, 여성신학이 속죄론의 도덕적 관점과 만족설적 관점을 비판하는 것이[665] 그러한 속죄 관점들을 반대하는 자신의 논증을 강화한다고 생각하는 것 같다.[666] 하지만 그것은 지나친 주장이다. 물론 그리스도께서 대속물로 우리 대신 십자가에서 죽으셨고, 그래서 속죄를 이해함에 있어 거룩한 하나님에게서 용서를 받았다는 사실에만 전적으로 집중한다면 여기에는 윤리가 설 자리가 없게 된다는 점에 동의할 수 있고, 동의하여야 한다. 그리하여 백인 인종주의자들과 남성 우월주의자들이 자신들의 죄를 쉽게 지속하도록 하며, 다른 부류의 사람들이 학대와 억압 앞에서 수동성을 갖게 할 수 있다. 하지만 우리가 십자가와 구원에 대하여 온전히 성경적인 이해를 갖는다면 이러한 문제들은 발생하지 않을 것이다. 그리스도께서는 우리를 대신해 죽으시기 위해서만 오신 것이 아니다. 그리스도는 하나님 통치를 도래시키기 위해서 오신 것이기도 하다. 그리스도는 성차별주의나 인종주의를 포함하는 악의 힘과 싸우고 깨트리기 위해서도 오셨다. 그리스도는 우리를 변화시키고 우리에게 능력을 주기 위해서도 오셨다. 그리하여 신자들이 이제 그리스도의 왕국의 규범에

---

665 즉, 그들은 만족설의 속죄 사상은 여성이 학대에 수동적으로 굴복하게 만들고, 억압 받는 사람들이 압제를 수동적으로 받아들이도록 만든다고 비판한다.

666 J. Weaver, *Nonviolent Atonement*, 129-218. 예수께서 아버지께 복종한 것을 오용하는 끔찍한 사례를 보려면 Baker, *Executing God*, 29-30, 또한 Boersma, *Violence, Hospitality, and the Cross*, 118에서의 답변을 참고하라.

따라 살 수 있게 하시고, 사람을 노예로 만들고 학대하고 파괴하는 모든 것에 대항하여 그리스도와 함께 싸울 수 있도록 하신다. 속죄를 오로지 대리적 관점으로만 볼 경우 생기는 문제점들의 해결책은 그 관점이 올바르게 가르치는 요점을 없애 버리는 것이 아니라, 속죄 개념을 그것에 대해 가르치는 신약성경 전체라는 좀 더 큰 맥락에서 이해하는 것이다. 또한 이 모든 것들을, 메시아 왕국이 이미 시작되었고 이제 그의 제자들은 새 왕국의 삶을 살아갈 수 있다고 말하는 예수님의 선포 안에서 이해하는 것이다.

톰 라이트는 속죄의 목적은 죄 용서만이 아니라 우리가 죄의 영향에서 자유를 얻어 이제 예수께서 가르치신 하나님 나라의 삶을 살 수 있게끔 하는 것이라고 반복하여 주장한다.[667] 복음주의 신학자 스캇 맥나이트Scot McKnight가 이에 대해 설명하는 바는 옳다. "죄를 없애는 하나님의 속죄 사역은 하나님께서 공동체의 신앙을 토대로 언약을 체결하시는 것과 관련이 있다. … 속죄는 하나님 뜻이 실현되는 사회를 지금, 여기, 이 땅에 구현하는 것이다."[668]

❖ C. H. 도드가 말하는 "죄들"과 "죄"

도드C. H. Dodd를 포함한 많은 신학자들에 따르면 바울에게 하나님의 진노는 우리가 개별적으로 범한 죄들에 대한 하나님의 분노가 아니라 "도덕적 세계에서 필연적으로 따르는 과정"이다.[669] 그러므로 십자가가 성취해야 했던 것은 자범죄들을 용서하는 것이 아니라 절대적 죄, 즉 원

667　N. T. Wright, *Day the Revolution Began*, 223 등을 보라.
668　McKnight, *Community Called Atonement*, 11.
669　Dodd, *Romans*, 23.

죄에서 해방되는 것과 구원이었다.[670] 결과적으로 속죄는 그리스도께서 악을 정복하는 것이지 우리가 저지른 죄들을 위한 대속물로 자신을 내어 주는 것이 아니라는 것이다.

신약성경이 그리스도의 속죄 사역을 이런 방식으로 말하는 경우는 종종 있다(히 2:14-15; 요일 3:8).[671] 하지만 속죄를 이렇게만 이해하도록 강조하는 것은 복수 형태의 "죄들"을 말하는 다른 본문들을, 그리고 그리스도께서 대속물이 되셔서 죄인들에게 죄들에 대해 용서하신다고 명백하게 말하고 있는 다른 본문들을 간과하는 것이다. 그리스도의 대속적 죽음은 거룩과 사랑의 하나님께서 죄를 미워하고 벌하시는 동시에 헤아릴 수 없는 사랑으로 죄를 용서하시기로 자유로이 선택하셨기 때문에 일어난 일이다.

바울은 죄를 복수형으로 자주 언급한다. "불법이 사함을 받고 죄가[672] 가리어짐을 받는 사람들은 복이 있고."롬 4:7[673] "바울은 인간이 처한 곤경을 죄들과 범죄들, 부정들과 관련하여 자주 언급한다. 그리스도의 죽음이 이들도 언급하고 있다는 것은 놀랄 일은 아니다. 심지어 그의 죽음이 그의 복음을 이런 식으로 요약하는 것 같기도 하다."[674]

더 나아가 바울은 예수님께서 우리의 대속물이 되셔서 우리 죄에 대한 책임을 직접 감당하신다고 분명하게 말하고 있다.[675] 로마서 5:6-11에

---

670 Gathercole, *Defending Substitution*, 43-45.
671 물론 그리스도께서 공적 사역 동안에 악마들과 싸우셨던 것도 언급한다. Sider, *Good News and Good Works*, 97-98를 보라.
672 개역개정, 새번역, 현대인의 성경, 공동번역 등 한글 성경은 모두 '죄'라고 단수형으로 번역했다. 하지만 NIV와 NASB, KJV 등의 영어 성경은 이 본문에서 죄를 모두 복수형 'sins'로 번역하고 있다. 역주.
673 또한 롬 11:27과 고전 15:3을 보라. 이에 대한 긴 목록을 보려면 Gathercole, *Defending Substitution*, 48-50을 참고하라.
674 Gathercole, *Defending Substitution*, 50(강조는 원저자의 것).
675 이와 관련하여 고전 15:3에 대한 개더콜의 광범위한 주석을 보라. Gathercole, *Defending Substitution*, 61-77.

서 바울은 그리스도를 십자가에서 우리를 대신한 분으로 바라본다. 여기에서 바울은 한 사람이 다른 사람을 대신하여 죽는다는 생각을 다루는 그리스 로마 문헌을 암시한다. 하지만 그리스도에게는 놀라운 차이점이 하나 있다. 그분은 선한 사람들만이 아니라 죄인들도 대신하셨다는 사실이다. 심지어 원수들까지도 대신하셨다![676]

바울은 예수께서 우리를 위해 죄가 되셨고 저주를 감당하셨다고 분명하게 진술한다. "하나님께서는 죄를 모르시는 분에게 우리 대신으로 죄를 씌우셨습니다. 그것은 우리가 그리스도 안에서 하나님의 의가 되게 하시려는 것입니다."고후 5:21, 새번역 하나님 앞에서 율법을 준행하여 의롭게 될 수 있는 사람은 아무도 없다. 율법의 모든 것을 지키는 데 실패하는 이는 저주 아래 있기 때문이다. 그리고 아무도 율법을 완벽하게 지킬 수 없다. 하지만 "그리스도께서 우리를 위하여 저주를 받은 사람이 되심으로써, 우리를 율법의 저주에서 속량해 주셨다."갈 3:10-13 하나님은 더 이상 우리 죄를 우리의 것으로 간주하시거나 우리에게 돌리지 않으신다고후 5:19. 우리가 우리의 선한 행위들을 신뢰하지 않고 "경건하지 못한 사람을 의롭다고 하시는" 하나님을 신뢰할 때 우리의 믿음이 의롭다고 인정받을 수 있다롬 4:4-6. 그리고 바울은 계속해서 의롭다는 것이 무엇을 의미하는지 설명한다. 이때 바울은 시편 32:1-2을 인용하여 잘못을 용서 받고 잘못이 없다고 인정받은 사람에게는 복이 있다고 말한다롬 4:7-8. 그리고 조금 앞부분에서 바울은 의롭다고 인정받는 것이 예수님의 십자가 죽음에 대한 믿음을 통해서 온다고 설명한다롬 3:21-26.

톰 라이트는 바울이 "의"디카이오쉬네, δικαιοσύνη라는 단어와 그 파생어들을 사용할 때 법정이라는 배경을 염두에 둔다는 점을 강조한다. 은혜로

---

[676] Gathercole, *Defending Substitution*, 85-107의 폭넓은 논의를 참고하라.

"값없이 의롭다는 선고"를 받는 사람롬 3:24은 용서를 받는 것이다. "로마서 3장에서 바울의 요점은 모든 사람이 피고석에 앉아 있고 하나님 앞에서 유죄이기 때문에 '칭의'는 언제나 '무죄선고'를 의미한다."677 로마서 3장에서 칭의다른 번역으로는 "의"는 "법관의 판결로 그 자격을 보유한 상태이다. 법정에 있는 피고롬 3:19-20에게 칭의는 '무죄를 선고받는 것', '용서받는 것', '지불이 끝난 것', '판사의 선언으로 공동체에서 좋은 지위를 갖게 된 것'을 의미했다."678 그리고 로마서 3:25과 톰 라이트에 따르면 그것은 "하나님께서 속죄힐라스테리온, ἱλαστήριον의 장소와 수단으로 '내어 주신'희생제물을 표현" 예수님의 십자가를 통하여 이루어진다.679

하나님의 진노

예수님의 십자가는 하나님의 진노와 관련이 있는가? 하나님의 진노는 예수님의 죽음이 있어야만 죄악 된 원수들을 용서할 수 있는가? 그러하

---

677 N. T. Wright, *Justification*, 90.
678 Ibid., 213. 하지만 그것은 바울이 "의"(디카이오쉬네, δικαιοσύνη)라는 단어를 사용하여 개인적이고 사회적인 변혁을 가리키기도 한다는 것을 부정하지 않는다. "δικαιοσύνη," *TDNT* 2:209-10에 따르면, "그러므로 바울에게 있어 '디카이오쉬네'는 무죄를 선언하는 의미이고, 죄의 굴레를 깨는 살아 있는 능력이다." 요더는 이 주제를 다루는 장에서 바르게 주장하고 있다. 즉 바울이 이해한 '디카이오쉬네'는 개인적 죄 용서와 유대인-이방인 사이를 화해시키는 사회적 변화를 모두 수반한다는 것이다. Yoder, *Politics of Jesus*, 212-27. 물론 톰 라이트는 여기에 강력하게 동의한다. N. T. Wright, *Justification* 전체, 특히 248을 보라.
679 N. T. Wright, *Justification*, 204. 톰 라이트와 스캇 맥나이트가 강조하는 바는, 바울은 죄인의 칭의를 좀 더 큰 맥락에서 이해한다는 것이다. 즉 하나님이 십자가에서 유대인과 이방인을 화해시키심으로 모든 민족을 축복하시겠다는 오랜 약속을 지키는 것이었다. McKnight, *Community Called Atonement*, 90-91; N. T. Wright, *Day the Revolution Began*, 314-15, 336-51; N. T. Wright, *Justification*, 10, 24-28, 94, 132-36.

다면 하나님께서 자기 원수들을 사랑하신다는 예수님의 가르침은 그와 모순되는가?

현대인들은 하나님의 진노라는 개념을 버리고 하나님의 사랑만 인정하고 싶어 한다. 하지만 신약성경은 하나님의 진노에 관하여 적어도 서른 번은 언급한다.[680] 그것은 하나님께서 죄인들에게 화가 나셨음을 의미하는 것인가?

앞에서 살펴본 것처럼 도드와 다른 신학자들은 하나님의 진노가 비인격적인 '과정'이라고 주장했다. 즉 우주의 구조에 새겨진 인과 과정이라고 보았다. 바울이 로마서 1장에서 언급하듯이, 하나님은 죄인들을 그들의 악한 행동에서 파생되는 자연적이고 파괴적인 결과들에 내버려 두셨고 롬 1:24, 26, 29 죄악 된 행동이 파괴적인 결과를 낳는다는 사실은 하나님이 죄인들에게 화가 나셨다는 것을 의미하지 않는다고 보았다.[681] 즉 하나님은 죄에 대해 화가 나셨을 뿐이라는 것이다. 우리가 곧 알게 되겠지만 이러한 접근법은 하나님의 진노에 관한 성경 진술 일부와 조화를 이루기는 하지만 전체에 들어맞지는 않는다. 하지만 하나님의 진노를 이렇게 이해해도, 창조주 하나님께서 죄에는 처벌이 따르는 방식으로 우주를 설계하셨다는 사실은 남는다. 도드의 견해를 따르더라도 하나님은 죄를 처벌하셔야 한다.

『신약신학사전』에 따르면 일부 신약성경 구절에서 "진노"오르게, ὀργή가 "하나님께서 실제적인 판단을 하신다는 점에는 논쟁의 여지가 없다."[682]

---

680 McKnight, *Community Called Atonement*, 67.
681 그렉 보이드가 하나님의 진노에 관하여 논의한 것이 이러한 기본 논증 중 하나이다. 보이드는 죄의 결과들이 역사 속에서 저절로 펼쳐지도록 허용하시는 하나님의 물러나심을 그분의 진노로 보았다. Boyd, *Crucifixion of the Warrior God*, 2:768-821.
682 "ὀργή E II 2," *TDNT* 5:424-25. 여기에 실린 Lane, "Wrath of God"이라는 글은 유익하다.

하나님은 죄 때문에 진노하신다. 때때로 하나님 진노의 대상은 죄 그 자체이다롬 1:18. 하지만 다른 구절에서 하나님 진노의 대상은 악을 행하는 자들이다눅 21:23; 요 3:36; 롬 2:5; 살전 2:16. 다윗이 자신의 성적인 죄를 고백할 때 분명하게 인정하는 것처럼 죄는 무엇보다도 하나님께 대한 위법이다. "주님께만, 오직 주님께만, 나는 죄를 지었습니다."시 51:4, 새번역; 41:4 참조.[683] 에베소서 5:6은 여러 죄들을 나열한 후 이렇게 말한다. "이런 일 때문에, 하나님의 진노가 순종하지 않는 사람들에게 내리는 것입니다."새번역[684]

성경이 반복하여 말하는 바는 죽음이 죄에 대한 형벌에 있어 핵심이라는 것이다. "죄의 삯은 죽음이요."롬 6:23, 새번역 하지만 그리스도께서 죄의 저주를 스스로 짊어지셨고, 우리를 대신하여 죽으셨고, 그리하여 그리스도를 믿는 사람들은 이제 의롭게 되었고 용서를 받았다. 맥나이트의 표현을 빌려 보자. "예수님은 '우리를 위해' 죽으셨다. 그의 죽음이 우리 죄를 용서하시고, '우리가 옳다' 선언하시고, 우리를 향한 하나님의 진노를 누그러뜨리신다."[685]

하지만 이것이 그리스도께서 우리 대신 죽으시지 않고는 하나님께서 우리를 용서하실 수 없다는 뜻인가? 일부 복음주의자들은 그렇게 말한다. 제임스 패커J. I. Packer와 마크 데버Mark Dever는 하나님의 거룩하심 때문에 예수께서 우리 죄를 위해 죽으시는 것 말고는 "다른 대안은 없었다"고 말한다.[686] 예수님의 대리적 형벌은 "그것을 통하여 화목을 이루신 하나님께 먼저 영향을 미친다." 그리스도의 죽음은 "죄책을 만족시킨다. 하나님

---

683 분명 다윗은 밧세바와 그의 남편에게도 죄를 범했다.

684 (성경이 "형벌적 진노"를 가르친다는 점을 부인하는) 대린 벨루섹(Darrin Belousek)에 따르면 "우리는 하나님이 악행을 이유로 인간에게 개인에게 진노하시는 경우를 구약성경에서 충분히 목격할 수 있다." Belousek, *Atonement, Justice, and Peace*, 211.

685 McKnight, *Community Called Atonement*, 69.

686 Packer and Dever, *In My Place*, 24.

자신의 성품으로 인한 만족만이 우리를 향한 '아니요'가 '예'로 바뀔 수 있는 유일한 수단이다."687 내가 가장 좋아하는 기독교 지도자 중 한 명인 스토트 조차 "대리적 속죄론은 그리스도 안에서 하나님이 우리를 대신하셨다는 사실을 확증할 뿐만 아니라 하나님의 거룩하신 사랑을 만족하게 하는 동시에 반역한 인간을 구원받게 할 다른 길은 없었다는 필요성까지도 확증한다"고 주장한다.688

내가 믿기로 신약성경은 하나님께서 그리스도의 대리적인 십자가 죽음을 통하여 우리의 칭의를 실제로 이룩하셨다고 분명하게 말한다. 하지만 또한 내가 알기로 거룩하신 하나님께서 우리 죄를 용서하시는 유일한 방법이 그리스도의 죽음이었다고 말하는 성경 구절은 없다.689 삼위 하나님께서 하나님 자신을 대속물로 주기로 하신 것은 하나님이 사랑이시면서 거룩하시다는 것을 강조하는 가장 놀라운 방식이다. 그것은 거룩하신 하나님께서 죄라는 끔찍한 실체를 결코 간과하지 않으신다는 점을 그 어떤 방식보다도 분명하게 보여준다. 성육신하신 하나님의 십자가는 그것이 하나님께서 우리를 용서하시는 유일한 방도였다는 뜻이 아니다. 그것은 단지 하나님은 사랑이시면서 거룩하시다는 사실을 가장 놀랍게 드러낼 뿐이다.690

하나님은 로마의 십자가 고통을 겪지 않으시고도 우리를 용서할 수 있으셨다. 무한하시고, 모든 것을 아시고, 모든 것을 사랑하시는 하나님은 우리를 용서하는 여러 방법들을 선택할 수 있으셨다. 하나님께서 십자가를 감당하기로 결정하신 것은 죄가 얼마나 심각한 것인지를 보여주

---

687 Ibid., 72(첫 두 강조는 원저자의 것이고 나머지는 추가된 것). 40쪽도 보라.
688 Stott, *Cross of Christ*, 160(강조는 추가된 것).
689 제임스 패커와 존 스토트는 이 놀랄 만한 주장에 아무 증거도 제시하지 않는다!
690 Gwyn et al., *Declaration on Peace*, 20: "하나님의 의는 … 악에게는 한없이 냉혹하고, 헌신하는 자에게는 한없는 축복이다."

는 가장 훌륭한 방식임에 틀림없다. 하지만 죄인을 향한 하나님의 사랑은 죄를 향한 하나님의 진노보다 훨씬 위대하다. 우리는 죄의 심각함을 강조하는 방식이 십자가라는 사실에 두렵고 떨리는 마음을 가져야 한다. 하지만 성경이 말하지 않는 것은 우리도 말하지 않아야 한다. 즉 그리스도께서 우리의 대속물로 죽으시는 것이 하나님께서 우리를 용서하시는 유일한 방식이었다고 말해서는 안 된다. 성경은 그러한 진술을 뒷받침하지 않는다. 또한 그것은 하나님의 사랑이 하나님의 진노보다 훨씬 더 크다는 성경의 지속적인 가르침을 모호하게 할 수도 있다.

하지만 히브리서 9:22은 "피를 흘림이 없이는, 죄를 사함이 이루어지지 않습니다"라고 말하지 않는가? 어떤 사람들은 그 구절을 근거로 예수께서 우리를 위해 죽으시지 않고는 하나님께서 우리 죄를 용서하실 수 없었다고 생각한다. 하지만 그 진술을 그런 방식으로 해석하는 것은 그 구절의 첫 번째 부분을 간과하는 것이다. 곧 "율법에 따르면, 거의 모든 것이 피로 깨끗해집니다. 그리고 피를 흘림이 없이는, 죄를 사함이 이루어지지 않습니다." 즉 본문은 구약의 상황을 반영하고 있으며, 심지어 그때에도 예외가 있었다고 말하고 있다.[691]

이스라엘의 대속죄일에 대제사장은 "이스라엘 자손의 모든 죄"레 16:34를 속죄한다. 그 날에 그 모든 죄를 담당하는 염소가 죽임을 당하지 않는다는 것은 놀랍다! 레위기 16장은 대속죄일에 대한 자세한 규정들을 설명한다. 대제사장은 수송아지 한 마리와 숫염소 두 마리를 고른다. 그는 자기와 자기 집안의 죄를 속하기 위해 수소를 바친다16:11. 그는 또한 "백성이 속죄제물로 바친 숫염소" 한 마리를 죽여야 한다16:15. 하지만 본문은 그 후에 대제사장이 어떻게 이스라엘의 모든 죄를 살아 있는 염소

691　Belousek, *Atonement, Justice, and Peace*, 193.

에게 씌우는지 자세하게 설명한다. 그 염소는 죽임 당하지 않는다. "살아 있는 그 숫염소의 머리 위에 두 손을 얹고, 이스라엘 자손이 저지른 온갖 악행과 온갖 반역 행위와 온갖 죄를 다 자백하고 나서, 그 모든 죄를 그 숫염소의 머리에 씌운다. 그런 다음에, 기다리고 있는 사람의 손에 맡겨 그 숫염소를 빈 들로 내보내야 한다. 그 숫염소는 이스라엘 자손의 온갖 죄를 짊어지고 황무지로 나간다. 이렇게 아론은 그 숫염소를 빈 들로 내보낸다."16:21-22, 새번역 분명 하나님은 이스라엘 백성의 죄를 뒤집어쓰는 염소를 죽이지 않고도 그들의 죄를 용서하시기로 하셨다. 그리고 이것은 사실상 명시적으로 죽이지 말라고 금하는 것과 같다.

여러 구약 본문들을 보면 하나님은 피의 제사를 전혀 언급하지 않으면서도 죄를 용서하신다. 이사야 6장은 이사야 선지자가 거룩하신 하나님과 대면하는 극적인 장면을 묘사한다. 이사야는 자신의 죄 때문에 압도됨을 느꼈다. 하지만 한 천사가 나타나 제단에서 타던 숯을 이사야의 입술에 대며 말했다. "이것이 너의 입술에 닿았으니, 너의 악은 사라지고, 너의 죄는 사해졌다."사 6:7, 새번역 여기에는 피의 제사가 전혀 언급되지 않는다. 시편 저자는 제사에 대한 언급 없이 하나님께서 죄를 용서하신다고 자주 말한다시 25, 32, 103, 130편. 심지어 시편 40:6은 하나님께서 제사나 예물을 원하지 않으신다고까지 말한다.

침례세례 요한은 "죄사함을 받게 하는 회개의 침례세례"눅 3:3; 막 1:4를 선포했다. 요한은 회개하려는 사람들에게 성전에서 제사를 드리라고 말하지 않았다. 성전 제사가 아니라 침례세례가 용서의 방법인 것 같다.

예수께서는 자신의 권위에 근거하여 사람들의 죄가 용서 받았다고 반복하여 선언하신다. 이 때 예수님은 사람들에게 성전에서 제사를 드려야 한다고 말씀하지 않으신다마 2:1-12.⁶⁹² 예수님의 발을 눈물로 닦은 죄 많은 여인 이야기에서 예수님은 그에게 "네 죄가 용서받았다"고 말씀하신다눅 7:48.⁶⁹³ 구약과 신약은 하나님은 죄를 용서하실 때 일반적으로 제사구약의 동물 제사, 신약의 예수의 죽음를 사용하시지만 때로는 피의 제사 없이 죄를 용서하기도 하신다는 것을 분명하게 가르치고 있다. 하나님께서 우리 죄를 용서하시기 위하여 성육신한 아들의 십자가 죽음을 선택하셨다는 사실은 하나님이 사랑이신 동시에 거룩하시다는 점을 가장 생생하게 드러낸다. 하지만 그것은 죄와 죄인들을 향한 하나님의 진노가 모든 사람을 향한 하나님의 사랑과 동일하다는 의미가 아니다. 하나님이 진노가 아니신 만큼 하나님은 사랑이시다.

출애굽기 34:6-7은 하나님께서 죄를 벌하시는 것은 잠깐이지만 그분의 한결같은 사랑 חסד, 헤세드은 수천 대까지 이어진다고 분명히 말하고 있다. 호세아 선지자는 이스라엘의 죄로 인한 하나님의 임박한 심판을 선언하면서 하나님께서 계획하신 심판에 대해 하나님께서 깊이 애통해하심을 그리고 있다. "이스라엘아, 내가 어찌 너를 원수의 손에 넘기겠느냐? … 너를 불쌍히 여기는 애정이 나의 속에서 불길처럼 강하게 치솟아 오르는구나. 아무리 화가 나도, 화나는 대로 할 수 없구나."호 11:8-9, 새번역 호세아는 이스라엘을 향한 하나님의 태도를 어느 때고 신실한 남편의 모습으로 묘사한다. 이 남편은 외도를 지속하는 자신의 아내를 데려오려고 계속해서 노력한다호 9-14.⁶⁹⁴ 마찬가지로 요엘 선지자는 다가올 하나님의 심판을 알리기도 하지만 하나님이 "오래 참으시며, 한결같은 사랑을 늘 베푸시"는 분이라고 말하기도 한다욜 2:13. 시편은 하나님의 "사랑이

---

692 병행 구절인 마 9:1-8과 눅 5:17-26을 보라.
693 Belousek, *Atonement, Justice, and Peace*, 206-7.
694 Ibid., 399.

영원하시다"고 반복해서 선언한다.⁶⁹⁵ 하나님의 "진노는 잠깐이요, 그의 은총은 영원"하다시 30:5. 구약성경이 반복하여 말하는 것처럼 하나님이 죄 때문에 이스라엘을 심판하실 때에도 그분의 목적은 이스라엘과 올바른 관계를 회복하시는 것이었다. "나는, 악인이 죽는 것을 기뻐하지 않고, 오히려 악인이 그의 길에서 돌이켜 떠나 사는 것을 기뻐한다"겔 33:11.⁶⁹⁶

삼위일체는 영원한 사랑이시다. 천사와 인류의 반역 이전에 하나님에게는 진노가 없었다. 하나님의 거룩한 진노는 시간상으로 인간의 죄를 뒤따른다. 볼프에 따르면 "분노하지 않는 하나님은 불의와 기만, 폭력의 공범이 될 것이다."⁶⁹⁷ 하나님이 죄인들에게 진노하시는 것은 그분의 사랑 때문이다. 하나님께서는 말로 형언할 수 없는 사랑으로 모든 사람을 사랑하신다. 그렇기 때문에 사람이 다른 사람을 해하거나 파괴할 때 하나님은 진노하신다. "하나님의 진노는 하나님이 사랑이시라는 진리를 힘 있게 말해 준다."⁶⁹⁸

하나님의 사랑은 하나님께서 심판하실 때에도 지속된다. 예레미야가 뜻하는 바는, 선택 받은 민족이 자신들의 죄 때문에 유배라는 벌을 받을 때 하나님께서 눈물을 흘리신다는 것이다렘 9:10. 십자가보다 하나님 사랑이 강력하게 드러나는 곳은 없다. 십자가에서 영원하신 아들이 우리를 대신해 저주가 되시고 우리 죄 때문에 죽으실 때 삼위일체 하나님도 어떻게든 함께 십자가를 경험하신다.

---

695 시 106:1; 107:1; 118:1, 2, 4, 29. 이에 대해 더 보려면 Belousek, *Atonement, Justice, and Peace*, 403-4을 참조하라.

696 신 29:22-30:10을 보라. Belousek, *Atonement, Justice, and Peace*, 409-14. 마셜에 따르면 "하나님의 정의는 징벌적이거나 파괴적인 정의이기 이전에 회복적이고 복원적인 정의이다." C. Marshall, *Beyond Retribution*, 52.

697 Volf, *Exclusion and Embrace*, 297. 유사한 견해로는 Boersma, *Violence, Hospitality, and the Cross*, 49를 보라.

698 Schertz, "Partners in God's Passion," 173.

이야기가 십자가 죽음에서 끝난다면 우리는 하나님의 진노가 최소한 하나님의 사랑과 동등하다고 결론지어야 할 것이다. 하지만 그 이야기는 부활절 아침으로 이어진다. 부활은 죄악 된 원수들을 향한 하나님 사랑이 죄인들을 향한 하나님의 진노보다 훨씬 더 위대하다고 선언한다. 우리 죄를 위해 죽으신 이가 부활하셨다는 것은 하나님이 돌아온 탕자의 아버지와 같다는 예수님의 가르침이 옳았음을 입증한다. 하나님은 두 팔을 크게 벌리고 서 계신다. 하나님은 우리 죄를 용서하고 싶어 하시고, 우리를 용서 받은 아들딸로 맞아들이고 싶어하신다. 에밀 브루너Emil Brunner의 설명은 옳다. 하나님의 진노는 "궁극적인 실체가 아니라 죄에 상응하는 신적 실체이다. 하지만 그것은 하나님의 본질적 실체가 아니다. 본질적으로 하나님은 사랑이시다."[699]

여러 가지 상호보완적인 속죄 은유[700]

여러 은유들이 상호보완적이고 중요하다고 생각하는 신학자들과 성서학자들이 있다. 나는 그들의 의견에 동의한다.[701] 어떤 한 은유를 거부하는 것은 신약성경이 속죄에 관하여 말하는 것 중에서 중요한 부분을 간과하거나 부인하는 것이다. 내가 앞서 언급한 바와 같이, 예수님의 하나

---

699   Brunner, *Mediator*, 519-21; Lane, "Wrath of God," 160-61에서 재인용.
700   이 내용 일부는 Sider, *Good News and Good Works*, 95-100에서 가져왔다.
701   예를 들자면, Boersma, *Violence, Hospitality, and the Cross*, 특히 112-204; Gathercole, *Defending Substitution*, 112; McKnight, *Community Called Atonement*, 107-14; Treat, *Crucified King*, 174-226(그는 형벌 대리와 승리자 그리스도를 모두 강조한다).

님 나라 복음이라는 맥락 속에서 속죄를 이해하는 것이 절대적으로 필요하다.[702]

도덕적 은유. 이 범주에서 예수님은 기본적으로 선생과 모범의 역할을 하신다. 여기서 인간의 근본적인 문제는 무지이다. 예수님은 갈릴리와 골고다에서 활동하셨는데, 갈릴리에서는 가르침의 사역을 하시고 골고다의 십자가에서는 하나님의 사랑을 드러내시는 사역을 하셨다. 하나님의 사랑과 뜻을 가르치고 본을 보이시면서 우리의 지식과 이해를 확장시키는 것이 선생이며 모범이신 예수님의 핵심 사역이었다.

이 은유는 명백히 신약성경의 핵심 가르침에 뿌리를 둔다. 복음서들의 특징은 예수께서 직접 가르치신 내용을 담고 있다는 것이다. 즉 예수께서는 자신이 선언한 하나님 나라에서 자기 제자들이 어떻게 살아야 하는지 직접 가르치셨다. 십자가 위에서도 예수님은 계속해서 계시를 주신다. "그리스도께서 우리를 위하여 자기 목숨을 버리셨습니다. 이것으로 우리가 사랑을 알게 되었습니다."요일 3:16, 새번역 이러한 은유는 기독교 신앙의 윤리적 규범들을 잘 부각한다. 여기에는 원수를 사랑하는 것도 포함된다.

도덕적 은유 그 자체. 하지만 이러한 은유 자체로는 불충분하다. 불행하게도 악은 단순한 무지보다 세상에 훨씬 더 깊게 뿌리박고 있다. 악은 철저히 자기중심적인 사람 안에 있다. 그러한 사람이 변하려면 지식만이 아니라 하나님의 용서와 능력도 필요하다. 또한 악은 마귀의 능력 안에도, 그들이 왜곡한 사회 구조 안에도 있다. 우리를 노예로 삼은 권세들을 정복할 수 있는 강력한 구원자가 우리는 필요하다.

---

702 McKnight, *Community Called Atonement*, 141, 143 등을 보라. 또한 이 점을 특히 강조하는 저술을 보려면 Treat, *Crucified King*을 참조하라.

대리자 은유. 이 범주에서 예수님은 우리를 대신하는 역할을 하신다. 우리 문제의 가장 근본적인 측면은 우리가 유죄를 선고받은 죄인으로 거룩하신 하나님 앞에 서 있다는 것이다. 구원의 행위가 일어나는 장소는 갈보리이다. 이곳은 그리스도께서 우리 죄를 스스로 짊어지시는 곳이다. 그 결과는 용서이고, 또 하나님과의 관계 회복이다. 더 나아가 거룩하신 분과의 영원한 분리가 아니라 영원한 생명이다.

우리가 살펴본 것처럼 성경 내용 상당 부분이 이 은유를 담고 있다. "하나님께서는 죄를 모르시는 분에게 우리 대신으로 죄를 씌우셨습니다. 그것은 우리가 그리스도 안에서 하나님의 의가 되게 하시려는 것입니다."고후 5:21, 새번역 축 처진 모습으로 십자가 위에 매달려 있는 분이 삼위의 두 번째 위격이라는 사실은 십자가에서 우리를 대신하신 분이 실제로 하나님이셨음을 보여준다. 하나님은 그렇게 하나님의 사랑과 거룩하심을 함께 붙들고 계셨다.

대리자 은유 그 자체. 마찬가지로 대리적 속죄라는 은유도 그 자체로는 불충분하다. 대리자 개념 그 자체만을 고려할 때 대체로 간과하는 것들이 있다. 그리스도께서 하나님 나라에 관하여 가르치시고 선포하신 것, 그리스도께서 자신의 삶과 부활에서 악의 능력을 정복하신 것 등이 그것이다. 우리가 속죄를 예수께서 우리 죄를 위해 대신 죽으셨다는 사실에만 한정한다면 우리는 하나님 나라 복음에 관한 신약의 이해를 부정하는 것이고, 또 십자가와 윤리 사이의 연결을 끊는 것이다. 그러한 방식으로 이해할 경우 십자가는 원수를 사랑하라는 예수님의 요구와 완전히 분리되는 것처럼 보인다.

승리자 그리스도 은유. 이 관점을 보이는 속죄론에서 예수님의 주된 역할은 악을 정복하시는 것이다. 우리에게 있는 문제의 핵심이 악의 능력이기 때문이다. 악의 능력은 마귀와 같은 존재로 나타나거나, 부패한 사회적 구조로 드러나거나, 죽음 그 자체로 찾아온다. 이 개념이 잘 드러내는 사건은 두 가지다. 그리스도께서 갈릴리에서 마귀들을 몰아내신 것과 그리스도께서 부활절 아침에 죽음을 정복하신 것이다. 여기에서 강조점은 죄책을 없애는 것이 아니라 악의 세력을 물리치는 것이다. 그리스도께서는 사탄과 대결하심으로써, 마귀들을 몰아내심으로써, 병자를 치유하심으로써, 부당한 현실에 도전하심으로써, 최종적으로는 죽음을 이기심으로써 그렇게 하신다.

마찬가지로 이 은유도 신약성경에 견고하게 기초하고 있다. 요한일서는 이 점을 분명하게 말한다. "하나님의 아들이 나타나신 목적은 악마의 일을 멸하시려는 것입니다."요일 3:8, 새번역 히브리서에 의하면 아들이 육체가 되신 것은 "그가 죽음을 겪으시고서, 죽음의 세력을 쥐고 있는 자 곧 악마를 멸하시고, 또 일생 동안 죽음의 공포 때문에 종노릇하는 사람들을 해방시키시기 위함"이었다히 2:14-15, 새번역. 승리자 그리스도 은유는 죄와 구원을 지나치게 개인적으로만 이해하는 한계를 넘어서서 구원의 사회적이고 우주적 측면들을 드러낸다. 그리고 이 은유는 갈릴리와 예루살렘에서의 예수님 사역, 무엇보다도 부활절 아침의 승리를 강조한다.

승리자 그리스도 은유 그 자체. 하지만 이 관점도 그 자체만으로는 불충분하다. 이 은유는 개인 외부에 있는 악한 능력들에 중점을 두기 때문에 이 관점을 지지하는 사람들은 개인적인 죄와 죄책, 책임을 간과하기 쉽다. 이 관점은 특히 부조리한 사회 구조 안에 죄가 있다고 보는 일부 자유주의 신학에서 두드러진다.

이 세 가지 서로 다른 속죄 은유는 서로 보완하는가, 아니면 모순되는가? 어떤 사람들은 세 가지가 양립할 수 없다고 생각하는 것 같다. 하지만 내가 보기에 성경의 한 면을 주장하기 위해 다른 한 가지를 부인할 필요는 전혀 없다. 우리가 한 관점을 취하면서 편향되고도 배타적인 방식으로 속죄를 강조할 때 문제가 발생하는 것이다.[703] 오히려 우리는 세 가지 관점이 서로를 어떻게 보완하는지 이해할 필요가 있다. 이들을 하나님 나라 복음이라는 맥락에 놓음으로써 우리는 예수님의 교사, 승리자, 대리자 역할이 서로 관련하고 있다는 것을 이해할 수 있다.

하나님 나라의 메시아적 선포자로서 예수님은 혁명적인 사랑의 윤리를 가르치셨다. 산상수훈에서 십자가 죽음까지, 예수님은 원수까지도 사랑하는 사랑의 길을 가르치고 모범을 보이셨다. 하지만 예수님의 희생적 윤리대로 살아내는 것은 성령의 능력을 부여받은 용서받은 죄인으로서만 가능하다.

예수께서는 비폭력적인 메시아적 정복자로서 사탄과 모든 악의 세력과 싸우시며 하나님 나라를 시작하셨다. 예수님은 공적 사역에서 질병과 마귀들을 정복하셨다. 십자가에서는 사탄의 권세를 깨트리셨고, 부활절 아침에는 죽음 자체를 이겨내셨으며, 이를 통해 성령의 능력을 힘입은 제자들이 지금 하나님 나라 윤리대로 살아내는 것이 가능하게 하셨다.

이사야서가 말하는 고난 받는 종과 같이 예수님은 우리를 대신하여 십자가에서 죽으셨다. 우리 대신 저줏거리가 되신 예수님을 믿을 때 우리는 용서를 받게 된다. 예수님은 하나님의 성육신하신 아들이시기 때문에, 우리를 대신하신 분은 삼위일체 하나님 자신이시다.

---

703 믿음으로 의롭게 되는 것이 "모든 기독교 교리의 핵심 조항"이라는 마틴 루터의 진술을 참고하라(Luther, *Epistle to the Galatians*, 143). 또한 복음주의 진영의 진술을 보라. "우리를 비롯한 모든 복음주의자들에게 믿음으로 의롭게 되는 것은 하나님의 구원하시는 은혜의 전체 경륜에서 심장이자 중추이고, 전형이자 본질이다. 그것은 아틀라스(Atlas)처럼 어깨에 세계를 짊어지고 있고, 하나님께서 그리스도 안에서 죄인에게 보이시는 하나님 사랑에 관한 복음주의적 지식 전체를 담고 있다."(Beckwith, Duffield, and Packer, *Across the Divide*, 58). 그리스도께서 우리를 대신하여 죽으셨다는 사실을 믿는 믿음으로 의롭게 되는 것이 성경의 다른 속죄 은유나 구원의 측면에 비해 중요한 것이라고 말하는 것은 **비성경적**이다. 그것은 또한 값싼 은혜의 주요 원천이고, 복음주의 진영에서 성화와 윤리를 부정하도록 하는 주요 원천이기도 하다.

예수님의 하나님 나라 복음이라는 맥락 속에서 속죄를 이해하는 것은 예수님의 구원 사역에 공동체를 형성하는 측면이 있다는 것을 강조한다. 예수님은 하나님 나라 복음을 선포하셨을 뿐만 아니라 새로운 하나님 나라 공동체를 구성하셨다. 여기에는 남자와 여자, 창기, 궁정 신하, 세리, 존중받을 만한 서민들도 포함된다. 이스라엘을 구속받은 공동체로 함께 부르신 것에서부터 예수님의 제자들 무리를 거쳐 초기 교회 공동체에 이르기까지, 하나님과 화목을 이룬 공동체를 세우는 것은 하나님의 구원 계획에서 핵심이었다. 그것이 바로 그리스도께서 "우리를 위하여 자기 몸을 내주셨습니다. 그것은 우리를 모든 불법에서 건져내시고, 깨끗하게 하셔서, 선한 일에 열심을 내는 백성으로 삼으시려는 것입니다."라고 말하는 이유이다딛 2:14, 새번역. 맥나이트의 설명은 옳다. 즉 "속죄는 하나님 뜻이 실현되는 사회를 지금, 여기, 이 땅에 만드는 것이다."[704] 그리고 그것은 원수를 사랑하는 일도 포함한다.

우리에게 원수를 사랑하라고 예수께서 요청하실 때 그 토대는 성육신하신 하나님께서 직접 죄로 가득한 원수들을 위해 죽으셨다는 사실에 있다. 비폭력적인 기독교 윤리를 개진함에 있어 속죄는 문제가 되기보다는 가장 견고한 토대를 제공한다. 십자가는 하나님께서 무고한 사람을 향해 진노하시고 위협하셨다는 것을 나타내는 것이 아니다. 삼위 하나님의 세 위격은 로마 십자가의 고통을 함께 감수하심으로써 우리의 구원을 성취하신다. 삼위 하나님께서 우리를 용서하시기 위해 끔찍한 현실을 선택하셨다는 사실은 하나님께서 거룩하시면서 사랑이 많으시다는 것을 이루 말할 수 없을 정도로 분명하게 보여준다. 하나님께서 우리를 대신하여 스스로 십자가에 달리셨다는 것은, 하나님의 진노는 잠깐이지만 그

---

704 McKnight, *Community Called Atonement*, 11.

분의 사랑은 영원하다는 사실을 보여주는 것이다.[705]

어떤 사람이 대리적 속죄론만이 중요하다고 주장한다면 속죄와 윤리 사이의 연결이 끊어지는 것은 사실이다. 그것은 편향되고 비성경적인 입장이 된다. 그것은 신약성경이 속죄의 도덕적 은유와 승리자 그리스도 은유를 포괄한다는 사실을 간과한다. 그리고 그것은 예수님의 하나님 나라 복음이라는 맥락에서 십자가를 이해하지 못하게 한다. 예수님 복음의 핵심은 예수께서 시작하신 하나님 나라 구성원들이 원수를 사랑해야 한다는 것이다. 그리고 그 가르침의 핵심 토대는 삼위 하나님께서 죄인들을 위해서 로마의 십자가 형벌을 감수하셨다는 사실이다.

하나님은 십자가에서 자신의 원수들 때문에 고통을 당하셨다. 분명한 것은 우리가 십자가에 담긴 신비를 결코 완전히 이해할 수 없다는 것이다. 하지만 십자가에 매달리신 분이 육체가 되신 말씀이시기 때문에 우리는 상호 관련한 두 가지에 대해 확신할 수 있다. 첫째, 정의의 하나님께서 죄악 된 원수들을 자비롭게 사랑하신다는 점이다. 둘째, 하나님께서는 그와 동일하게 우리도 자기희생적인 방식의 사랑으로 원수들에게 다가가기를 원하신다.

예수께서 제자들에게 원수를 사랑하라 명하시고, 고통을 감수하는 사랑으로 원수들과 화목하시는 분이 하나님이심을 보이시기 위해 성육신하신 아들로서 죽으셨기 때문에 인간관계에 있어서 비폭력적인 방법을 거부하는 태도는 부적절한 속죄 교리에서 기인하는 것이 아닌가 싶

---

705 그것은 어떤 사람이 하나님과의 영원한 분리를 경험한다는 예수님과 신약성경 저자들의 분명한 언급을 망각하는 것이 아니다. 내가 보기에 그러한 끔찍한 현실을 경험하는 사람들에 대한 볼프의 언급은 옳다. "그것은 그들이 악을 행했기 때문이 아닐 것이다. 오히려 그들이 십자가에 달리신 메시아가 두 팔을 벌리고 강력하게 부르시는 부르심을 끝까지 거부했기 때문일 것이다." Volf, *Exclusion and Embrace*, 298.

다.[706] 하나님께서 그리스도 안에서 고통을 감수하는 종의 모습으로 원수들과 화해를 이루셨다면 그리스도를 따르고자 하는 사람들도 그와 동일하게 원수들을 대해야 하지 않겠는가?

우리 시대의 비극은 그리스도께서 대신 지신 십자가를 성경적으로 이해하려는 많은 사람들이 전쟁과 폭력에 관하여 십자가가 담고 있는 직접적인 함축들을 이해하지 못한다는 데 있다. 또 다른 비극은 평화주의와 비폭력을 강조하는 사람들 중 일부가 그리스도의 속죄를 그 토대로 삼고 있지 않는다는 점이다. 예수님을 진리와 평화를 위한 고결한 순교자 정도로 보는 감상적 관점은 비폭력을 지향하기 위한 적절한 토대가 되지 못한다. 십자가는 분명 "칼의 나약함과 어리석음에 대한 그리스도의 증언"[707]이지만, 그것을 훨씬 능가하는 어떤 것이기도 하다. 사실 십자가가 그러한 것을 증언하는 이유는 성육신하신 말씀이 우리 죄 때문에 죽으신다는 사실 때문이다. 그 사실은 우주의 통치자께서 자비로우신 절대적 사랑이시고 자기희생적 사랑을 통하여 하나님의 원수들을 화목하게 하시는 분임을 보여준다.

706　데일 브라운(Dale Brown)은 그것을 이교적인 속죄론이라고 칭한다. Brown, *Brethren and Pacifism*, 121.
707　R. Jones, *Church, the Gospel, and War*, 5.

13 장

교회사를 통해 본
기독교인과 살인

지금까지 2,000년 동안 그리스도인들은 예수님을 따르려고 노력했다. 그 노력은 어느 정도 진지했고, 어느 정도 성공적이기도 했다. 우리 주제와 관련하여 우리는 교회 역사에서 무엇을 배울 수 있는가? 초기 교회부터 주후 313년 콘스탄티누스 황제가 기독교 박해를 종식하기 직전까지 역사에서 무엇을 배울 수 있는가? 콘스탄티누스 이후 로마 황제들이 기독교를 선호할 때 역사에서 무엇을 배울 수 있는가? 극소수 기독교인들만이 평화주의자였던 중세 기독교 역사에서 무엇을 배울 수 있는가? 여전히 적은 수지만 기독교 평화주의자들이 증가하던 16세기부터 19세기의 역사에서 무엇을 배울 수 있는가? 원래 평화주의자였던, 지난 세기에 형성된 수많은 새 종파들에게서 무엇을 배울 수 있는가? 최근 가톨릭교회가 평화주의를 공식적으로 지지하는 것에서 무엇을 배울 수 있는가?

콘스탄티누스 이전 기독교

신약성경이 완성된 이후부터 콘스탄티누스 황제 칙령 주후 313년이 선포될 때까지 있던 살인에 관한 기독교인들의 사상과 실천에 관하여 학자들은 서로 모순되는 견해들을 제시했다. 현대 일부 학자들은 초기 교회가 본질적으로 평화주의자였다고 주장했다.[708] 다른 학자들은 특히 전쟁에서의 살인에 관한 초기 교회의 사상이 "시시했고, 분열되었고, 모호했다"고 주장했다.[709]

피터 레이하르트Peter J. Leithart와 제임스 터너 존슨James Turner Johnson, 진 엘쉬타인Jean Bethke Elshtain 등에 의하면 그 주제와 관련한 문헌은 거의 없고, 그나마 보유하고 있는 문헌들에서도 관점이 나뉜다. 레이하르트는 관련 문헌들에서 정의로운 전쟁도 암시하는 다양한 관점들을 발견할 수 있다고 주장한다. 그는 심지어 로마군 입대를 강력하게 비판했던 테르툴리아누스나 오리게네스가 주류 기독교를 대변하기보다는 비주류였을지도 모른다고 주장한다.[710] 엘쉬타인에 의하면 "예수님의 십자가 사건 직후에 기독교적인 삶을 살았던 1세대인들 중에서 신실한 사람이 로마 군대나 경찰로 복무했다는 증거는 거의 없다."[711] 또 다른 학자의 주장을 살펴보자. "살인과 전쟁이 기독교 윤리에 반한다는 이유로 초기 교회가 군복무를 거부했다는 논증을 지지할 만한 교부들의 증언은 실제로 없다."[712]

초기 교회의 살인에 관한 견해를 다룬 책과 논문이 무수히 많았음에

---

708 Bainton, *Christian Attitudes*; Yoder, *Christian Attitudes to War*.
709 Leithart, *Defending Constantine*, 278.
710 Ibid., 259, 268, 270, 272. 또한 Johnson, *Quest for Peace*, 14-15를 보라.
711 Elshtain, *Just War*, 52.
712 Helgeland, "Christians and the Roman Army," 764-65.

도 불구하고 어느 누구도 모든 문학적이고 고고학적인 관련 자료를 한 권에 모은 적이 없었다. 내가 그것을 『초기 교회의 살인 이해: 전쟁과 낙태, 사형 제도에 관한 종합적인 자료집』 The Early Church on Killing: A Comprehensive Sourcebook on War, Abortion, and Capital Punishment 을 통해 한 적이 있다. 이제 콘스탄티누스 이전 기독교인들이 무엇을 말했고 행했는지 어느 정도 정확하게 말할 수 있게 되었다.[713]

콘스탄티누스 이전 기독교 작가 중 기독교인의 살인이나 군복무가 정당하다고 말한 사람은 한 명도 없었다. 우리에게 남아 있는 문헌에 낙태나 사형, 전쟁 등의 살인에 관한 내용이 있다 해도 그것은 언제나 기독교인이 그것을 해서는 안 된다는 내용이다. 그리고 그러한 본문 저자들 중에는 초기 교회의 주요 저술가들이 많이 있다. 여기에는 순교자 유스티누스와 이레나이우스, 테르툴리아누스, 오리게네스, 키프리아누스, 락탄티우스 등이 포함된다.

수년 간에 걸쳐서 기록된 구절들이 상당수 있다. 그 구절들에 따르면 기독교인은 살인이나 군입대를 하지 않고, 또 그렇게 해서도 안 된다. 기독교 저술가 9명이 쓴 글 16편이 살인은 잘못된 일이라고 명백하게 말하고 있다. 4명은 5편 글에서 기독교인은 군에 입대하지 않고, 또 입대해서도 안 된다고 분명하게 주장한다. 4명은 8편 글에서 기독교인이 군에 입대해서는 안 된다고 강력하게 암시하고 있다. 4명은 칼을 쳐서 보습을 만든다는 메시아적 예언 사 2:4을 최소한 8회에 걸쳐서 그리스도와 그분 가르침에 적용한다. 10명은 저술가는 원수를 사랑하라는 예수님의 가르침을 최소한 28곳에서 인용하거나 암시한다. 그리고 그것들 중에서 최소한 9곳에서 그들은 기독교인이 화평해야 하고, 전쟁을 몰라야 하고, 다

---

713 Sider, *Early Church on Killing*, 163-95의 요약을 보라.

른 사람을 공격하는 것에 반대해야 한다는 등의 진술에 그 가르침을 연결한다. 이 모든 것이 이에 대한 상당한 증거가 있음을 의미한다.[714]

초기 기독교 관점을 "분열되고 모호한" 것으로 묘사하는 본문에는 사실상 근거가 없다. 기독교인이 살인을 하거나 군에 입대하는 것이 허용된다고 주장하는 저술가들은 없다. 이 주제를 언급하는 모든 작가들이 동일한 입장을 취한다. 콘스탄티누스 이전 일부 기독교 저술가들은 다른 사람들보다 이 주제에 관하여 좀 더 많이 언급한다. 어떤 저술가들은 전혀 언급하지 않기도 한다. 이 주제에 대해 상대적으로 침묵하거나 적게 언급하는 자료에서 다른 작가들이 동의하지 않는 어떤 결론을 내리는 것은 억측이 될 것이다. 콘스탄티누스 시대에 이르기까지 살인이나 전쟁에 관한 모든 기독교적 진술은 기독교인이 살인을 해서 안 된다고, 심지어 전쟁에서조차 살인해서는 안 된다고 말하고 있다.

초기 기독교 작가 중 락탄티우스Lactantius, 250-325보다 살인을 더 완강하게 금지한 이는 없었다. 기독교 박해가 만연한 시기에 디오클레티아누스Diocletian 황제 궁정에서 저술 활동을 했던 락탄티우스는 『신의 교훈』The Divine Institutes을 썼다. 이 책은 고전 라틴어로 기독교 신앙을 탁월하게 변호하고 있다. 그는 모든 종류의 살인을 정죄한다. 낙태와 영아 살해, 사형제도, 검투사 경기, 전쟁 등이 여기에 속한다.

> "하나님께서 우리에게 살인을 금지하실 때, 일반법조차도 허용하지 않는 공공연한 폭력만을 금지하신 것이 아니라 사람들이 합법적인 것으로 허용한 것들에 대해서도 반대하신다. 따라서 정의로운 사람[기독교인]이 군복무를 한

---

714 Sider, *Early Church on Killing*, 168-79. Helmut Koester, *Synoptische Überlieferung*, 44, 76에 따르면 2세기에 가장 빈번하게 인용된 예수님 말씀은 원수를 사랑하라는 명령이었다(Swartley, *Love of Enemy*, 8에서 재인용). 하지만 나는 아직까지 그것이 사실인지 확신할 수 없다.

다는 것은 타당하지 않고 … 어떤 사람을 사형에 해당하는 죄로 고소하는 것도 타당하지 않다. 어떤 사람을 말로 죽이든 칼로 죽이든 차이가 없다. 죽음으로 내모는 행위 그 자체가 금지된 것이기 때문이다. 그러므로 하나님의 이러한 가르침과 관련하여 예외 사항은 전혀 있을 수 없다. 사람을 죽이는 것은 언제나 불법이다. 하나님께서는 사람을 거룩한 창조물로 지으셨기 때문이다."[715]

2세기 후반부터 3세기 후반을 지나 4세기의 첫 십년에 이르기까지, 일부 기독교인들이 로마군으로 복무했다는 증거기독교 저술과 고고학 자료가 있는 것은 사실이다. 최소한 주후 173년부터 소수 기독교인이 로마군으로 복무했고, 3세기 후반을 지나 4세기 초반이 되면서 상당수 기독교인이 로마군으로 복무했다.[716] 안타깝게도 우리가 가진 자료상으로는 그 수가 얼마나 되었는지 알 수 없다.

분명한 것은 3세기 후반과 4세기 초반에 이르는 시기에 기독교 지도자들이 가르친 대로 살지 않은 일반 기독교인들이 점차 증가했다는 점이다. 그렇게 가르침과 설교 사이 단절은 교회 역사 내내 이어졌다. 오늘날 수많은 기독교인들이 기독교 지도자들이 이혼이나 유물론에 관하여 말하는 것을 무시하는 것과 비슷하다. 하지만 콘스탄티누스 시대까지 현존하는 모든 기독교 저술의 가르침은 분명하다. 기독교인에게 살인은 언제나 옳지 않다는 것이다. 살인을 논하는 현존하는 모든 기독교 작가들은 그것을 금지한다. 폴 램지는 아마도 지난 세대에 정의로운 전쟁을 옹호한 기독교 지도자였을 것이다. 그는 자료들을 다음과 같이 분석한다.

---

715 Lactantius, *Divine Institutes* 6.20; Sider, *Early Church on Killing*, 110에서 재인용.
716 Sider, *Early Church on Killing*, 185-90.

"초기 교회 역사에서 거의 두 세기 동안, 기독교인들은 보편적으로 평화주의자였다. … 초기 기독교에서 평화주의가 주류를 이루었다는 것은 의심할 여지가 없다. 평화주의는 그리스도가 놓으신 새 토대에서 도출되는 일관된 논리였다. 그것은 새로운 종류의 실행을 위해 인간 삶 안에 세워진 토대였고, 그리스도가 대속하신 모든 인간을 사랑하도록 세우신 태도와 실천의 토대였다. 그리스도께서 대신하여 죽으심으로 구원을 받은 하나님의 원수이자 죄인이 바로 자신임을 알고 있는 사람이라면 어찌 자기의 생명을 사랑할 수 있겠으며, 자기의 원수나 살인자의 생명보다 자기 생명을 더 보전하려고 애쓸 수 있겠는가?"[717]

초기 교회 역사적 사실들은 '기독교인이 살인을 할 수 있는가'라는 우리 질문에 어떤 의미를 던지는가? 분명 그것은 오늘날 우리 질문에 대한 답을 주지 않는다. 초기 교부들이 아니라 예수님과 성경이 우리에게 최종적 권위를 갖는다. 하지만 2-3세기 기독교인들은 예수님과 신약성경 저자들에게 우리보다 훨씬 더 가까웠다. 그들은 신약성경이 기록된 언어와 동일한 언어로 신약을 읽었다. 그들의 세계는 예수님의 세계와 우리보다 실제적으로 더 가까웠다.[718] 그들이 주후 2,000년 이후 기독교인들보다 예수께서 뜻하신 것을 최소한 동일하게, 혹은 더 낫게 이해하고 있었다고 결론 내리는 것은 비합리적이지 않다. 콘스탄티누스 시대까지 쓰인 살인을 언급한 모든 기독교 저술가들이 예수님의 제자들이라면 살인해서는 안 된다고 주장한다는 사실은, 이것이 예수께서 뜻하신 것이었다는 논증을 강화한다.

717　Ramsey, *War and the Christian Conscience*, xv-xvi.
718　Yoder, *Christian Attitudes to War*, 43.

콘스탄티누스 시대 기독교와 살인

황제 후보 중 하나였던 콘스탄티누스는 주후 312년 결정적인 군사적 승리를 거두었다. 승리 직전에 콘스탄티누스는 자기 군대의 표지emblem에 기독교 상징을 새겨넣었다. 1년 후에 콘스탄티누스는 기독교를 합법화하는 칙령을 발표했다. 기독교는 이렇게 완전히 새로운 시대로 진입했다. 콘스탄티누스가 경쟁자들을 완전히 물리치고 유일한 황제 후보가 되기까지는 몇 년이 더 걸렸다. 그의 정적 중 몇 명이 기독교인들을 계속 박해했기 때문에 기독교인들이 콘스탄티누스 군대를 응원하며 승리를 바랐다는 것은 놀랄 일이 아니다. 더 많은 기독교인들이 로마군에 입대했고, 100년이 채 안 되어서는 기독교인만이 로마군에 입대할 수 있었다.

콘스탄티누스 이후 100년이 지나면서 기독교 주요 신학자들은 정의로운 전쟁 전통의 틀을 발전시켰다. 특히 밀라노 주교 암브로시우스, 북아프리카 히포의 주교 아우구스티누스가 그랬다.[719] 아우구스티누스가 기독교인들의 전쟁 참여에 관해 자기 견해를 정립하고자 씨름하고 있을 때 새롭게 구성된 "기독교적" 로마 제국은 주변의 야만인들에게서 존재를 위협받고 있었다. 아우구스티누스는 키케로Cicero, 주전 106-43를 인용하여 전쟁이 정당해질 수 있는 경우를 설명했다. 국가를 방어하기 위해서 어쩔 수 없거나 그 의두가 복수가 아니라 평화와 정의일 경우 전쟁이 가능하다고 보았다. 또한 전쟁 그 자체는 정당하게 수행되어야 한다. 이후 수 세기 동안 기독교 사상가들은 정의로운 전쟁 기준을 정교하게 발전시켰다. 5세기부터 현재까지 정의로운 전쟁 전통은 대다수 기독교인들의

---

[719] 하지만 동방 교회에서는 기독교인이 전쟁에서 살인하는 것을 금하는 가르침이 더 강력하게 유지되었다. Belousek, *Atonement, Justice, and Peace*, 77.

"공식적인" 입장으로 자리매김했다.[720]

중세 시대에는 토마스 아퀴나스를 포함하여 기독교 신학자들과 지도자들이 그 전통을 되살려 적용하고자 했다. 물론 전쟁을 줄이려는 노력들이 있기는 했다. 하나님의 평화를 촉진하려는 사람들은 전쟁에서 공격 대상이 될 수 없는 이들의 범주를 넓히기 위해 노력했다. 하나님의 휴전Truce of God을 앞당기려는 사람들은 군사적 행위를 수행할 수 있는 시간대를 주일이나 금요일, 성일에 안 된다는 식으로 제한하고자 했다. 하지만 안타깝게도 교회 스스로가 성전聖戰이라 여기는 십자군을 일으키고 말았다. 수백 년 동안 무슬림 통치 하에 있던 거룩한 땅을 회복시켜 자유롭게 하는 것을 그리스도의 뜻으로 여겨 일으킨 전쟁이었다. 당시 저명한 교회 지도자들에 의하면 그리스도께서는 거룩한 땅을 통치하고 있는 불신자들을 진멸하라고 기독교인들에게 명하셨다.

중세 시대에는 평화주의 전통도 이어졌는데, 이는 오로지 소수 기독교 집단들 사이에서만 명맥을 이어갔다. 카타리파the Cathari는 전쟁에 반대했던 영지주의 이단이었다. 이들이 프랑스 남부에서 번성하자 교회는 십자군을 보내 이들을 진멸하고자 했다.

작지만 의미 있는 평화주의 운동이 15세기 중반에 출현했다. 프라하Prague의 뛰어난 설교자였던 얀 후스Jan Hus, 1372-1415는 일부 가톨릭 교리를 거부했다는 이유로 1415년 화형에 처해졌다. 이후 몇 가지 노선의 후스파 사상이 생겨났다. 그 중 하나는 페트르 헬치츠키Petr Chelcicky, 1390-1460가 주도한 것으로서, 그는 예수님의 가르침에 기초하여 모든 살인을 거부했다. 이 노선은 모라비아 형제단Unitas Fratrum으로 합병되었다. 이 운동의 한

---

720 그 전통의 발전에 대해 알려면 Biggar, *In Defence of War*; Johnson, *Quest for Peace*; Ramsey, *Just War*; Ramsey, *War and the Christian Conscience*; Bainton, *Christian Attitudes*; Yoder, *Christian Attitudes to War*; Cahill, *Love Your Enemies* 등과 그 이들이 인용하는 저술들을 참고하라.

축은 전적으로 평화주의였고, 이는 16세기 이후에도 잔존했다.[721]

종교 개혁 시대

주류 개신교 종교개혁자들(루터교회, 칼빈주의, 성공회)은 정의로운 전쟁 전통을 공식 신조들 안에 포함시킴으로써 정의로운 전쟁을 올바른 기독교적 이해로 선언하고 가르쳤다. 뿐만 아니라 이것을 기독교 정통 신앙이라고까지 선언했다.[722]

아나뱁티스트. 아나뱁티스트는 주류 종교 개혁자들에 동의하지 않았다. 취리히의 개신교 종교 개혁자인 울리히 츠빙글리Ulrich Zwingli와 수년간 가까이서 사역하던 한 젊은 종교 개혁자 무리가 유아 세례를 거부했다. 그들은 1525년 성숙한 신앙 고백을 하는 성인들에게 재침례를 주었다. 그들은 교회가 국가간섭에서 벗어나 스스로 삶을 관리해야 한다고 주장했다. 그들은 또한 기독교인이 살인해서는 안 된다고 가르쳤다.[723] 따라서 아나뱁티스트는 국가 교회와 정의로운 전쟁 전통이라는, 기독교 세계에서 천 년 넘게 지배적이던 두 가지 핵심 요소들을 거부한 것이다. 다른 기독교인들은 격노했고 그들 모두(가톨릭교도와 루터교도, 성공회, 츠빙글리파, 칼빈주의자)새로운 "이단자들"을 처형했다. 아나뱁티스트 수백 명이 죽었다.

---

721 Yoder, *Christian Attitudes to War*, 146-49.
722 아우구스부르크 신앙고백서(제16조), 웨스트민스터 신앙고백서(제26조 2항), 영국성공회 39개 신조(제37조) 등을 보라. 또한 Yoder, *Christian Attitudes to War*, 123의 인용들을 보라.
723 Yoder, *Christian Attitudes to War*, 161-95. 초기에는 모든 아나뱁티스가 살인을 거부했던 것이 아니다(183, 188).

아나뱁티스트가 살아남은 것은 먼 지역으로 도망을 치거나, 그들이 지닌 탁월한 농사 기술 때문에 그들의 "이단적" 사상을 묵인해 준 영주를 만나서이다. 뮌스터Münster에서 처참한 폭력 사건1534-35이 있은 후, 과거 네덜란드 성직자였던 메노 시몬스Menno Simons는 실의에 빠진 아나뱁티스트 인들을 모아 성공적으로 공동체를 이루었다. 이 공동체가 메노나이트교회라는 이름을 갖게 되었다. 이들은 계속해서 세계 여러 곳으로 이주했다. 자신들의 참전 거부를 이해해 줄 통치자를 찾기 위해서였다. 그들은 특히 북아메리카에서 번성했다. 여기에서 메노나이트교회는 역사적 평화 교회Historic Peace Churches에 속하는 주요 교파 중 하나로 알려져 있다.

퀘이커교. 퀘이커교는 17세기 중반의 잉글랜드 내전 당시 청교도 진영에서 갈라져 나왔다. 청교도 올리버 크롬웰Oliver Cromwell이 국왕에 대해 일으킨 혁명에서 조지 폭스George Fox, 1624-91 같은 지도자들은 크롬웰 진영의 폭력과 실패에 환멸을 느꼈다. 폭스 진영의 사람들은 기독교인들이 살인을 거부해야 한다고 가르쳤다. 퀘이커교도들'친우회'라고도 불림은 개인의 강력한 종교적 체험과 내적 조명의 인식, 신약성경 이해를 중심으로 삼았다. 그들은 17세기 후반 잉글랜드에서 비록 소수이기는 해도 평화주의 목소리를 강력히 대변했다. 퀘이커교도들은 아나뱁티스트와 같이 교회와 국가가 콘스탄티누스 방식으로 연합하는 것에 반대했다. 하지만 퀘이커교도들은 더 큰 사회적 규모의 평화 구축에 희망을 품었다.[724]

그대로 멋지게 구현해 볼 수 있는 기회가 생겼다. 잉글랜드 국왕이 퀘이커의 젊은 귀족인 윌리엄 펜William Penn, 1644-1718의 부친에게 빚을 갚으면서 펜에게도 아메리카 대륙의 넓은 토지를 수여했다. 그 땅이 현재 펜실베이니아Pennsylvania이다. 펜은 그 땅의 첫 번째 총독으로서 자기 식민

---

724 Bainton, *Christian Attitudes*, 157-65; Yoder, *Christian Attitudes to War*, 219-52.

지에 살고 있는 아메리카 원주민들과 평화롭고 정의로운 관계를 세우고자 했다. 롤랜드 베인턴Roland Bainton은 "원주민 처우에 대한 이보다 더 좋은 예를 역사에서 찾아볼 수 없다"고까지 언급했다.[725] 원주민들과의 평화는 약 75년간1682-1756 지속되었다. 식민지 의회를 장악했던 퀘이커들은 1756년까지 군비 지출에 동의하지 않았다. 하지만 퀘이커가 아니라 잉글랜드 왕이 펜실베이니아의 총독을 임명하고 잉글랜드가 북아메리카 모든 식민지들에 대한 대외 정책을 정하기 시작했다. 게다가 유럽에서 펜실베이니아로 들어오는 식민지 이주자들 중 메노나이트와 같은 일부만이 평화주의자였고 성공회나 스코틀랜드-아일랜드 계열의 장로교 같은 다른 사람들은 그렇지 않았다. 프랑스와 아메리카 원주민 사이에 전쟁이 1756년 발발했을 때, 펜실베이니아 의회 다수를 구성하는 퀘이커들은 중대한 결정을 내려야 했다. 그들이 마지못해 찬성했던 법안은, 퀘이커교도들의 징집을 면제해 주는 대신 군사 활동에 자금을 대는 것이었다. 이에 대하여 퀘이커 내부에서 강력한 논의가 일었다. 이후 퀘이커교도들은 선거에서 후보로 나서기를 거부했고, 결국 비평화주의자들이 의회를 장악하게 되었다.[726]

하지만 퀘이커의 평화주의는 펜실베이니아와 다른 여러 식민지들에서 상당한 영향력을 이어갔다. 퀘이커교는 메노나이트들과 함께 영국령 북아메리카 노예 제도를 가장 처음 공식적으로 비난했다. 퀘이커교는 미국친우회봉사단American Friends Service Committee과 다른 퀘이커 조직들과 함께 미국과 전세계에서 평화주의 목소리를 내는 중요한 단체로 명맥을 이어가고 있다.

---

[725] Bainton, *Christian Attitudes*, 171.
[726] Ibid., 170-72. Yoder, *Christian Attitudes to War*, 240-52에서 요더가 제시하는 논증에 의하면, 정부를 운영하며 75년간 보였던 평화주의 실험은 실패하지 않았다.

초기 성결 운동과 오순절교회

일부 복음주의 교단과 다수의 오순절교회는 교단 수립 초창기에 평화주의를 수용했다. 초기 오순절 교파들을 자세하게 분석한 제이 비먼Jay Beaman에 따르면 "1917년 무렵 형성된 오순절 교파들 중 62% 21개 중 13개는 어떤 면에서 평화주의자들이었다. 1934년 무렵에는 오순절 교파들 중 50% 48개 중 24개가 평화주의 성격을 보였다."[727] 머레이 뎀프스터Murray Dempster는 비먼의 논증을 수정하려 했던 사람이다. 하지만 결국 다음과 같이 말했다. "오순절 운동의 모든 계열에 평화주의가 퍼져 있었다는 주장은 문서로 명백히 입증될 수 있다."[728]

존 웨슬리의 감리교. 감리교의 공식 문서인 『웨슬리 감리교 연합 훈령』 Discipline of the Wesleyan Methodist Connection, 1844은 다음과 같이 선언한다. "우리는 그리스도의 복음이 모든 면에서 전쟁이라는 행위에 반대된다고 믿는다."[729] 노예 제도를 폐지하기 위해 일했던 다른 성결 운동 단체들과 마찬가지로 웨슬리 감리교도들 지금의 웨슬리교회은 일정 기간 동안 평화주의자들이었다. 남북전쟁이 발발했을 때 그들은 노예 제도에 대한 반대로 인하여 전쟁에서 북부를 지지하게 되었다.[730]

하나님의교회 앤더슨파. 퀘이커와 메노나이트는 일부 영역에서 적극적인 운동을 이어나갔다. 이것은 19세기 후반 성결 운동의 출현으로 이어졌다.[731] 1880년 무렵 인디애나주에서 출현한 하나님의교회도 마찬가지였

---

727 Beaman, "Extent of Early Pentecostal Pacifism," 12.
728 Dempster, "Crossing Borders," 127. 뎀프스터는 (비먼이 인정하는 것처럼) 초기 오순절 운동에 비평화주의의 목소리도 있었다는 점을 지적한다.
729 D. Dayton and L. Dayton, "Historical Survey of Attitudes," 137.1
730 Ibid., 137-42.
731 Beaman, Pentecostal Pacifism, 10.

다. 교단지인 『복음의 나팔소리』Gospel Trumpet에 실린 여러 편의 글을 보면 이들은 20세기 초기 십년 동안에는 평화주의를 분명하게 지지했다.[732] 교회 최고 지도자들이 서명한 선언은 다음과 같다. "인간의 생명을 빼앗는 것은 그리스도의 제자인 내 종교적 신념에 위배된다. 내 종교와 내 양심은 동료들을 학살하기 위해 무기를 드는 것에 반대한다."[733] 제1차 세계대전 무렵에 이 집단은 징병과 참전 면제를 미국 정부에 공식적으로 표명했다. "수년에 걸쳐 … 교회의 표준 문서에 명시적으로 표현된" 원칙들에 근거하여 볼 때 그러한 행위들은 "우리의 종교적 입장과 모순된다"는 것이었다.[734] 하지만 전쟁이 막바지에 이르렀을 때 『복음의 나팔소리』의 입장은 다소 온건해졌고, 많은 교인들이 군에 입대했다. 그리고 1930년대에 다시 평화주의를 지지하기 시작했다. 1932년 총회는 다음과 같이 선포했다. "우리는 다시는 어떠한 전쟁도 승인하거나 참여하지 않을 것이다."[735] 하지만 제2차 세계대전이 발발하자 징집된 교회 신도 대다수가 미군에 입대했다.

그리스도의교회Churches of Christ. 19세기 전반에 알렉산더 캠벨Alexander Campbell은 환원운동restoration movement[736] 구축에 있어 가장 뛰어난 지도자였다. 이 운동은 그리스도의 제자들Disciples of Christ이라고 불렸다. 캠벨 자신은 철저한 평화주의자였다.[737] 19세기 후반, 일련의 교회 분열로 그리스

---

732 Beaman and Pipkin, *Pentecostal and Holiness Statements*, 75.
733 Ibid., 76.
734 D. Dayton and L. Dayton, "Historical Survey of Attitudes," 144. 또한 순례성결교회(Pilgrim Holiness Church)와 자유감리교회(Free Methodists), 그리고 다른 성결운동 분파 내의 평화주의자들을 보려면 144-47쪽을 보라.
735 Strege, "Uncertain Voice for Peace," 116.
736 교회가 성경과 초대교회의 모습으로 돌아가서 교회의 원형을 회복해야 한다는 운동. 역주.
737 Beaman, *Pentecostal Pacifism*, 14.

도의교회가 생겨났다. 그리스도의 교회는 평화주의를 이어갔다. 『복음 옹호』Gospel Advocate 편집자인 데이비드 립스콤David Lipscomb은 미국 남북전쟁 동안 강력한 평화주의를 주장하면서 목숨의 위협을 받았지만 기독교인의 참전을 지속적으로 거부했다.[738] 1917년까지 그리스도의 교회는 대체로 평화주의를 고수했다. 하지만 정부가 교단지 편집자들을 체포하겠다고 위협하자 이들은 전쟁에 반대하는 사설 출간을 중단했다.[739]

하나님의 성회 The Assemblies of God. 1914년 시작된 하나님의 성회는 오늘날 가장 큰 오순절 교단이다. 세계적으로 약 7,000만 명의 지지자들이 있다.[740] 하나님의 성회 총회는 1917년에 강력한 평화주의적 성명서를 발표했다. "원수를 사랑하라"는 예수님의 말씀과 함께 여러 성경 구절들을 인용하면서 그들은 다음과 같이 진술했다. "우리 교회는 이 구절들과 다른 구절들이 기독교인으로 하여금 피를 흘리거나 인간의 생명을 빼앗는 행위를 금지한다고 해석하고 받아들인다. 그러므로 … 우리는 양심에 따라 인간의 생명을 실제적으로 파괴하는 전쟁과 무장 항쟁에 참여할 수 없다고 선언할 수밖에 없다. 그것이 우리 신앙의 유일한 근거인 영감된 하나님 말씀의 분명한 가르침과 모순되기 때문이다."[741] 이 성명서는 1967년까지 하나님의 성회의 공식 입장이 되었다.

사실 초기 지도자들은 제1차 세계대전 참전을 지지했다.[742] 하지만 교

---

[738] Casey, "Religious Outsiders to Insiders," 457–58.
[739] Alexander, *Peace to War*, 72; Casey, "Religious Outsiders to Insiders," 463–70.
[740] Alexander, Peace to War, 29–30. 좀 더 최근의 통계를 확인하려면, https://ag.org를 보라.
[741] Beaman and Pipkin, *Pentecostal and Holiness Statements*, 144.
[742] 이 사람들의 주장에 근거하여 뎀프스터가 주장하는 바는, 평화주의를 지지하는 공식 선언에도 불구하고 초기 하나님의 성회에서 오직 "선지자적 소수"만이 실제적으로 평화주의자들이었다는 것이다. Dempster, "Crossing Borders"를 참고하라. 하지만 알렉산더와 비먼은 뎀프스터의 주장에 성공적으로 도전했다. Alexander, *Peace to War*, 38–45; Beaman, "Response: Pacifism among the Early Pentecostals," 특히 85–90를 보라.

회 대표 지도자들이 윌슨 대통령Woodrow Wilson에게 보낸 것은 1917년의 공식 성명서였다.743 하나님의 성회 교단지인『오순절 복음』The Pentecostal Evangel에 실린 많은 글들은 평화주의를 지지했다. 여기에는 총회장 세 명이 쓴 글도 포함된다. 1938년에 총회는 교단의 평화주의적 입장을 재천명했다. 1940년 10월『오순절 복음』에는 다음과 같은 기사가 실렸다. "하나님의 성회에 속한 성도들의 보편적 정서는 군복무가 예수 그리스도의 복음과 양립하지 않는다는 것이다."744

하나님의 성회에 속한 남성들이 제2차 세계대전 중에 미군에 입대했다는 사실그 중 절반은 비전투 복무 때문에 교단 총회는 1947년에 위원회를 구성하여 군복무에 관한 교단의 입장을 재검토하도록 했다. 하지만 위원회는 꼼꼼하게 검토한 후 다음과 같이 언급하며 입장의 변화에 반대했다. "군복무에 관하여 현재 우리 총회의 헌법보다 하나님의 성회의 입장을 더 잘 대변하는 조항을 신설하는 것은 불가능하다."745 평화주의 성명은 교단의 공식 입장으로 남게 되었다. 실제로 평화주의는 1967년까지 하나님의 성회의 공식 입장으로 유지되었다.746

하나님의교회 클리블랜드파. 오순절 계열의 또 다른 큰 교단은 하나님의 교회클리블랜드파이다. 이 교단은 20세기 초반 테네시주에서 출현했다. 설립자 앰브로스 탐린슨Ambrose. J. Tomlinson은 강력한 평화주의자였다. 1917년에 그는 원수를 사랑하라는 예수님의 명령을 인용하면서 "싸우는 것은 우리 주님의 마음이 아니다"라고 주장했다. 그는 또한 "전쟁에 대한 우

---

743 Dempster, "Pacifism in Pentecostalism," 31.
744 Alexander, *Peace to War*, 44.
745 Ibid., 45.
746 Ibid., 228.

리의 견해는 우리 주님이 가르쳐 주신 것 말고는 없다."[747] 톰린슨은 또 이렇게 기술했다. "우리 교단에 속한 사람이 어떤 식으로든 전쟁을 옹호하거나, 징집 대상이 되는 사람들을 전쟁에 나가도록 설득하거나, 싸우려는 마음이 생기도록 부추긴다면 그는 우리 교단에 불충한 사람으로 여겨질 것이다. … 그리고 계속해서 그렇게 한다면 우리의 헌법과 원칙에 따라 필요한 조치제명를 취할 것이다."[748] 그리고 1917년 교단의 "교육" 문서가 간단하게 말하고 있다. 즉 "교단 회원들이 참전하는 것에 반대한다."[749] 이 교단은 1945년까지 평화주의를 고수했다.[750]

하나님의교회COGIC. COGIC Church of God in Christ는 미국에서 가장 큰 아프리카 오순절 교단으로 600만 명 정도의 신도가 있다. COGIC는 1895년에 메이슨C. H. Mason 주교가 설립하였다. 메이슨은 제1대 총회장도 역임했다. 메이슨이 공식 문서들에서 반복적으로 언급하는 바는 "우리 교단이 구성된 이후 지금까지의 교단 신조는 … 전쟁과 유혈 사태에 반대한다. … 우리 교단에 속한 사람이 무기를 휴대하거나 다른 사람이 피를 흘리게 한다면 그는 우리 교단에 더 이상 속할 수 없다."[751] 메이슨과 그 교단 사람들은 제1차 세계대전 동안에 정부와 대중에게서 강력한 비판을 받았다.[752] 하지만 오늘날까지 교단의 공식 입장은 기독교인의 참전에 반대하는 것이다.[753]

---

747 Tomlinson, "Awful World War," 152.
748 Tomlinson, "War Notice."
749 Beaman and Pipkin, *Pentecostal and Holiness Statements*, 152-53.
750 Beaman, *Pentecostal Pacifism*, 26.
751 Beaman and Pipkin, *Pentecostal and Holiness Statements*, 155.
752 Alexander, *Peace to War*, 74-75.
753 Hall, "What the Church Teaches about War." 데이비드 홀(David Hall)은 COGIC 출판사의 사장이었다.

우리가 위에서 살펴본 것처럼 1917년 무렵 설립된 오순절 계열 교단의 3분의 2는 원래 평화주의를 고수했다. 오순절주의 초기에는 평화주의가 널리 퍼져 있었음을 알 수 있다. 하나님의 성회에서 출간하는 『주간복음』The Weekly Evangel에 실린 한 사설은 1917년의 북미와 유럽의 오순절 운동과 관련하여 다음과 같이 말한다. "그 운동은 초기부터 퀘이커교의 원칙들을 특징으로 삼았다. 하나님 나라 율법은 산상 수훈을 기초로 우리 형제이신 예수 그리스도에 의해 세워진 것으로서 무조건적으로 채택되었다. 결과적으로 그 운동은 어떤 사람의 피를 흘리거나 어떤 공격에 항거하는 것에 반대하였다. 미국이나 캐나다, 영국, 독일 등에 있는 그 운동의 모든 지류들은 이 원칙을 고수했다.[754]

지난 200년 동안 저명한 평화주의자들

마틴 루터 킹이나 도로시 데이Dorothy Day, 1897-1980는 평화주의자로 널리 알려진 인사들이다. 하지만 드와이트 무디나 찰스 스펄전과 같은 사람들은 평화주의자로 알려져 있지 않다.

드와이트 무디Dwight Llyman Moody, 1837-1899는 19세기 후반에 가장 유명한 복음주의자 중 한 명이었다. 그는 무디성서학원Moody Bible Institute을 설립했고, 이 학교는 오늘날까지 신학과 사회 정치에 있어 보수적이다. 하지만 무디의 삶은 평화주의자의 삶이었다. 그의 아들 윌리엄William Moody

---

[754] Beaman, Pentecostal Pacifism, 33. 또한 Beaman, "Extent of Early Pentecostal Pacifism," 14-17을 참고하고, 얼마나 많은 오순절주의자들이 실제로 군에 입대했는지 알려면 논문 전체를 보라.

무디가 저술한 『D. L. 무디의 삶』The Life of Dwight L. Moody의 초판을 보면 무디는 남북전쟁 동안 "양심에 따라 입대할 수 없다"는 주장을 꽤 분명하게 드러냈다. 무디의 표현을 빌려 보자. "내 평생에 내가 총을 잡을 수 있다거나 동료 인간을 총으로 쏘아야겠다고 느껴본 적이 전혀 없다. 그런 면에서 나는 퀘이커교도이다."[755] 하지만 1930년 개정판은 무디의 평화주의를 대폭 희석했다.[756]

캐서린 부스Catherine Booth, 1829-1890는 구세군Salvation Army 창설자이다. 그의 아들 허버트 부스Herbert Booth도 평화주의자였다.[757]

찰스 스펄전Charles Spurgeon, 1834-1892은 보수주의 신학자로 당시 가장 대중적인 설교자였다. 그의 방대한 설교와 주석은 오늘날에도 널리 읽히고 있다. 또한 그는 평화주의자이기도 했다. "나는 기독교인 군인을 볼 때마다 슬픔에 빠진다. 그리스도 예수를 살펴볼 때마다 그분의 율법 중 하나를 듣게 되기 때문이다. '나는 너희에게 말한다. 악한 사람에게 맞서지 말아라. 네 칼을 칼집에 도로 꽂아라.'"[758]

윌리엄 개리슨William Lloyd Garrison, 1805-1879은 미국의 가장 저명한 노예제 폐지론자 중 한 명이었고, 일평생 평화주의자로 살았다. 개리슨은 한 침례교 가정에서 자랐고 성경 전체를 통달했다. 하지만 나중에 정통 기독교를 거부했다.[759] 개리슨은 뉴잉글랜드 비폭력 협회New England Non-Resistance Society, 1838-1850 핵심 지도자였다. 이 협회 회원들 다수는 복음주의자였다.[760] 윌리엄 제닝스 브라이언William Jennings Bryan, 1860-1925은 보수

---

755 Moody, Life of Dwight L. Moody, 81, 82.
756 D. Dayton and L. Dayton, "Historical Survey of Attitudes," 133.
757 Beaman and Pipkin, Pentecostal and Holiness Statements, 118-19.
758 Spurgeon, "Christ Our Peace." 또한 Swartz, "Christian Pacifism of Charles Spurgeon"를 보라.
759 Brock, Pacifism in the United States, 527, 534, 589, 681-85, 697-701, 922.
760 Ibid., 542-82.

주의 신학자이다. 브라이언은 대통령 후보로도 유명했고, 이후 윌슨 대통령 밑에서 국무장관을 지냈다. 그는 평화주의자였으며 오랜 시간 레프 톨스토이Leo Tolstoy를 칭송했다.[761] 마르틴 니묄러Martin Niemöller, 1892-1984는 제1차 세계대전 당시 독일 잠수정 함장이었다. 하지만 나중에 그는 히틀러에 반대했고, 평화주의자가 되었다.[762]

존 스토트는 아마도 20세기 후반에 빌리 그레이엄Billy Graham 다음으로 가장 영향력 있는 복음주의자였을 것이다. 스토트는 기독 청년 시절에 평화주의자가 되었다. 원수를 사랑하라는 예수님 말씀을 읽으면서 "기독교인이 되어 싸우는 것이 어떻게 가능한지 이해할 수 없었다."[763] 그는 자기 부친이 제2차 세계대전 당시에 영국군으로 참전했다는 점에 치를 떨었다. 이에 그는 입대를 거부하고 성공회 평화주의자 협회Anglican Pacifist Society에 가입했다.[764] 하지만 나중에 스토트는 한 발 물러나 정의로운 전쟁 입장을 취했다.

스탠리 하우어워스는 지난 40년 간 가장 영향력 있는 기독교 윤리학자 중 한 명이었다. 그는 수많은 저술을 통해 강력한 평화주의 입장을 주장했다.[765]

물론 20세기에는 다른 여러 유명한 기독교 평화주의자들이 있었다. 마틴 루터 킹, 남아공의 데스몬드 투투Desmond Tutu 대주교, 브라질의 돔 헬더 카마라Dom Helder Camara 대주교, 노벨상 수상자인 아르헨티나의 아돌포

---

[761] Ibid., 934-36.
[762] Brown, *Biblical Pacifism*, 143.
[763] Steer, *Basic Christian*, 37.
[764] Ibid., 37-48.
[765] Hauerwas, *Peaceable Kingdom*; Hauerwas, *Against the Nations*; Hauerwas, *War and the American Difference*.

페레즈 에스키벨Adolfo Perez Esquivel 등이 있다.[766] 미국 의회 앞에서 2015년 10월 24일 연설을 하는 가운데, 프란치스코 교황은 "위대한 미국인들"네 명을 언급했다. 그 중 두 명은 가톨릭 평화주의자 도로시 데이와 토마스 머튼Thomas Merton이었다.[767]

복음주의 신학자 벤 위더링턴Ben Witherington은 애즈베리 신학교 Asbury Theological Seminary 신약학 교수로서 평화주의자이다. 위더링턴은 예수님이 "강경한 평화주의자"였다고 기술한다. 위더링턴에 따르면 살인에 반대하는 예수님의 가르침을 받아들인다는 것은 우리가 "모든 종류의 낙태를 반대하는 사람이 되는 것"과 "낙태와 사형제도, 전쟁에 반대하는 것"을 의미한다.[768]

1920-1930년대 자유주의적 평화주의

자유주의 신학 진영에 속해 있던 여러 사람들은 제1차 세계대전의 참상을 경험하면서 평화주의를 수용하게 되었다.[769] 많은 개신교인들은 교육의 힘을 낙관하고 인간 본성의 선함을 믿으면서 1920-30년대에 이르러

---

766 Esquivel, *Christ in a Poncho*.
767 이 둘에 관한 케이힐의 논의를 보려면 Cahill, *Love Your Enemies*, 213-23를 참고하라. 또한 와이겔은 이 둘과 함께 가톨릭 평화주의자 고든 찬을 거론한다. 그리고 그는 가톨릭 평화주의자들의 영향력이 점증하고 있음을 인정한다. Weigel, *Tranquillitas Ordinis*, 148-64.
768 Witherington, "Long Journey." 또한 Scot McKnight, *Sermon on the Mount*, 123-38를 참고하라. 그 역시 널리 읽히는 복음주의 학자이자 평화주의자이다.
769 하지만 평화주의는 일부 복음주의 진영에도 존재했다. 1934년 스웨덴 침례교 총회는 한 결의안을 승인했다. "모든 기독교인들은 인간을 대항하여 무기를 드는 것을 절대적으로 거부해야 한다." Gehrz, "Unexpected Sites of Christian Pacifism."

평화주의적 입장을 받아들였다.[770] 하지만 얼마 지나지 않아 라인홀드 니버는 이러한 평화주의가 인간 본성이 기본적으로 선하다는 순진무구한 낙관적 관점에 기초하고 있다고 지적하게 되었다. 그것은 인간의 죄성이 깊고도 만연하다는 역사적 기독교의 가르침을 근본적으로 간과하고 있다는 것이다. 니버가 맹렬히 비판하고 제2차 세계대전이 발발하게 되면서 널리 퍼졌던 자유주의 신학의 평화주의는 오래 가지 못했다.[771]

핵 평화주의

제2차 세계대전 이후 몇 십 년 동안 소련과 미국이 여러 핵무기들을 개발하자 정의로운 전쟁을 지지하는 많은 저명한 기독교인들은 핵 평화주의자가 되었다. 그들은 정의로운 전쟁에서 말하는, 복수가 아니라 정의 회복이라는 목적, 성공에 대한 합리적 희망, 비전투원 면책이라는 기준을 적용했다. 소련이 핵무기로 미국을 공격한 후 미국이 소련을 핵무기로 공격하는 것은 정의 회복이 아니라 보복 행위일 것이다. 우리가 인식하고 있듯 핵무기 교전은 문명을 파괴할 것이다. 따라서 그것은 '성공에 대한 합리적 희망'이라는 기준에 위배되는 것이다. 그리고 핵무기 교전 대부분은 수백만 명의 비전투원을 죽일 가능성이 크다.

존 스토트는 『크리스처니티 투데이』에 기고하며 다음과 같이 말했다. "핵무기들은 전투요원과 비전투요원을 모두 파괴하여 무차별적으로 영

---

770   Yoder, Christian Attitudes to War, 278-84.
771   Niebuhr, "Why the Christian Church Is Not Pacifist."

향력을 미친다. 따라서 내가 보기에 핵무기는 윤리적으로 옹호될 수 없다. 또한 재래식 무기들을 '정당하게' 사용할 수 있는 가능성에 관하여 어떻게 생각하든 모든 기독교인은 핵 평화주의자가 되어야만 한다."[772]

미국 가톨릭 주교단은 『평화의 도전』The Challenge of Peace이라는 교서에서 정의로운 전쟁 기준은 어떠한 형태의 핵무기도 허용하지 않을 것이라고 주장한다. 하지만 그들은 지속적인 '일시적' 핵무기 소유를 인정한다. 그리고 이 핵무기들이 결코 사용되어서는 안 된다고 주장한다.[773]

여러 저명한 기독교 지도자들은 핵무기 소유도 거부했다. 1978년에 많은 기독교인들은 "신의에 대한 요청"A Call to Faithfulness"에 서명을 했고, 미국 정부의 핵전쟁 준비에 협조하지 않기를 당부했다. "핵무기 연구와 개발, 시험, 생산, 배치 등 모든 단계에 있어서 우리는 예수님의 이름으로 저항할 것을 맹세한다."[774] 이 문서에 서명한 사람들에는 저명한 주류 개신교과 가톨릭 신자들뿐만 아니라 잘 알려진 복음주의자들도 포함된다. 십대선교회YFC 대표인 제이 케슬러Jay Kesler와 『크리스처니티 투데이』 편집위원이었던 프랭크 게블린Frank E. Gaebelein, 보수침례신학교Conservative Baptist Theological Seminary에서 오랫동안 총장을 역임했던 버논 그라운즈Vernon Grounds 등이 있다. 로널드 레이건Ronald Reagan 대통령의 목사조차 다음과 같이 말했다. "나는 핵 평화주의자임에 분명하다."[775]

---

772 Stott, "Calling for Peacemakers," 45.
773 Challenge of Peace, §§178-99.
774 Sojourners (May 1978)에 서명한 사람들의 이름으로 출간.
775 Sider and Taylor, Nuclear Holocaust, 81. 물론 다른 사람들은 강력하게 반대했다. 가령 Payne and Coleman, "Christian Nuclear Pacifism"을 보라.

가톨릭의 평화주의 지지 확산

가톨릭 신학자들에 따르면 평화주의에 대한 가톨릭교회의 태도는 제2차 세계대전 이후로 크게 변했다.[776] 제2차 세계대전 당시 가톨릭교회는 평화주의를 공식적으로 거부했다. 1956년 교황 비오 12세Pius XII는 평화주의를 하나의 도덕적 입장으로 받아들일 수 없다고 말했다.[777] 1962년 후반 교황청은 가톨릭 신자들이 양심적 병역거부자가 될 수 없다는 지침을 내렸다.[778] 하지만 이후 수십 년간 교황과 사제들은 가톨릭이 평화주의와 정의로운 전쟁론을 동일하게 타당한 입장으로 장려할 수 있다고 밝혔다.

이러한 극적인 변화는 교황 요한 23세John XXIII와 제2차 바티칸 공의회1963-1965에서 시작되었다. 1965년 공표된 현대 세계의 교회에 관한 사목헌장Gaudium et Spes은[779] "완전히 새로운 태도로 전쟁을 평가"한다는 목적을 진술했다. 그 결과 평화주의를 지지하게 되었고, 집총을 거부하는 양심적 병역거부자들을 보호하기 위한 법적 조치를 요구하게 되었다.[780] 사목헌장에 의하면 "우리는 자신의 권리를 옹호함에 있어 폭력 사용을 포기한 사람들을 칭송하지 않을 수 없다."[781]

저명한 가톨릭 평화주의자로는 도로시 데이1897-1980가 있었고, 가톨릭 평화주의 출판물로는 『가톨릭 활동가』The Catholic Worker가 있었다. 하지

---

776 Christiansen, "Contemporary Just War Tradition," 25-30, 35-36; Weigel, *Tranquillitas Ordinis*, 237-56; Shannon, *War or Peace?*, x, 19-23; Allman, *Who Would Jesus Kill?*, 95-97.
777 Shannon, *War or Peace?*, 17.
778 Christiansen, "Contemporary Just War Tradition," 35.
779 제2차 바티칸 공의회를 통해 공표 된 네 개의 헌장 중 하나이다. 교회헌장, 계시헌장, 전례헌장, 사목헌장이 여기에 속한다. 역주.
780 Shannon, *War or Peace?*, 21.
781 *Gaudium et Spes*, 78; Gremillion, *Gospel of Peace and Justice*, 315에서 재인용.

만 사목헌장은 상당히 달랐다. 이것은 평화주의의 정당성이 가톨릭교회의 최고 권위로부터 공식적으로 인정받은 것이었다. 그 결과 1983년 『평화의 도전』이라는 교서에서 미국 가톨릭 주교단은 전쟁에 관한 가톨릭의 두 가지 입장의 정당성을 공인했다. "지난 1,500년 동안의 가톨릭 사상에서 정의로운 전쟁이라는 가르침이 분명히 지배적이었지만, 우리가 속해 있는 '새 운동'은 정의로운 전쟁과 비폭력이, 전쟁을 평가하는 데 있어 구별되면서도 상호의존적인 방법들임을 인정한다. … 그 방법들은 분쟁 해결 수단으로서의 무력 사용에 대하여 공통적인 가정을 공유한다."[782] 이 선언의 중요성은 그것이 초기 교회와 도로시 데이, 루터 킹과 같은 현대 평화주의자들의 비폭력에 관한 광범위하고 실제적인 논의의 한 부분이기 때문이다.[783]

교황 요한 바오로 2세John Paul II는 1991년에 발표한 회칙 『백주년』 *Centesimus Annus*에서 한 가지 사실을 강조했다. 1989년 동유럽에서 공산주의 독재정권을 무너트린 "방식은 거의 모든 곳에서 평화 시위였다." 유럽 공산주의 국가들과 민주주의 국가들의 분열은 전쟁으로만 끝날 수 있는 것 같았다. "그런데 그 분열은 시민들의 비폭력적인 헌신으로 극복되었다. 시민들은 언제나 권력의 힘에 굴복하기를 거부하면서도 진리를 드러내는 효과적인 방법을 찾는 데 성공했다." 그리고 교황 요한 바오로 2세는 다음과 같이 결론 내린다. "나는 이 성공 사례가 다른 지역과 다른 상황에서도 이어지기를 기도한다. 그리고 시민들이 폭력 없이도 정의를 위해 싸우는 법을 배우기를 바란다."[784]

---

[782] *Challenge of Peace*, §120. 미국 감리교 감독단의 비슷한 입장에 대해서는 *In Defense of Creation* (1986)을 참고하라. 또한 Cahill, *Love Your Enemies*, 2-8을 보라.

[783] *Challenge of Peace*, §111-21.

[784] *Centesimus Annus*, 23. 1989년에 공산주의 독재정권을 무너트린 비폭력적 운동에 관한 논의를

공식 문서인 『가톨릭 교회 교리서』Catechism of the Catholic Church는 평화주의를 지지한다. "폭력과 유혈을 거부하는 사람들, 그리고 인간의 권리를 보호하기 위해서 그러한 방어 수단들을 가장 약한 사람이 이용할 수 있게 해 주는 사람들은 복음이 말하는 사랑을 증명하는 것이다."[785]

2007년 교황 베네딕토 16세Benedict XVI는 "원수를 사랑하라"는 예수님의 명령에 대해 언급했다. "복음서의 이 구절은 기독교 비폭력의 대헌장으로 여겨지는 것이 옳다. … 기독교인에게 있어서 비폭력은 단순한 전략적 행위가 아니라 하나님의 사랑과 능력을 확신하는 사람이 존재하는 방식이자 태도이다. 그러한 사람은 오직 사랑과 진리라는 무기만을 가지고 악과 싸우는 것을 두려워하지 않는다. 자기 원수를 사랑하는 것은 '기독교적 혁명'의 핵심이다."[786] 분명 오늘날 가톨릭의 공식 가르침은 비폭력적 방법들을 훨씬 더 많이 사용하도록 권장하는 데서 그치지 않는다. 가톨릭은 지난 1,500년 동안과는 다르게, 평화주의를 타당하고 유의미한 기독교적 입장으로 공언하기까지 한다.

오늘날 많은 기독교인들이 평화주의자이다. 콘스탄티누스 이전 초기 교회 300년 기간 이래 그 어느 때보다 오늘날 상당수의 기독교인들이 예수께서 원수 죽이는 것을 거부하라 하신다고 믿고 있다.

보려면 Sider, *Nonviolent Action*, 79-100을 참고하라.
785   *Catechism of the Catholic Church*, §2306.
786   Allman, *Who Would Jesus Kill?*, 112(강조는 원저자의 것).

14장

예수가 주님이시라면

역사적 기독교 신앙의 핵심에는 나사렛에서 나신 사랑의 교사가 참 하나님이자 참 인간이시라는 믿음이 놓여 있다. 누군가 2,000년 동안의 교회의 가르침을 받아들인다면 그는 예수님의 윤리적 가르침을 받아들이고 그렇게 살도록 해야만 한다. 역사적이고 정통적인 기독교를 지지하는 모든 사람들에게 던지는 우리 주제와 관련한 가장 중요한 질문은 명백하다. 우리가 원수를 죽이는 것에 관하여 예수께서 뭐라고 말씀하셨는가?

역사적 기록은 분명하다. 나사렛 예수께서 사셨던 시기는 폭력적인 유대 반란군들이 로마 제국주의자들의 억압에 무기를 들고 맞서라고 이스라엘 백성에게 자주 충동할 때였다. 예수님 당시 유대인들 사이에 널리 퍼져 있던 기대는, 군사적 메시아가 나타나 폭력과 군사력으로 로마군을 몰아내는 것이었다. 유대 역사가 요세푸스는 예수님의 생애 전후 몇십 년 사이에 폭력적인 유대 반란이 여러 번 있었다고 기록하고 있다. 또한 요세푸스는 유대교의 이러한 메시아적 기대가 결국 유대와 로마 사이에 전쟁주후 66-70을 불러왔고, 예루살렘의 완전한 파괴로 이어졌다고 기술한다.

예수께서는 처음에는 간접적으로, 그리고 나중에는 분명하게 자신이 오랫동안 기대해 온 메시아라고 주장하셨다. 정의와 평화가 가득한 메시아 왕국은 자신의 인격과 사역을 통해 실제로 도래하고 있다고 말씀하셨다. 하지만 예수님은 메시아의 역할을 획기적으로 재정립하셨다. 예수님에 의하면 새로이 도래하는 메시아 왕국에서 예수님을 따르는 사람들은 원수를 사랑해야 한다. 폭력적인 유대 혁명가들이 요구했던 것처럼 원수를 죽이는 것이 아니다. 예수께서는 자신이 당시 모든 메시아적 기대와는 다르게 죽음으로 메시아적 사명을 성취하실 것이라고 제자들에게 말씀하셨다. 자신이 메시아임을 대중에게 분명하게 알리실 때에도 예수님은 군사 정복자의 군마가 아니라 왜소한 나귀를 타고 예루살렘에 입성하셨다. 십자가 위에서 자신을 못 박는 이들을 용서해 달라고 하나님께 간구하시면서, 예수님은 원수를 사랑하라는 자신의 가르침을 실천하셨다.

마태복음은 산상수훈이 예수님의 가르침이라는 사실을 분명하게 말하고 있다. 다시 말해서, 산상수훈은 도래하는 메시아 왕국에서 제자들이 살아야 하는 삶의 방식을 담은 예수님의 가르침이다. 예수님을 따르는 사람들은 구약 율법의 눈에는 눈이라는 핵심 제안을 거부해야 하고, 압제자에 대해서는 수동적으로가 아니라 사랑으로 반응해야 한다. 여기에는 제국주의적 억압을 강요하는 로마 군인들에 대한 반응도 포함된다. 즉 그들의 군장을 법이 요구하는 오 리만 들어 주는 것이 아니라 십 리까지도 들어다 주는 것이다. 사실 예수님은 제자들에게 원수를 사랑하라는 전례 없는 명령을 내리신다. 그것은 지금까지 있어온 사실상 모든 인간 사회의 관행과 반대되는 가르침이다.

예수께서는 대다수 유대인들의 메시아 기대에 담긴 편협한 민족주의를 거부하시면서 자신이 불러오는 왕국이 모든 사람을 위한 것이라고 말씀하셨다. 경멸받던 사마리아인들과 온갖 종류의 죄인들, 심지어 억압적인 로마인들까지도 포함된다. "내가 너희에게 말한다. 많은 사람이 동과 서에서 와서, 하늘 나라에서 아브라함과 이삭과 야곱과 함께 잔치 자리에 앉을 것이다."마 8:11, 새번역

유대와 로마 지도자들은 예수님의 혁명적인 메시아적 주장과 가르침이 자신들의 권세에 위협이 된다고 생각했다. 그래서 그들은 예수님의 십자가 처형을 도모했다. 예수님을 따르는 사람들에게 주어지는 함축은 고통스러우면서도 명확하다. 예수님 당시 모든 유대인들은 자신이 메시아라고 주장했다가 십자가에 못 박힌 사람들이 사기꾼들이었다는 것을 알고 있었다. 메시아로 자처하는 사람을 그 반대자들이 죽였을 때, 그의 추종자들이 계속해서 그를 지도자로 믿었다는 증거는 전혀 없다. 예수님 당시 유대인들이 보기에 십자가 처형 다음 날 내릴 수 있는 결론은 딱 하나였다. 예수는 가짜였고 사기꾼이었으며, 그의 운동은 끝났다는 것이다. 낙담한 제자들은 다름 아닌 부활하신 예수님을 만남으로써, 예수님의 메시아적 선포가 참이었다는 것과 그의 평화로운 메시아 왕국이 참으로 역사 속으로 들어왔다는 것을 세상에 말할 수 있음을 확신할 수 있었다.

복음서 이후의 나머지 신약성경 전반에는 초기 교회가 예수님의 평화의 메시지를 이해하고 수용했다는 증거가 있다. "평화"에이레네, εἰρήνη라는 단어는 신약성경에서 99회 나타난다. 베드로와 바울은 이따금씩 "평화"라는 단어를 사용하여 기독교 핵심을 요약한다. 베드로가 고넬료와의 만남을 통해서 배운 바는, 예수님의 평화로운 왕국에는 유대인들의 국가적 원수였던 로마 제국주의자들도 포함된다. 에베소서는 당시 역사를 볼 때 최악의 민족적 편견과 적대감을 극복하는 것이 예수께서 전해 주신 평화의 복음의 핵심이라고 설명한다. 우리는 서신서들에서, 특히 로마서 12:14-21에서 눈에는 눈이라는 원칙을 거부하는 예수님의 목소리를 엿볼 수 있다. 신약성경 저자들은 기독교인들이 십자가의 그리스도를 닮아야 한다

고 빈번하게 권하고 있다. 그리스도께서는 십자가에서 원수를 향한 사랑을 보여주셨다. 우리가 콘스탄티누스 시기까지 활동했던 기독교인의 저술들을 통해서 알 수 있는 바는, 초기 교회 교사들은 예수께서 제자들에게 결코 살인하지 말라고 하신 것으로 가르쳤다는 사실이다. 콘스탄티누스 시기까지의 기독교 저술 중에서 살인이라는 주제를 논의하는 남아 있는 모든 저술은 기독교인이 결코 살인해서는 안 된다고 분명하게 말한다.

기독교인이 원수를 죽여서는 안 되고 사랑해야 한다는 확신의 가장 깊은 신학적 토대는 십자가이다. 예수님은 산상수훈을 통해 원수를 사랑하라고 제자들을 가르치셨다. 그것이 바로 하나님께서 행하시는 일이기 때문이었다. 그리고 바울은 그리스도께서 죄악 된 원수들을 대신하여 십자가에서 죽으셨다고 기록하고 있다. 우리는 그 완전한 신비를 결코 알아내지 못할 것이다. 하지만 기독교인이라면 삼위일체 하나님성부, 성자, 성령께서 로마 십자가의 고통을 겪으셨다고 믿는다. 하나님께서는 하나님의 원수들을 용서하시고 그들과 화목을 이루시기 위해 자신만의 방식으로 우리 죄를 스스로 취하셨다. 그것이 바로 하나님께서 하나님의 원수들을 다루시는 방식이기 때문에 그리스도를 따르는 사람들도 동일한 방식으로 자신들의 원수를 대해야만 한다.

이것을 좀 더 분명하게 말하는 것이 정의로운 전쟁 옹호론자인 폴 램지라는 것은 흥미롭다. 램지에 따르면 초기 기독교인들은 거의 두 세기 동안 "보편적으로 평화주의자"였다. 그리고 램지는 그들의 평화주의를 다음과 같이 설명한다. "그리스도께서 대신하여 죽으심으로 구원을 받은 하나님의 원수이자 죄인이 바로 자신임을 알고 있는 사람이라면 어찌 자기의 생명을 사랑할 수 있겠으며, 자기의 원수나 살인자의 생명보다 자기 생명을 더 구원하려고 애쓸 수 있겠는가?"[787] 내가 보기에 그러한 윤리적 신학적 결론은 2-3세기와 마찬가지로 오늘날에도 참이다.

신약성경의 증거는 꽤 분명하다. 예수께서는 제자들에게 자기 원수를 죽이지 말고 사랑하라고 요청하셨다. 라인홀드 니버와 같은 사람들은 그것이 예수께서 말씀하신 바라 하더라도 현실에서 작용하지 않는다고 결론지을 수 있을 것이다. 그러므로 우리는 예수께서 가르치는 것을 무시해야 한다는 것이다. 하지만 그러한 선택지는 정통 기독론을 따르는 사람에게는 불가능한 일이다. 예수께서 참 하나님이시고 참 인간이시라면, 예수님 제자가 예수님의 핵심 가르침 중 하나를 거부해야 한다고 말하는 것은 매우 이단적이다. 복음주의자들과 다른 역사적 정통 기독교인들은 감히 그렇게 하지 않는다.

예수께서 성육신하신 하나님이시라면, 예수께서 유대인들이 기대했던 참 메시아셨다면, 예수께서 제자들에게 원수를 죽이지 말고 사랑하라고 가르치셨다면, 예수의 메시아 왕국이 그의 삶과 죽음과 부활에서 시작되었다면, 예수께서 모범을 보이신 삶의 방식대로 이미 시작된 하나님 나라에서 지금 살아내도록 성령의 능력 가운데 교회가 부르심을 받았다면, 십자가에서 죽으시고 부활하신 예수님이 지금 이 땅의 모든 왕국들의 주님이시라면, 그렇다면 오늘날 기독교인들은 원수 죽이는 것을 거부해야만 한다. 미로슬라브 볼프는 옳게 지적한다. "자기 십자가를 지는 대신 군사 장비를 착용하기로 결정했다면, 그는 십자가에서 죽으신 메시아를 예배하는 종교에서 정당성을 찾으려 해서는 안 된다."[788]

---

787 Ramsey, *War and the Christian Conscience*, xv-xvi.
788 Volf, *Exclusion and Embrace*, 306.

참고 자료
주제 및 인명 색인
성경 색인

참고 자료

Alexander, Paul Nathan. *Peace to War: Shifting Allegiances in the Assemblies of God.* Scottdale, PA: Herald, 2009.

────, ed. *Pentecostals and Nonviolence: Reclaiming a Heritage.* Eugene, OR: Pickwick, 2012.

Allman, Mark J. *Who Would Jesus Kill? War, Peace, and the Christian Tradition.* Winona, MN: St. Mary's Press, 2008.

American Friends Service Committee. *Speak Truth to Power: A Quaker Search for an Alternative to Violence.* Philadelphia: American Friends Service Committee, 1955.

Arendt, Hannah. *The Human Condition.* 2nd ed. Chicago: University of Chicago Press, 1998. 「인간의 조건」. 이진우 역. 파주: 한길사, 2019.

────, *On Violence.* New York: Harcourt, Brace and World, 1969. 「폭력의 세기」. 김정한 역. 일산: 이후, 1999.

Augsburger, Myron. "Beating Swords into Plowshares." *Christianity Today,* November 21, 1975: 7-9.

Bainton, Roland H. *Christian Attitudes toward War and Peace.* New York: Abingdon, 1960.

Baker, Sharon L. *Executing God: Rethinking Everything You've Been Taught about Salvation and the Cross.* Louisville: Westminster John Knox, 2013.

Barrett, C. K. The *Gospel according to St. John.* London: SPCK, 1962.

Barth, Karl. *Church Dogmatics.* 4 vols. Edited by Thomas F. Torrance and Geoffrey William Bromiley. Edinburgh: T&T Clark, 1936-77. 「교회교의학」. 박순경 외 역. 서울: 대한기독교서회, 2017.

Bartsch, Hans-Werner. "The Foundation and Meaning of Christian Pacifism." In *New Theology No. 6,* edited by Martin E. Marty and Dean G. Peerman, 185-98. London: Macmillan, 1969.

Bauckham, Richard. *The Theology of the Book of Revelation.* Cambridge: Cambridge University Press, 1993.

Beaman, Jay. "The Extent of Early Pentecostal Pacifism." In Paul Alexander, *Pentecostals and Nonviolence: Reclaiming a Heritage,* 3-38.

────. *Pentecostal Pacifism.* 1989. Repr., Eugene, OR: Wipf & Stock, 2009.

────. "Response: Pacifism among the Early Pentecostals; Conflicts Within and Without." In Schlabach and Hughes, *Proclaim Peace,* 82-93.

Beaman, Jay, and Brian K. Pipkin, eds. *Pentecostal and Holiness Statements on War and Peace.* Eugene, OR: Pickwick, 2013.

Beckwith, R. T., G. E. Duffield, and J. I. Packer. *Across the Divide.* Basingstoke, UK:

Lyttelton, 1977.
Bell, Daniel M., Jr. *Just War as Christian Discipleship: Recentering the Tradition in the Church Rather Than the State*. Grand Rapids: Brazos, 2009.
Belousek, Darrin W. Snyder. *Atonement, Justice, and Peace: The Message of the Cross and the Mission of the Church*. Grand Rapids: Eerdmans, 2012.
Bergmann, Michael, Michael J. Murray, and Michael C. Rea, eds. *Divine Evil? The Moral Character of the God of Abraham*. Oxford: Oxford University Press, 2011.
Biggar, Nigel. *In Defence of War*. Oxford: Oxford University Press, 2013.
Black, Matthew. "'Not Peace but a Sword': Matt. 10:34ff; Luke 12:51ff." In *Jesus and the Politics of His Day*, edited by Ernst Bammel and C. F. D. Moule, 287-94. Cambridge: Cambridge University Press, 1984.
Blomberg, Craig L. *Matthew*. New American Commentary 22. Nashville: Broadman, 1992.
Bock, Darrell L. *Luke 9:51-24:53*. Exegetical Commentary on the New Testament. Grand Rapids: Baker, 1996. 「BECNT 누가복음 2」. 신지철 역. 서울: 부흥과개혁사, 2017.
Boersma, Hans. *Violence, Hospitality, and the Cross: Reappropriating the Atonement Tradition*. Grand Rapids: Baker Academic, 2004. 「십자가, 폭력인가 환대인가: 포스트모던 시대의 개혁주의 속죄론」. 윤성현 역. 서울: CLC, 2014.
Boettner, Loraine. *The Atonement*. Grand Rapids: Eerdmans, 1941.
―――. *The Christian Attitude toward War*. 3rd ed. Phillipsburg, NJ: P&R, 1985.
Boyd, Gregory A. *Crucifixion of the Warrior God*. 2 vols. Minneapolis: Fortress, 2017.
Brock, Peter. *Pacifism in the United States: From the Colonial Era to the First World War*. Princeton: Princeton University Press, 1968.
Brown, Dale W. *Biblical Pacifism*. 2nd ed. Nappanee, IN: Evangel, 2003.
―――. *Brethren and Pacifism*. Elgin, IL: Brethren, 1970.
Bruce, F. F. *Romans*. Tyndale New Testament Commentaries. Grand Rapids: Eerdmans, 1963.
Bruner, Frederick Dale. *Matthew: A Commentary. 2 vols*. Rev. ed. Grand Rapids: Eerdmans, 2004.
Brunner, Emil. *The Mediator*. Philadelphia: Westminster, 1947.
Cahill, Lisa Sowle. *Love Your Enemies: Discipleship, Pacifism, and Just War Theory*. Minneapolis: Fortress, 1994.
Caird, G. B. *The Gospel of St. Luke*. The Pelican New Testament Commentaries. Baltimore: Penguin, 1963.
Calvin, Jean. *Commentaries Sur le Nouveau Testament*. Meyrueis, 1854. 「칼빈주석」. 오광만 외 역. 서울: 규장, 2010, 2013.
Carter, Craig A. *The Politics of the Cross: The Theology and Social Ethics of John Howard Yoder*. Grand Rapids: Brazos, 2001.
Casey, Michael W. "From Religious Outsiders to Insiders: The Rise and Fall of Pacifism in the Churches of Christ." *Journal of Church and State* 44, no. 3 (Summer 2002):

455-75.

Channing, William Ellery. *Discourses on War*. Boston: Ginn & Co., 1903.

Charles, J. Daryl. *Between Pacifism and Jihad: Just War and Christian Tradition*. Downers Grove, IL: InterVarsity, 2005.

Charles, J. Daryl, and Timothy J. Demy. *War, Peace, and Christianity: Questions and Answers from a Just-War Perspective*. Wheaton: Crossway, 2010.

Chenoweth, Erica, and Maria J. Stephan. *Why Civil Resistance Works: The Strategic Logic of Nonviolent Conflict*. New York: Columbia University Press, 2011. 「비폭력 시민운동은 왜 성공을 거두나」. 강미경 역. 서울: 두레, 2019.

Childress, James F. "Reinhold Niebuhr's Critique of Pacifism." *The Review of Politics* 36, no. 4 (October 1974): 467-91.

Christiansen, Drew. "The Contemporary Just War Tradition." In *Just War, Lasting Peace: What Christian Traditions Can Teach Us*, edited by John Kleiderer, Paula Minaert, and Mark Mossa, 24-29. Maryknoll, NY: Orbis, 2006.

Clark, Robert E. D. *Does the Bible Teach Pacifism?* Surrey: Fellowship of Reconciliation, 1976.

Clifford, George. "Legalizing Selective Conscientious Objection." *Public Reason* 3, no. 1 (2011): 22-38.

Clough, David L., and Brian Stiltner. *Faith and Force: A Christian Debate about War*. Washington, DC: Georgetown University Press, 2007.

Cole, Darrell. *When God Says War Is Right: The Christian's Perspective on When and How to Fight*. Colorado Springs: Waterbrook, 2002.

Collins, Adela Yarbro, and John J. Collins. *King and Messiah as Son of God: Divine, Human, and Angelic Messianic Figures in Biblical and Related Literature*. Grand Rapids: Eerdmans, 2008.

Collins, John J. *Does the Bible Justify Violence?* Minneapolis: Fortress, 2004.

──────. *The Scepter and the Star: The Messiahs of the Dead Sea Scrolls and Other Ancient Literature*. New York: Doubleday, 1995.

Copan, Paul, and Matthew Flannagan. *Did God Really Command Genocide? Coming to Terms with the Justice of God*. Grand Rapids: Baker Books, 2014.

Cowles, C. S. "The Case for Radical Discontinuity." In *Show Them No Mercy: Four Views on God and Canaanite Genocide*, edited by Stanley N. Gundry, 11-46. Grand Rapids: Zondervan, 2003.

Craigie, Peter C. *The Problem of War in the Old Testament*. Grand Rapids: Eerdmans, 1978.

Cranfield, C. E. B. *The Epistle to the Romans*. 2 vols. Edinburgh: T&T Clark, 1975-79. 「CEB 크랜필드의 로마서 주석」. 이용주 역. 의정부: 로고스, 2003.

──────. *The Gospel according to St. Mark*. The Cambridge Greek Testament Commentary. Cambridge: Cambridge University Press, 1963.

──────. "Some Observations on Romans XIII:1-7." *New Testament Studies* 6, no. 3 (1959-

60): 241-49.

Cromartie, Michael, ed. *Peace Betrayed? Essays on Pacifism and Politics*. Washington, DC: Ethics and Public Policy Center, 1990.

Crossan, John Dominic. *God and Empire: Jesus against Rome, Then and Now*. San Francisco: HarperSanFrancisco, 2007. 「하나님과 제국」. 이종욱 역. 서울: 포이에마, 2010.

Cullmann, Oscar. *The Christology of the New Testament*. Philadelphia: Westminster, 1959. 「신약의 기독론」. 김근수 역. 서울: 나단, 2005.

Danker Frederick W., Bauer, Walter. *Greek-English Lexicon of the New Testament*. 4th ed. Cambridge: Cambridge University Press, 1952.

Davis, Harry R., and Robert C. Good, eds. *Reinhold Niebuhr on Politics*. New York: Scribner's Sons, 1960.

Dayton, Donald, and Lucille Dayton. "A Historical Survey of Attitudes toward War and Peace within the American Holiness Movement." In *Perfect Love and War*, edited by Paul Hostetler, 132-52. Nappanee, IN: Evangel, 1974.

Dechow, Jon F. "The 'Gospel' and the Emperor Cult: From Bultmann to Crossan." *Forum Third Series* 3, no. 2 (Fall 2014): 63-88.

Dempster, Murray W. "Crossing Borders: Arguments Used by Early American Pentecostals in Support of the Global Character of Pacifism." In Alexander, *Pentecostals and Nonviolence*, 121-42.

———. "Pacifism in Pentecostalism: The Case of the Assemblies of God." In Schlabach and Hughes, *Proclaim Peace*, 31-57.

Dodd, C. H. *The Epistle of Paul to the Romans*. London: Fontana, 1959.

Douglass, James W. *The Non-Violent Cross: A Theology of Revolution and Peace*. New York: Macmillan, 1969.

Driver, John. *How Christians Made Peace with War: Early Christian Understandings of War*. Scottdale, PA: Herald, 1988.

———. *Understanding the Atonement for the Mission of the Church*. Scottdale, PA: Herald, 1986.

Duchrow, Ulrich, ed. *Lutheran Churches—Salt or Mirror of Society: Case Studies on the Theory and Practice of the Two Kingdoms Doctrine*. Geneva: Lutheran World Federation, 1977.

Duffey, Michael K. *Peacemaking Christians: The Future of Just War, Pacifism, and Nonviolent Resistance*. Kansas City, MO: Sheed and Ward, 1995.

Dunn, J. D. G. *Romans*. 2 vols. Word Biblical Commentaries 38A-B. Dallas: Word, 1988. 「로마서 상하」. 김철, 채천석 역. 서울: 솔로몬, 2003.

Eller, Vernard. *War and Peace: From Genesis to Revelation*. Scottdale, PA: Herald, 1981.

Ellner, Andrea, Paul Robinson, and David Whetham, eds. *When Soldiers Say No: Selective Conscientious Objection in the Modern Military*. Burlington, VT: Ashgate, 2014.

Ellul, Jacques. *Violence: Reflections from a Christian Perspective.* Translated by Cecelia Gaul Kings. New York: Seabury, 1969. 「폭력: 기독교적 반성과 전망」. 최종고 역. 서울: 대한기독교서회, 1997.

Elshtain, Jean Bethke. *Just War against Terror: The Burden of American Power in a Violent World.* New York: Basic Books, 2003.

Enns, Peter. *The Bible Tells Me So ... : Why Defending Scripture Has Made Us Unable to Read It.* New York: HarperOne, 2014.

―――. *Inspiration and Incarnation: Evangelicals and the Problem of the Old Testament.* 2nd ed. Grand Rapids: Baker Academic, 2015. 「성육신의 관점에서 본 성경 영감설」. 김구원 역. 서울: CLC, 2010.

Esquivel, Adolfo Pérez. *Christ in a Poncho: Testimonials of the Nonviolent Struggles of Latin America.* Edited by Charles Antoine. Maryknoll, NY: Orbis, 1983. Evans, Craig A. *Matthew.* New Cambridge Bible Commentary. Cambridge: Cambridge University Press, 2012.

Fahey, Joseph J. *War and the Christian Conscience: Where Do You Stand?* Maryknoll, NY: Orbis, 2005.

Fiensy, David A., and Ralph K. Hawkins, eds. *The Galilean Economy in the Time of Jesus.* Atlanta: Society of Biblical Literature, 2013.

Finn, Daniel. "Morality, Government and the Common Good: Understanding How Coercive Power Operates Morally in Our Daily Lives." In *Catholics and Evangelicals for the Common Good,* edited by Ronald J. Sider and John Borelli, 153-59. Eugene, OR: Wipf & Stock, 2018.

France, R. T. *The Gospel of Matthew.* New International Commentary on the New Testament. Grand Rapids: Eerdmans, 2007. 「NICNT 마태복음」. 권대영, 황의무 역. 서울: 부흥과개혁사, 2019.

Friesen, Duane K. Artists, *Citizens, Philosophers: Seeking the Peace of the City; An Anabaptist Theology of Culture.* Scottdale, PA: Herald, 2000.

―――. *Christian Peacemaking and International Conflict: A Realist Pacifist Perspective.* Scottdale, PA: Herald, 1986.

―――. "In Search of Security." In Friesen and Schlabach, *At Peace and Unafraid,* 37-82.

―――. "Power: An Ethical Analysis from a Christian Perspective." In Swartley, *Essays on Peace Theology,* 73-101.

Friesen, Duane K., and Gerald W. Schlabach, eds. *At Peace and Unafraid: Public Order, Security, and the Wisdom of the Cross.* Scottdale, PA: Herald, 2005.

Gathercole, Simon. *Defending Substitution: An Essay on Atonement in Paul.* Grand Rapids: Baker Academic, 2015.

Gehrz, Chris. "Unexpected Sites of Christian Pacifism: Baptists During WWII and Vietnam." *Patheos,* February 7, 2017. https://www.patheos.com/blogs/anxiousbench/2017/02/pacifism-baptists-wwii-vietnam/.

Gingerich, Jeff. "Breaking the Uneasy Silence: Policing and the Peace Movement in Dialogue." In Friesen and Schlabach, *At Peace and Unafraid*, 389-403.
Glover, Jonathan. *Humanity: A Moral History of the Twentieth Century*. New Haven: Yale University Press, 1999. 『휴머니티: 20세기의 폭력과 새로운 도덕』. 김선욱, 이양수 역. 서울: 문예출판사, 2008.
Goossen, Rachel Waltner. "Defanging the Beast: Mennonite Responses to John Howard Yoder's Sexual Abuse." *Mennonite Quarterly Review* 89, no. 1 (January 2015): 7-80.
Grayson, A. K. *Assyrian Rulers of the Early First Millennium BC I (1114-859 BC)*. Toronto: University of Toronto Press, 1991.
Green, Joel B. *The Gospel of Luke*. Grand Rapids: Eerdmans, 1997.
Gremillion, Joseph, ed. *The Gospel of Peace and Justice: Catholic Social Teaching Since Pope John*. Maryknoll, NY: Orbis, 1976.
Grimsrud, Tim. "Anabaptist Faith and 'National Security.'" In Friesen and Schlabach, *At Peace and Unafraid*, 311-27.
Guelich, Robert. *The Sermon on the Mount*. Waco: Word, 1982.
Gundry, Robert H. *Matthew: A Commentary on His Handbook for a Mixed Church Under Persecution*. 2nd ed. Grand Rapids: Eerdmans, 1994.
Gwyn, Douglas, George Hunsinger, Eugene F. Roop, and John Howard Yoder. *A Declaration on Peace: In God's People the World's Renewal Has Begun*. Scottdale, PA: Herald, 1991.
Hall, David A., Sr. "What the Church Teaches about War: A COGIC Conscientious Objection Principle." In Alexander, *Pentecostals and Nonviolence*, 205-14.
Häring, Bernard. *The Healing Power of Peace and Nonviolence*. New York: Paulist, 1986.
Hauerwas, Stanley. *Against the Nations: War and Survival in a Liberal Society*. Minneapolis: Winston, 1985.
———. "Pacifism: Some Philosophical Considerations." *Faith and Philosophy* 2, no. 2 (April 1985): 99-104.
———. *The Peaceable Kingdom: A Primer in Christian Ethics*. Notre Dame, IN: University of Notre Dame Press, 1983.
———. *Should War Be Eliminated? Philosophical and Theological Investigations*. Milwaukee: Marquette University Press, 1984.
———. *War and the American Difference: Theological Reflections on Violence and National Identity*. Grand Rapids: Baker Academic, 2011.
Hauerwas, Stanley, Chris K. Huebner, Harry J. Huebner, and Mark Thiessen Nation, eds. *The Wisdom of the Cross: Essays in Honor of John Howard Yoder*. Grand Rapids: Eerdmans, 1999.
Hays, Richard B. *The Moral Vision of the New Testament: A Contemporary Introduction to New Testament Ethics*. New York: HarperOne, 1996. 『신약의 윤리적 비전』. 유승원 역.

서울: IVP, 2002.

Helgeland, John. "Christians and the Roman Army from Marcus Aurelius to Constantine." *Aufstieg und Niedergang der römischen Welt* 23.1:724-834. Part 2, *Principat*, 23.1. Edited by H. Temporini and W. Haase. New York: de Gruyter, 1979.

———. "Roman Army Religion." *Aufstieg und Niedergang der römischen Welt* 16.1:1470-505. Part 2, *Principat*, 16.1. Edited by H. Temporini and W. Haase. New York: de Gruyter, 1978.

Hendricks, Obery M., Jr. *The Politics of Jesus: Rediscovering the True Revolutionary Nature of What Jesus Believed and How It Was Corrupted*. New York: Doubleday, 2006.

Hendriksen, William. *New Testament Commentary: Luke*. Grand Rapids: Baker, 1978.

Hengel, Martin. *Christ and Power*. Translated by Everett R. Kalin. Philadelphia: Fortress, 1977.

———. *Victory over Violence*. Translated by David E. Green. London: SPCK, 1975.

———. *Was Jesus a Revolutionist?* Translated by William Klassen. Philadelphia: Fortress, 1971.

———. *The Zealots: Investigations into the Jewish Freedom Movement in the Period from Herod I until 70 AD*. Translated by David Smith. Edinburgh: T&T Clark, 1989.

Hershberger, Guy Franklin. *War, Peace, and Nonresistance*. Scottdale, PA: Herald, 1953. 「전쟁, 평화, 무저항」. 최봉기 역. 논산: 대장간, 2012.

Hertz, Karl H., ed. *Two Kingdoms and One World: A Sourcebook in Christian Ethics*. Minneapolis: Augsburg, 1976.

Hoekema, David A. "A Practical Christian Pacifism." *Christian Century* (October 22, 1986): 917-19.

Holmes, Arthur F. "The Just War." In *War: Four Christian Views*, edited by Robert G. Clouse, 115-35. 2nd ed. Downers Grove, IL: InterVarsity, 1991.

———, ed. *War and Christian Ethics: Classic and Contemporary Readings on the Morality of War*. 2nd ed. Grand Rapids: Baker Academic, 2005.

Horsley, Richard A. *Archaeology, History and Society in Galilee: The Social Context of Jesus and the Rabbis*. Valley Forge, PA: Trinity Press International, 1996. 「갈릴리: 예수와 랍비들의 사회적 맥락」. 박경미 역. 서울: 이화여자대학교출판문화원, 2007.

———. "Ethics and Exegesis: 'Love Your Enemies' and the Doctrine of Non-Violence." *Journal of the American Academy of Religion* 54, no. 1 (Spring 1986): 3-31.

———. *Jesus and the Spiral of Violence: Popular Jewish Resistance in Roman Palestine*. Minneapolis: Fortress, 1993.

Horsely, Richard A., and John S. Hanson. *Bandits, Prophets, and Messiahs: Popular Movements in the Time of Jesus*. Minneapolis: Winston, 1985.

Hunt, Gaillard T. "Selective Conscientious Objection." *Catholic Lawyer* 15, no. 3 (Summer 1969): 221-37.

Jeremias, Joachim. *Jerusalem in the Time of Jesus*. Philadelphia: Fortress, 1975. 「예수 시대

의 예루살렘」. 한국신학연구소 역. 서울: 한국신학연구소, 1992.
―――. *Jesus' Promise to the Nations*. Naperville, IL: Allenson, 1958.
Johnson, James Turner. *Just War Tradition and the Restraint of War: A Moral and Historical Inquiry*. Princeton: Princeton University Press, 1981.
―――. *The Quest for Peace: Three Moral Traditions in Western Cultural History*. Princeton: Princeton University Press, 1987.
Jones, L. Gregory, and Célestin Musekura. *Forgiving as We've Been Forgiven: Community Practices for Making Peace*. Downers Grove, IL: InterVarsity, 2010.
Jones, Rufus M. *The Church, the Gospel, and War*. New York: Harper, 1948.
Josephus. *Antiquities*. Translated by William Whiston. In *The Works of Josephus*, 27-542. Peabody, MA: Hendrickson, 1987. 「요세푸스 1, 2: 유대 고대사」. 김지찬 역. 서울: 생명의말씀사, 2006.
―――. *The Jewish War*. Translated by H. St. J. Thackeray. Cambridge: Harvard University Press, 1961. 「요세푸스 3: 유대 전쟁사」. 김지찬 역. 서울: 생명의말씀사, 2006.
Kearney, Milo, and James Zeitz. *World Saviors and Messiahs of the Roman Empire, 28 BCE -135 CE: The Soterial Age*. Lewiston, NY: Mellen, 2009.
Keegan, John. *A History of Warfare*. New York: Vintage Books, 1993. 「세계전쟁사」. 유병진 역. 서울: 까치, 1996.
Keener, Craig S. *Acts: An Exegetical Commentary*. 4 vols. Grand Rapids: Baker Academic, 2012-14.
―――. *A Commentary on the Gospel of Matthew*. Grand Rapids: Eerdmans, 1999.
―――. *The Gospel of John*. 2 vols. Peabody, MA: Hendrickson, 2003. 「키너 요한복음 1, 2, 3」. 이옥용 역. 서울: CLC, 2018.
―――. *The Historical Jesus of the Gospels*. Grand Rapids: Eerdmans, 2009.
―――. *The IVP Bible Background Commentary: New Testament*. 2nd ed. Downers Grove, IL: IVP Academic, 2014. 「IVP 성경배경주석」. 정옥배 역. 서울: IVP, 1998.
Kirk, J. Andrew. *Theology Encounters Revolution*. Downers Grove, IL: InterVarsity, 1980.
Klassen, William. "Coals of Fire: Sign of Repentance or Revenge?" *New Testament Studies* 9, no. 4 (July 1963): 337-50.
―――. "Jesus and the Zealot Option." In Hauerwas et al., *Wisdom of the Cross*, 131-49.
―――. *Love of Enemies: The Way to Peace*. Philadelphia: Fortress, 1984.
―――. "'Love Your Enemies': Some Reflections on the Current Status of Research." In Swartley, *Love of Enemy*, 1-31.
―――. "Vengeance in the Apocalypse of John." *Catholic Biblical Quarterly* 28 (1966): 300-311.
Koester, Helmut. *Synoptische Überlieferung bei den apostolischen Vätern*. Berlin: Akademie-verlag, 1957.
Koontz, Ted. "Response: Pacifism, Just War, and Realism." In Schlabach and Hughes, *Proclaim Peace*, 217-29.

Kraybill, Donald B. *The Upside-Down Kingdom*. Scottdale, PA: Herald, 1978. 「예수가 바라본 하나님 나라」. 김기철 역. 서울: 복있는사람, 2010.

Kreider, Alan, Eleanor Kreider, and Paulus Widjaja. *A Culture of Peace: God's Vision for the Church*. Intercourse, PA: Good Books, 2005.

Küng, Hans. *On Being a Christian*. Translated by Edward Quinn. New York: Pocket, 1978.

Lamb, David T. *God Behaving Badly: Is the God of the Old Testament Angry, Sexist and Racist?* Downers Grove, IL: InterVarsity, 2011. 「내겐 여전히 불편한 하나님」. 최정숙 역. 서울: IVP, 2013.

Lane, Tony. "The Wrath of God as an Aspect of the Love of God." In *Nothing Greater, Nothing Better: Theological Essays on the Love of God,* edited by Kevin J. Vanhoozer, 138-67. Grand Rapids: Eerdmans, 2001.

Larsen, Timothy. "When Did Sunday Schools Start?" *Christianity Today*, August 2008. https://www.christianitytoday.com/history/2008/august/when-did-sunday-schools-start.html.

Lasserre, Jean. *War and the Gospel*. Translated by Oliver Coburn. Scottdale, PA: Herald, 1962.

Lecky, W. E. H. *History of European Morals*. New York: Appleton, 1927.

Lederach, John Paul. *Building Peace: Sustainable Reconciliation in Divided Societies*. Washington, DC: United States Institute of Peace Press, 1997. 「평화는 어떻게 만들어지는가」. 김동진 역. 서울: 후마니타스, 2012.

Leithart, Peter J. *Defending Constantine*. Downers Grove, IL: IVP Academic, 2010.

Lewis, C. S. "Why I Am Not a Pacifist." In *The Weight of Glory and Other Addresses*, 64-90. San Francisco: HarperSanFrancisco, 2001. 「영광의 무게」. 홍종락 역. 서울: 홍성사, 2019.

Lewy, Guenter. *Peace and Revolution: The Moral Crisis of American Pacifism*. Grand Rapids: Eerdmans, 1988.

Licona, Michael R. *The Resurrection of Jesus*. Downers Grove, IL: IVP Academic, 2010.

Liddell, Henry George, and Robert Scott, eds. *A Greek-English Lexicon*. Oxford: Clarendon, 1996.

Lind, Millard C. *Yahweh Is a Warrior: The Theology of Warfare in Ancient Israel*. Scottdale, PA: Herald, 1980.

Loewen, Howard John. *One Lord, One Church, One Hope, and One God: Mennonite Confessions of Faith in North America*. Elkhart, IN: Institute of Mennonite Studies, 1985.

Longman, Tremper, III. "The Messiah: Explorations in the Law and Writings." In *The Messiah in the Old and New Testaments*, edited by Stanley E. Porter, 13-34. Grand Rapids: Eerdmans, 2007.

Luther, Martin. *Commentary on St. Paul's Epistle to the Galatians*. London: James Clarke & Co., 1953.

―――. *Commentary on the Sermon on the Mount*. Philadelphia: Lutheran Publication Society, 1892.
Macfarland, Charles S., ed. *The Churches of Christ in Time of War*. New York: Federal Council of the Churches of Christ in America, 1917.
Macgregor, G. H. C. *The New Testament Basis of Pacifism and the Relevance of an Impossible Ideal*. Rev. ed. Nyack, NY: Fellowship Publications, 1960.
Marshall, Christopher D. "Atonement, Violence, and the Will of God: A Sympathetic Response to J. Denny Weaver's The Nonviolent Atonement." *Mennonite Quarterly Review* 77 (January 2003): 69-92.
―――. *Beyond Retribution: A New Testament Vision for Justice, Crime, and Punishment*. Grand Rapids: Eerdmans, 2001.
Marshall, I. Howard. *Commentary on Luke*. Grand Rapids: Eerdmans, 1978.
Mauser, Ulrich. *The Gospel of Peace: A Scriptural Message for Today's World*. Louisville: Westminster John Knox, 1992.
McKnight, Scot. *A Community Called Atonement*. Nashville: Abingdon, 2007.
―――. *The Jesus Creed: Loving God, Loving Others*. Brewster, MA: Paraclete, 2014. 「예수신경」. 김창동 역. 서울: 새물결플러스, 2015.
―――. *Sermon on the Mount*. The Story of God Bible Commentary. Grand Rapids: Zondervan, 2013. 「산상수훈」. 최현만 역. 서울: 에클레시아북스, 2016.
McSorley, Richard. *New Testament Basis of Peacemaking*. Washington, DC: Georgetown University Center for Peace Studies, Georgetown University, 1979.
Merton, Thomas. *Faith and Violence: Christian Teaching and Christian Practice*. Notre Dame, IN: University of Notre Dame Press, 1968.
―――, ed. *Gandhi on Non-Violence: A Selection from the Writings of Mahatma Gandhi*. New York: New Directions, 1964.
Metzger, B. M. *A Textual Commentary on the Greek New Testament*. 3rd ed. London: United Bible Societies, 1971.
Miller, Marlin, and Barbara Nelson Gingerich, eds. *The Church's Peace Witness*. Grand Rapids: Eerdmans, 1994.
Moo, Douglas J. *The Epistle to the Romans*. Grand Rapids: Eerdmans, 1996. 「NICNT 로마서」. 손주철 역. 서울: 솔로몬, 2011.
Moody, William. *The Life of Dwight L. Moody*. New York: Revell, 1900.
Moran, Katie L. "Restorative Justice: A Look at Victim Offender Mediation Programs." *21st Century Social Justice* 4, no. 1 (2017). https://fordham.bepress.com/swjournal/vol4/iss1/4/.
Morris, Leon. *The Atonement: Its Meaning and Significance*. Downers Grove, IL: IVP Academic, 1983. 「속죄의 의미와 중요성」. 홍용표 역. 서울: 생명의말씀사, 1994.
―――. *The Book of Revelation*. 2nd ed. Grand Rapids: Eerdmans, 1987. 「요한계시록」. 김근수 역. 서울: CLC, 2002.

―――. *The Gospel according to St. Luke*. Grand Rapids: Eerdmans, 1974. 「누가복음서」. 이정석 역. 서울: CLC, 2011.

Moule, C. F. D. *The Gospel according to Mark*. The Cambridge Bible Commentary. Cambridge: Cambridge University Press, 1965.

―――, ed. *The Significance of the Message of the Resurrection for Faith in Jesus Christ*. London: SCM, 1968.

Mounce, Robert H. *The Book of Revelation*. Rev. ed. New International Commentary on the New Testament. Grand Rapids: Eerdmans, 1997. 「NICNT 요한계시록」. 장규성 역. 서울: 부흥과개혁사, 2019.

Mouw, Richard. "Christianity and Pacifism." *Faith and Philosophy* 2, no. 2 (April 1985): 105-11.

Murphy, Nancey. "John Howard Yoder's Systematic Defense of Christian Pacifism." In Hauerwas et al., *Wisdom of the Cross*, 45-68.

Nation, Mark Thiessen. *John Howard Yoder: Mennonite Patience, Evangelical Witness, Catholic Convictions*. Grand Rapids: Eerdmans, 2006.

Neufeld, Thomas R. Yoder. *Killing Enmity: Violence and the New Testament*. Grand Rapids: Baker Academic, 2011.

Ng, Larry, ed. *Alternatives to Violence: A Stimulus to Dialogue*. New York: Time-Life Books, 1968.

Niditch, Susan. *War in the Hebrew Bible: A Study in the Ethics of Violence*. New York: Oxford University Press, 1993.

Niebuhr, Reinhold. *Interpretation of Christian Ethics*. New York: Harper, 1935. 「기독교 윤리의 해석」. 곽인철 역. 서울: 종문화사, 2019.

―――. "Why the Christian Church Is Not Pacifist." In *The Essential Reinhold Niebuhr: Selected Essays and Addresses*, edited by Robert McAfee Brown, 102-19. New Haven: Yale University Press, 1986.

Nietzsche, Friedrich. *The Birth of Tragedy and the Genealogy of Morals*. Translated by Francis Golffing. Garden City, NY: Doubleday, 1956. 「비극의 탄생」. 곽복록 역. 파주: 종합출판범우, 2019.

Nugent, John C. *The Politics of Yahweh: John Howard Yoder, the Old Testament, and the People of God*. Eugene, OR: Cascade, 2011.

O'Donovan, Oliver. *The Just War Revisited*. Cambridge: Cambridge University Press, 2003.

Packer, J. I., and Mark Dever. *In My Place Condemned He Stood: Celebrating the Glory of the Atonement*. Wheaton: Crossway, 2007.

Patterson, Eric. *Just War Thinking: Morality and Pragmatism in the Struggle against Contemporary Threats*. Lanham, MD: Lexington, 2007.

Payne, Keith B., and Jill E. Coleman. "Christian Nuclear Pacifism and Just War Theory: Are They Compatible?" *Comparative Strategy* 7, no. 1 (1988): 75-89.

Payne, Keith B., and Karl I. Payne. *A Just Defense: The Use of Force, Nuclear Weapons, and*

Our Conscience. Portland, OR: Multnomah, 1987.
Perrin, Andrew B. "From Qumran to Nazareth: Reflections on Jesus' Identity as Messiah in Light of Pre-Christian Messianic Texts among the Dead Sea Scrolls." *Religious Studies and Theology* 27, no. 2 (2008): 213-30.
Pickus, Robert, and Robert Woito. *To End War: An Introduction: Ideas, Books, Organizations, Work That Can Help*. Rev. ed. New York: Harper and Row, 1970.
Piper, John. *"Love Your Enemies": Jesus' Love Command in the Synoptic Gospels and the Early Christian Paraenesis*. Cambridge: Cambridge University Press, 1979.
Powers, Gerard F., Drew Christiansen, and Robert T. Hennemeyer, eds. *Peacemaking: Moral and Policy Challenges for a New World*. Washington, DC: United States Catholic Conference, 1994.
Ramsey, Paul. *Basic Christian Ethics*. New York: Charles Scribner's Sons, 1950.
―――. *The Just War: Force and Political Responsibility*. New York: University Press of America, 1983.
―――. *War and the Christian Conscience: How Should Modern War Be Conducted?* Durham, NC: Duke University Press, 1961.
Ramsey, Paul, and Stanley Hauerwas. *Speak Up for Just War or Pacifism: A Critique of the United Methodist Bishops' Pastoral Letter, "In Defense of Creation."* University Park: Pennsylvania State University Press, 1988.
Ringe, Sharon H. *Luke*. Louisville: Westminster John Knox, 1995.
Roth, John D. *Choosing against War: A Christian View*. Intercourse, PA: Good Books, 2002.
Rutenber, Culbert G. *The Dagger and the Cross: An Examination of Christian Pacifism*. New York: Fellowship Publications, 1950.
Sampson, Cynthia, and John Paul Lederach, eds. *From the Ground Up: Mennonite Contributions to International Peacebuilding*. New York: Oxford University Press, 2000.
Sanders, E. P. *Jesus and Judaism*. Philadelphia: Fortress, 1985. 「예수와 유대교」. 황종구 역. 파주: CH북스, 2008.
Sanders, John, ed. *Atonement and Violence: A Theological Conversation*. Nashville: Abingdon, 2006.
Schertz, Mary H. "Partners in God's Passion." In Friesen and Schlabach, *At Peace and Unafraid*, 167-78.
Schlabach, Gerald W. "Just Policing and the Christian Call to Nonviolence." In Friesen and Schlabach, *At Peace and Unafraid*, 405-21.
Schlabach, Theron S., and Richard T. Hughes, eds. *Proclaim Peace: Christian Pacifism in Unexpected Quarters*. Urbana: University of Illinois Press, 1997.
Schrage, Wolfgang. *The Ethics of the New Testament*. Philadelphia: Fortress, 1988.
Schweizer, Eduard. *The Good News according to Matthew*. Translated by David E. Green. Louisville: John Knox, 1975.

Seibert, Eric A. *The Violence of Scripture: Overcoming the Old Testament's Troubling Legacy*. Minneapolis: Fortress, 2012.
Sen, Amartya. *Identity and Violence: The Illusion of Destiny*. New York: Norton, 2006. 「정체성과 폭력」. 이상환, 김지현 역. 서울: 바이북스, 2020.
Senior, Donald. *Matthew*. Abingdon New Testament Commentaries. Nashville: Abingdon, 1998.
Shannon, Thomas A., ed. *War or Peace? The Search for New Answers*. Maryknoll, NY: Orbis, 1980.
Sharp, Gene. *Civilian-Based Defense: A Post-Military Weapons System*. Princeton: Princeton University Press, 1990.
―――. *Making Europe Unconquerable: The Potential of Civilian-Based Deterrence and Defense*. Cambridge, MA: Ballinger, 1985.
―――. *The Politics of Nonviolent Action*. 3 vols. Boston: Porter Sargent, 1973.
Shenk, David W., and Badru D. Kateregga. *A Muslim and a Christian in Dialogue*. Scottdale, PA: Herald, 1980.
Shepherd, Michael B. "Targums, the New Testament, and Biblical Theology of the Messiah." *Journal of the Evangelical Theological Society* 51, no. 1 (March 2008): 45-58.
Sherman, Lawrence W., and Heather Strong. *Restorative Justice: The Evidence*. London: The Smith Institute, 2007.
Showalter, Nathan D. *The End of a Crusade: The Student Volunteer Movement for Foreign Missions and the Great War*. Lanham, MD: Scarecrow, 1998.
Shriver, Donald W., Jr. *An Ethic for Enemies: Forgiveness in Politics*. New York: Oxford University Press, 1995. 「적을 위한 윤리」. 서광선 역. 서울: 이화여자대학교출판문화원, 2001.
Sider, Ronald J. *Christ and Violence*. Scottdale, PA: Herald, 1979. 「그리스도와 폭력」. 전남식 역. 논산: 대장간, 2013.
―――. "A Critique of J. Denny Weaver's Nonviolent Atonement." *Brethren in Christ History and Life* 35, no. 1 (April 2012): 212-41.
―――, ed. *Cry Justice: The Bible on Hunger and Poverty*. Downers Grove, IL: InterVarsity, 1980.
―――, ed. *The Early Church on Killing: A Comprehensive Sourcebook on War, Abortion, and Capital Punishment*. Grand Rapids: Baker Academic, 2012.
―――. *Good News and Good Works: A Theology for the Whole Gospel*. Grand Rapids: Baker, 1993. 「복음전도와 사회운동」. 이상원, 박현국 역. 서울: CLC, 2013.
―――. *Just Politics: A Guide for Christian Engagement*. Grand Rapids: Brazos, 2012.
―――. *Nonviolent Action: What Christian Ethics Demands but Most Christians Have Never Really Tried*. Grand Rapids: Brazos, 2015.
―――. *Rich Christians in an Age of Hunger: Moving from Affluence to Generosity*. 6th ed.

Nashville: Nelson, 2015. 「가난한 시대를 사는 부유한 그리스도인」. 한화룔 역. 서울: IVP, 2009.

―――. *The Scandal of the Evangelical Conscience*. Grand Rapids: Baker Books, 2005.

Sider, Ronald J., and Diane Knippers, eds. *Toward an Evangelical Public Policy: Political Strategies for the Health of the Nation*. Grand Rapids: Baker Books, 2005.

Sider, Ronald J., and Oliver O'Donovan. *Peace and War: A Debate about Pacifism*. Grove Books on Ethics 56. Nottinghamshire, UK: Grove Books, 1985.

Sider, Ronald J., and Richard K. Taylor. *Nuclear Holocaust and Christian Hope: A Book for Christian Peacemakers*. Downers Grove, IL: InterVarsity, 1982.

Skillen, James W. *With or Against the World? America's Role among the Nations*. New York: Rowman and Littlefield, 2005.

Smith, Morton. *Studies in Historical Method, Ancient Israel, Ancient Judaism. Vol. I, Studies in the Cult of Yahweh*, edited by Shaye Cohen. Leiden: Brill, 1996.

Sparks, Kenton L. Sacred Word, *Broken Word: Biblical Authority and the Dark Side of Scripture*. Grand Rapids: Eerdmans, 2012.

Sprinkle, Preston, with Andrew Rillera. *Fight: A Christian Case for Nonviolence*. Colorado Springs: David C. Cook, 2013.

Spurgeon, Charles H. "Christ Our Peace." *Christian Classics Ethereal Library*. https://www.ccel.org/ccel/spurgeon/sermons59.lii.html.

Stassen, Glen H., ed. *Just Peacemaking: The New Paradigm for the Ethics of Peace and War*. 2nd ed. Cleveland: Pilgrim, 2008.

Stassen, Glen H., and David P. Gushee. *Kingdom Ethics: Following Jesus in Contemporary Context*. Downers Grove, IL: InterVarsity, 2003. 「하나님의 통치와 예수 따름의 윤리」. 신광은, 박종금 역. 논산: 대장간, 2011.

Stassen, Glen H., and Michael L. Westmoreland-White. "Defining Violence and Nonviolence." In *Teaching Peace: Nonviolence and the Liberal Arts*, edited by J. Denny Weaver and Gerald Biesecker-Mast, 17-36. Lanham, MD: Rowman & Littlefield, 2003.

Steer, Roger. *Basic Christian: The Inside Story of John Stott*. Downers Grove, IL: InterVarsity, 2009.

Stone, Lawson G. "Early Israel and Its Appearance in Canaan." In *Ancient Israel's History: An Introduction to Issues and Sources*, edited by Bill T. Arnold and Richard S. Hess, 127-64. Grand Rapids: Baker Academic, 2014.

Storkey, Alan. *Jesus and Politics: Confronting the Powers*. Grand Rapids: Baker Academic, 2005.

Stott, John R. W. "Calling for Peacemakers in a Nuclear Age, Part 1." *Christianity Today* (February 8, 1980): 44-45.

―――. *The Cross of Christ*. 2nd ed. Downers Grove, IL: InterVarsity, 2006. 「그리스도의 십자가」. 황영철, 정옥배 역. 서울: IVP, 2019.

―――. *The Message of the Sermon on the Mount (Matthew 5-7): Christian Counter-*

Culture. Downers Grove, IL: InterVarsity, 1978. 「존 스토트의 산상수훈: 구별된 모습으로 살아가라는 예수님의 가르침」. 정옥배 역. 서울: 생명의말씀사, 2011.
Strege, Merle D. "An Uncertain Voice for Peace: The Church of God (Anderson) and Pacifism." In Schlabach and Hughes, *Proclaim Peace*, 115-26.
Sullivan, Dennis, and Larry Tifft. *Restorative Justice: Healing the Foundations of Our Everyday Lives*. Monsey, NY: Criminal Justice, 2001.
Swalm, E. J., ed. *Nonresistance under Test*. Nappanee, IN: E. V. Publishing House, 1949.
Swartley, Willard M., ed. *Essays on Peace Theology and Witness*. Occasional Papers 12. Elkhart: Institute of Mennonite Studies, 1988.
―――, ed. *The Love of Enemy and Nonretaliation in the New Testament*. Louisville: Westminster John Knox, 1992.
―――. *Slavery, Sabbath, War and Women: Core Issues in Biblical Interpretation*. Scottdale, PA: Herald, 1983. 「여성, 전쟁, 안식일, 노예제도: 사례 연구를 통한 성서 해석」. 황의무 역. 논산: 대장간, 2020.
Swartz, David. "The Christian Pacifism of Charles Spurgeon." *EthicsDaily.com*, September 1, 2015. https://ethicsdaily.com/the-christian-pacifism-of- charles-spurgeon-cms-22908/.
Swidler, Leonard. *Biblical Affirmations of Woman*. Philadelphia: Westminster, 1979.
Taylor, Vincent. *The Gospel according to St. Mark*. London: Macmillan, 1952.
The National Conference of Catholic Bishops. *The Challenge of Peace: God's Promise and Our Response; A Pastoral Letter on War and Peace by the National Conference of Catholic Bishops*. Washington, D.C.: United States Catholic Conference, 1983.
Thistlethwaite, Susan, ed. *A Just Peace Church*. New York: United Church Press, 1986.
―――. "New Wars, Old Wineskins." In *Strike Terror No More: Theology, Ethics, and the New War*, edited by Jon L. Berquist, 264-79. St. Louis: Chalice, 2002.
Tolstoy, Leo. *A Confession and Other Religious Writings*. Translated by Jane Kentish. New York: Penguin, 1987. 「고백」. 이항재 역. 서울: 바다출판사, 2021.
―――. *Writings on Civil Disobedience and Nonviolence*. Philadelphia: New Society Publishers, 1987.
Tomlinson, Ambrose Jessup. "The Awful World War" (1917), in *Pentecostal and Holiness Statements on War and Peace*, ed. Jay Beaman and Brian K. Pipkin, 152-53. Eugene, OR: Pickwick, 2013.
―――. "War Notice." *Evangel* (August 4, 1917): 3.
Treat, Jeremy R. *The Crucified King: Atonement and Kingdom in Biblical and Systematic Theology*. Grand Rapids: Zondervan, 2014.
Trocmé, André. *Jesus and the Nonviolent Revolution*. Translated by Michael H. Shank and Marlin Miller. Scottdale, PA: Herald, 1973.
U. S. Catholic Church. *Catechism of the Catholic Church*. New York: Image, 1995.
Volf, Miroslav. *Exclusion and Embrace: A Theological Exploration of Identity, Otherness,*

and Reconciliation. Nashville: Abingdon, 1996. 「배제와 포용」. 박세혁 역. 서울: IVP, 2012.

Walzer, Michael. *Arguing about War*. New Haven: Yale University Press, 2004. 「전쟁과 정의」. 유홍림 역. 고양: 인간사랑, 2009.

―――. *Just and Unjust Wars: A Moral Argument with Historical Illustrations*. 5th ed. New York: Basic Books, 2015.

Watson, G. R. *The Roman Soldier*. Ithaca, NY: Cornell University Press, 1969.

Weaver, Dorothy Jean. "Transforming Nonresistance from Lex Talionis to 'Do Not Resist the Evil One.'" In Swartley, *Love of Enemy*, 32-71.

Weaver, J. Denny. *The Nonviolent Atonement*. 2nd ed. Grand Rapids: Eerdmans, 2011.

Weaver, J. Denny, and Gerald Biesecker-Mast, eds. *Teaching Peace: Nonviolence and the Liberal Arts*. Lanham, MD: Rowman and Littlefield, 2003.

Webster, Alexander F. C. *The Pacifist Option: The Moral Argument against War in Eastern Orthodox Theology*. San Francisco: International Scholars Publications, 1998.

Weigel, George. "Five Theses for a Pacifist Reformation." In Cromartie, *Peace Betrayed?*, 67-85.

―――. *Tranquillitas Ordinis: The Present Failure and Future Promise of American Catholic Thought on War and Peace*. New York: Oxford University Press, 1987.

Weinberg, Arthur, and Lila Weinberg, eds. *Instead of Violence: Writings by the Great Advocates of Peace and Nonviolence throughout History*. Boston: Beacon, 1963.

Wells, Ronald A. *The Wars of America: Christian Views*. Grand Rapids: Eerdmans, 1981.

Westermarck, Edward. *The Origin and Development of the Moral Ideas*. 2 vols. London: Macmillan, 1906-8.

Wink, Walter. *Engaging the Powers: Discernment and Resistance in a World of Domination*. Minneapolis: Fortress, 1992. 「사탄의 체제와 예수의 비폭력: 지배체제 속의 악령들에 대한 분별과 저항」. 한성수 역. 고양: 한국기독교연구소, 2009.

―――. *Jesus and Nonviolence: A Third Way*. Minneapolis: Fortress, 2003. 「예수와 비폭력 저항」. 김준우 역. 고양: 한국기독교연구소, 2003.

―――. "Neither Passivity nor Violence: Jesus' Third Way (Matt. 5:38-42 par.)." In Swartley, *Love of Enemy*, 102-25.

―――. *The Powers That Be: Theology for a New Millennium*. New York: Doubleday, 1998.

―――. *Violence and Nonviolence in South Africa: Jesus' Third Way*. Philadelphia: New Society, 1987.

Witherington, Ben, III. "The Long Journey of a Christian Pacifist." *Patheos*, October 3, 2012. https://www.patheos.com/blogs/bibleandculture/2012/10/03/the-long-journey-of-a-christian-pacifist/.

―――. *The Paul Quest*. Downers Grove, IL: InterVarsity, 1998.

Wright, Christopher J. H. *The God I Don't Understand: Reflections on Tough Questions of Faith*. Grand Rapids: Zondervan, 2008. 「성경의 핵심 난제들에 답하다」. 전성민 역. 서울:

새물결플러스, 2013.
Wright, N. T. *The Day the Revolution Began.* San Francisco: HarperOne, 2016. 「혁명이 시작된 날」. 이지혜 역. 파주: 비아토르, 2019.
──────. *Jesus and the Victory of God.* Minneapolis: Fortress, 1996. 「예수와 하나님의 승리」. 박문재 역. 파주: CH북스, 2004.
──────. *Justification: God's Plan and Paul's Vision.* Downers Grove, IL: IVP Academic, 2009. 「톰 라이트, 칭의를 말하다」. 최현만 역. 평택: 에클레시아북스, 2016.
──────. *The Kingdom New Testament: A Contemporary Translation.* New York: HarperOne, 2011.
──────. *The New Testament and the People of God.* Minneapolis: Fortress, 1992. 「신약성서와 하나님의 백성」. 박문재 역. 파주: CH북스, 2003.
──────. *The Resurrection of the Son of God.* Minneapolis: Fortress, 2002. 「하나님의 아들의 부활」. 박문재 역. 파주: CH북스, 2005.
──────. *Surprised by Hope: Rethinking Heaven, the Resurrection, and the Mission of the Church.* New York: HarperOne, 2008. 「마침내 드러난 하나님 나라」. 양혜원 역. 서울: IVP, 2009.
Yoder, John Howard. *Body Politics: Five Practices of the Christian Community before the Watching World.* Nashville: Discipleship Resources, 1992. 「교회, 그 몸의 정치」. 김복기 역. 논산: 대장간, 2011.
──────. *Christian Attitudes to War, Peace, and Revolution.* Edited by Theodore J. Koontz and Andy Alexis-Baker. Grand Rapids: Brazos, 2009.
──────. *The Christian Witness to the State.* Institute of Mennonite Studies Series 3. Newton, KS: Faith and Life Press, 1964. 「국가에 대한 기독교의 증언」. 김기현 역. 논산: 대장간, 2012.
──────. *Discipleship as Political Responsibility.* Scottdale, PA: Herald, 2003. 「제자도, 그리스도인의 정치적 책임」. 김기현 역. 춘천: KAP, 2012.
──────. *For the Nations: Essays Public and Evangelical.* Grand Rapids: Eerdmans, 1997.
──────. *Karl Barth and the Problem of War.* Nashville: Abingdon, 1970.
──────. *Nevertheless: The Varieties of Religious Pacifism.* Scottdale, PA: Herald, 1971. 「그럼에도 불구하고, 평화」. 윤성현, 박예일 역. 논산: 대장간, 2015.
──────. *Nonviolence: A Brief History; The Warsaw Lectures.* Edited by Paul Martens, Matthew Porter, and Myles Werntz. Waco: Baylor University Press, 2010. 「비폭력 평화주의의 역사」. 채충원 역. 논산: 대장간, 2015.
──────. *The Original Revolution: Essays on Christian Pacifism.* Scottdale, PA: Herald, 1971. 「근원적 혁명」. 김기현 역. 논산: 대장간, 2011.
──────. *The Politics of Jesus: Vicit Agnus Noster.* 2nd ed. Grand Rapids: Eerdmans, 1994. 「예수의 정치학」. 신원하, 권연경 역. 서울: IVP, 2007.
──────. *The Priestly Kingdom: Social Ethics as Gospel.* Notre Dame, IN: University of Notre Dame Press, 1984.

―――. *Reinhold Niebuhr and Christian Pacifism*. Church Peace Mission Pamphlets 6. Washington, DC: The Church Peace Mission, 1966.
―――. *Royal Priesthood: Essays Ecclesiological and Ecumenical*. Edited by Michael G. Cartwright. Grand Rapids: Eerdmans, 1994.
―――. *The War of the Lamb: The Ethics of Nonviolence and Peacemaking*. Edited by Glen Harold Stassen, Mark Thiessen Nation, and Matt Hamsher. Grand Rapids: Brazos, 2009. 「어린양의 전쟁」. 서일원 역. 논산: 대장간, 2012.
―――. *What Would You Do? A Serious Answer to a Standing Question*. Scottdale, PA: Herald, 1983. 「당신이라면?」. 임형권 역. 논산: 대장간, 2011.
―――. *When War Is Unjust: Being Honest in Just-War Thinking*. Maryknoll, NY: Orbis, 1996.
Zahn, Gordon C. "The Case for Christian Dissent." In *Breakthrough to Peace*, edited by Thomas Merton, 117-38. New York: New Directions, 1962.
―――. *German Catholics and Hitler's Wars: A Study in Social Control*. New York: Sheed and Ward, 1962.
Zehr, Howard. *Changing Lenses: A New Focus for Crime and Justice*. Scottdale, PA: Herald, 1990. 「우리 시대의 회복적 정의: 범죄와 정의에 대한 새로운 접근」. 손진 역. 논산: 대장간, 2015.
Zerbe, Gordon. "Paul's Ethic of Nonretaliation and Peace." In Swartley, *Love of Enemy*, 177-222.

주제 및 인명 색인

ㄱ

『가톨릭 교회 교리서』 357
『가톨릭 활동가』 355
간디 21, 209-210, 218, 223, 291
갈릴리 사람 유다 38-40, 56, 107, 112
강제 23-24, 26, 153
개리슨, 윌리엄 로이드 350
게블린, 프랭크 354
계시 속에 폭력 176-81
고넬료 122-24, 131, 149, 276-77, 360
고대 근동의 법률 74
고르바초프 300
교회의 중요성 198-202
구약의 살인 243-45
군사적 상징 162-63
굴리히, 로버트 67-68
그라운즈, 버논 354
그리스도를 닮는 것 135-40
그리스도의 교회 345
그린, 조엘 54
기독교와 이슬람교 291-93
기독교인을 죽이는 기독교인 241-43
기독교평화사역팀 294

ㄴ

눈에는 눈 74-89
뉴전트, 존 267
니묄러, 마르틴 351
니버, 라인홀드 75, 184, 186각주, 190, 199-200, 214-17, 222-23, 353
니체, 프리드리히 175
니케아 신조 51

ㄷ

대량 학살 237, 241-5, 253, 255, 262
대리적 속죄 306-08, 320, 327
대속제물로서 그리스도 305-08
던, 제임스 134
데미, 티모시 J. 75각주, 214, 234각주
데버, 마크 319
데이, 도로시 349, 352, 355
도드, C. H. 314, 318
독일 기독교인들 98, 235
두 왕국 신학 94-98, 149-51
드리스콜, 마크 176
디카이오쉬네(δικαιοσύνη) 316, 317각주

ㄹ

라이트, N. T. 31, 37, 40-41, 43-44, 50, 59각주, 64, 77, 91, 95, 111, 128, 186, 188, 189각주, 192, 255각주, 280-84, 314-17
락탄티우스 99, 336-37
램지, 폴 75, 93, 217-18, 239-40, 250, 337
레더라크, 존 폴 220, 294
레이하르트, 피터 334
레키, W. E. H. 236
로마 군복무 146-51, 334-35
로마 세금 107-09
로마의 평화(Pax Romana) 124, 131
루이스, C. S. 20-21, 207, 211
루터, 마르틴 18-19, 92-98, 147

ㅁ

마르코스, 페르디난드 22, 209, 218
마셜, I. 하워드 160
마우저, 울리히 114, 121, 131

마카비, 유다 35
맥나이트, 스캇 314, 317각주, 319, 330
맹세 72-73
머튼, 토마스 352
메노나이트교회 342
메노나이트 세계회의 211
메노나이트 중앙위원회 220, 242각주
메시아 23, 27-33, 42-51, 53-65, 90-93, 105, 108, 112-113, 115, 117-19, 177-78, 186, 194-95, 201, 204, 279-281, 285-287, 305, 358-360
메시아적 기대 28-34
메시아적 폭력 34-41
메이슨, C. H. 348
모라비아 형제단 340
모울, C. F. D. 58-60
무디, 드와이트 349
무저항 75-76, 114, 184
민간기반국방 297

ㅂ
바르트쉬, 한스-베르너 229
바르트, 칼 18, 201, 221, 309
바리새인 38-39, 45, 66, 69, 70-71, 76, 107, 164-65, 275
바웬사, 레흐 218
바티칸 교황청 그리스도인일치촉진평의회 211
반대쪽 뺨 78-81
베네딕토 16세 273, 357
벨, 다니엘, Jr. 216-17, 232
보이드, 그레고리 A. 268-273
복, 대럴 159
볼라르디에르, 자크 파리 299
볼프, 미로슬라브 111, 135, 172, 180-81, 306, 324, 331각주, 362
뵈트너, 로레인 139, 223
부스, 캐서린 350

부스, 허버트 350
브라이언, 윌리엄 제닝스 350
브루너, 프레더릭 110
브루너, 에밀 325
브루스, F. F. 170각주
블롬버그, 크레이그 67, 73, 75
비거, 나이젤 41각주, 147, 149각주, 172각주, 214, 249-50
비오 12세 355
비폭력적 저항 21-22, 26, 77, 209-14, 291-92, 297-301
빈 라덴, 오사마 289
빌라도 35, 39, 41, 49, 107, 157, 171, 290

ㅅ
사도신경 51
사두개파 39
사마리아인 103-05, 359
사해사본 33, 42각주, 84
산상수훈 63-100, 132-35
산헤드린 49, 95-97
상호보완적인 속죄 은유 325-32
상호확증파괴 300
샤프, 진 397
선택적인 양심적 병역거부 237-38
성전 대체 36, 280-82
성전 정화 151-56
세이버트, 에릭 257
속죄와 비폭력 304-32
속죄일 321
순교자 113, 186-87, 290, 302
슈라이버, 도널드, Jr. 240
슐라이타임 신앙고백서 203
슈바이처, 에두아르트 97
슈바이처, 알버트 30, 145, 189
스탈린 20, 288-89, 298

스토키, 알렌 54
스토트, 존 66, 75각주, 310, 320, 351, 353
스티븐, 마리아 J. 210
스펄전, 찰스 349-50
스프링클, 프레스턴 159
승리의 입성 27, 44, 53, 58-60, 96, 281, 359
승리자 그리스도 307, 327-32
시몬스, 메노 342
시슬스웨이트, 수잔 292
신약성경의 군인들 146-51
십 리 81-83
십자군 291, 340

ㅇ
아나뱁티스트 16, 203, 214, 220-21, 341-42
아렌트, 한나 221
아브라함 28, 106, 117, 128, 149, 162, 258-60, 263, 266-67, 278, 284-85, 360
아슈르나시르팔 261
아우구스티누스 18-19, 147, 191, 213, 230-32, 339
아우구스투스 108, 124-25, 149
아퀴나스, 토마스 200-03, 231, 340
안식일 68-69, 252-53, 271, 275, 279, 282, 284
안티스테나이(ἀντιστῆναι) 75-77
안티스테미(ἀνθίστημι) 76
알제리 211
알카에다 288, 291
어그스버거, 마이론 230
언약, 더 좋은 282-87
에반스, 크레이그 55
에이레네(εἰρήνη) 118
에세네파 36-39, 84
에세네파 『전쟁의 서』 36, 38
에스키벨, 아돌포 페레즈 352
엔즈, 피터 258
엘쉬타인, 진 베스키 208, 334
여호수아 244-45, 253, 258, 261-62, 267

열심당 34, 82, 152각주
예레미아스, 요아킴 71
예루살렘 공의회 276-78
예수님과 사형제도 164-72
예수님, 메시아 이해 27, 42-43, 46-48, 58-61, 95, 113, 115
예수님, 메시아 주장 43-45
예수님, 부활 48, 51, 132, 185-90, 199, 204-05, 307, 325, 327-29, 360-62
예수님, 유혹 53-55, 256
예수님, 율법의 성취 65-70
예수님의 가르침 회피 90-100
예수님의 복음 27-52
예수님, 죽음의 이유 49-51
옐친, 보리스 301
오도노반, 올리버 214
오리게네스 73, 100, 289-90, 334-35
오순절 교파 344-49
올덤, J. H. 237
와이겔, 조지 215
완전한 덕행의 권고 92, 203
왈저, 마이클 297
요더, 존 하워드 17-19, 89, 170, 171각주, 182, 186각주, 198각주, 201각주, 205각주, 214, 217-21, 223, 237-40, 243, 249, 264-268, 317각주, 343각주
요세푸스 29-30, 34, 37-40, 46, 76, 95, 126, 152, 358
요한 바오로 2세 356
요한 23세 355
용서에 대한 예수님의 가르침 45-46
원수를 사랑하라 83-100
웨슬리 감리교 344
웨스터마크, 에드워드 235
위더링턴, 벤 170, 352
위버, J. D. 308-14
윙크, 월터 78-82

음식 규정 68-69, 117, 121, 123, 271, 276-77, 278
이미/아직 하나님 나라 42-43, 83, 90, 117, 130, 186, 186-197
이사야의 고난 받는 종 111-13, 158, 329
이슬람국가(ISIS) 20, 288, 291
이혼 47, 71-73, 193, 264, 337
인도 209, 211, 218
인자(Son of Man) 43각주, 46, 49, 69

ㅈ
전미복음주의협의회 211, 242
정의로운 전쟁, 문제점 228-51
정의로운 전쟁, 전통 20
『정의로운 화해』 221-22, 293
제1차 세계대전 241, 345-52
제2차 바티칸 공의회 355
존슨, 제임스 터너 215, 334
종교적 자유 220
종교 전쟁 234각주, 241-43
주일학교 221
지역 사회의 경찰화 296

ㅊ
찬, 고든 235, 352각주
찰스, 데릴 208, 214, 222, 234각주
채닝, 윌리엄 엘러리 223
천안문 광장 302
체노웨스, 에리카 210
체제에 대한 도전 47-48
초기 교회의 살인 이해 89, 99-100, 150-51, 334-38
최후의 만찬 50, 156, 305
침례(세례) 요한 42, 56, 69, 148, 283, 322
칭의 135, 316, 317각주

ㅋ
카마라, 돔 헬더 351
칼빈, 존 66, 147, 159, 174각주, 245
캐어드, G. B. 58, 104
캠벨, 알렉산더 345

케슬러, 제이 354
케이힐, 리사 189
켈수스 100, 289
코판, 폴 144, 260-62
콘스탄티누스 시대 기독교 333-341
콜, 대럴 273
콜린스, 존 29
쿠바 미사일 위기 300
쿤, 하인즈 울프강 86
퀘이커교 223
크레이기, 피터 263
키너, 크레이그 23각주, 30, 60, 73, 124
킹, 마틴 루터, Jr. 21, 209, 218, 291, 349, 351, 356
킹 홀, 스티븐 299

ㅌ
타키투스 126
탐린슨, 앰브로스 J. 347, 348
테러리스트 288, 292-94
테이저건 296
테일러, 빈센트 60
토라 72, 107, 117-18, 274-77, 279-82
톨스토이, 레프 223, 351
투투, 데스몬드 351

ㅍ
파이퍼, 존 75, 84
패커, J. I. 319
펜, 윌리엄 342
『평화의 도전』 238각주, 299, 354
평화주의 13, 355-57
폭력 24-25, 46-52, 56-57, 75-79, 86-87, 143-81, 187, 189-92, 210-11, 224-25, 231, 245-251, 252-255, 265, 270-273, 285-87, 295, 307, 308, 310-11, 342, 358-59
폭스, 조지 342
폴란드 자유노조연대 21, 210
폼페이우스 35

프랜스, R. T. 66-67각주, 70, 72, 114
플래너건, 매튜 144, 260-62
피해자-가해자 화해제도 295

ㅎ
하나님 나라 42-52
하나님의교회(앤더슨파, IN) 344
하나님의교회(클리블랜드파, TN) 347
하나님의교회(COGIC) 348
하나님의 성회 346
하나님의 원수 사랑 140-42
하나님의 자녀 학대 307-09
하나님의 진노 317-25
하우어워스, 스탠리 13-14, 191, 198각주, 201, 214, 223, 351

할례 68, 271, 274, 276-78
핵 평화주의 353-54
헤렘(חֵרֶם) 253
헤롯 대왕 36, 54
헤세드(חֶסֶד) 272, 323
헤이스, 리처드 47, 57, 76각주, 78, 86, 104, 114, 116, 138각주, 141, 144-46, 155, 160, 170, 172각주, 181
헨드릭스, 윌리엄 160
헹엘, 마르틴 34, 41, 49각주, 87-89
호슬리, 리처드 34, 41, 86
후스, 얀 340
후크마, 데이비드 205, 225
히틀러, 아돌프 20, 98, 235, 243, 288, 298-99, 351

성경 색인

구약

창세기
12:1–3 117, 128, 259, 265, 284
17 278
17:8 258

출애굽기
20:8 69, 275
21:15, 17 254
21:23–25 74
22:10–11 72
22:20 254
23:4–5 85
23:27–28 263
23:33 260
31:14 254
34:6–7 272, 323
34:21 275
35:2–3 254, 275

레위기
11 276
11:1–47 68
15:19–24 277
16 321
16:34 321
18:5 279
18:27–28 260
19:2 88
19:18 84
20:9 254
24:16 254
24:19–20 74
26:37 76

민수기
5:19–22 72
15:32–36 254
31:13–17 244

신명기
4:1 279
6:13 72
7:24 76
9:4 259
14:3–19 68
17:16 246, 266
19:21 86
20 260
20:1 86
20:16–17 244, 253
21:18–21 254
23:21–23 72
24:1 71
25:18 76
31:1–5 255
31:12 279
31:24–29 279
32:35 169

여호수아
6-11 258
6:21 244, 253
7:13 76
10 253
10:28–39 244, 253
11:14–15 245
23:9 76

사사기
20:18, 23 254
20:18–35 254

사무엘상
8:1–21 266
15:2–3 245

사무엘하
24:15 254

열왕기상
17:8–24 102

열왕기하
1:9–16 104
5:1–19 102

시편
20:7 247
25 322
30:5 324
32 322
32:1–2 316
33:16–17 246
40:6 322
41:4 319
51:4 319
68:22–23 254
103 322
130 322
137 85
137:8–9 85, 254
139:21–22 85

잠언
25:21 85

25:21–22 135
이사야
2:2–4 32-33, 68
2:4 335
6 322
6:7 322
9:1–2 33
9:5–7 32
10:5–11 171
11 33
11:1–9 32
11:6-9 272
13:3-5 171
31:1 246
40–55 111-13
52:13–53:12 111-12
53:12 158
56:7 154
61:1–2 42, 101
예레미야
7:11 154
9:10 324
27:1–22 155
29:7 266
31:31–34 68
에스겔
20:11 279
33:11 324
36:25–27 68
다니엘
7 46
호세아
9–14 323
10:13–14 247
11:8–9 323
요엘

2:13 323
미가
4:3 33, 272
스가랴
9:9–10 59, 247

신약
마태복음
4:1–11 53, 256
4:15–16 33
5 66각주, 140, 166
5–7 65
5:9 304
5:13–14 47, 64
5:17-18 256
5:17–20 66-70
5:18–19 66
5:21–48 65-70, 84-86
5:31 71
5:33–37 72, 193
5:38–48 34, 74-77, 89, 193, 311
5:39 75
5:40 80
5:41 81
5:42 83
5:43–48 83-89, 311
5:44–45 140, 252, 304
7:21–24 116
7:24 64
8:5–13 106, 146, 149-50
8:11 360
9:2–8 281
9:38 153
10:5–42 27, 144
10:34 144, 145
10:37 242

10:38 116
11:7–15 283
11:11 69, 283
11:27 284
12:1–8 275
12:6 282
12:28 42
13:41–42 172
14:13–21 56
14:15 116
15 164
15:4–6 165
16:13–23 50, 290
18:8 172
18:15–20 109
18:23–35 45
19:3–12 47, 71
19:21–24 48
20:28 50
21:5 59
21:12 151
21:23–27 153
21:31 150
22:15–32 153
23:1–39 215
24:6 164
24:43 163
25:41 172
25:41–46 311
26:28 50, 305
26:52–53 61, 114, 179
26:61 282
27:32 81
27:37 49
28:18–19 229, 290
28:19–20 92, 290

28:20 64, 116, 193, 255, 290

마가복음
1:4 322
1:12 153
1:15 42, 64
2:1–12 281, 323
2:10 46
2:17 45
2:23–3:6 69
2:27–28 69, 275
6:14–16 56
6:30–44 56
7:18–19 69, 276
8:27–33 50, 57
8:34 193
10:2–12 47
10:37 58
10:39 116
10:45 309
10:47 58
11:15–19 76, 151, 154, 215
11:27–33 153
12:13–27 153
12:36 256
13:1–2 96
13:7 164
14:58 282
14:61–64 49
15:26 49
15:29 282
15:39 147

누가복음
1:79 33
2:14 118-20
3:3 322

3:14 146
4:1–13 53
4:16–30 101
4:21 42
4:22 102
4:27 102
4:28–29 102
4:43 27
5:17–26 281
5:32 64
6:27, 35 89
6:30, 34 48
7:1–10 146
7:18–28 27, 42
7:48 323
8:42–48 278
9:10–17 56
9:18–20 57
9:28–36 283
9:51–56 104
9:52–53 103
10:9 27
10:25–37 105
10:38–42 48
12:51 145
13:10–17 69
13:31–33 215
17:18–19 104
18:1–8 163
19:41–44 96
19:42 44
19:45–48 76, 151
19:46 49
19:47 49
20:1 108

20:1–8, 20–39 153
20:25 108
21:9 164
21:16–17 164
21:23 319
22:36–38 156-58
22:50–51 157
23:2 107
23:34 110, 306
23:38 49
24:44 256

요한복음
1:17–18 284
2:13–17 151-52
2:19 282
3:36 319
4:9 103-05
4:27 48
5:16–18 69
6:1–15 53, 56
7:53–8:11 165
8:11 165
8:48 103
12:15 59
13:34 138
14:6 284
14:15 64
14:23 193
15:12 138
15:18 196
18:10–11 113, 157
18:22–23 76, 232
18:36 157
19:11 171, 290
19:19 49

20:11–18 48
사도행전
2:23 309
4:18–20 168
5:1–11 174
5:29 168
5:37 39각주
7:45 160
10 122
10:1–11:18 147
10:9–16 69, 123
10:11–14 276
10:28 123, 277
10:36 124, 131
10:43 125
13:17–19 161
15:5 276
17:5–8 131
17:7 131
17:30–31 172
19:18–20 147
20:28 310
21:30–32 152
로마서
1:18 306, 319
1:24, 26, 29 318
2:5 319
3 317
3:19–20 317
3:21–26 316
3:24 317
4 278
4:4–6 316
4:7–8 316
4:9–17 278
5:1 128

5:6–11 315
5:8, 10 306
6:1–2 194
6:4 194
6:5 187
6:12, 18 194
6:23 319
7:7–12 280
8:18–23 132, 187
12 94, 135, 169, 196
12:1–2 206
12:9–13:7 94-100, 166-72
12:14–21 133, 167, 173, 360
12:17–20 195
12:19 134, 169, 173, 179, 267, 312
12:20 135
13 94각주, 166-72
13:4 169-70
13:6–7 169
13:11–14 195
14 276
14:5 275
14:17–19 121
고린도전서
1:18–24 270
2:6 88
4:12–13 133
6:11 194
7:15 121
7:19 278
10:25 277
11:23–25 283, 305
14:20 88
14:33 121
15 187

15:20–23 187
15:58 188
고린도후서
3:4–11 283
5:10–11 172
5:17 195
5:19 316
5:21 270, 306, 316, 327
8:9 136
10:3–4 162-63
13:11 119
갈라디아서
2:16 277
3:10 280
3:10–13 316
3:10–14 306
3:12 280
3:13 270
3:23–25 280
3:25 317
3:28 129, 242
5:6 278
5:18 280
6:10 215
6:15 278
에베소서
2 120, 127
2:11–22 15, 125
2:13 127
2:14 120, 128, 284
2:14–18 127
2:15 128, 279, 284
3:6 129
4:1–6 242
4:13 195
4:17 195

4:32　136
5:2　136, 195
5:6　319
5:18　163
5:25　137
6:11　162-163
6:12　130, 163
6:13　76
6:14-16　162
6:15　119, 163
빌립보서
2:3–14　136, 137, 141
3:15　88
3:21　187
골로새서
1:19–20　130, 141
1:26　284
2　275
2:15　130, 196-97
2:17　269, 279
3:13　136
데살로니가전서
2:16　319
5:15　132
데살로니가후서
3:16　119-20
디모데전서
6:12　162
디모데후서
3:16　256
4:7　162
디도서
2:14　330
히브리서
1:1–3　269
2:14–15　315, 328

7–10　282
8:5　269, 282
9:22　321
10:1　269, 273
10:1–10　274
10:30　312
10:34　162
11　161
12:14　161
12:24　161
13:20　119
야고보서
3:17–18　122
5:12　73
베드로전서
1:17–20　196
2　138
2:11　196
2:18–23　194
2:21–24　138-39, 312
3:9　133
베드로후서
3:9　203
요한일서
2:3–6　136, 196
3:8　315, 328
3:16　138, 326
요한계시록
1:5　204, 290
2:10　177
5　177
5:5–9　177-78
6:10　179
12:11　178
13　178
13:9–10　179-181

17:6–9　177
19:11–15　176
19:14　180
19:16　177
19:19–21　176
20:11–15　180
21　188
21:24–26　132
22　187